사례중심의 아동권리와 복지

CHILD RIGHTS
AND
WELFARE

사례중심의 아동권리와 복지

신재흡 저

동 문 사

머/리/말

아동에 대한 견해는 시대와 사회적 배경에 따라 다양하게 정의되어 왔다. 예를 들어, 고대사회에서는 아동을 종속 보존을 위한 수단 혹은 경제적 가치인 노동력으로 인식하였으며, 중세에는 인간은 원죄를 가지고 태어나기 때문에 어려서부터 엄격한 체벌을 통해 훈련하고 양육해야 한다고 생각했다. 하지만 최근 아동은 계속 성장 및 발달하는 존재로서 아동발달의 특성이 강조되면서, 특히 아동권리와 복지에 대한 과학적 연구와 사회적 노력이 꾸준히 전개되고 있는 실정이다.

현대사회에 접어들면서 아동의 권리와 복지를 증진시키기 위한 사회적·정책적 노력이 이루어지고 있음에도 불구하고, 가정이나 유아교육기관에서 유기, 방임되거나 학대받는 아동들이 지속적으로 증가하고 있다. 10대 미혼모의 증가나 가족 해체 등으로 부모로부터 버림받고 입양, 위탁되고 있는 아동의 수가 줄어들지 않고 있는 것 또한 현실이다. 사회 전반적으로 아동의 권리와 복지에 대한 관심이 높아지기는 하였으나, 여전히 아동의 권리나 복지에 대한 인식 및 이해수준은 낮은 편이라 현실적으로 이를 실현하는 데에는 어려움이 있다. 기본적으로 아동의 욕구와 권리가 무엇인지를 이해하고, 이를 최우선으로 하는 복지정책이 구현되어야 할 필요가 있다. 그러나 아동은 아직 홀로 세상을 이해하고, 자신에게 관련된 다양한 선택과 판단에서 독립적이지 못하다. 더구나 자신을 안전하게 지켜낼 능력이 부족하고, 생존을 위한 기본 욕구를 스스로 충족할 수 없는 나약한 존재이다. 아동의 인간으로서의 존엄성은 성인에 의해 지켜지기도 하고, 성인에 의해 훼손되기도 한다. 이들의 존엄성을 유지시키고 행복한 삶을 영위할 수 있도록 하는 노력이 아동권리와 복지가 할 역할이다. 결국 아동이 건강하게 성장하기 위해서는 아동에 대한 기본적인 이해를 바탕으로 아동의 권리와 기본권을 인정하고, 아동의 복지에 대한 실천적 태도가 무엇보다 중요하다고 할 수 있다.

이러한 맥락에서 이 책은 아동을 대상으로 하는 교육자, 양육자, 보호자 등이 아동을 위한 정책을 수행하는 과정에서 아동을 위한 최선의 이익이 무엇이며, 아동의 존엄성을 지키고, 아동이 행복할 수 있도록 하는 조건과 환경의 조성, 아동과 함께 상호작용하는 지식을 습득할 수 있도록 구성하였다. 구체적으로 아동의 권리와 복지를 이해하기 위해 4부 11장으로 구성하였다.

첫째, 제1부 아동권리에 대한 이해이다. 제1장 아동권리(아동권리의 의미, 한국 아동권리의 내용과 원칙, 한국 아동권리의 실태 및 발전 현황), 제2장 아동권리의 역사(서양에서의 아동권리 발전과정, 한국에서의 아동권리 발전과정, 현대사회의 아동권리, 선진국의 아동권리 발전과정) 등이다.

둘째, 제2부 아동복지에 대한 이해이다. 제3장 아동복지(아동복지의 개념, 아동복지의 이념, 아동복지의 범위, 아동복지 출현의 제 요인, 아동복지의 목표와 기능, 아동복지의 기본요소와 원칙, 아동복지의 대상), 제4장 아동복지발달사(서양의 아동복지발달사, 우리나라의 아동복지발달사), 제5장 아동복지행정 및 정책서비스(아동복지행정, 아동복지정책서비스) 등이다.

셋째, 제3부 아동권리와 아동복지실천이다. 제6장 빈곤아동과 장애아동(빈곤아동, 장애아동), 제7장 입양과 가정위탁보호(입양, 가정위탁보호), 제8장 시설보호서비스(시설보호서비스의 이해, 시설보호서비스의 유형, 시설보호사업의 현황, 시설보호아동사업의 개선방향), 제9장 아동학대를 위한 아동복지서비스(아동학대의 이해, 아동학대의 현황, 아동학대 처리과정, 아동학대에 대한 교사의 역할, 미국의 아동학대 대응, 아동학대보호사업의 개선방안), 제10장 다양한 가정의 아동복지서비스(다문화가정의 아동복지, 새터민가정의 아동복지, 한부모가정의 아동복지, 조손가정의 아동복지) 등이다.

넷째, 제4부 아동권리 및 복지의 과제와 발전방향이다. 제11장 아동권리 및 복지의 과세와 발전방향(아동권리와 복지의 과제, 아동권리와 복지의 쟁점, 아동권리와 복지의 발전 방향) 등으로 구성되어 있다.

이 책에서는 아동권리와 복지에 대한 다양한 내용들을 전달하기 위하여 쉽게 설명하였고, **〈학습목표〉**, **〈생각해 봅시다〉**, **〈참고자료〉**, **〈사례: 현장 활용자**

료〉 등을 포함시킴으로써 교육현장의 활용도를 높이고자 하였다. 아울러 이 책은 유치원교사, 보육교사, 아동복지시설에서 근무할 아동전문가, 미래에 아동복지에 관심을 가지고 있는 학생들에게 필요한 지식과 정보를 제공하고자 한다. 그리고 이 책을 통해 아동의 권리와 복지에 대한 올바른 태도를 형성하는 데 작은 밑거름이 되기를 희망해 본다. 마지막으로 출간을 맡아주신 동문사 유재영 상무님과 좋은 책을 만들려고 애써주신 편집부 여러분들에게 깊은 감사를 드린다.

이 책의 내용 측면에서 꼼꼼하게 교정을 도맡아준 큰 딸 신샛별에게도 고마움을 전한다. 지금까지 학문적 탐구 여행을 할 수 있도록 곁에서 묵묵히 참아준 내자 김화영에게도 항상 감사한 마음을 전한다.

2018년 5월

한성대학교 연구관에서

저자 신재흡 識

차/례

PART

I

아동권리에 대한 이해

CHAPTER

01 아동권리

학습목표

1. 아동권리의 개념과 중요성을 설명할 수 있다.
2. 한국 아동권리의 실태 및 현황을 설명할 수 있다.
3. 한국 아동권리의 내용과 원칙을 토대로 권리의 필요성을 설명할 수 있다.

전통적으로 아동복지의 주요 관심사는 요보호아동을 대상으로 의식주의 문제를 해결해주는 물질적인 구제와 지원이었다. 하지만 삶의 수준이 점차적으로 향상되면서 단순한 생존의 차원을 넘어서 인간으로서의 권리 문제에 관심을 가지게 되었다. 우리나라의 아동복지법에는 아동을 18세 미만으로 규정하기에 아동의 권리란 18세 미만이 연령에 속하는 아동과 청소년이 인간으로서 누려야 할 기본적인 권리를 의미하는 것으로 볼 수 있다.

서양 중세사회에서는 봉건제도 속에서 아동이 군사력이나 노동력의 확보 수단으로 이용되었고, 신분에 따라 아동의 대우도 다소 차이가 있었다. 종교단체를 중심으로 아동의 생명을 귀하게 여기려는 운동이 일어나기도 하였는데, 이는 동정적인 자선행위였으며, 아동의 이익이나 권리를 인정한 것은 아니었다.

근대사회는 산업혁명으로 시민계급이 등장하면서 봉건제도는 붕괴되고, 자본주의가 발달하였다. 산업 자본가는 이윤을 추구하기 위해 임금이 저렴한 연소자를 고용하여 노동력을 착취하기에 이르렀다. 국가는 국민을 보호하기 위해 구민법과 같은 구호시스템을 마련하고, 민간단체들도 자발적으로 빈곤한 아동을 돕는 일에 동참하였다(김호년 외, 2016).

한편 19세기 말엽까지 아동학대에 대한 법률이 제정되지 않아 아동을 학대한 부모를 동물학대금지법에 회부하였다는 사실은 이를 뒷받침해주는 것이다. 세계 각국은 1920년대에 진입하면서 아동의 권리에 대해 관심을 갖기 시작하였고, 이러한 노력은 「아동권리에 대한 제네바선언」으로 출발하여 「유엔아동권리선언」과 「유엔아동권리협약」으로 발전하게 되었다(정옥분 외, 2016).

우리나라에서 처음 아동권리를 선언한 것은 '제네바선언'보다 한 해 앞선 1923년이었다. 당시 우리는 주권을 일본에게 빼앗긴 가운데에서도 민족의 새싹인 어린이를 사랑하고 씩씩하게 키우기 위하여 '어린이날'을 제정하였다. 바로 그해 어린이날 기념식장에서 '소년운동협회'가 '아동의 권리 공약 3장'을 선포하였다. 그 내용은 어린이에게 완전한 인격적 예우를 하고, 14세 이하의 어린이에게 무상 또는 유상 노동을 폐지하며, 어린이에게 배우고 놀 수 있는 가정 또는 사회시설을 행하도록 역설한 것이다. 아동을 부모의 부속물이나 무능력자로 인식하지 않고, 하나의 인격체로 보려는 시각은 이후 '어린이헌장'과 '청소년헌장'으로 이어졌다(이용교, 1999).

이 장에서는 아동권리의 의미, 한국 아동권리의 내용과 원칙, 한국 아동권리의 실태 및 발전 현황 등에 대해서 고찰하기로 한다.

01 아동권리의 의미

아동이란 개념은 법률상으로는 존재한다. 아동복지법 제3조 제1호에 의하면 아동은 '18세 미만의 자'로 규정된다. 그러나 헌법과 여타 법률상에서는 아동의 유사개념으로서 연소자, 미성년자, 소년, 영유아, 청소년 등의 용어로 혼용해 사용하고 있다. 현행 국내법에서 규정하고 있는 아동의 정의는 표 1-1과 같다.

표 1-1 현행 국내법의 아동의 규정 기준

명칭	기준 연령	관련 법률
아동	18세 미만	아동복지법 제3조
영유아	6세 미만 취학 전 아동	영유아보육법 제2조
유아	만 3세부터 초등학교 취학 전 어린이	유아교육법 제2조
청소년	9세 이상 24세 이하	청소년기본법 제3조
청소년	만 19세 미만, 당해연도에 만 19세에 달하는 경우는 제외	청소년보호법 제2조
아동 · 청소년	19세 미만의 자, 당해연도에 만 19세에 달하는 경우는 제외	아동 · 청소년의 성보호에 관한 법률 제2조
아동	실종 당시 18세 미만인 아동	실종 아동 등의 보호 및 지원에 관한 법률 제2조
아동	18세 미만, 단, 취학 중인 경우 22세 미만	한부모가족지원법 제4조
아동	18세 미만	입양특례법 제2조
어린이	13세 미만	도로교통법 제11조
미성년자	20세 미만	민법 제4조
형사미성년자	14세가 되지 아니한 자	형법 제9조

*자료: 법제처 국가법령정보센터(http://www.law.go.kr).

표 1-1에 의하면 아동의 규정이 관련 법률과 기준 연령에 따라 명칭이 다양하게 혼용되고 있는 실정이다. 아동에 대한 명확한 개념 정의가 이루어지기 위해서는 인권 행사 주체 측면과 아동의 신체적 · 정신적 특성을 고려해야 될 것이다. 이러한 맥락에서 아동의 특성을 고려하면 다음과 같다(임시아, 2017).

① 아동은 성인과 대비될 수 있는 개념으로서 심신이 미성숙한 상태에 있다.
② 아동은 여러 성숙단계를 거쳐서 성장 및 발달한다.
③ 아동은 장기간에 걸쳐 의존·보호를 받아야 한다.
④ 아동은 생리적 욕구와 인격적 욕구가 동시에 충족되어야 한다.
⑤ 아동은 매우 민감하며 가정을 시초로 점차 사회화되어 간다.
⑥ 아동은 사회환경에 적응할 수 있는 능력을 학습해야 한다.

아동에 대한 개념적 정의는 발달적 특성을 고려하여 '인간'이라는 점, '성인이 되어 가는 과정'에 놓여 있다는 점이 전제되어야 할 것이다. 일반적으로 '18세 미만의 자'를 '아동'으로 정의하고 있으며, 성숙한 성인에 대비되는 개념으로서 '미성년자', 민법상의 개념 등의 논의 전개가 아동의 정의에 있어 공통된 합의점이 되어가고 있다.

따라서 '18세 미만의 자'를 아동으로 정의하지만 논의의 상황에 따라 그 의미하는 바가 다를 수도 있음을 밝힌다. 이 책에서는 영유아나 초등학생을 아동으로 부르기도 한다.

아동권리의 개념 정의는 그 권리의 주체가 아동이라는 점 때문에 많은 논란이 있다. 아동의 권리란 아동이 인간으로서 누려야 할 기본적인 제 권리를 총칭하는 것으로, 성인의 권리와 많은 공통성을 가지고 있으면서도 아동의 특성상 성인의 권리와 차이가 있다. 아동의 권리에 대한 제 학자들의 견해를 소개하면 다음과 같다.

첫째, 링거(Wringe, 1981)는 아동이 가지는 권리를 법적 권리, 자유롭게 의견 제시를 할 수 있는 권리, 참여의 권리, 특수한 권리, 복지 권리로 분류하였다.

둘째, 프리먼(Freeman, 1992)은 아동의 보호권, 성인권, 복지권, 부모의 권리 등으로 분류하였다.

셋째, 엘렌케이(Ellen Karolina Sofia Key)는 아동의 권리를 건강하게 태어나고 건전하게 양육될 권리, 정상적인 가정생활을 누릴 권리, 교육받을 권리, 정신적 · 도덕적 훈련을 받을 권리, 충분한 놀이를 즐길 권리라고 「아동의 세기」에서 강조하였다(임시아, 2017 재인용).

넷째, 김진숙(2017)은 아동의 권리는 보호받을 권리와 아동의 기본적인 욕구나 필요를 충족시켜야 할 성인의 의무를 강조한 개념과 보장하는 권리로서 아동 자신의 선택과 자율성을 강조하는 개념으로 보았다.

다섯째, 백우정(1993)은 「아동권리협약」의 권리내용을 중심으로 아동의 발달 및 생존권, 보호권, 참가권으로 분류하였고, 김은영(2017)은 아동의 권리란 인간으로서 누려야 할 기본적 권리를 총칭하며, 아동의 특성을 고려한 기본적인 욕구와 필요를 충족시켜 주고, 아동 자신의 선택과 자율성을 존중하는 권리이다. 이에 따라 아동에게 발달단계에 적합한 환경과 기회를 제공, 아동을 인격체로서 존중하며, 자신의 권리와 타인의 권리를 존중하도록 해야 한다고 보았다.

여섯째, 황성기(1997)는 아동의 생존 및 성장발달권, 의사표현권, 자기결정권을 제시하였다.

일곱째, 임시아(2017)는 1989년 UN에서 공포된 「아동권리협약」의 공통분류를 토대로 생존권, 발달권, 보호권, 참여권으로 분류하고 있다. 이순형 외(2016)는 아동의 권리를 작은 사람인 아동에게 인권은 사람으로서 이 세상에서 성장하고 발달하고 차별 없이 살아갈 권리를 말하며, 구체적으로 아동의 권리는 생존권, 성장발달권, 시민권과 자유권, 양육보장권, 복지권, 교육권 및 문화향유권, 특별보호권으로 분류했다.

여덟째, 프랭클린과 프리먼(Franklin & Freeman)은 아동의 권리유형을 네 가지로 분류하고 있다. ① 복지권(welfare rights)이다. 모든 아동의 생존과 복지를 위한 기본권적 성격의 권리를 의미하며, 영양, 의료, 주거, 건강, 교육 등의 권리가 이에 속한다. ② 보호권(protective rights)은 아동이 부적절한 양육, 방임, 착취, 학대, 유해환경으로부터 보호받을 권리를 의미한다. ③ 성인권(adult rights)은 사회 정의 차원에서 아동이 성인과 부당하게 차별받지 않을 권리를 의미하며, 투표, 노동, 결혼, 운전, 표현의 자유 등과 관련된 권리들이 포함된다. ④ 부모에 대한 권리(rights against parents)이다. 아동이 부모의 과도한 통제를 받지 않고, 자신과 관련된 사항에 대한 자율적이고 독립된 자기결정을 할 수 있고, 독립적으로 행동할 수 있는 권리를 의미하는 것으로서 작게는 자신의 외모에 관한 결정으로부터 진로선택, 의료조치, 거주지 선택, 임신중절과 같은 중대한 사안 등에 대한 결정에 있어서 아동의 자율적 판단과 대안선택 및 결정, 행동의 권리를 뜻한다(김이영 외, 2017: 43~45 재인용).

아홉째, 콜스(Coles, 1995)는 의존으로부터 자립으로의 전이과정을 감당해야 할 청소년기의 특성을 염두에 두고, 기존의 아동권리영역과 대별되는 청소년 권리의 영역을 ① 천부권(entitlements)은 청소년기에 소유하고, 행동하고, 알기 위해서 주어지는 법률적 및 도덕적 기본권을 의미하는데, 주요 하위 영역별 권리는 지식추구권, 사회보장의 권리, 사생활의 권리, 평등기회의 권리가 있다. ② 보호권(protection rights)은 사회적 착취와 학대로부터 청소년을 보호하기 위한 권리영역으로서, 특히 성적 및 신체적 학대와 노동현장에서 착취로부터의 보호에 초점을 두고 있다. ③ 의사표명권(representational rights)은 모든 청소년들이 자신의 미래와 관련된 의사결정과정에 적극적으로 참여하고 입장을 개진하고 반영할 수 있는 권리를 의미하는데, 주로 교육 및 훈련, 주거지, 의료 등과 관련된 의사결정 과정들이 포함된다. ④ 권능부여권(enabling rights)이다. 이는 청소년의 도덕적 권리 주장들이 실제로 실현 및 행사가 가능할 수 있도록 관련 자원 및 비용이 확보되어야 함을 주장하는 권리이다.

열째, 세이브 더 칠드런(Save the Children, 1999)은 「아동권리협약」의 제1부 제6조부터 제40조에 걸쳐 규정된 아동권리를 네 가지 유형으로 제시하고 있다. ① 생존권은 아동이 생명을 유지하고 기본적인 삶을 누리는 데 필요한 권리로서, 적절한 생활수준을 누릴 권리, 안전한 주거지에서 살아갈 권리, 충분한 영양을 섭취하고 기본적인 보건서비스를 받을 권리 등을 포함한다. ② 보호권은 아동이 모든 형태의 학대와 방임, 차별, 폭력, 고문, 징집, 부당한 형사처벌, 과도한 노동, 약물과 성폭력 등 아동에게 유해한 것으로부터 보호를 받고, 위기상황(난민아동, 법률저촉아동, 소수민족아동 등)에서 특별한 보호를 받을 권리 등을 포함한다. ③ 발달권은 아동이 잠재력을 발휘하는 데 필요한 권리로서 정규직·비정규직 교육을 받을 권리, 여가를 즐길 권리, 문화생활을 하고 정보를 얻을 권리, 생각과 양심·종교의 자유를 누릴 권리 등을 포함한다. ④ 참여권은 아동이 자신의 나라와 지역사회활동에 적극적으로 참여할 수 있는 권리로서, 자신의 의견을 자유롭게 표현하고, 자신의 삶에 영향을 주는 문제들에 대해 발언권을 가지며, 단체에 가입하거나 평화적인 집회에 참여할 수 있는 권리 등을 포함한다.

열한 번째, 이혜원(2006)은 아동권리의 유형을 ① 시민적 권리와 자유에 대한 권리, ② 가족환경과 대리보호에 대한 권리, ③ 기본적 보건과 복지에 대한 권리, ④ 교육·여가·문화적 활동에 대한 권리, ⑤ 특별보호조치에 대한 권리 등으로 분류하고 있다.

열두 번째, 김정래(2002)는 아동권리의 유형을 소극적 자유권과 적극적 자유권, 평등권, 복지권, 자기결정권, 참여권으로 분류하고 있다. ① 소극적 자유권은 자신이 하고자 하는 바를 자의적으로 행함에 있어 타인으로부터 방해 또는 침해받지 않을 권리를 의미한다. 이에 반해 ② 적극적 자유권은 자신의 삶을 능동적으로 선택·계획·실현하기 위한 능동적 자유권이라 할 수 있다. 예를 들면, 교과서 내용에 대한 학습거부권, 의무교육편성과정에 대한 참여권 문제, 의사표현의 자유, 집회·결사의 자유, 사생활의 자유 등이 포함된다고 할 수 있다. ③ 평등권은 적극적 의미에서 모든 아동을 평등하게 대우해야 한다는 의미이며, 또 다른 의미는 아동의 평등을 저해하는 일체의 차별로부터 보호한다는 의미이다. 후자의 정신은 「아동권리협약」 제2조에 천명되어 있다. 여기서는 인종, 피부색, 성별, 언어, 종교, 사회적 출신, 재산, 장애 여부 등에 의해 차별받지 않는다고 하고 있으나, 우리나라에서 주로 문제되는 것은 성별과 재산, 장애에 의한 차별이라고 생각된다. ④ 복지권은 결핍으로부터 해방될 수 있는 권리를 의미하며, 아동과 관련하여 생활보호대상 학생의 문제, 결식아동 문제, 소년소녀 가장의 문제 등이 있다. ⑤ 자기결정권과 ⑥ 참여권은 가장 논란이 많은 부분으로 그 인정 여부와 인정 범위에 관한 문제부터 논의가 시작되어야 할 것으로 보인다.

앞에서 언급한 링거(Wringe, 1981), 프리먼(Freeman, 1992), 엘렌케이, 김진숙(2017), 백우정(1993), 김은영(2017), 황성기(1997), 임시아(2017), 이순형 외(2016), 프랭클린과 프리먼(Franklin & Freeman), 콜스(Coles, 1995), 세이브 더 칠드런(1999), 이혜원(2006), 김정래(2002) 등이 제시한 아동권리에 대한 견해를 종합하면, 아동권리는 생존권, 성장발달권, 시민권과 자유권, 양육보장권, 복지권, 교육권 및 문화향유권, 보호권, 참여권 등으로 구성되었음을 알 수 있다. 이를 정리하면 다음과 같다.

첫째, 생존권이다. 인간의 생명은 존중되어야 하고, 그 생명활동이 유지되어야 한다. 누구나 세상에 나올 때는 생존권을 가지고 태어난다. 모든 아동이 생명을 유지하고 생명활동을 할 수 있는 권리가 보장되어야 한다. 장애가 있거나 발달이 지체된 아동도 예외가 아니다.

둘째, 성장발달권이다. 아동은 성인과 달리 신체적으로 성장하고 정신적으로 발달해야 할 과업이자 권리를 가지고 있다. 식품을 통해서 영양을 섭취하여 신체를 발달시키고, 지적 자극을 받아들여서 정신적 발달을 도모한다. 아동에게 성장발달은 자연스러운 생명활동이자 발달과업이다. 결국 아동에게 성장발달을 금지하는 것은 생명에 손상을 입히는 것이나 다를 바 없는 가해행위이다.

셋째, 시민권과 자유권이다. 성인이 사회의 시민으로서 자유롭게 의사결정을 할 권리가 있는 것처럼, 아동도 사회의 미래 시민으로서 자유롭게 자신의 의견을 제시하고 자기 미래를 결정할 권리가 있다. 아동은 때로 부모의 부당한 친권행사에 대해서도 자신의 성장과 행복을 추구할 권리를 가진다. 따라서 아동과 관련된 사항은 아동 자신의 행복을 최우선 조건으로 하여 결정되어야 한다.

넷째, 양육보장권이다. 성인과 달리 스스로를 보호할 수 없는 아동은 성장할 때까지 안전하게 양육될 권리를 가진다. 양육보장권은 아동의 발달에 적합한 가정환경을 보장받아야 할 권리를 말한다. 결국 부모로부터의 방임이나 학대와 같이 가정환경이 아동의 발달에 부적합한 경우 대리보호자에 의해 건강한 대리환경에서 보호받을 권리가 있다.

다섯째, 복지권이다. 아동이 신체와 정신을 건강하게 발달시키고 타고난 신체와 지적 능력을 계발하여 행복하게 살기 위해서는 타고난 능력이나 상태와 상관없이 보건을 유지하고, 자신의 복리를 보장받는 복지권이 필요하다. 특히 정상아가 아닌 경우에는 그 장애를 극복하도록 그리고 박탈가정에서 태어난 경우에는 그 환경의 문제를 극복하도록 사회가 지원해 주어야 한다.

여섯째, 교육권 및 문화향유권이다. 아동은 잠재된 능력을 계발하기 위해서 교육받을 권리가 있다. 특히 사회에서 직업을 가지고 생활을 영위할 수 있는 기본능력을 준비하는 교육과정이 제공되어야 한다. 우리나라는 초·중학교 9년 과정을 의무교육으로 정하고 있다. 2013년부터 0세부터 5세아 무상보육이 실시되는데, 이는 점차 확대 실시되고 있다.

일곱째, 보호권이다. 이는 모든 유형의 학대와 방임, 폭력 등 해로운 상황으로부터 아동을 안전하게 보호하고 돌봄을 받을 권리로 특별조치 상황에 놓인 아동을 보호하는 권리도 보호권에 속한다.

여덟째, 참여권이다. 아동이 속한 나라와 지역사회에서 자유롭게 의사를 표현하며, 존중받는 권리로 표현·양심·종교의 자유와 사생활보호, 유익한 정보를 얻을 권리 등이 참여권에 해당한다.

사례: 현장활용 자료

• 다음 사례(발췌된 기사)를 읽고 아동의 권리 중 어떤 권리가 침해되었는지 이야기 하시오.

〈사례 1〉

이주민영유아돌봄센터에는 필리핀, 인도, 스리랑카, 캄보디아, 인도네시아, 몽골 등 피부색도 국적도 다양한 무국적 어린이 7~8명이 세상 모르고 곤히 낮잠을 자고 있다. 이곳을 찾는 어린이들의 부모는 불법 체류자, 난민신청자 등 한국 국적도 없고 비자도 없는 이들이다. 이들 부모가 공장으로 출근하는 새벽 6시부터 센터는 아이들을 맡아 오후 6시까지 돌본다. 아이들은 부모가 비자가 만료됐음에도 돈을 벌기 위해 한국을 떠나지 않아 불법체류 상태가 대부분이고, 일부는 난민 신청이 받아들여지지 않은 신분이다.

* 무등일보 2017.6.28. 무국적 영유아들의 아픈 현실, 인권도시 광주의 그늘

〈사례 2〉

인천시 어린이집 '풀스윙' 폭행사건 이후에도 유치원에서의 아동학대 역시 40건으로 같은 기간 2.6% 증가했다. CCTV 설치를 의무화하고, 경찰이 학대전담경찰관(APO)을 편성해 어린이 보육시설을 대상으로 학대 예방을 위한 예방 교육도 하고 있지만, 시설에서의 아동학대는 줄지 않았다. CCTV 사각지대에서 '보이지 않는 학대'가 계속되고 있는 것이다.

* 매일경제 2017. 1.18일자, 아동 '풀스윙 구타'사건 2년 영유아 인권유린 여전

〈사례 3〉

유엔의 마크 로콕 인도주의업무조정국(OCHA) 국장은 27일 안보리에서 예멘의 상황은 3년간의 내전으로 2220만명의 인구가 긴급 구호와 보호가 필요한 최악의 "종말론적 상황"이라고 경고했다. (생략) 5세 이하 영유아 40만 명이 심각한 영양실조에 걸려있으며, 이들에게 빨리 구호식을 공급하지 않으면 동년배의 건강한 아이들보다 10배나 사망위험이 크다고 르콕은 주장했다.

* 뉴시스 2018.2.28.일자

〈사례 4〉

유치원과 어린이집 방과후 영어수업 금지정책에 대한 논란이 거세지자 교육부가 이를 유예하고, 관련 운영기준을 내년 초까지 마련하기로 결정했다. 학부모와 교육현장의 목소리를 반영하지 못했음을 교육부가 인정하고 한발 물러선 셈이다.

* 조선일보 2018.1.16.일자

이처럼 아동권리에 관해서 아동권리 천명으로만 아동권리가 보장되는 것은 아닐 것이다. 권리주체로서의 아동은 자율권을 가짐과 동시에 보호받고 양육받을 권리도 지닌다. 그러므로 부모와 가정, 국가 및 사회는 아동을 권리주체로 인정함과 동시에 아동의 '행복보장을 위한 권리'를 지켜주기 위한 적극적 노력이 필요하다 할 것이다(임시아, 2017).

사례

2010년 65차 유엔총회에서 유아발달에 관해 자료를 수집하고 모니터링하는 국가 차원의 보다 나은 모니터링 도구개발의 필요성을 강조하였다(UNGA resolution 65). 그 결과 유아권리지표(Early Childhood Rights Indicators)가 개발되었다. 이는 총체적인 아동권리 이행을 위한 준법적 문서이다. 그리고 유아기의 아동권리 이행을 보다 더 잘 모니터링하고 보고하기 위해 언제 어디서 아동권리의 침해가 일어나는지를 이해하고, 그러한 침해를 다루어갈 방식을 제안하고 있다(UNESCO, 2012).

이 지표는 유아와 관련된 일을 하는 모든 이들에게 유용하다. 즉, 유아의 삶에 영향을 주는 프로그램을 다루는 사람이나 보육 · 유아교육, 아동복지 관련 종사자, 유아와 관련된 해당부처 관계자, 아동권리에 대한 보고의 책임이 있는 정부 등 다양하다(Early Childhood Rights Indicators Group, 2010).

이 지표는 모두 15세트로 구성되어 있는데, 이들은 6개 범주로 나뉜다. 협약의 이행에 대한 국가보고서에서 사용하는 8개 범주 중 6개 범주를 기초로 하고 있다. 즉, 국가보고서의 1. 협약 이행을 위한 일반조치, 2. 아동의 정의, 3. 일반원칙, 4. 시민적 권리와 자유, 5. 가정환경 및 대안양육, 6. 기초보건 및 복지, 7. 교육, 여가 및 문화적 활동, 8. 특별보호 조치의 모두 8개 범주 중에서 '아동의 정의'와 '일반원칙'의 두 개 범주를 제외한 6개 범주의 지표가 개발되었다. 영유아권리지표는 다음과 같다.

〈영유아권리지표: 영유아 권리 모니터링 도구〉

1. 협약 이행을 위한 일반조치(4개)
 1) 일반논평 7의 보급
 2) 적극적인 의제 구성과 이행
 3) 인권 훈련
 4) 데이터 수집 체계

2. 시민적 권리와 자유(1개)
 5) 출생 등록

3. 가정환경과 대안 양육(2개)
 6) 가정 내 의사결정에 참여
 7) 영유아(어린아동)에 대한 폭력

4. 기초보건 및 복지(3개)
 8) 기본적인 물질적 필요
 9) 생존과 보건
  9a) 모유 수유와 보충식
  9b) 보건서비스에 대한 접근과 이용
 10) 연령에 적절한 보건교육

5. 교육, 여가 및 문화적 활동(4개)
 11) 조기교육서비스 제공
 12) 취약집단에게 조기교육서비스 제공
 13) 권리에 대한 지식과 지원 역량
 14) 놀이, 여가, 휴식의 기회

6. 특별보호 조치(1개)
 15) 취약한 집단을 위한 포괄적 정책과 규정

*자료: 이재연 외(2015). 아동권리 0-8 -육아지원기관에서 아동권리 레토릭과 현실. 서울: 교육과학사. pp.17-19.

02 한국 아동권리의 내용과 원칙

1. 한국 아동권리의 내용

한국 아동권리의 내용을 논하자면, 본격적으로 아동권리를 명시한 것은 어린이헌장이 최초라 할 수 있다(고인숙 · 류현수, 2017: 69~70). 1957년 제정된 어린이헌장은 1988년 제66회 어린이날을 맞이하여 시대적 변화에 맞게 개정되어 전문과 11개조로 공포되었다. 어린이헌장은 아동의 존엄성 존중, 가정에서의 보호, 영양, 교육, 문화, 놀이에 관한 아동권리, 학대와 노동으로부터 보호받을 권리, 장애아동이 보호받을 권리 등을 포함하고 있으나, 실질적이라기보다는 선언적 의미가 강하다고 할 수 있다. 또한 아동권리에 대하여 법제화된 것은 1961년 아동복리법이 시행되면서부터이고, 이를 기초로 1981년 아동복지법이 시행되면서부터이다. 아동복지법(2000년 개정)은 제1조 목적에서 '아동이 건강하게 출생하여 행복하고 안전하게 자랄 수 있도록 아동의 복지를 보장하는 것을 목적으로 한다'라고 명시되어 있으며, 제3조 제3항은 '아동에 관한 모든 활동에 있어서 아동의 이익이 최우선적으로 고려되어야 한다'를 기본개념으로 명시하고 있다. 그리고 청소년 기본법(2004년 개정)의 제1조에서는 '청소년이 사회구성원으로서 정당하게 대우받고 권익을 보장받으며, 스스로 생각하고 자유롭게 활동할 수 있게 하며, 미래사회의 주역으로서 국가와 사회가 필요로 하는 건전한 민주시민으로 자랄 수 있도록 한다'라고 명시하고 있다. 특히 최근에 영유아교육기관의 아동학대 사건들이 사회적 문제가 되면서 아동권리의 중요성이 제기되었다. 또한 지속적인 저출산 현상으로 인하여 아동의 전인적 발달과 성장을 지원하기 위한 아동권리 보장은 미래사회를 위한 투자라 할 수 있다. 우리나라 아동의 경우 삶의 질이나 삶의 만족도는 매우 낮은 것으로 나타나 충격을 주기(보건복지부, 2014) 때문에 가정에서의 아동권리를 위한 적절한 안내와 지침이 필요하다. 아울러 교육기관에서 아동권리 교육을 강화할 필요성이 있고, 아동권리 프로그램을 개발하고 활용해야 할 것이다.

사례: 현장활용 자료

1. 최근 논란이 되고 있는 No-Kids Zone에 대한 견해를 간단하게 서술하시오.

2. 유아교사로서 다음과 같은 사례에서 영유아의 권리를 인정하는 방법은 어떤 것이 있는가?

   Q: 유아가 점심 식사 도중 특정 음식을 먹기 싫다고 강하게 거부할 때 어떻게 지도할 것인가?
   A: ______________________________

   Q: 5세 유아들에게 세수하는 순서를 교사가 알려주었는데 이는 유아에게 어떠한 권리를 침해했다고 볼 수 있는가?
   A: ______________________________

   Q: 일과활동 시 소그룹을 만들 때 유아들의 의견을 반영할 수 있는 방법은 무엇인가?
   A: ______________________________

*자료: 이덕희 외(2018). 아동권리와 복지. 서울: 동문사. p.109에서 인용 및 수정.

2. 아동권리의 원칙

「유엔아동권리협약」(1989)에서는 아동이 누려야 할 권리를 보장하기 위해 기본원칙을 제시하고 있다.

첫째, 아동차별금지의 원칙(non-discrimination)이다. 「유엔아동권리협약」의 가장 기본을 이루는 원칙이다. 이 원칙은 자신 또는 부모나 법정후견인의 신분에 따라 아동이 어떤 종류의 차별도 받지 않아야 한다는 것이다. 「유엔아동권리협약」 제2조에서 아동이 어떠한 경우에도 차별을 받아서는 안 되며, 협약에 규정된 모든 권리를 보장받아야 한다는 기본원칙을 명시하고 있다. 「유엔아동권리협약」 제2조에 의하면, 협약당사국은 아동과 그 부모 또는 후견인의 인종, 피부색, 성별, 언어, 종교, 정치적 견해, 국가적 · 민족적 · 사회적 출신, 재산, 장애, 출생 또는 기타 신분에 무관하게 법적으로 차별받지 않을 권리를 보장해야 한다. 협약당사국은 아동의 부모, 후견인 또는 가족구성원의 신분, 활동, 견해 또는 신념으로 인한 차별이나 처벌로부터 아동을 보호하기 위한 모든 적절한 조치를 취해야 한다고 규정하고 있다. 예를 들면, 2006년 다문화가정 아동의 교육환경 개선을 위해 '다문화가정교육 지원대책'을 수립하였고, 2007년 제정된 「재한외국인처우개선법」에 근거하여 2008년 '제1차 외국인정책 기본계획'을 수립하였으며, 2012년에는 '제2차 외국인정책 기본계획'을 확정하였다.

둘째, 아동 최우선 이익의 원칙(devotion to best interests of the child)이다. 「유엔아동권리협약」 제3조에 의하면 공공 또는 민간사회복지기관, 법원, 행정당국이나 입법기관에서 실시되는 아동에 관한 모든 활동에서 아동의 최상의 이익(the best interests of the child)이 우선적으로 고려되어야 한다. 협약당사국은 아동의 부모, 법정후견인 혹은 아동에게 법적 책임을 지는 사람의 권리와 의무를 고려함으로써 아동에게 필요한 보호와 양육을 보장하고, 이를 위해 적절한 입법적 · 행정적 조치를 취해야 한다. 아동 최우선 이익 원칙을 보장하기 위해 우리나라 정부는 2007년 민법 개정을 통해 부모에게만 인정되던 면접교섭권을 자녀에게도 인정하였고, 아동이 최대한 가정적인 환경에서 성장할 수 있도록 국내입양 활성화와 가정위탁 등의 가정보호사업의 확대를 추진하고 있다. 아울러 드림스타트(Dream Start) 사업, 한부모가족지원법 및 건강가정지원법 등을 통해 아동과 그들 가족의 이익을 보장하기 위한 정책도 시행하고 있다.

셋째, 아동의 생존과 발달의 원칙(the right to life, survival and development)이다. 「유엔아동권리협약」 제6조에 협약당사국은 모든 아동이 생명에 관한 고유한 권리를 가지고 있음을 인정하고, 아동의 생존과 발달을 최대한 보장해야 한다고 명시하고 있다. 가정불화나 실직 등으로 인한 아동학대나 학교폭력, 집단따돌림, 성폭력 등은 우리 사회에서 아동의 생존 및 발달을 보장하기 위한 노력의 일환으로, 우리 정부는 심각한 사회문제로 대두되고 있는 학교폭력을 효과적으로 예방하고 대처하기 위하여 2005년 '학교폭력 예방 및 대책 5개년 계획'을 수립하였다.

넷째, 아동 의견 존중의 원칙(respect for the views of the child and participation)이다. 「유엔아동권리협약」 제12조에는 협약당사국은 아동이 자신의 견해를 자유롭게 표현할 권리를 보장해야 함을 명시하고 있다. 제12조 내용을 살펴보면, 협약당사국은 자신의 의견을 형성할 능력이 있는 아동에게는 본인에게 영향을 미치는 모든 문제에 대해 자유롭게 의사를 표현할 권리를 보장하고, 아동의 나이와 성숙도에 따라 그 의견을 적절하게 수용해야 한다. 협약당사국은 아동에게 영향을 미치는 사법적·행정적 절차를 시행함에 있어서 국내법 준수의 범위 안에서 아동이 직접 또는 대리인이나 적절한 기관을 통해 의견을 진술할 기회를 갖도록 해야 한다고 규정하였다. 이처럼 아동 의견 존중의 원칙은 아동이 자신의 삶에 영향을 미치는 중대한 결정에 대해 알 권리뿐만 아니라 참여할 권리를 강조하고 있으나, 우리 사회에 만연해 있는 통제나 보호의 대상으로서 아동에 대한 인식은 아동 의견 존중의 원칙을 보장하는 데 장애가 되고 있다.

03 한국 아동권리의 실태 및 발전 현황

한국이 「유엔아동권리협약」에 가입한 후 아동권리는 지금까지 미흡한 부분도 있으며, 여러 측면에서 상당한 진전을 보여 왔다. 여기에서는 한국 아동권리 실태와 발전 현황을 고찰하기로 한다(정옥분 외, 2016; 이순형 외, 2016; 김승권, 2007).

1. 한국 아동권리의 실태

우리나라는 1990년 9월 25일 「유엔아동권리협약」에 서명하고, 1991년 11월 20일 비준하여 12월 20일 협약당사국이 되었다. 유엔국제협약을 비준한 우리나라는 비준국의 의무로서 5년마다 국제협약에 대한 보고서를 유엔에 제출하고 평가를 받아 왔다.

1994년의 제1차 국가보고서에서 유엔아동인권위원회의 권고사항은 모두 14개 항목이다(Hodgkin & Newell, 1998). 유엔아동인권위원회는 우리나라가 유보한 다음의 세 가지 항목에 대해서 이행을 촉구했다. ① 첫째, 자녀의 부모면접권 보장에 관한 권리(제9조 제3항)이다. 이는 「아동권리협약」의 내용과 우리나라 민법의 내용이 다르기 때문에 내려진 조치다. 우리나라 민법 제837조의 2에서 부모의 면접권만을 보장할 뿐만 아동의 면접권이 보장되지 않은 탓에 협약의 내용과 민법을 일치시키기 위해 유보조치가 취해졌다. ② 입양절차에 관한 협약(제21조 가호)에서는 관계 당국의 허가를 받아 엄격하게 입양하도록 했으나, 민법 제869조와 호적법 제66조는 당사자의 협의와 입양신고만으로도 입양이 가능하도록 했기 때문에 유보되었다. ③ 세 번째, 상소권 보장(제40조 제2항 나호)에 관한 것이다. 우리나라 헌법 제110조 제4항과 군사법원법 제534조에서 비상계엄과 군사재판에서 단심제가 인정되고 이와 함께 인권위원회에서는 상소권이 제한되기 때문에 유보시킨 것이지만, 이 문제가 시정 사항으로 지적되었다(이순형 외, 2016).

유엔아동권리위원회는 2000년 5월에 제출한 우리나라의 2차보고서를 심의하고 몇 가지 권고의견을 제시했다. 유엔아동권리위원회는 아동학대의 조사와 보고를 규정하고 있는 1997년 가정폭력특별법, 19세 미만 청소년으로부터의 성매수를 범죄로 규정한 2000년 청소년의 성보호에 관한 법률 등 「아동권리협약」의 이행 진전을 위해 이루어진 입법과 2001년 국가인권유엔아동권리위원회의 설립을 환영했다. 또한 아동권리에 대한 원칙, 즉 무차별원칙(제2조), 아동의 최상의 이익존중(제3조), 생명발달권(제6조), 연령과 성숙도에 따른 아동의 견해 존중(제12조) 등이 아동 관련 법령에 적절히 통합되고, 이 원칙들이 아동에게 영향을 미치는 모든 정치적, 사법적, 행정적 결정과 사업에 적용되기를 권고하였다. 따라서 유엔아동권리위원회는 2003년 한국정부에 대해 2차 권고사항을 제시하고, 그 이행 상황에 관한 3차 및 4차 통합보고서를 제출하도록 하였다.

2008년 한국정부는 각 부처의 내용을 취합해 「유엔아동권리협약」 이행에 대한 제3, 4차 통합국가보고서를 유엔아동권리위원회에 제출하였다. 「유엔아동권리협약」 제3, 4차 정부보고서에 대한 권고사항은 표 1-2와 같다.

표 1-2 「유엔아동권리협약」 제3, 4차 정부보고서에 대한 권고사항

구분	권고사항
일반조치	• 아동정책 관련 모든 영역을 포괄, 조정할 수 있는 기구의 운영이 필요 • 모니터링 센터의 독립성을 보장받기 위한 현행 위탁운영제도의 개선 • 아동권리모니터링 기구 설치와 권한에 대한 아동권리전문가 의견 수렴 • 아동권리모니터링 센터의 역할 수행에 대한 외부기관 평가 • 아동권리모니터링 센터의 기능과 운영방식에 대한 법적근거 마련과 공식적 지위 확보 • 아동권리모니터링 센터와 옴부즈맨 사무국에 대한 인력과 재정적 지원 • 아동정책개발 주도 연구기관 및 아동의 전반적 삶에 대한 모니터링과 기초자료 수집을 위한 기구 설치 • 아동관련 예산의 충분한 확보와 지역 간 아동복지 불평등의 해소 • 협약에 대한 인지도를 높이기 위한 적극적 전략 모색
아동의 정의	• 「아동권리협약」의 4가지 원칙에 근거한 연령 기준 설정 • 연령 중첩과 누락으로 인한 권리와 의무, 서비스 혜택의 차이 제거와 부처 간 업무 중복이나 공백 방지를 위한 정확한 자료 수집을 위한 아동 개념의 통합 • 아동이 자신의 문제에 대한 의사표시와 이를 사법적 · 행정적 결정에 반영하기 위한 법률과 세부 절차에 관한 규정 마련
일반원칙	• 제도권 교육 밖 아동들의 차별금지를 위한 적극적 대책 마련 • 정부 부처 간 상호 활동과 의사소통 증진을 위한 연계망 형성 • 청소년 미혼모의 학업, 양육을 위한 제도 마련 • 아동의 생존 · 발달원칙을 체계적, 실질적으로 보장하기 위한 사전예방과 사후관리 대책을 포괄하는 정책, 제도 및 행정조치 필요 • 아동의 삶에 직접적인 영향을 주는 전문기관 구성원 양성교육과정에 아동인권교육을 필수과목으로 포함시킴 • 아동을 인권의 주체로 바라보는 인식 증진 및 교육 필요
시민적 권리와 자유	• 아동의 학교 내외 정책결정과정 및 정치적 활동 참여, 표현과 결사의 자유 보장을 위한 정부당국의 지침과 학교 운영규칙 개정 • 교육 현장에서 종교의 자유에 대한 아동의 권리 보장 • 두발규제와 소지품 검사는 불가피한 경우에만 실시될 수 있도록 학교생활규정 개정 및 이에 대한 교원의 인식개선을 위한 내용 직무연수과정에 포함 • 학교 현장에서 체벌금지를 위한 초 · 중등교육법 시행령 제정 및 학교폭력 방지를 위한 실효성 있는 대책 강구

(계속)

구분	권고사항
가정환경 및 대안 양육	• 방과후 돌봄 서비스, 방학중 급식지원 등 취약계층 아동의 복지서비스 확대 • 빈곤감소를 위한 사회안전망 확대 정책 수립과 효과적인 전략 수립 • 지역아동센터서비스의 질적 · 양적 개선을 위한 예산 증액 • 저출산 · 고령화 문제와 아동양육비 경감을 위한 아동양육수당의 도입 검토 • 학대나 방임 상황에서 부모로부터 아동격리 • 아동의 이익을 위한 부모의 친권과 양육권 회복을 위한 사법적 절차의 확립 • 사회복지사의 증원과 기술 및 능력 함양 • 아동보호전문기관의 체계 강화와 아동친화적인 사법제도 확립 • 피해아동과 가해부모를 모두 지원할 수 있는 전국적인 대응체계를 확립 • 아동 이익 우선을 고려한 입양 절차 • 아동보호와 국가 간 입양에 대한 헤이그협약 비준
기초보건 및 복지	• 아동의 흡연, 음주, 정신건강문제에 대한 정부차원의 종합적인 특별대책 수립 • 아동청소년 건강보호 및 증진을 위한 민관 합동의 범국민적인 추진체 필요 • 장애아동에 대한 보건복지서비스를 총괄하는 독립된 법체계(가칭 '장애아동보건복지지원에 관한 법률' 제정) 마련 • 장애아동 지원정책의 강화와 전담부서 지정 • 청소년기본법(9~20세)과 아동복지법(18세 미만)의 대상 구분 혹은 통합과 부처 간 연계 협력을 위한 행정시스템 구축 • 현행 아동복지법 전면 개정을 통한 포괄적인 가칭 '아동기본법'의 제정 검토
교육, 여가, 문화적 활동	• 대학입학을 위한 과도한 경쟁과 사교육비 증가에 대한 강력한 조치 요구 • 건전한 발달을 위한 활동 개발과 참여 기회 보장을 위한 조치 강구
특별보호조치	• 특별한 보호를 요하는 아동에 대한 광범위한 인식 증진 필요 • 교육권, 의료권 등 기본적 권리 보장을 위한 법적 · 제도적 장치의 마련 • 최저임금 보장, 법정근로시간 준수, 사업장 안전 확보, 각종 폭력예방 등 아동권리를 보장하기 위한 근로감독기준 강화 • 아동 고용 사업주 대상 노동법령 교육 및 성희롱 예방교육 실시 • 성폭력 피해자 및 가해자, 범죄패턴, 처벌 수준 등에 관한 정확한 통계 마련 • 방임아동, 맞벌이가정 자녀 등에 대한 아동보호대책 마련과 사회안전망 구축 • 기존 아동성폭력 방지책의 효과성 검토와 실효성 있는 대응책 마련 • 예방과 교정, 치료 등의 사후관리를 포괄하는 체계 구축 • 행정기관과 전문 집단으로 구성된 어린이 성폭력 전담 기구 설립 • 피해아동 지원을 위한 절차 및 체계의 효율화(수사 · 상담 · 사후관리 기관의 일원화, 성폭력 2차 피해 방지를 위한 제도개선 및 관련분야 종사자 교육 확대 실시) • 인터넷, 휴대폰을 통한 음란물 유포 방지 및 선정적인 대중매체 규제대책 마련 • 소년범죄는 원인이 복합적인 문제로 가정, 지역사회, 학교 등 다양한 주체들과의 유기적인 연계성 확보가 필요 • 취약아동이 비행에 빠지는 것을 막고 재범 발생을 방지하기 위해 사회안전망 및 체계적 사회 복귀 프로그램 구축이 필요

*자료: 보건복지부(2011). 「유엔아동권리협약」 제3, 4차 국가보고서 및 권고사항 자료집.

유엔아동권리위원회는 2011년 한국정부가 제출한 제3, 4차 통합보고서를 심사하여 다음과 같은 최종 견해를 채택하였다. 유엔아동권리위원회는 2010년 3월 개정된 가사소송법, 2011년 개정된 입양특례법, 민법, 초 · 중등교육법, 아동복지법, 다문화가족지원법 및 2011년 제정된 장애아동복지법, 자살예방 및 생명존중 문화 조성을 위한 법률의 채택을 환영한다고 하였다. 그리고 2006년 10월 18일 여성에 대한 차별철폐에 관한 협약 선택의정서 가입과 2008년 12월 11일 장애인권리협약 비준을 환영하며, 2010년 '제2차 학교폭력 예방 및 대책 5개년 기본계획 수립'을 환영한다고 하였다. 이와 동시에 우리 정부의 1, 2차 보고서를 심사하여 이행되지 않은 권고사항 가운데 ① 국가인권위원회 내 아동권리 분과위원회의 설립, ② 체벌의 전면적인 금지 그리고 ③ 아동이 겪는 고도의 스트레스를 줄이기 위한 교육정책 검토와 관련된 사항을 처리하기 위하여 필요한 모든 조치를 취할 것 등을 촉구한다고 했다. 그리고 제5, 6차 통합정기보고서를 2017년 6월 19일에 제출하였다(보건복지부, 2011).

2. 한국 아동권리의 발전 현황

유엔아동권리위원회의 권고사항 이행을 모니터링한 연구보고서에 따르면, 아직도 많은 영역에서는 이행추진 상황이 불이행되거나 이행추진이 미진한 것으로 나타났다. 아동권리의 발전 현황을 제시하면 다음과 같다(정옥분 외, 2016; 김승권, 2007; 김종세, 2008; 남기철, 2005).

첫째, 「유엔아동권리협약」 유보조항의 개선이다. 「유엔아동권리협약」 비준 당시 우리나라는 아동의 부모면접교섭과 입양허가제, 상소권 인정의 3개 항목은 유보한 채 협약을 비준하였다. 당시 우리나라는 부모의 자녀면접교섭권만 인정하였으나, 이후 자녀의 부모면접교섭권 보장을 위한 민법 개정이 추진되어 2008년부터 이를 인정하고 있다. 또한 협약 비준 당시 입양은 호적에서 정한 절차에 따라 신고만 하면 가능했으나, 2008년부터 친양자제도가 도입됨으로써 허가제가 되었다.

둘째, 아동권리모니터링을 위한 상설기구 발족이다. 2006년 보건복지부는 2008년 12월까지 「유엔아동권리협약」의 국내 이행 상황을 모니터링하고 홍보를 강화하기 위해 교육, 법조, 의료 등 사회 각 분야의 전문가인 16

명의 옴브즈퍼슨(ombudsperson)과 9명의 옴브즈키즈(ombudskids)를 위촉하였다. 옴브즈퍼슨은 국내 아동정책에 대한 모니터링과 아동인권권리 홍보, 아동권리 침해 사례조사 및 정책 제언 등의 활동을 수행하였다. 옴브즈키즈는 12~17세 아동 9명으로 구성되었는데, 이들은 아동권리에 대한 사회적 인식 확대와 아동이 참여하는 아동 친화적인 정책개발을 위하여 아동단체 홈페이지 공모 등을 통해 선발되었다. 아울러 2010년 6월부터 2012년 12월까지 활동하게 될 옴브즈퍼슨 10명과 옴브즈키즈 10명을 선발함으로써 아동의 권리를 증진시키기 위해 적극적으로 노력하고 있다. 아울러 협약과 관련된 모든 분야에 잘 대처하기 위해 10개 영역(인구, 생명 및 생존, 보건, 교육, 가족, 사회성 발달, 사회보장, 경제적 안정, 문제행동과 사회적 환경)으로 구성된 아동권리지표를 개발하였다(한국아동권리학회, 2001). 그리고 개발된 아동권리지표를 토대로 아동정책 조정과 협약 모니터링을 위한 상설중앙기구로 국무총리 산하 아동정책조정위원회가 신설되어 각 부처별 아동정책을 총괄하고, 「아동권리협약」 이행사항 모니터링 업무를 수행하고 있다. 2006년에는 한국보건사회연구원에 아동권리모니터링센터가 설치되었다.

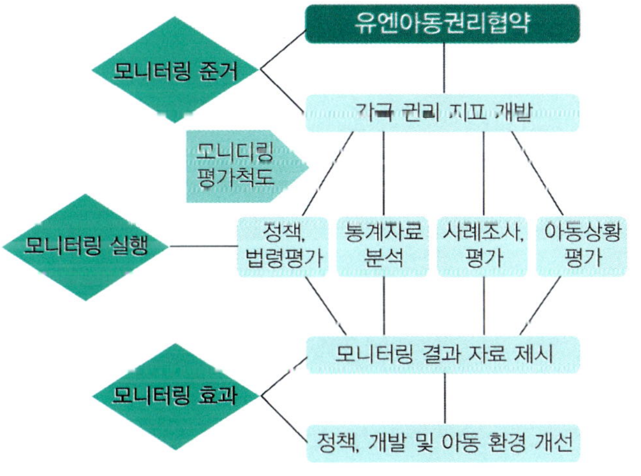

*자료: 정옥분 외(2017). 아동권리와 복지. 서울: 학지사. p.74.

그림 1-1 아동권리모니터링 체계

셋째, 아동권리에 대한 지방자치단체의 적극적인 관심이다[1]. 국제사회에서 「아동권리협약」의 이행을 위해 노력하고 있는 유니세프는 국제적인 전략으로서 '아동에게 다정한 도시(Child Friendly City)'를 제창하고 있다. 유니세프는 아동권리실현에 있어서 정부의 역할도 중요하지만 지방정부의 적극적인 역할을 촉진하는 전략을 세우고 있는 것이다. 또한 2002년 유엔 아동특별총회 결과문서에서도 '아동이 살기 좋은 세상(A World Fit for Children)'을 위해서 정부대표자들은 '가구 지방정부와 당국, 특히 각계각층의 협력 강화를 통해 어린이들이야말로 개발을 위한 핵심 사안이라는 점을 인식하고, 아동과 친화적인 지역사회를 만드는 사업, 빈민촌 없는 도시를 만드는 일 등 현재 진행 중인 복지사업을 강화함으로써 지방도시의 시장과 지도자들은 아동의 삶을 충분히 개선할 수 있다'고 약속하였다. 우리나라의 아동권리에 대해서는 아동복지법에 명시되어 있고, 시·군·구 기초지방자치단체에 의해 위촉되어 있는 '아동위원'제도를 아동권리증진을 효과적으로 이룰 수 있는 바람직한 방안으로 볼 수 있다.

넷째, 체벌 및 아동학대의 방지이다. 유엔아동권리위원회는 체벌이 공식적으로 학교에서 허용되고 있는 것을 우려하여, 관련 법률 및 규칙의 개정과 체벌금지에 대한 공공캠페인, 비폭력적인 징계 형태를 한국정부에 권고하였다. 이에 아동권리 캠페인을 통해 체벌금지에 대한 사회적 공감대를 형성하고, 아동권리침해 사례에 대한 모니터링을 강화하였다. 아울러 교육부는 5개년 기본계획으로 학교폭력대책팀을 신설하고, 학생인권문제를 최우선 과제로 설정하고 보다 근원적인 학교폭력대책을 마련하기 위해 노력하고 있다(교육부, 2006). 아동학대예방 및 방지를 위한 노력으로 2005년 7월 신설된 아동복지법 제26조 2의 아동학대 신고의무자 교육에서는 아동학대 사건을 집행하는 사법집행인원과 사회복지사, 검사를 대상으로 한 훈련을 규정하고 있다. 또한 아동복지법 시행령에는 아동보호전문기관 상담원이

1) 「유엔아동권리협약」은 구체적으로 지자체의 역할에 대해서 언급하고 있지는 않으나, 협약의 제4조에서 볼 수 있듯이 '권리를 실현하기 위한 모든 적절한 입법적, 행정적 및 여타의 조치를 취하여야 한다'라는 조항은 지방자치단체의 의회를 포함한 행정력이 아동권리 실현에 이바지해야 함을 역설하고 있다고 볼 수 있음.

총 100시간의 이론교육과 훈련실습을 이수하도록 규정하고 있다. 또한 2007년부터 각 지방 및 지역 아동보호전문기관은 학대피해아동의 보호를 위해 그룹-홈이나 단기보호시설을 운영하도록 하였다(보건복지부, 2007). 그리고 아동보호체계의 강화로 아동보호전문기관은 매년 증가하여 2015년 전국적으로 총 54개의 아동보호전문기관이 설립되었다(중앙아동보호전문기관, 2015).

다섯째, 등록 및 미등록 이주노동자 자녀에 대한 복지와 권리보장이다. 「아동권리협약」의 이행에 있어서 국내에 거주하는 어떠한 아동도 차별을 받아서는 안 된다. 협약의 차별금지의 원칙에 따라 아동의 양육 및 교육, 의료부문 등의 기초사회 보장이 이루어져야 하며, 이와 관련한 구체적인 방안도 마련되어야 한다. 또한 교육부의 명확한 행정 지침 속에서 환경에 의해 교육받을 권리가 침해당하지 않도록 해야 한다. 정부는 미등록 이주노동자의 자녀라 할지라도 협약의 규정과 이념을 이행하기 위한 모든 적절한 입법적, 행정적 조치를 취해야 한다. 한편 특별한 보호가 필요한 아동의 권리에 대한 관련 부처 간 구체적인 논의와 행동계획의 작성, 재판에서 협약의 이념이 적용될 수 있도록 해야 하며, 정부가 협약에 비준하였더라도 1990년 유엔총회에서 채택된 '모든 이주 노동자와 그 가족의 권리보호에 관한 국제협약'의 비준문제를 적극적으로 검토해야 할 것이다.

여섯째, 아동복지 예산과 시설의 증가이다. '빈곤아동 · 청소년 종합대책'을 수립 · 시행함으로써 아동빈곤율은 더 이상 증가하지 않는 것으로 나타났다. 이에 따라 요보호아동 발생건수도 지속적으로 감소하고 있는 것으로 나타났다. 아울러 저소득층 아동의 사회적 보호를 강화할 수 있는 중요한 아동복지 인프라인 '지역아동센터'가 2004년 895개소에서 2013년 4,081개소로 대폭 확충되어, 현재 지역사회 방과후 돌봄의 중심으로 발돋움하고 있다(지역아동센터중앙지원단, 2015). 한편 아동복지 예산의 증가는 미미한 수준이다. 2014년 보건복지부 일반회계예산에서 운용되는 보육분야 예산 및 아동복지 관련 예산(5조 966억 원)과 국민건강증진기금에서 운용되는 아동 관련 보건의료부분 예산(192억 원)을 포함한 아동복지

관련 예산은 5조 1,116억 원으로, 전체 보건복지 예산 46조 3,500억 원 가운데 11.04%에 해당한다. 그 가운데 2014년 보건복지부 총액기준으로 보육분야 예산이 전체 아동복지 예산의 95.5%를 차지하고 있고, 보육분야 예산과 국민건강기금에서 운용되는 아동 보건의료부분 예산을 제외한 아동복지 관련 복지 예산은 약 2,134억 원으로 전체 보건복지 예산 53조 4,725억 원의 0.5%에 불과하며, 노인복지 예산 6조 3,444억 원의 3.4%에 불과한 실정이다.

일곱째, 피해학대아동의 신변보호 및 비밀보장 명문화이다. 현행 아동복지법의 학대아동의 보호 및 치료에 대한 규정에 있어 정부의 역할을 명시할 필요가 있다. 즉, 아동학대 치료의 비용에 대한 예산확보의 근거가 될 수 있는 조항을 법제화하고, 친권개입으로 인한 피학대아동보호의 문제점을 개선해야 한다. 아울러 피학대아동의 신변보호 및 비밀보장을 법적으로 명문화한다. 아동학대 사례를 접수 · 감독 · 조사하는 과정에서 아동친화적인 방법으로 기소할 수 있도록 하기 위해서는 피해아동의 신변보호 및 비밀보장 등에 관한 규정을 신설해야 한다. 또한 이상의 법령만으로 아동학대 방임사례에 관여하게 되는 다분야의 전문가에 대한 교육을 위한 법적 근거는 부족하므로, 아동보호전문기관 상담원의 교육뿐만 아니라, 경찰, 검찰, 의학전문가들이 아동학대 사례에 대한 전문적 지식과 경험을 교육받도록 법적으로 명시해야 한다.

여덟째, 가정위탁보호제도의 확대이다. 정부는 가정위탁보호를 위해 2005년 7월 아동복지법을 개정하여 가정위탁지원센터의 지정요건 및 절차, 설치기준 등에 대한 사항을 신설하였다. 그리고 양육보조금으로 2004년부터 아동 1인당 7만 원을 지급하고, 대리양육가정이 국민기초생활보장법상 수급자일 경우 법령으로 정한 생계급여, 의료급여, 교육급여 등을 지급하였다. 2006년부터 위탁아동의 후유장애나 입원비 지원과 관련하여 1년간 10만 원 이내에서 상해보험료가 지원되며, 대리양육과 친인척위탁가정이 임차전용면적 85m^2 이하인 경우 일반주택 전세자금과 공공임대주택 임대보증금을 지원하고 있다. 요보호아동의 가정보호비율이 시설보호에 비해 높아지고 있는 것은 이처럼 가정위탁보호를 활성화한 정책의 결과로 볼 수 있다.

아홉째, 차별문제의 개선이다. 유엔아동권리위원회는 우리나라 정부보고서에 인종차별에 대한 조항이 빠져 있으며, 헌법에도 인종이나 피부색, 지위 등에 따른 차별문제가 뚜렷하게 규정되어 있지 않음을 우려하여, 협약 제2조에 명시된 차별을 금지하는 법률을 제정할 것을 권고하였다. 이에 정부는 2006년 아동복지법 제3조(기본이념)에 인종에 따른 차별을 금지하는 규정을 새롭게 명시하였다. 2005년에는 장애인 음악가 4명이 중고등학교를 방문하여 감동 콘서트 <희망으로> 순회공연을 실시하였고, 2006년에는 일반학생이 동참하는 <2006 전국장애학생체육대회>를 개최하였으며, 일반학교에 장애이해 영상자료집을 배포하였다. 장애아동을 위한 특수학교를 확대하는 기존의 장애아동교육정책에서 통합교육을 활성화하는 지원책으로 전환한 것도 바로 차별금지를 위한 노력의 일환으로 볼 수 있다. 그리고 2007년에는 장애로 인한 차별을 금지하기 위한 장애인차별금지법이 제정되었다.

생각해 봅시다

1. 아동권리의 필요성 및 당위성에 대해 생각해 봅시다.
2. 아동권리가 갖는 한계성에 대해 생각해 봅시다.
3. 「유엔아동권리협약」에서 제시하고 있는 아동인권부장 기본 원칙에 대해 생각해 봅시다.
4. 아동권리가 지켜지기 위한 국가나 사회의 노력은 무엇이 있는지에 대해 생각해 봅시다.

CHAPTER 02

아동권리의 역사

학습목표

1. 외국과 우리나라 아동권리 발달사를 비교해서 설명할 수 있다.
2. 아동권리에 관한 우리나라와 선진국의 지원내용들을 비교해서 설명할 수 있다.
3. 한국 아동권리의 내용과 「유엔아동권리협약」의 내용을 설명할 수 있다.

역사적으로 여성의 참정권 등 성인의 권리는 치열한 투쟁을 거치면서 획득되었다. 하지만 아동의 권리는 아동 자신의 투쟁이나 승리를 통하여 획득된 것은 아니다(최윤진, 1999). 그 이유는 아동의 특성에서 비롯된다. 첫째, 아동의 특성으로서 자기주장의 제한을 들 수 있다. 아동은 나이가 어릴수록 자신의 의견을 주장할 수 있는 방법이나 수단이 결여되어 있거나 부족하다. 비록 아동이 자기주장을 할 수 있는 연령과 발달단계가 되었다 하더라도 그 영향력 또한 제한되어 있다. 둘째, 아동의 특성으로서 비생산자로서의 의존성을 들 수 있다. 아동은 미래사회에 생산인구로서의 역할이 기대되는 존재이지만, 현재에는 아직 보호를 필요로 하고 자립을 준비하고 있는 미성숙한 존재로서, 생산보다는 소비를 주로 하며 성인, 특히 보호자에 의존한다(이혜원, 2006). 결국 아동의 권리는 아동 스스로 권리를 확보하는 것이 아니라, 아동에 대한 발전적인 인식을 갖고 있는 성인들에 의하여 보장되고 확대되는 과정에서 발전하였기에, 아동의 권리는 아동에 대한 인식의 발전과 밀접한 관련성이 있다고 이해할 수 있다.

따라서 이 장에서는 서양에서의 아동권리 발전과정, 한국에서의 아동권리 발전과정, 현대사회의 아동권리, 선진국의 아동권리 발전과정 등에 대해서 고찰하기로 한다.

01 서양에서의 아동권리 발전과정

서양에서의 아동권리 발전과정은 고대사회, 중세사회, 근대사회로 구분하여 고찰하기로 한다.

1. 고대사회

아동권리에 관련한 사상의 변화는 인간과 아동을 바라보는 관점의 변화와 일치한다. 고대 아동관을 추측할 수 있는 것으로는 구약성경 창세기 22장에 아브라함이 하느님에게 장자인 이삭을 제물로 바치는 이야기가 나오는데, 이는 아동을 인권을 가진 존재로 보지 않고 성인의 소유물 정도로 보는 것을 단적으로 보여 주는 것이다(김호년 외, 2016).

서양 고대사회에서는 아동의 권리라는 것에 대한 인식 자체가 없었다고 보아야 할 것이다. 즉, 고대 그리스사회에서는 아동이 국가에서 관리하고 통제되는 대상이었다. 아테네에서는 국가에 유용한 시민을 양성하는 데 초점을 두고 아동을 양육하였고, 소수 귀족계층만 누릴 수 있는 특권으로 볼 수 있다. 스파르타는 출생 후 공회당에서 엄격한 신체검사를 통하여 강한 아동만 양육하고 신체가 허약한 아동은 깊은 산속이나 강에 유기하였다. 7세부터 18세까지 국가가 관리하는 군사교육에 임하게 되는 등 아동이 누려야 할 권리는 거의 찾아볼 수 없었다(신재흡, 2015).

또한 고대 로마에서는 자녀의 생명을 결정할 수 있는 절대적인 권한을 아버지에게 부여하였으며, 자식은 부모의 소유물 정도로 인정되었다. 로마시대 문헌을 살펴보면, 영아들에 대한 다소 가혹한 양육법을 보여 주고 있다. 이러한 양육법은 '미숙한 미개인(unformed savage)'을 '인간(human being)'으로 만드는 데 필수적인 방법으로 믿었다. 부권(父權)에서 해방을 의미하는 'emancipation'이라는 어휘는 고대 로마에서 자식이 아버지로부터 해방되는 것을 의미한다. 아동은 빚의 담보물이 되었고, 흥정의 대상이었으며, 임금을 지불하지 않아도 되는 노동자였으며, 부모의 노후를 책임질 존재로 보았으며, 서양 고대사회에서는 아동을 철저히 경제적인 논리로 보았고, 인간의 존엄성이나 인격을 중시하기보다는 경제적 수단으로 보았다(신재흡, 2015).

2. 중세사회

서양 중세사회에서 영아와 아동양육에 가장 많은 영향을 미친 요인은 기독교라고 할 수 있다. 이 시기에 아동은 힘을 기르고, 기술을 습득하여 노동력을 갖추어야 할 존재로 취급되었다.

초기 기독교 사상가들은 영아도 영혼을 가진 존재로 보았다. 하지만 아동을 인간으로서 인권을 가진 존재로 인정하기보다는 부모의 소유물로 보고 부모의 요구에 무조건 복종하도록 가르쳤다. 아동의 본성은 원죄설에 따라 이기적이고 사악한 것으로 간주함으로써 구원을 받기 위해서는 엄격한 체벌 등으로 훈육해야 한다고 믿었다(김호년 외, 2016). 결국 신앙심 깊고, 자제력 있는 인간으로 성장시키기 위하여 엄격한 규율과 훈육이 필요하다고 여기고, 아동발달에 맞지 않는 강제적 암송이나 지나친 규율, 혹독한 매질을 장려하였다. 중세사회의 아동관은 영아를 성인보다 크기만 작을 뿐 성인과 동일한 존재로 보고 있다. 단지 부족, 종족, 가문, 국가에 기여하는 도구적인 존재로만 인식되었고, 아동권리에 대한 인식은 거의 찾아볼 수 없다.

3. 근대사회

중세말기에는 문예부흥이 일어날 수 있는 조짐을 보이기 시작했다. 시민계급의 출현, 지적문화의 발달, 도시의 상업화, 대학의 발달, 교회의 권위 쇠퇴현상 등이 발생하였다. 이러한 것들은 문예부흥(Renaissance)을 태동시켰다. 15세기의 르네상스란 재생(再生), 신생(新生), 부흥(復興) 등을 의미하며, 이는 중세의 전통적 생활에 의한 속박, 신 중심에서 인간 중심, 천상의 세계에서 지상의 세계, 내세주의에서 현세주의, 권위주의에서 이성주의, 억압에서 자유, 금욕주의에서 자연주의로 이행함을 뜻한다(신재흡, 2015).

근대의 시기를 구분하면, 15세기 르네상스, 16세기 종교개혁, 17세기 실학주의, 18세기 계몽주의, 19세기 신인문주의교육으로 볼 수 있다. 근대사회는 십자군운동, 종교개혁 등으로 중세 기독교 사회가 분열되었고, 상공업이 발달하면서 시민계급이 형성되고 산업혁명이 일어난 시기이다. 아울러 학문과 교육사조의 발전으로 아동에 대한 입장도 이전 사회와는 달라졌다. 근대사회에 진입하면서 인격과 존엄성을 지닌 존재로서 인식하는 계기가 되었다. 근대사회에서 아동에 대한 인식의 변화를 학자 중심 - 코메니우스(Johann Amos Comenius, 1592~1670), 로크(John Locke, 1632~1704), 루소(Jean Jacques Rousseau, 1712~1778), 페스탈로치(Johann Heinirich Pestalozzi, 1746~1827), 프뢰벨(Friedrich wihelm August Fröbel, 1782~1852), 듀이(John Dewey, 1859~1952) - 으로 고찰하고자 한다.

첫째, 아동에 대한 인식의 변화는 코메니우스(Johann Amos Comenius)부터 시작되었다. 코메니우스의 아동권리사상은 하나님의 특성인 존재성, 전능성, 자족성을 지닌 거룩한 존재로 아동 본성을 고려하여 교육해야 하며, 특히 어머니는 아동의 신앙, 도덕, 언어, 과학적 사고 등에 중점을 두고, 건강한 신체를 갖도록 양육해야 한다고 했다.

둘째, 로크(John Locke)의 아동권리사상이다. 르네상스시대는 인간성 회복을 위한 운동이 전개되었다. 이러한 사상적 흐름은 로크의 '자연법사상'으로 이어졌다. 자연의 질서를 지배하는 자연법에서는 인간의 '자연 상태'를

'자유 상태'로 보았고, 로크는 인간의 자연권에 대한 설명에서 인간은 본질적으로 자유롭고 평등하며, 각자 스스로의 신체와 행위 및 재산을 처리할 수 있는 권리가 있다고 보았다. 로크의 자연법사상은 영국의 입헌군주제와 민주주의 정책 및 프랑스 계몽사상에 영향을 미쳐 근대 인권운동의 이론적 토대를 제공하였다(김호년 외, 2016). 또한 그는 저서 『인간오성론』에서 백지설(tabla rasa)을 주장했는데, 인간은 백지와 같은 상태로 출생하며, 감각적 경험을 통해 획득된 지식들이 축적되면서 인간을 결정짓는다고 했다. 하지만 로크는 계급별 다른 교육을 받아야 한다고 하였다. 상류계급은 질 좋은 교육적 환경에서 신사 양성을 위한 교육을 받아야 한다고 하였으며, 빈민가정의 아동들은 노동활동에 참여하여 생산성 향상에 기여함을 역설하였다. '빈민아동을 위한 노동학교안'(1697)에서 3세부터 14세까지 빈민아동을 강제적으로 수용하여 수공업 등 노동현장에 투입시켜 근로하는 습관을 기르게 해야 하며, 종교교육을 통해 순종적인 노동자를 육성해야 한다고 주장했다. 로크는 아동권리의 보편적인 권리에 대해 다른 입장을 취하고 있다(고인숙 외, 2017).

셋째, 루소(Jean Jacques Rousseau)는 아동을 성인의 기준에 맞추어 미완성적 어른으로 보는 기존의 아동관을 비판했다. 그리고 아동기는 특별한 발달시기로 그들 고유의 활동이 있으므로 이를 거스르지 않고 자연스럽게 양육해야 한다고 주장했다. 루소는 『사회계약론』(1762)에서 "아동은 인간으로서 그리고 자유인으로 태어난다. 아동의 자유는 그들의 것이며, 다른 어떤 사람도 그것을 멋대로 처분할 권리를 가지지 않는다"고 했다. 또한 그의 교육소설인 『에밀』(Emile, 1762)에서 "만물을 창조하신 하나님의 손을 떠날 때에는 모든 것이 선했으나 사람의 손에 옮겨지게 되자 악해지고 만다. (중략) 인간은 추한 것, 괴상한 것을 좋아한다. 무엇하나 자연이 만들어 놓은 상태 그대로 두지 않는다. 인간 그 자체까지도 그렇다. 인간도 승마용 말처럼 조련시키지 않으면 안 된다. 정원수처럼 자기가 원하는 모양으로 바꾸어 놓지 않으면 성이 차지 않는다"고 하였다. 그는 인간을 선천적으로 선한 존재로 보면서도 문명사회의 편견과 권위 등의 사회제도가 인간의 자연성을 말살하여 아동의 올바른 발달을 방해하고 있다고 보았다.

결국 루소는 아동에게는 불가침의 자유와 권리가 있다는 점, 교육은 아동의 요구, 흥미, 관심에서 출발해야 한다는 점, 교육은 아동 자신이 아동답게 살아갈 권리를 보장하며 아동을 주체적으로 살아가는 인간으로 육성하는 것이어야 한다고 본 점에서 아동권리사상의 전기가 마련되었다고 평가할 수 있다(김호년 외, 2017).

넷째, 페스탈로치(Johann Heinirich Pestalozzi)의 아동권리사상은 "평등적 인간관에 입각한 교육을 실시할 것"을 주장하는 저서 『은자의 황혼』(1780)에 잘 나타나 있다. '인간은 왕좌 위에 앉아 있으나 초가 그늘에 누워 있으나 본바탕은 평등하다. 인간의 본성이란 대체 무엇일까? 왜 성현은 이를 말해주지 않는가. 왜 철인은 인간이 무엇인가를 말하려들지 않는가. 소를 모는 농부도 소에 대해서는 잘 알지 않는가. 목자도 양의 성품을 연구하지 않는가?' 이 내용은 인간은 태어날 때부터 평등하며, 누구나 인간으로서 가치를 존중받아야 한다는 것이다.

다섯째, 프뢰벨(Friedrich wihelm August Fröbel)은 페스탈로치의 사상을 이어받아 초등교육을 어린 유아들의 교육에 적용하였으며, 교육에 있어서 인간 내면으로부터 조화로운 성장을 강조하였다. 그는 아이는 자신의 내부에 개별적인 성향을 지닌 존재로 인식되고 존중되어야 한다고 주장하여 아동의 인권존중을 강조하였다(임시아, 2017). 프뢰벨의 아동관의 기본 전제는 '아동은 자신의 내면 밖에서 표현하려는 자기 활동적 힘을 가지고 있다'는 것이다. 아동은 내부의 힘을 밖으로 나타내려고 하는데, 이것이 자연적인 성장의 힘으로 작용한다는 것이다. 그는 아동의 창조적 활동 충동을 키우기 위해 유치원을 창설하고 은물을 제작하였다. 아동기는 성인시대를 위한 단순한 준비가 아니라 아동기만으로 가치를 지니며, 창조력을 갖추고 있다고 보았다. 결국 프뢰벨도 아동을 하나의 독립된 인격체로 보고 있다(김호년 외, 2016).

여섯째, 아동중심교육을 확립한 진보주의 교육철학자 듀이(John Dewey)는 '성장의 제1의 조건은 미성숙이다. 미성숙이란 결핍을 의미하는 것이 아니라 성장력을 의미한다'고 했다. 듀이는 유아 자신의 본능적 힘은 모든 교육의 자료이며 출발점이 된다. 만약 교육자의 노력이 아동의 독립적 및 자발적인 노력으로 이루어지는 활동과 관련을 맺지 못하면 교육은 외부로부터의 강압으로 전락하고 만다. 이는 아동의 본성을 무시해서는 올바른 교육이 될 수 없다는 의미이다. 이는 아동의 인격과 권리를 존중하는 사상을 전제해야 가능한 것이다.

02 한국에서의 아동권리 발전과정

여기에서는 전통사상의 아동관, 아동권리 옹호운동과 어린이날 제정, 소파 방정환의 아동 존중사상, 대한민국 어린이헌장, 청소년헌장, 아동복지법의 제정과 개정, 아동권리헌장 등에 대해 고찰하기로 한다(김호년 외, 2016; 김이영 외, 2017; 임시아, 2017; 정옥분 외, 2016).

1. 전통사상의 아동관

유교를 근본으로 하는 전통사회에서 아동의 권리라는 관념은 성립하기가 힘들다. 성리학에서는 아동의 본성은 선하다고 인식하고 교육을 통한 본래의 신성을 회복할 수 있는 대상으로 인식하고 있다고 할지라도, 선천적인 신분질서와 수직적인 장유유서의 인관관계를 중심으로 하는 전통사회의 한계로 인하여, 아동은 가족이라는 운명공동체의 대를 잇는 수단으로서 주변인의 위치에 머무를 수밖에 없다.

전통사상에서 아동관의 근본적인 변화는 동학사상에서 흔적을 찾아볼 수 있다. 동학의 인내천 사상은 인간은 누구나 한울님을 모신 평등한 존재로 인식함으로써 인간 존중성을 나타내고 있다. 동학사상에서 아동은 '하늘'의 이치를 몸속에 지닌 존재로 인식하고, 인간이 교육을 통하여 돌아가야 할 이상적인 상태를 아동의 마음으로 보고 있다. 아울러 교육은 인간을 인간답게 하는 기본적 조건으로 인식하여 아동의 교육을 중요시하면서도, 단지 피교육자로서 아동의 입장이 아닌 아동 역시 성인을 가르칠 수 있는 대등한 존재로 인식하고, 아동에 대한 체벌을 금하고 있다. 이와 같이 동학의 아동관은 아동 역시 개별적인 존재로 인식함으로써 근대적인 아동관을 보여 주고 있으며, 오늘날 우리나라 아동존중사상의 출발점이 되었다는 측면에서 의미가 있다(임시아, 2017).

2. 아동권리옹호운동과 어린이날 제정

우리나라에서 본격적으로 아동의 권리에 관심을 갖게 된 것은 소파 방정환의 아동권리옹호운동에서 출발했다. 이를 계기로 어린이날이 제정되고 대한민국 어린이헌장, 청소년헌장, 아동권리헌장, 아동복지법의 제정이 이루어졌다.

소파 방정환은 독립운동의 일환으로 아동권리운동을 전개하였다. 소파는 우리 민족이 곤경에 처해 있을 때 우리의 희망은 어린이를 잘 키우는 데 있다고 역설하였다. 아울러 아동은 독자적인 인격체로서 권리를 가진 존재라고 생각하였다. 따라서 소파는 성인중심사회의 병폐를 지적하면서 아동이 중심이 되어야 한다는 아동중심사회, 아동터주론을 통해 아동의 권리 주장을 선도했다. 그리고 소파는 아동권리에 대한 자신의 확고한 신념을 구체화하기 위해 어린이날을 제정하였다. 최초로 제정된 어린이날은 1922년 5월 1일로, 이 날은 천도교소년회의 1주년 기념일이었다. 최초의 어린이날에 배포된 <오늘 어린이날>이라는 제목의 인쇄물에는 아동의 권리보호를 위한 당부의 말이 기록되어 있다(이재연, 1999).

그 후 소파는 천도교 주최의 어린이날 행사와 소년운동을 통합하여 전국적인 아동권리운동을 전개하였고, 불교소년회 등 40여 개의 소년회와 연합하여 1923년 4월 조선소년운동협회를 창립하였다. 1923년 5월 1일 조선소년운동협회는 어린이날을 전국적인 어린이날로 승격시켜 행사를 거행하였으며, 이 날을 제1회 어린이날로 인정하게 되었다. 어린이날 제정은 어린이를 일제강점기의 암울한 현실을 극복해 나갈 주체로 인식하였다는 점에서 중대한 의미가 있다. 소파는 1925년 어린이날에 <어린이날> 노래를 지었으며, 이때부터 어린이날 노래가 불리기 시작하였다. 5월 1일 노동절 행사가 일제로부터 탄압을 받게 되자 경찰의 탄압을 피하기 위해 부득불 1928년부터 어린이날을 5월 첫째 일요일로 변경하게 되었다. 1937년을 마지막으로 중단된 어린이날은 해방 후 1946년 다시 행사를 갖게 되었는데, 해마다 날짜가 달라지는 불편을 덜기 위해서 5월 5일을 어린이날로 확정하였다. 이후 1975년 정부는 어린이날을 법정 공휴일로 지정하였다(정옥분 외, 2016). 그 이후 새로운 아동상을 정립하고자 1988년 어린이헌장을 전면 개정하였다. 또한 청소년의 건전한 육성을 위해 1989년 청소년헌장을 선포하였다. 그리고 2015년 9월 28일부터 보모를 비롯한 보호자가 아동에게 신체적·정신적 고통을 주는 행위를 금지하는 개정 아동복지법이 시행되기에 이르렀다. 또한 보건복지부는 2016년 5월 5일 어린이날을 맞이하여 '아동권리와 어른들의 책임'을 규정한 '아동권리헌장'을 제정하였다.

3. 소파 방정환의 아동존중사상

소파는 성인중심의 사회적 병폐를 지적하였으며, 아동중심사회를 지향할 것을 촉구하고 성인의 세계와 다른 아동의 세계를 인정하고 어른의 전제가 어린이의 성장에 방해가 되지 말아야 한다고 강조하였다(이재연, 1999). 소파의 아동에 대한 관점은 그의 수필 『어린이예찬』에 잘 나타나 있다.

> "새와 같이 꽃과 같이 앵두 같이 어린 입술로 천진난만하게 부르는 노래 그것은 그대로 자연의 소리이며, 그대로 하늘의 소리입니다. 비둘기와 같이 토끼와 같이 부드러운 머리를 바람에 휘날리면서 뛰노는 모양 그대로가 자연의 자태이고, 그대로가 하늘의 그림자입니다. 거기에는 어른들의 욕심도 있지 아니하고, 짐승스런 계획도 있지 아니합니다. 죄 없고 허물 없는 평화롭고 자유로운 하늘나라, 그것은 우리 어린이의 나라입니다" (방정환, 1924)

소파는 어린이를 천사로 보고 어린이의 행복을 옹호하고, 동심의 세계를 그대로 보존해주려고 노력하였음을 엿볼 수 있다. 그가 어린이운동의 목표를 달성하기 위한 방편으로 어린이에게 존댓말을 쓰기로 한 것은 아동을 귀하게 여기는 사상의 발로이다. 천사주의 아동관은 아동의 인권을 회복시키고, 어린이에 대한 부당한 대우를 시정하고 동심의 해방을 이루려는 목적을 가지고 있다.

또한 소파는 1923년 색동회와 천도교의 협력으로 '조선소년운동협회'를 창립하여 5월 1일을 전국적인 '어린이날'로 선포하고, 그 기념식에서 소년운동협회 주제로 '아동의 권리공약 3장'을 선포하여 '어린이의 완전한 인격적 예우와 경제적 압박으로부터 해방 및 놀이시설의 제공' 등을 촉구하기도 하였다.

아동권리공약 3장

첫째, 어린이를 재래의 윤리적 압박으로부터 해방하여 그들에 대한 완전한 인격적 재우를 허(許)하라.

둘째, 어린이를 재래의 경제적 압박으로부터 해방하여 만 14세 이하의 그들에 대한 무상 또는 유상의 노동을 폐(廢)하라.

셋째, 어린이에게 그들이 고요히 배우고 즐거이 놀 만한 각양의 가정 또는 사회적 시설을 행(行)하라.

앞에서 제시한 세 가지 조항 가운데 첫 번째 조항이 아동의 인격적인 권리를 표방했으며, 두 번째 조항은 노동으로부터 벗어날 수 있는 권리를 표방하고 있으며, 세 번째 조항은 놀이와 학습의 권리를 표방한 것으로, 「아동권리에 대한 제네바선언」과 비교해보아도 진일보한 권리를 강조하고 있음을 알 수 있다. 소파는 9항목의 '어른들에게' 드리는 글과 7항목의 '어린 동무들에게' 주는 당부의 말도 발표하였다.

소파 방정환 <어린이선언문>

어른들에게	어린 동무들에게
• 어린이를 내려다 보지 마시고 치어다 보아 주시오. • 어린이를 가까이 하시어 자주 이야기하여 주시오. • 어린이에게 경어를 쓰되 늘 보드랍게 하여 주시오. • 이발이나 목욕, 의복 같은 것을 충분히 하게 하여 주시오. • 산보나 원족 같은 것을 가끔가끔 시켜 주시오. • 어린이를 책망하실 때는 쉽게 성만 내지 마시고 자세하게 타일러 주시오. • 어린이들이 서로 모여 즐겁게 놀만한 놀이터와 기계 같은 것을 지어 주시오. • 대우주의 뇌신경의 말초는 늙은이에게 있지 아니하고 젊은이에게도 있지 아니하고 오직 어린이에게만 있는 것을 늘 생각해 주시오.	• 돋는 해와 지는 해를 반 듯 보기로 합시다. • 어른들에게는 물론이고 당신들끼리도 서로 존대하기로 합시다. • 뒷간이나 담벼락에 글씨를 쓰거나 그림 같은 것을 그리지 말기로 합시다. • 꽃이나 풀을 꺾지 말고 동물을 사랑하기로 합시다. • 전차나 기차에서는 어른들에게 자리를 사양하기로 합시다. • 입을 꼭 다물고 몸을 바르게 가지기로 합시다.

소파의 아동사상은 일본 유학 당시 미국에서 유입된 존 듀이의 진보주의 철학과 그 당시 일본에서의 아동중심사상에 영향을 받은 것으로 여겨지고 있다. 소파의 아동존중사상은 우리 전통사회의 장유유서의 수직적인 인간관계와 일본 제국주의라는 이중적인 억압구조의 지배하에 있던 아동의 입장을 대변하고 아동해방을 주장했다는 점에서 의의가 있다고 할 수 있다(우남희, 1999).

4. 대한민국어린이헌장

우리나라 최초의 헌장인 1957년 2월 동화작가 마해송과 강소천 등 7명이 문서화하여 초안을 발표하였다. 이를 토대로 보건사회부는 1957년 제33회 어린이날을 맞아 「대한민국어린이헌장」을 공포하였다. 이후 보건복지부는 '굶주린 어린이는 먹어야 한다' 등의 불명확한 내용을 개정하여 1988년 제66회 어린이날에 다시 공포하였다. 어린이헌장의 내용은 아동이 차별을 받지 않고 존엄한 인간으로서 권리를 보장받으면서 건강하게 성장해 나가는 데 필요한 제 조건을 명시하고 있다. 이러한 어린이헌장의 내용은 바로 1923년의 「아동권리에 대한 제네바선언」과 1959년의 「유엔아동권리선언」의 내용을 계승함과 동시에 유니세프(UNICEF)가 권고하는 생존권, 보호권, 발달권 보장에 대한 규정과도 일맥상통하는 것이다(정옥분 외, 2016).

어린이헌장은 어린이날의 참뜻을 기초로 모든 어린이가 차별 없이 인간으로서 존엄성을 갖고 나라의 미래를 열어갈 새로운 사람으로 존중되며, 바르고 아름답고 씩씩하게 자라도록 하는 것을 목표로 하고 있다(색동회, 2015). 대한민국 어린이헌장의 내용은 표 2-1과 같다.

표 2-1 대한민국 어린이헌장

조항	내용
제1조	어린이는 건전하게 태어나 따뜻한 가정에서 사랑 속에 자라야 하며, 가정이 없는 어린이에게는 이를 대신할 알맞은 환경을 마련해 주어야 한다.
제2조	어린이는 몸과 마음이 튼튼하게 자라도록 균형 있는 영양을 취하고, 질병의 예방과 치료를 받으며 공해 없는 깨끗한 환경에서 살아야 한다.
제3조	어린이는 누구나 교육을 받을 수 있어야 하고, 어린이를 위한 좋은 교육시설이 마련되어야 하며, 개인의 능력과 소질에 따라 교육이 이루어져야 한다.
제4조	어린이는 빛나는 우리 문화를 이어받아 새로운 문화를 창조하고 발전시키는 힘을 길러야 한다.
제5조	어린이는 즐겁고 유익한 놀이와 오락을 위한 시설과 환경을 제공받아야 한다.
제6조	어린이는 예절과 질서를 지키며 서로 돕고 스스로 책임을 다하는 민주시민으로 자라야 한다.
제7조	어린이는 자연과 예술을 사랑하고, 과학을 탐구하는 마음과 태도를 길러야 한다.
제8조	어린이는 위협으로부터 먼저 보호되어야 하고, 안정을 지킬 수 있는 지도를 받아야 한다.
제9조	어린이는 학대를 받거나 버림을 당해서는 아니 되며, 나쁜 일과 짐이 되는 노동에 이용되지 말아야 하며, 해로운 사회 환경으로부터 보호받아야 한다.
제10조	몸이나 마음에 장애를 가진 어린이는 필요한 교육과 치료를 받아야 하고, 빗나간 어린이는 선도되어야 한다.
제11조	어린이는 우리의 내일이며 소망이다. 겨레의 앞날을 짊어질 한국인으로, 인류의 평화에 이바지할 수 있는 세계인으로 자라야 한다.

*자료: 색동회(http://www.saekdong.or.kr).

5. 청소년헌장

청소년헌장은 청소년의 이상과 포부를 제시한 전문과 청소년의 권리·의무, 가정의 기능, 학교의 사명, 청소년 건정 육성을 위한 국가와 사회의 역할 및 책임을 담은 5개 항의 본문으로 구성되었으며, 1990년 5월 12일 선포되었고, 1998년 10월에 개정되었다.

개정된 청소년헌장은 다음과 같다.

청소년헌장(1998. 10. 22 개정)

청소년은 자기 삶의 주인이다. 청소년은 인격체로서 존중받을 권리와 시민으로서 미래를 열어갈 권리를 가진다. 청소년은 스스로 생각하고 선택하며 활동하는 삶의 주체로서 자율과 참여의 기회를 누린다. 청소년은 생명의 가치를 존중하며 정의로운 공동체의 성원으로 책임 있는 삶을 살아간다.

가정·학교·사회 그리고 국가는 위의 정신에 따라 청소년의 인간다운 삶을 보장하고 청소년 스스로 행복을 가꾸며 살아갈 수 있도록 여건과 환경을 조성한다.

청소년의 권리

1. 청소년은 생존에 필요한 기본적인 영양·주거·의료·교육 등을 보장받아 정신적·신체적으로 균형 있게 성장할 권리를 가진다.
2. 청소년은 출신·성별·종교·학력·연령·지역 등의 차이와 신체적·정신적 장애 등을 이유로 차별받지 않을 권리를 가진다.
3. 청소년은 물리적 폭력뿐만 아니라 공포와 억압을 포함하는 정신적인 폭력으로부터 보호받을 권리를 가진다.
4. 청소년은 사적인 삶의 영역을 침해받지 않을 권리를 가진다.
5. 청소년은 자신의 생각과 느낌을 자유롭게 펼칠 권리를 가진다.
6. 청소년은 자유로운 의사에 따라 건전한 모임을 만들고 올바른 신념에 따라 활동할 권리를 가진다.
7. 청소년은 배움을 통해 진리를 추구하고 자아를 실현해 갈 권리를 가진다.
8. 청소년은 일할 권리와 직업을 선택할 권리를 가진다.
9. 청소년은 여가를 누릴 권리를 가진다.
10. 청소년은 건전하고 다양한 문화·예술 활동에 자유롭게 참여할 권리를 가진다.
11. 청소년은 다양한 매체를 통하여 자신의 삶에 필요한 정보에 접근할 권리를 가진다.
12. 청소년은 자신의 삶과 관련된 정책결정 과정에 민주적 절차에 따라 참여할 권리를 가진다.

청소년의 책임

- 청소년은 자신의 삶을 소중히 여기며 자신이 선택한 삶에 책임을 진다.
- 청소년은 앞 세대가 물려준 지혜를 시대에 맞게 되살려 다음 세대에 물려줄 책임이 있다.
- 청소년은 가정 · 학교 · 사회 · 국가 · 인류공동체의 성원으로서 자기와 다른 삶의 방식도 존중할 줄 알아야 한다.
- 청소년은 삶의 터전인 자연을 소중히 여기고 모든 생명들과 더불어 살아간다.
- 청소년은 통일시대의 주역으로서 평화롭게 공존하는 방법을 익힌다.
- 청소년은 남여 평등의 가치를 배우고 이를 모든 생활에서 실천한다.
- 청소년은 가정에서 책임을 다하며 조화롭고 평등한 가족문화를 만들어 간다.
- 청소년은 서로에게 정신적 · 신체적 폭력을 행사하지 않는다.
- 청소년은 장애인을 비롯한 소외받기 쉬운 사람들과 더불어 살아간다.

앞에서 언급한 청소년헌장을 살펴보았듯이 청소년의 권리로서 기본적인 생존권, 차별받지 않을 권리, 폭력으로부터 보호받을 권리, 자유로운 생각과 활동할 권리, 일할 권리, 여가권, 다양한 문화 · 참여권, 정보에 접근할 권리 등이 있으며, 청소년의 책임으로서 자신이 선택한 삶에 대한 책임, 다른 삶의 방식도 존중할 책임, 생명을 소중히 여기며 평화 공존의 책임, 가정에서의 책임, 남녀평등의 가치와 소외받는 사람들과 더불어 살아갈 책임 등을 명시하였다.

사례: 현장활용 자료

• 다음 글을 읽고 물음에 답하시오.

내년에 초등학교를 입학하는 형님반 민찬이의 하루 일과는 다음과 같다.

아침 8시에 일어나 아침을 먹고 9시 30분에 유치원 버스를 타고 등원을 한다. 10시에 유치원의 일과가 시작된다. 2시 일과가 끝나면 태권도 사범님이 민찬이를 데리러 오신다. 태권도를 마친 후 바로 아래층에 있는 원어민 영어 수업을 간다. 수업이 마친 후, 집에 도착한 민찬이는 씻은 후 바둑학원을 간다. 저녁 8시에는 영어 방문 교사가 집에 와서 민찬이와 영어 동화를 함께 읽는다. 주 3회는 영어 방문 교사와 함께 영어 수업을 하고, 주 2회는 창의력 수학 방문 교사와 함께 놀이 중심의 학습지를 푼다.

유치원에서 민찬이는 무기력한 모습을 자주 보이며, 담임 교사에게 "유치원에 더 있고 싶어요. 집에 가기 싫어요. 집에 가면 공부해야 하잖아요"라고 말하곤 한다. 민찬이의 어머니는 "아이가 힘들어 하는 모습을 보면 안쓰럽기는 하지만 내년에 학교를 입학하고 학업적으로 잘 적응을 하려면 어쩌겠어요. 다른 친구들 엄마들도 한글은 기본이고 영어, 수학까지 해서 보내는 걸요"라고 이야기하였다.

취학 후 원만한 학업 적응을 위해 조기교육 및 사교육을 받는 유아들에 대한 여러분의 생각에 대해 토론하시오.

• 민찬이의 입장:

• 어머니의 입장:

• 담임 교사의 입장:

6. 아동복지법의 제정과 개정

아동복지법은 아동이 건강하게 출생하여 행복하고 안전하게 자라나도록 아동의 복지를 보장함을 목적으로 하는 법이다. ① 근대적 의미의 아동복지법은 1961년 아동복리법이라는 명칭으로 제정되었다. 이는 전쟁 후 요보호아동을 구제하기 위한 선별적인 성격이 강하였고, 따라서 생존권 보장이 우선적인 목표였다. ② 이후 1981년 개정된 아동복지법은 요보호아동을 위한 아동복리법에서 한 걸음 나아가 일반아동도 포함하는 보편적인 복지대책을 실시하기 위한 목적으로 제정된 것이다. 다시 말해, 요보호아동의 구제라는 기존의 사후 대책적인 틀에서 벗어나, 다양하고 전문적인 복지서비스를 제공함으로써 모든 아동의 건강한 발달을 보장함과 동시에 아동의 권리보호를 위한 법적 기초를 마련하였다는 점에서 의의를 찾을 수 있다. 하지만 아동학대가 중요한 사회적 이슈로 등장하면서 자녀양육문제를 전적으로 가정에서 책임져야 한다는 기존의 통념이 변화하기 시작하였다. 그 결과 ③ 2000년 개정된 아동복지법에서는 아동보호전문기관의 CCTV 설치, 아동학대에 대한 긴급전화의 설치와 운영, 아동학대에 대한 신고, 아동학대에 대한 응급조치, 현장조사 후의 보호 처분, 아동학대에 대한 친권 제한 및 상실 등과 같은 아동의 권리보호를 위한 규정이 강화되었다. 그리고 ④ 아동권리보호를 위한 규정이 강화되었음에도 불구하고 '2014 전국 아동학대 현황 보고서'에 의하면, 아동학대 가해자의 81.8%는 부모인 것으로 나타났고, 친인척(5.6%)과 대리양육자(9.9%)까지를 포함하면 아동을 보호해야 할 의무가 있는 사람들이 아동학대 가해자의 97.3%를 차지하는 것으로 나타났다. 따라서 ⑤ 2015년 9월 28일부터 부모를 비롯한 보호자가 아동에게 신체적·정신적 고통을 주는 행위를 금지하는 개정 아동복지법이 시행되기에 이르렀다. 개정된 아동복지법 제5조 보호자의 책무에서는 "아동의 보호자는 아동에게 신체적 고통이나 폭언 등의 정신적인 고통을 가해서는 안 된다"고 하여 부모가 보호자라 하더라도 아동에게 '고통'을 주는 행위는 올바르지 않다는 점을 명시했다. 특히 '학대' 대신

'고통'이라는 보다 포괄적인 용어를 사용하여 아동보호의 범위를 확대시켰다(정옥분 외, 2016).

7. 아동권리헌장

우리나라는 1991년 「유엔아동권리협약」에 비준하였고 아동권리 증진을 위해 많은 노력을 하였으나, 아동의 삶의 만족도와 아동권리에 대한 인식 수준은 여전히 낮은 상황이다. 보건복지부는 2016년 5월 2일 어린이날을 맞이하여 '아동의 권리와 어른들의 책임'을 규정한 '아동권리헌장'을 제정하였다. 아동권리헌장을 소개하면 다음과 같다.

아동권리헌장(2016년 5월 2일)

모든 아동은 독립된 인격체로 존중받고 차별받지 않아야 한다. 또한 생명을 존중받고, 보호받으며, 발달하고 참여할 수 있는 고유한 권리가 있다. 부모와 사회, 국가와 지방자치단체는 아동의 이익을 최우선적으로 고려해야 하며, 다음과 같은 아동의 권리를 확인하고 실현할 책임이 있다.

① 아동은 생명을 존중받아야 하며 부모와 가족의 보살핌을 받을 권리가 있다.
② 아동은 모든 형태의 학대와 방임, 폭력과 착취로부터 보호받을 권리가 있다.
③ 아동은 출신, 성별, 언어, 인종, 종교, 사회 · 경제적 배경, 학력, 연령, 장애 등의 이유로 차별받지 않을 권리가 있다.
④ 아동은 개인적인 생활이 부당하게 공개되지 않고 보호받을 권리가 있다.
⑤ 아동은 신체적 · 정신적 · 사회적으로 건강하게 성장하고 발달하는 데 필요한 기본적인 영양, 주거, 의료 등을 지원받을 권리가 있다.
⑥ 아동은 자신이 살아가는 데 필요한 지식과 정보를 알 권리가 있다.
⑦ 아동은 자유롭게 상상하고 도전하며 창의적으로 활동하고 자신의 능력과 소질에 따라 교육받을 권리가 있다.
⑧ 아동은 휴식과 여가를 누리며 다양한 놀이와 오락, 문화 · 예술 활동에 자유롭고 즐겁게 참여할 권리가 있다.
⑨ 아동은 자신의 생각이나 느낌을 자유롭게 표현할 수 있으며, 자신에게 영향을 주는 결정에 대해 의견을 말하고 이를 존중받을 권리가 있다.

앞에서 설명한 아동권리헌장을 살펴보면 전문과 9개 조항으로 이루어져 있으며, 「유엔아동권리협약」의 조항들을 함축적으로 모아 간결하게 정리하였다. 또한 아동들이 학대 등으로부터 보호받을 권리, 놀 권리, 표현의 자유와 참여, 상상과 도전, 창의적 활동 등을 구체적으로 다루고 있다.

사례: 현장활용 자료 아동의 놀 권리

1. 유치원 및 어린이집 교실에서 유아의 놀 권리를 저해하는 요인에는 무엇이 있으며, 놀 권리 보장을 위해 교사가 시행할 수 있는 구체적인 방안을 모색해 보시오.

2. 다음은 한 교사의 인터뷰 내용이다. 교사들은 유아들의 자유로운 표현을 존중해주어야 하지만 안전에 유의해야 하기도 한다. 여러분이라면 기관에서 유아들이 다소 거칠고 과격한 놀이를 할 경우 어떠한 방식으로 지도를 할 것인지 생각해 보시오.

나는 언제나 역할놀이 영역에 장난감 총은 비치하지 않고(장난감 총을 '진짜 총'이라고 불렀다) 전쟁놀이나 영웅놀이를 제한적으로 허용해왔어요. 그러나 이러한 것에 의문이 들기 시작했죠. 한 아이가 장난감 '레이저'를 가지고 와서 그것은 '총이 아니기 때문에' 괜찮은지 물어봤어요. 일부 아동들이 그 놀이에 매우 몰입되어 쌓기 영역에서 벗어나서는 교실의 아이들에게 총을 쏘거나 가라데 자세를(파워레인저에서처럼) 취했어요. 나는 그러한 놀이를 완전히 금지해야 하는 것인지 생각하기 시작하면서, 놀이를 통제하고 규칙을 설명하느라 많은 에너지를 쏟아야만 했어요.

*자료: 김남희 외(2008). 전쟁놀이에 대한 새로운 접근-부모와 교사를 위한 지침. Diane E. Levin, Nancy Carlsson-Paige. 서울: 창지사. p.24 인용.

03 현대사회의 아동권리

아동권리사상은 18세기 후반 미국의 독립선언(1776)과 프랑스대혁명(1789)에 의해서 싹트기 시작했다. 하지만 이 시기의 아동은 시민의 한 사람으로 인정되지 않았다. 당시 시민은 납세의 의무를 질 수 있는 일정한 소득이 있는 성인 남성만으로 인식되었기에, 성인 여성조차 오랫동안 참정권을 가지지 못했다. 참정권이 없는 아동과 청소년이 권리의 주체로 인식되기 위해서는 더 많은 시간이 필요하게 되었다(김이영 외, 2017).

아동이 차별받지 않고 평등하게 존중되어야 한다는 사상을 전개한 루소(Rousseau)는 당시 프랑스 사회가 '어린 인간'으로 보지 않고, '작은 어른' 또는 '성인의 축소판'으로 취급하고 인간성을 무시하며, 형식적인 교육을 실시한 것에 대해 비판하고 인간으로서의 아동의 고유한 가치와 인권을 주장하였다.

20세기에 진입하면서 서구에서는 「아동권리에 대한 제네바선언」과 우리나라에서는 소파 방정환의 아동권리옹호운동을 기점으로 하여 아동권리사상의 발전이 활발하게 이루어졌다. 「아동권리에 대한 제네바선언」은 아동권리에 대한 관심을 촉발시켰으며, 이를 기초로 「유엔아동권리선언」이 제정되고, 이후 「유엔아동권리협약」이 국제법으로 그 효력을 갖게 되었다.

1. 아동권리에 관한 제네바선언

「아동권리에 대한 제네바선언」(Geneva Declaration of Rights of the Child)은 1923년 영국의 에글렌타인 젭(Eglantyne Jebb) 여사가 제1차 세계대전 기간 동안 기아문제에 관여하면서 아동기금을 출범시키고, 식량부족 사태를 막기 위해 노력하였다. 제1차 세계대전 이후 독일과 오스트리아를 위시하여 서구사회는 대다수 아동들의 빈곤과 기아, 영양실조 등의 문제로 어려움에 처해 있었으며, 이로 인해 기금 모금에 상당한 어려움이 있었다. 이에 젭

여사는 아동권리에 대한 인식이 필요함을 역설하는 발표문을 국제연맹회의에 제안하였고, 「아동권리에 대한 제네바선언」 5개항을 채택하였다.

전문	"모든 나라의 남성과 여성은 인류가 아동에 대하여 최선의 것을 주어야 할 의무를 진다는 것을 인정하고 인종·국적 또는 신념에 관한 어떠한 사유에 관계없이 모든 아동에게 다음과 같은 사항을 보장할 것을 선언하고 또한 자신의 의무로서 수락한다"
제1항	아동에게는 정상적인 발달을 위하여 필요한 물질적, 정신적 수단들이 제공되어야 한다.
제2항	굶주린 아동에게는 음식이 제공되어야 하고, 아픈 아동은 치료를 받아야 하며, 비행아동은 교정(화)을 받을 수 있어야 하고, 고아와 집이 없는 부랑아동에게는 주거와 원조를 제공하여야 한다.
제3항	아동은 위험에 처했을 때 가장 먼저 구제되어야 한다.
제4항	아동은 생계를 유지할 수 있는 상황을 보장받아야 하며, 모든 형태의 착취로부터 보호되어야 한다.
제5항	아동은 자신의 능력이 모든 인류를 위하여 도움이 되어야 한다는 인식을 가지고 자라서 재능을 개발할 수 있도록 해야 한다.

위와 같이 제1항은 아동의 생존권 보장, 제2항은 아동보호의 접근 방법, 제3항은 아동보호의 최우선 원칙, 제4항은 아동의 자립과 착취로부터의 보호, 제5항은 아동 육성의 목표가 제시되어 있음을 알 수 있다. 이후 아동관련 국제선언 및 조약의 사상적 토대가 되었다. 「아동권리에 대한 제네바선언」은 아동의 빈곤이나 기아, 영양실조가 가장 큰 문제였던 당시의 시대 상황에 따라 기본적인 생존권에 초점을 맞추었다. 하지만 이는 교육권 등과 같은 복지권이 제외되어 있다는 측면에서 한계가 있다.

2. 유엔아동권리선언

제2차 세계대전 이후 국제사회는 수많은 아동이 겪는 고통에 대해 국가적 책임을 명시할 필요성을 느끼게 되었다. 국제연합은 제네바선언에 기초하여 1959년 11월 20일 제14차 유엔총회에서 10개 조항으로 확장된 「유엔아동권리선언」(UN Declaration of the Rights of the Child)을 채택하였다. 「유엔아동권리선언」은 모든 아동이 누려야 할 권리와 자유를 전문 및 10개 조로 구성되어 있다. 이를 간략하게 제시하면 다음과 같다(Department of Public Information, UN, 1995).

전문	아동 모두가 행복한 생활을 지내며, 자신과 사회의 복지를 위해서 다음과 같은 권리와 자유를 누릴 수 있어야 함을 요청하고 있다.
제1조	모든 아동은 선언에 명시된 권리를 보장받아야 한다. 아동은 인종, 피부색, 성별, 언어, 종교, 정치적 견해, 국가적 또는 사회적 출신, 재산 등에 따라 차별을 받지 않을 권리를 가진다.
제2조	아동은 법률에 의해 자유와 존엄성을 보장받으며, 건강하고 정상적으로 발달할 수 있도록 특별한 보호를 받을 권리를 갖는다. 이를 위해 법률을 제정함에 있어 아동의 최선의 이익을 최대한 고려해야 한다.
제3조	아동은 출생 시부터 이름과 국적을 부여받을 권리가 있다.
제4조	아동은 사회보장의 혜택을 받을 권리가 있다. 이를 위해 출산 전 및 출산 후 적절한 진료를 포함하여 아동과 어머니 모두에게 특별한 보살핌과 보호가 제공되어야 한다. 아동은 적절한 영양, 주거, 여가 및 의료서비스에 대한 권리를 갖는다.
제5조	신체적, 정신적, 사회적으로 장애가 있는 아동에게는 자신의 특수한 상태에 따라 요구되는 특별한 치료와 교육 및 보호를 제공받을 권리를 가진다.
제6조	전인적 성장, 발달을 위해 아동은 사랑과 이해를 필요로 하므로 아동은 가능한 한 가정에서 양친 부모에 의해 양육되어야 한다. 이것이 불가능할 경우 사회는 가정이 없는 아동에 대해 특별한 보호를 제공할 의무를 갖는다.
제7조	아동은 적어도 초등학교까지는 의무교육을 받을 권리를 가지며, 아동의 교육과 지도는 아동의 최상 이익에 근거하여 이루어져야 한다. 또한 아동에게는 교육뿐 아니라 놀이와 여가도 제공되어야 하며, 사회는 이러한 권리를 증진시키기 위해 노력하여야 한다.
제8조	아동은 언제나 최우선적으로 보호와 혜택을 받을 권리가 있다.
제9조	아동은 모든 형태의 방임, 학대, 착취로부터 보호받아야 하며, 적절한 연령에 도달하기 전까지 노동을 해서는 안 된다.
제10조	아동은 다음과 같은 관행으로부터 보호받아야 한다. 아동은 인종적, 종교적, 기타 형태의 차별적 관행으로부터 보호되어야 하며, 자신의 재능을 이웃에게 이바지할 수 있도록 양육되어야 한다.

「유엔아동권리선언」은 아동을 권리의 주체로 인정하고 이를 보장하겠다는 국제적 의지의 표현이며, 모든 아동의 권리보장이라는 측면에서 아동의 복지권을 강조한 것으로 볼 수 있다. 또한 「유엔아동권리선언」은 세계인권선언의 보편적 인권이념을 토대로 하면서도, 아동의 특성을 강조하는 아동의 권리를 구체적으로 선언하고 있다는 점에서 의미가 있다. 하지만 선언문 자체로서 선언에 그칠 뿐, 당사국들에 대한 구속력을 갖지 못한다는 한계를 지니고 있다.

3. 유엔아동권리협약

「유엔아동권리선언」 10개 조항이 제정된 후 20주년을 기념하기 위하여 유엔은 1979년을 '세계 아동의 해(International Year of the Child)'로 지정하였다. 당시 ① 폴란드 정부는 제34차 유엔인권위원회에 「유엔아동권리선언」을 법적 구속력을 갖는 조약으로 바꿀 것을 제안했고, 그 해부터 「유엔아동권리협약」을 채택하기 위한 준비 작업을 시작하였다. ② 1979년 1월 폴란드 바르샤바에서 폴란드 법률사협회 등의 주관 하에 아동권리선언 20주년 기념행사가 개최되어 아동권리에 관한 21개 원칙이 채택되었고, 이는 동년 2월 유엔인권위원회에 제출되었다. ③ 1988년 「유엔아동권리협약」의 초안 작성 작업이 완성되었고, ④ 1989년 11월 20일 제44회 유엔총회는 「유엔아동권리협약」(UN Convention on the Rights of the Child: UNCRC)을 뉴욕에서 만장일치로 채택하였다. ⑤ 「유엔아동권리협약」(UNCRC)[2)]은 18세 미만 아동의 모든 권리를 담은 국제적인 약속으로, 1990년 8월 3일 법적 효력 발생에 필요한 20개국이 비준함에 따라 1990년 9월 2일부터 국제법으로 효력이 발생하게 되었다. ⑥ 우리나라는 1990년 협약에 서명하고, 1991년 11월 20일에 비준서를 유엔에 기탁함으로써 1991년 12월 20일부터 아동권리에 관한 국제협약의 당사국이 되었다. 「유엔아동권리협약」은 우리나라를 위시하여 세계 196개국(2016년 현재)이 비준한 국제협약이다. 그리고 「유엔아동권리협약」은 아동을 실질적 권리의 주체로 인식하고, 국제법적 지위를 가지고 당사국들을 구속할 수 있는 효력을 갖게 되었다는 것에 의미가 있다. 이 협약은 '보호의 대상자로서의 아동'과 '권리의 주체자로서의 아동' 두 개념 간의 조화를 강조한다.

「유엔아동권리협약」의 주요 원칙은 표 2-2와 같다.

---

2) 「유엔아동권리협약」은 제3부 총 54조의 본문으로 구성되어 있다. 전문, 1부(제1조~제41조)는 실질적 규정, 2부(제42조~제45조)는 이행에 관한 규정, 3부(제46조~제54조)는 부칙으로 구성되어 있다. 이 협약은 총 6개 국어(영어, 프랑스어, 러시아어, 스페인어, 아랍어, 중국어)로 작성되어 있다.

표 2-2 「유엔아동권리협약」의 주요 원칙

구분	내용
차별금지의 원칙 (Non-discrimination) (협약 제2조)	협약의 당사국은 아동이나 그 부모, 후견인의 인종, 피부색, 성별, 언어, 종교, 정치적 의견, 민족적 · 인종적 · 사회적 출신, 재산, 장애여부, 태생, 신분 등의 차별 없이 이 협약에 규정된 권리를 존중하고, 모든 아동에게 이를 보장해야 한다. 또한 아동이 부모나 후견인 또는 다른 가족의 신분과 행동, 의견이나 신념을 이유로 차별이나 처벌을 받지 않도록 모든 적절한 조치를 취하여야 한다고 규정하고 있다.
아동 최선의 이익의 원칙(Best interests of the child) (협약 제3조)	공공 또는 민간 사회복지기관, 법원, 행정당국 또는 입법기관 등에 의하여 실시되는 아동에 대한 모든 활동에 있어 아동 최선의 이익이 1차적으로 고려되어야 함을 요구한다. 이것은 국가기관 등이 아동과 관련한 모든 활동을 결정함에 있어서 아동에게 어떠한 영향을 미칠 수 있는 공식적 결정을 할 때에는 아동의 권리보호와 복지증진을 최우선으로 고려하여 아동의 이익이 중요하게 고려되어야 하며, 부모 또는 국가의 이익만이 전적으로 중요하게 평가되어서는 안 된다는 것을 의미한다. 이 원칙은 협약의 기장 중심적 기능을 담당하며, 당사국의 국내법과 관행을 평가하기 위한 기초가 된다.
아동의 생명존중 및 발달보장의 원칙 (The rights to life, survival and development) (협약 제6조)	협약 당사국은 모든 아동이 생명에 관한 고유의 권리를 가지고 있음을 인정하고, 가능한 한 최대한도로 아동의 생존과 발전을 보장해야 할 의무를 가짐을 규정하고 있다. 생명권은 단순히 아동에게 죽음을 당하지 않을 권리를 부여하는 것이 아니라, 아동의 생존과 발달을 포함하는 의미로 보아야 한다. 생존의 의미는 생명권에 대한 동적 측면을 도입한 것이며, 발달은 아동의 육체적 건강뿐만 아니라 정신적 · 정서적 · 사회적 · 문화적 발달에 대한 것까지 포함하는 매우 광범위한 의미이다.
아동의사존중의 원칙 (Respect for the views of the child) (협약 제12조)	협약 당사국은 자신의 견해를 형성할 능력이 있는 아동에 대하여 본인에게 영향을 미치는 모든 문제에 있어서 자신의 견해를 자유롭게 표시할 권리를 보장하여야 하고, 아동의 견해에 대해서는 아동의 연령과 성숙도에 따라 그 의견을 적절히 수용해야 한다고 규정하고 있다. 이를 위해 아동에게는 특히 아동에게 영향을 미치는 어떠한 사법적 · 행정적 절차에 있어서도 아동이 직접 또는 대표자나 적절한 기관을 통하여 진술할 기회가 국내법적 절차에 합치되는 방법으로 주어져야 한다고 규정하였다.

04 선진국의 아동권리 발전과정

국가마다 역사적 배경, 정치적 · 사회적 · 국민 정서적 차원의 다양한 변인이 있으므로 아동권리 측면과 관련해서 일방향적 흐름을 파악하는 것은 어려운 것이 사실이다. 하지만 선진 복지국가라 할 수 있는 영국, 미국, 스웨덴, 일본에 대한 아동권리의 발달과 다양한 정책들을 살펴보는 것은 매우 의미있는 것으로 볼 수 있다(이경준 외, 2017).

첫째, 영국의 아동권리의 발달을 살펴보면 다음과 같다. 1601년 구빈법의 제정으로 아동보호의 원칙이 수립되었으나, 산업혁명으로 노동자들이 급속하게 증가하여 빈곤가정아동들과 결손가정아동들이 급격히 늘어나게 되었다. 그 후 1834년 구빈법의 개정으로 9세 이하 아동의 노동을 금지하고 13세 이하 소년의 노동시간을 주 48시간 이내로 제한시키는 등 어린 노동자를 착취로부터 보호하게 되었다. 이와 같은 조치들은 미국과 유럽에 전파되어 아동의 권리와 복지를 보장하는 데 기여하게 되었다. 영국에서 아동에 대한 배려는 처음에는 고아, 부랑아, 유기아의 도제견습, 작업장으로의 입소로부터 시작하여 특히 19세기 후반부터 20세기에 걸쳐 노동으로부터 아동의 보호, 공중위생으로부터의 보호, 의무교육 시행, 아동수용시설의 증가 형태로 나타나서 20세기 초의 근대적인 아동보호사업으로 전개되었다. 따라서 오늘날 영국의 아동복지는 가정 붕괴의 방지와 아동을 가정적인 분위기 속에서 보호하는 기본선에 의해 추진되고 있다(성영혜 외, 2008). 또한 영국은 1991년부터 첫째 자녀에게 높은 비율의 혜택이 주어지며 한부모일 경우에는 급여액이 추가되었다. 그리고 2003년부터는 자녀들을 양육하는 가정의 조세부담을 줄여주기 위해 아동조세공제(Child Tax Credit)를 실시하고 있다(배윤주, 2014).

둘째, 미국의 인권제도는 1900년대 초까지 부모로서 성인이 헌법상 보장된 사생활 보호권의 일부로서 자녀양육권을 가진다는 것이 헌법적으로 인정되고, 아동은 단지 부모의 자녀양육권의 대상이자 객체로 여겨졌다. 1923년 연방대법원은 아동의 권한은 부모의 권한에 따라 한계가 설정된다고 함으로써 아동의 권리를 부모의 권리에서 파생 및 의존하는 것으로 보았다. 그리고 1959년 미주인권위원회(Inter-American on Human Rights)가 설치되었고, 1978년 미주인권협약이 발효되면서 상당한 변화를 가져왔다. 그러다가 1960년대를 지나면서 점차 권리의 주체로서 아동을 헌법적 차원에서 한 인간으로 인정하는 모습을 보여 준다. 즉, 독립적인 아동의 헌법적 권리를 인정하기 시작한 것이다(최윤영, 2013).

미국에서 아동권리에 관한 규정들은 모든 아동은 미성년이라는 조건에 따라 자신의 가족, 사회 및 국가에 요구되는 보호조치를 받을 권리를 가지며, 평등한 보호를 받을 권리를 가진다고 명시하고 있다. 모든 아동은 출신에 관계없이 미성년자로서 그의 가정, 사회 및 국가의 보호를 요구할 권리, 모든 아동은 부모의 보호와 책임 아래에서 성장할 권리를 가지지만, 예외적으로 법원에서 인정된 상황을 제외하고는 어린 나이의 아동은 어머니로부터 분리되어서는 아니 되며, 모든 아동은 적어도 초등교육단계에서는 무상의 의무교육을 받고, 상급교육과정에서 교육을 계속 받을 권리를 가진다는 것을 규정하고 있다(최보연, 2009). 미국은 원래 「유엔아동권리협약」의 기안에 참여하여 협약의 거의 모든 조항을 만드는 데 영향을 끼쳤다고 볼 수 있다. 하지만 전 세계 나라 가운데 소말리아와 더불어 「유엔아동권리협약」 미가입국가로 분류되고 있다. 그 이유로는 ① 각 주가 독특하고 다양한 법제를 가지고 있어, 이러한 각 주의 법적인 다양성으로 「유엔아동권리협약」을 비준하려는 노력에 걸림돌이 되는 것이다. ② 미국에서 「유엔아동권리협약」은 국내법을 통해서 집행되어야 한다고 보고, 협약의 효력이 발생하기 전에 법률적인 측면에서 완전히 정비되고 시행되어야 하므로 비준을 곤란하게 하는 것이다. ③ 미국의 헌법에는 '아동'이라는 용어를 사용하고 있지 않고 「유엔아동권리협약」 측면에서의 권리가 미국에서는 권리 자체로 인정되지 못하기 때문에, 대법원이 주어진 헌법을 가지고 아동의 권리를 추론하는 것으로 아동의 권리 주체성 인정 여부를 확인할 수 있다.

셋째, 스웨덴은 아동양육시원에서부터 장애아동과 일반아동의 통합교육에 이르기까지 아동의 권리가 가장 잘 보장되는 국가이다. 스웨덴 아동복지정책의 기본 목표는 아동의 권리를 증진하는 것인데, 아동과 청소년들이 발달과 보호뿐만 아니라 참여와 영향력을 미칠 기회를 가질 수 있도록 하는 것이다. 아동을 권리의 주체로서 인정하고, 그에 따른 다양한 국가정책을 수행한다고 볼 수 있다. 그리고 아동권리보호와 관련된 정책의 특징으로 옴부즈맨(Ombudsman) 시스템이 있다. 아동옴부즈맨(The Children's Ombudsman) 시스템은 아동권리 모니터링 기구로 「유엔아동권리협약」의 내용이 제대로 수행되고 있는지 감시한다. 그리고 2013년 스웨덴 보건복지부 아동・노인

장관(Minister for Children and the Elderly)은 아동권리보장정책을 시행하는 데 일곱 가지 우선 정책목표를 다음과 같이 제시하였다(최윤영, 2013). ① 아동권리에 대한 홍보, ② 아동권리정책을 위한 모니터링시스템(The Max 18 follow-up system) 구축, ③ 18세 미만 아동에 대한 보편적 양육지원, ④ 빈곤아동 지원, ⑤ 아동에 대한 신체적·정신적 학대방지 및 약물남용이나 정신질환 위험 가정에서 자라는 아동들을 위한 대책 수립, ⑥ 스웨덴 법체계에서 「유엔아동권리협약」의 장단점 연구, ⑦ 아동의 성적 착취와 인신매매에 대한 새로운 정책수립을 달성함으로써 아동의 권리신장 등의 목표를 제시하고 있다.

넷째, 일본은 1980년대부터 본격적으로 아동권리에 대한 이론을 정립하였다. 하지만 ① 일본사회는 '합의사회(consensus society)'로 간주되기에 법 개정이 이루어지지 않아 현실과의 괴리가 있다. 대부분의 아동법 개정은 외국의 압력에 의해 이루어졌다고 평가된다. ② 일본에서의 아동권리는 성인이 지킨다는 의식이 매우 강하여 그동안 아동권리를 종합적으로 연구하는 기반이 미진했다. 따라서 아동의 권리보다는 책임을 강조하여 사회의 일원으로서 아동의 책임, 성인들의 엄격한 자세를 필요로 하는 조례들도 제정이 되고, 아동의 권리와 의무는 상대적이라는 발상이 절대시 되어 의무를 다하지 못하는 아동들에게 권리를 보장해서는 안 된다는 생각이 강조되는 경향이 있었다. ③ 국제적 선언이나 협약의 채택에 따라서 일본의 아동복지법 및 아동복지관령법령들을 정비할 필요성이 제기되었고, 아동이 자주적 권리 주체임을 아동법상 명확히 함으로써 아동권리의 내실화를 위한 유기적이고 종합적인 법정책의 도입을 요구받고 있다. ④ 현실적 차원에서 학교 내 체벌, 이지메를 비롯한 아동에 대한 인권침해 문제에 대한 대책을 마련하는 등 아동의 권리보장을 위한 논의가 활발하게 진행되고 있다. ⑤ 유엔아동권리위원회는 일본 정부가 2004년과 2008년 아동복지법 개정을 통해서 지방정부의 요보호아동 조치에 대한 지방위원회 수립 임무 규정, 2005년 6월 개정형법에서 인신매매를 범죄에 추가한 것 등을 아동권리신장에 긍정적인 움직임으로 보았다. 다만 아동복지법상 난민아동, 미등록이주아동을 대상아동으로 포함하고 있지 않은 것, 아동의 최선의 이익 원칙을 반영하는 규정을 두지 않은 것 등을 개선하도록 촉구한 바 있다(최윤영, 2013).

생각해 봅시다

1. 학자별 아동인권사상의 특징에 대하여 비교해 봅시다.
2. 「아동권리선언」과 「아동권리협약」을 비교해 봅시다.
3. 「유엔아동권리협약」에 대하여 알아보고, 아동의 최우선의 이익이 이루어지기 위한 구체적인 방법을 생각해 봅시다.

PART
II

아동복지에 대한 이해

CHAPTER 03

아동복지

학습목표

1. 아동복지의 개념, 이념, 범위를 설명할 수 있다.
2. 아동복지의 목표와 기능을 설명할 수 있다.
3. 아동복지의 기본요소와 원칙을 설명할 수 있다.

아동복지는 아동이 행복하고 만족스러운 삶을 영위할 수 있도록 제공되는 서비스를 총칭하는 것으로, 동서고금을 막론하고 이러한 서비스 제공의 일차적인 책임이 부모에게 있는 것으로 간주되어 왔다. 하지만 부모가 책임지는 것이 불가능한 경우 이를 국가나 사회가 책임져야 한다는 관점이 대두되었다. 20세기에 진입하면서 아동기의 발달특성에 관한 여러 다양한 이론의 정립과 아울러 인간으로서의 권리의 문제에 관심이 고조되면서 아동복지는 단순히 물질적 구호뿐 아니라 인간으로서의 권리를 보다 강조하는 방향으로 확장되고 있다(정옥분 외, 2016).

한편 우리나라의 아동복지는 빈곤이나 전쟁으로 인한 고아나 기아, 미아와 같은 요보호아동을 중심으로 한 물질적 구호가 주요 목표였다. 하지만 오늘날은 물질적 구호를 필요로 하는 아동의 수는 감소하였으나, 또 다른 형태의 복지의 필요성은 증가하고 있다. 아동복지란 아동 개인의 입장에서는 한 인간으로서의 기본적인 생활에 대한 보장이며, 사회적인 입장에서 국가발전을 위한 인력의 보호, 앞으로 발생할 수 있는 사회문제 발생을 미연에 예방하는 것이다. 아동을 위한 복지정책을 시행함으로써 아동에게 안전하고 건강한 미래를 열어 줄 수 있을 것이다(김주아 외, 2012). 이러한 아동복지의 이해를 한층 높이기 위해서 이 장에서는 아동복지의 개념, 아동복지의 이념, 아동복지의 범위, 아동복지 출현의 제 요인, 아동복지의 목표와 기능, 아동복지의 기본요소와 원칙, 아동복지의 대상 등에 대해서 고찰하기로 한다.

01 아동복지의 개념

복지의 개념은 인간의 욕구에 대한 서비스를 말한다. 인간의 욕구는 의식주와 안전과 같은 생존을 위한 기본적인 것에서 관심, 사랑, 존경, 자아실현과 같은 사회적 욕구까지 있다. 복지라는 용어는 영국의 대주교인 윌리엄 템플(William Temple)이 처음으로 사용한 사회복지(social welfare)라는 말에서 유래하였다. 'Welfare'란 사전적 의미로 행운, 건강, 행복, 번영을 의미한다. 아동복지란 사회복지의 한 분야로서 아동의 기본적인 욕구 및 그 가족의 욕구를 충족시켜 주기 위한 서비스와 관련되어 있다. 아동복지의 개념은 시대의 흐름에 따라, 각 국가나 사회가 처한 상황에 따라 다양하게 나타났다.

① 장인협 · 오정수(2001)는 "아동복지란 사회구성원으로서 아동의 기본적인 욕구를 충족시키고 건전한 성장과 발달을 도모하기 위하여 여러 가지 활동을 가능케 하는 공적인 방법과 절차"라고 했다.

② 김이영 외(2017)는 "아동복지의 협의의 개념은 부모의 양육이 불가능한 경우, 요보호아동과 그 가족을 위해 공공 및 민간기관에서 제공하는 서비스이다. 그리고 광의의 개념은 모든 아동의 행복을 위해 그들

의 신체적 · 사회적 · 심리적 발달을 보호하고 촉진하기 위해 경제, 교육, 보건, 노동 등 아동을 둘러싼 사회체계의 개선을 위한 총체적인 사회적 노력을 의미한다"고 했다.

③ 우리나라의 사회복지용어사전(2009)은 "아동복지란 아동의 건강한 삶을 보장하기 위한 국가와 사회 그리고 민간단체의 다양한 노력들, 즉 법과 정책 그리고 행정뿐 아니라 전문가에 의한 구체적인 서비스를 총칭하는 말이다. 현대의 아동복지라는 말은 보다 넓은 의미를 가지는 것으로, 아동의 신체적 · 인지적 · 정서적 발달에 관하여 모든 아동의 복지를 지키며 보호하고자 하는 공 · 사단체의 사회적 · 경제적 · 보건적 활동과 일체를 이루는 것"을 말한다.

④ 정옥분 외(2016)는 "아동복지란 18세 미만의 아동에게 정신적, 육체적으로 행복하고 만족스러운 삶을 보장해주기 위해 국가와 사회 그리고 전문가에 의해 제공되는 모든 서비스를 총칭하는 개념"이라고 했다.

⑤ 성영혜 · 김연진(2008)은 "아동복지란 특수아동과 일반아동을 대상으로 모든 아동들이 가족 및 사회의 일원으로서, 신체적 · 정신적 · 사회적으로 건전하게 성장 · 발달할 수 있도록 지역사회나 아동복지 분야에 있는 공 · 사단체 또는 기관들이 협력하여 아동의 권리에 필요한 사업을 계획하고 실행에 옮기는 조직적 활동"으로 정의하고, "모든 아동과 그들의 가족이 지닌 욕구와 문제를 해결하고 행복한 생활을 할 수 있도록 공 · 사단체 및 국가에 의해 이루어지는 일련의 계획적이고 조직적인 활동을 포함한 제도를 총칭한다"고 했다.

⑥ 프랜드랜더와 앱트(Friendlander & Apte, 1974)는 "아동복지는 빈곤, 방치, 유기, 질병, 결함 등을 지닌 아동 또는 환경에 적응하지 못하는 비행아동에게만 관심을 두는 것이 아니라 모든 아동이 신체적 · 지적 · 정서적 발달에서 안전하며 행복할 수 있도록 위험으로부터 보호하기 위하여 공공과 민간기관에서 실시하는 사회적 · 경제적 · 보건적인 제반 활동을 의미"한다고 했다.

⑦ 메이어(Meyer, 1985)는 "아동복지를 직속적인 사회체계의 하나로, 아동의 복지를 증진시키기 위한 사회제도이자 하나의 전문직으로서 사회사업의 한 분야로 정의"하면서, 사회사업 전문직의 한 분야로 아동복지를 강조했다.

⑧ 미국의 대표적인 아동복지학자인 카두신(Kadushin, 1974)은 미국아동연맹의 정의를 기초로 아동복지를 잔여적 의미의 사회적 서비스의 한 형태로 정의하고, "아동복지란 부모가 아동양육의 책임을 충족시킬 수 없거나 그 지역사회가 아동과 가족이 요구하는 보호와 자원을 제공할 수 없을 때, 아동이나 청소년에 대하여 제공되는 사회적 서비스와 관련이 있다"고 하였다.

이상과 같이 아동복지에 대한 선행연구자들의 다양한 견해를 통해 아동복지의 목적은 아동이 신체적·정신적·인지적·사회적으로 적응함으로써 자기 자신의 잠재능력을 실현함으로써 행복한 상황이 되도록 하는 것임을 알 수 있다. 아동복지 대상은 특수아, 장애아는 물론이고 일반아동들을 포함하며, 아동복지영역은 이념과 이념 실현을 위한 사업계획과 그 시행까지가 함의하고 있음을 알 수 있다. 아동복지의 협의의 개념은 구조적으로나 기능적으로 부적절한 양육환경에서 자라는 아동이나 발달상의 문제나 장애를 가진 요보호아동을 대상으로 하는 서비스 활동으로 보며, 광의의 아동복지는 모든 아동의 행복을 위해 그들의 신체적·심리적·사회적 발달을 보호하고 촉진하기 위해 경제, 교육, 보건, 노동 등 아동을 둘러싼 사회체계의 개선을 위한 총체적인 사회적 노력을 의미한다. 현재 대부분의 국가에서는 광의의 아동복지를 채택하여 모든 아동의 기본적 권리 보장을 주요 문제로 다루고 있다.

02 아동복지의 이념

아동복지의 이념은 아동을 바라보는 견해, 복지를 정의하는 사회의 신념과 가치에 따라 다양하게 설정될 수 있다.

아동복지의 이념은 아동을 어떻게 보고 어떻게 이해하느냐 하는 그 시대 및 그 사회의 아동관과 밀접한 관계가 있다. 아동복지의 이념은 아동을 성인의 축소물이나 소유물로 보았던 과거의 아동관에서 벗어나, 고유한 심리적 욕구 및 인격과 존엄성을 지닌 독립된 개체로 인식하게 된 20세기에 들어와서 비로소 정립되었다(이순형 외, 2016).

현대의 아동복지 이념의 모체라고 할 수 있는 것은 1924년 국제연맹에서 공포한 「아동권리에 대한 제네바선언」이며, 1959년 국제연합은 전문과 10개항으로 된 「아동권리선언」을 선포하여, 세계 각국의 아동복지 이념 보급에 지대한 영향을 미쳤다. 우리나라에서는 헌법을 기반으로 아동복지법 및 어린이헌장 등에서 아동복지 이념을 명확히 명시하고 있다. 우리나라 헌법 제9조에는 '모든 국민은 인간으로서 존엄성과 가치를 가지며, 행복을 추구할 권리를 가진다. 국가는 개인이 가지는 불가침의 기본적 인권을 확인하고 이를 보장할 의무를 가진다'고 명시하고 있다. 헌법 제32조에서는 '모든 국민은 인간다운 생활을 할 권리를 가진다'라고 되어 있으며, 모든 국민의 행복을 추구할 권리와 인간다운 생활을 할 권리를 가지고 있음을 명시하고 있다. 따라서 당연히 국민인 아동들도 이와 같은 권리를 갖게 된다.

헌법의 추상적 내용을 구체화시킨 아동복지법에서는 아동복지의 이념을 정립하고 있다. 즉, 동법 제1조에서 '이 법은 아동이 건강하게 출생하여 행복하고 안전하게 자랄 수 있도록 아동의 복지를 보장하는 것을 목적으로 한다'라고 했으며, 제4조에는 '국가와 지방자치단체는 아동의 건강과 복지 증진에 노력하여야 하며 이를 위한 시책을 시행하여야 한다. 모든 국민은 아동의 권익과 안전을 존중하여야 하며, 아동을 건강하게 양육하여야 한다'라고 명시하고 있다. 결국 아동의 기본적 욕구를 보장하고 어떠한 환경과 조건에 있든지 아동이 지니고 있는 잠재능력을 최대한 발휘시키며, 국가와 국민이 아동을 건전하게 육성할 의무와 아동의 복지와 권리에 관한 이념을 나타내고 있다고 볼 수 있다.

한편 미국의 하링(Haring, 1991)은 아동복지의 이념을 아동복지의 핵심 주체인 국가, 가족, 아동의 입장에서 어느 쪽에 무게 중심을 두느냐에 따라 4가지 유형으로 구분하고 있다.

첫째, 자유방임주의와 가부장제(Laissez-faire and Patriarchy)이다. 이 관점은 아동의 욕구를 해결해 주는 데 있어서 국가의 역할을 최소화하는 것이다. 이러한 관점은 19세기에 형성되어 20세기 후반에 유행하였고, 정부의 역할을 축소하는 대신 부모-자녀관계의 신성성과 은밀성을 중요시한다는 것이다. 가족과 가족생활은 사적인 영역으로 간주되며, 가정은 형사사건과 관련된 법적인 사건 외에는 정부가 침해해서는 안 되는 영역으로 본다. 즉, 국가는 아동의 부모가 아니다. 아동의 부모가 지닌 우선적 책임을 인정한다(Archad, 1993). 자녀양육에 있어서 부모의 권리가 중시되고, 부모는 자녀양육의 책임자로서 지위를 갖는다고 인정하는 것이다.

둘째, 국가부권주의와 아동보호(State Paternalism and Child Protection)이다. 이 관점은 19세기 후반과 20세기 초 국가는 복지에 개입해야 한다는 관점이 형성되었다. 아동보호에 대한 광범위한 국가의 개입을 인정하고, 부모-자녀 간의 생물학적인 유대는 과소평가되며, 부모의 보호가 부적절할 때 국가는 권위주의적 개입이 되더라도 가족과 아동에게 개입할 수 있다고 본다. 입양이나 위탁보호를 통한 대리보호에 긍정적이며, 특히 입양은 아동보호를 위한 최선의 해결책으로 보는 경향이 있다. 이 관점은 입양과 위탁보호에 과잉기대를 갖고 있다는 비판을 받을 수 있다. 이 관점에서 아동은 가족이나 부모와 구별되는 존재로 아동복지(양육과 보호)에 있어 최우선이 된다. 여기에는 국가가 아동을 도구주의적으로 생각한다는 입장도 반영되어 있으며, 동시에 아동과 성인 간의 관계는 아동의 선택에 의한 것이 아니며, 아동은 자신을 방어하기에는 약한 존재이므로 이를 보호할 특별한 도덕적 의무를 국가가 갖고 있다는 것이다.

셋째, 가족중심주의와 부모의 권리(Pro-family/Defence of the Birth Family and Parent's Rights)이다. 이 관점은 제2차 세계대전 이후 복지국가의 증가와 더불어 형성 및 발전된 관점으로 생물학적 부모-자녀관계에 가치를 두고, 국가는 부모-자녀관계를 보호 및 유지하는 데 도움을 주고, 지지하는 역할을 한다. 국가는 생물학적 가족이 유지되도록 서비스를 제공하면서 가족을 지지해 주는 역할을 해야 한다.

넷째, 아동의 권리와 해방(Children's Rights and Child Liberation)이다. 아동이 성인의 소유물이 아니고, 아동이라 하더라도 독립된 인격체로서 자유와 권리가 있음을 강조하는 관점이다. 즉, 아동은 시민이 가지는 권리를 동등하게 가짐으로써 주거와 여행, 함께 살고 싶은 사람 등 아동 선택권을 보장하고, 국가는 아동이 성인의 속박에서 벗어나 자유를 가질 수 있도록 보장해 주어야 한다는 것이다. 아동권리와 해방이라는 측면에서 성인의 의무는 아동의 행동을 허락하고, 아동의 말을 듣고, 원하는 것을 존중해 주는 것이다.

앞에서 살펴본 아동복지 이념의 4가지 유형을 아동 및 가족, 아동복지, 국가의 역할에 입각하여 비교 및 분석하면 표 3-1과 같다(송주미, 1998).

표 3-1 아동복지 이념의 유형

구분		자유방임주의	국가부권주의	가족중심주의	아동권리주의
아동 및 가족	아동관	의존적 존재, 부모의 보호를 받아야 하는 존재	성인의 보호를 받아야 하는 존재, 성인과 다른 욕구와 권리를 지닌 존재	의존적, 미성숙, 부모의 보호를 받아야 하는 존재	성인과 같은 자유와 자율을 지닌 존재, 자기 결정권과 선택권을 지닌 존재
	부모-자녀 관계	부모-자녀 간의 심리적 유대 강조, 외부로부터 자유로운 가족	심리적 유대에 기초한 가족 중시, 대안적 가족(입양)에 의한 양육에 적극적	생물학적 부모-자녀관계 중시	• 아동의 선택이 반영된 가족 중시 • 대안적 가족의 형태(집단가정, 지역사회 보호 등) 선호 • 아동 견해가 배제된 부모-자녀관계 반대

(계속)

<table>
<tr><th colspan="2">구분</th><th>자유방임주의</th><th>국가부권주의</th><th>가족중심주의</th><th>아동권리주의</th></tr>
<tr><td rowspan="2">아동 및 가족</td><td>아동보호 문제의 원인</td><td>• 부모 자신의 심리적 결함
• 입양 등 대리 보호에 호의적</td><td>• 부모 자신의 심리적 결함
• 입양 등 대리보호에 호의적</td><td>• 사회적 환경과 관련, 부모는 사회의 희생자(빈곤, 스트레스, 자원의 결여는 외부 환경에 기인)
• 대리보호에 대해 회의적</td><td>• 성인의 부당한 아동 대우(성인의 아동 취급이 원래 부정적)
• 아동이 선택한 보호 형태 강조 및 인정</td></tr>
<tr><td>아동의 권리</td><td>아동의 권리보다 부모의 권리를 옹호(부모 및 가족에 관한 불간섭)</td><td>양육·보호에 대한 아동의 권리 강조(이에 대한 부모권리는 비중을 낮게 둠)</td><td>부모의 친권을 강조(아동권리에 관해서는 부모친권 강조로 대신함)</td><td>• 아동권리 강조(성인과 같은 권리를 지닌 존재로서의 아동 강조)
• 부모권리에 대한 비중을 낮게 둠</td></tr>
<tr><td rowspan="3">아동 복지</td><td>아동복지 정의</td><td>부모-자녀관계의 심리적 안정 중시, 외부의 침해로부터 이를 보호하는 것이 복지</td><td>• 부적절한 부모의 보호로부터 아동을 보호하는 것이 복지
• 가능한 최선의 보호를 위해 대리 양육자에게 호의적</td><td>생물학적 부모-자녀관계 유지를 위한 보호와 지원이 복지</td><td>• 아동의 자유, 즉 결정과 선택의 자유보장과 보호가 복지</td></tr>
<tr><td>아동복지 대상</td><td>이탈된 아동만 대상 요보호아동(잔여적)</td><td>요보호아동(잔여적)</td><td>가족(부모의 보호 아래에 있는 아동)</td><td>아동(성인과 대립되는 개념으로서, 독립적 개인으로서 인간)</td></tr>
<tr><td>아동복지서비스</td><td>• 1차적(보호) 서비스
• 2차적(변화와 치료) 서비스
• 대리적 서비스</td><td>• 1차적(보호) 서비스
• 2차적(변화와 치료) 서비스
• 대리적 서비스</td><td>• 2차적(변화와 치료) 서비스
• 3차적(예방과 강화) 서비스
• 보완적 서비스와 지지적 서비스</td><td>아동권리 보장을 위한 가능한 모든 서비스</td></tr>
<tr><td rowspan="4">국가의 역할</td><td>국가개입시기</td><td>사후(문제 발생 후)</td><td>사후</td><td>사전, 사후</td><td>사전, 사후</td></tr>
<tr><td>국가개입 정도</td><td>최소한의 개입(작은 국가 지향)</td><td>강제적 개입(부적절한 가족에 대한 강제적, 광범위한 개입)</td><td>지지적 개입(아동 및 가족에 관한 지지적 개입 강조)</td><td>강제적 개입(아동권리보장에는 강제적이나 그 외에는 최소 개입)</td></tr>
<tr><td>국가, 가족, 아동 간 관계 및 복지책임</td><td>• 가족과 아동 간의 강한 동맹(책임)관계 형성 및 강조
• 근본적으로 가족 및 부모(심리적 부모 강조) 책임, 국가는 최소한의 보호의 책임</td><td>• 국가와 아동 간의 강한 동맹(책임)관계 형성 및 강조
• 근본적으로는 부모의 책임, 부모의 문제(부적절한 보호) 발생 시 국가가 책임(보호에 대한 국가의 책임 강조)</td><td>• 가족과 아동 간의 강한 동맹(책임관계 형성 및 강조)
• 근본적으로 가족 및 부모(생물학적 부모 강조) 책임, 국가는 지원의 책임</td><td>• 가족과 아동 간의 약한 동맹(책임)관계 형성 및 강조
• 근본적으로 아동 자신이 책임, 국가는 아동권리를 보장하는 책임</td></tr>
<tr><td>국가개입 및 역할에 관한 견해</td><td>회의적</td><td>• 낙관적
• 권위주의적이며 강제적 개입에 대해 긍정적</td><td>• 낙관적
• 복지국가의 개념: 다양한 서비스를 통한 광범위한 복지를 제공하는 국가 역할 강조</td><td>• 회의적(아동권리 확보에 적극적인 국가 역할 강조)
• 권리 확보 이후에의 국가 역할은 최소</td></tr>
</table>

03 아동복지의 범위

아동복지의 개념을 정의하는 데 있어서 복지의 대상이 되는 아동의 범위와 아동이 행복한 삶을 영위하기 위해 제공되어야 할 복지서비스의 범위는 중요한 기준이 된다.

우선 복지의 대상이 되는 아동의 연령 범위를 살펴보면, ① 발달적 측면에서 아동기는 좁게는 학동기를 지칭하지만, 광의적으로는 영유아기 전체를 포함하는 것을 의미한다. ② 법적인 측면에서 아동의 연령은 「유엔아동권리협약」의 제1조에서 아동의 연령을 18세 미만까지로 규정하고 있고, 아동복지법 제3조 1항에도 "아동이라 함은 18세 미만인 사람을 말한다"라고 규정함으로써 아동과 청소년을 모두 아동복지 대상에 포함시키고 있다.

아동복지 대상으로 요보호아동만 포함시키는지 혹은 일반아동까지 포함시키는지도 쟁점이 된다. 법적 기준으로 볼 때 아동복지법의 대상은 일반아동과 청소년을 망라하는 것이지만 현실적인 여건을 감안하여 우리나라의 아동복지법은 보호를 필요로 하는 아동을 아동복지의 주요 대상으로 규정하고 있다. 아동복지법 제정 이전에 저소득층이나 장애아동 등 도움을 필요로 하는 아동을 대상으로 출발하였다. 즉, 선별주의적 복지형태를 유지했다. 하지만 1981년 아동복지법 제정 이후 우리나라의 아동복지는 요보호아동을 대상으로 하는 선별주의적 복지에서 모든 아동을 대상으로 하는 보편주의적 복지를 지향하고 있으며, 이를 위해 지속적으로 법령 개정이 이루어지고 있다.

아동복지서비스의 범위는 서비스가 행해지는 장소, 서비스의 기능, 방어선의 위치에 따라 분류할 수 있다(임시아, 2017; 정옥분 외, 2016; 장인협·오정수, 2001).

첫째, 서비스가 제공되는 장소에 따른 분류이다(표 3-2 참조). ① 재가서비스(in-home service)는 원가정의 기능 가운데 결핍된 부분을 지지하거나 보충해 줌으로써 원가정의 해체나 붕괴를 막아주는 기능을 수행한다. 예를 들면, 조손가정이나 한부모가정처럼 가족기능의 원활한 수행이 어려운 경우에 아동이 가정에서 생활하면서 외부로부터 지원을 받는 서비스이다. 이처럼 재가서비스는 가족의 구조적 결손은 없지만 심한 스트레스나 역기능의 위험요소를 가지고 있을 때 제공된다. 한편 ② 가정 외 서비스(out of home service)는 아동이 원가정을 떠나 일정 기간 가정 밖의 시설, 위탁가정에서 생활하면서 제공받는 양육 및 보호서비스이다. 예를 들면, 그룹홈, 쉼터, 긴급피난처, 아동양육시설, 아동치료보호시설 등 시설에서 서비스의 지원을 받는다.

표 3-2 아동복지서비스의 분류(범위)

<table>
<tr><th>분류기준</th><th>가정</th><th colspan="3">분류의 연속성</th><th>시설</th></tr>
<tr><td>서비스가 행해지는 장소</td><td>재가서비스</td><td colspan="4">가정외서비스</td></tr>
<tr><td>서비스의 기능</td><td>지지적 서비스</td><td colspan="2">보조적 서비스</td><td colspan="2">대리적 서비스</td></tr>
<tr><td>방어선의 위치</td><td colspan="2">제1차 방어선</td><td colspan="2">제2차 방어선</td><td>제3차 방어선</td></tr>
<tr><td>서비스의 내용</td><td>• 홈메이커서비스
• 프로텍티브서비스
• 보육</td><td>• 케이스워크
• 집단카운슬링
• 가족치료
• 부모교육</td><td colspan="2">• 가정위탁
• 입양</td><td>• 생활시설</td></tr>
</table>

*자료: 장인협 · 오정수(2004). 청소년복지론. 서울: 서울대학교출판부.

둘째, 서비스의 기능에 따른 분류이다. 카두신과 마틴(Kadushin & Martin, 1988)은 저서 『아동복지사업』(Child Welfare Service)에서 아동복지서비스의 분류를 가정의 역할을 중심으로 서비스가 어떠한 기능을 지니는가에 따라 3S 모델을 다음과 같이 제시한 바 있다. 지지적 서비스(supportive service), 보조적 서비스(supplementary service), 대리적 서비스(substitute service)로 구분했다. ① 지지적 서비스(supportive service)는 가족구성원 간의 관계를 회복시키고 성장시켜서 기본적으로 다루어야 하는 서비스이며, 아동문제를 대처하는 1차 방어선이다. 지지적 서비스는 가족관계에서 부모와 아동이 각자의 책임을 효율적으로 수행할 수 있도록 능력을 지원해 주고 강화해 준다. 지지적 서비스에는 개인적 면접을 통한 개별 사회사업, 문제아동 행동지도 및 치료, 가족치료, 부모교육, 지역사회 프로그램 등이 있다. 이 서비스는 아동이 속해 있는 원가정의 구조가 붕괴되지 않으면서 그 가정이 원활하게 기능할 수 있도록 다양한 차원에서 지원하는 아동복지서비스의 예방적인 접근방법이다. ② 보조적 서비스(supplementary service)는 부모역할의 부족함이 있는 일부를 보조하는 서비스로 부모의 보호, 양육환경 개선 및 양육의 질이 부적절하거나 많은 제약 가운데 처해 있을 때 보충할 수 있도록 제공되는 서비스이다. 즉, 가족의 기능 회복과 강화가 어려운 경우 사회가 부분적으로 부모역할의 일부분을 대행하는 2차적 방어선이다. 예를 들면, 낮 시간에 친부모가 아닌 다른 사람들에 의해 보호를 받아야 하는 아동들을 위한 서비스가 있으며, 미국의 큰 오빠 큰 언니(Big Brother Big Sister) 프로그램처럼 저소득층 아동 혹은 청소년들을 자원봉사자와 1:1로 연결해 멘토링을 해주는 경우도 있다. 보조적 서비스는 부모가 근로, 질병 및 기타 사정으로 아동을 보육하기 어려운 경우 보호자의 위탁을 받아 하루 중 일정 시간 동안 신체적·심리적·교육적 발달을 가져 올 수 있도록 아동을 보호하고 교육해 주는 서비스를 말한다. 이러한 맥락에서 보조적 서비스의 성격은 치료적이며 예방적이라고 할 수 있다(성영혜·김연진, 2001; 장인협·오정수, 2001; Kadushin & Martin, 1988). ③ 대리적 서비스(substitute service)는 부모가 아닌 제3자가 부모의 역할을 전부 떠맡는 경우이다. 부모의 사망, 경제적 파산 등으로 아동의 원가정이 자녀양육의 기능을 상실한 경우 아동은 자신의 가정을 떠나서 다른 가족이나 양육자에 의하여 일시적 혹은 영구적으로 보호를 받게 된다(Kadushin & Martin, 1988). 대리적 서비스에는 입양, 가정위탁 등이 포함된다. 입양은 혈연과 관계없이 법률상 친자관계를 맺는 것이다. 이 과정에서 친부모가 가지고 있던 양육의 권리와 의무는 소멸되며 양부모에게 이양된다. 이때 입양된 아동은 친자녀와 동등한 법적 권리를 갖게 된다(공계순 외, 2006). 가정위탁서비스(foster care)는 자신의 가정에서 도저히 양육이 어렵거나, 시설보호가 불가능하거나 바람직스럽지 못할 때, 일정 기간 동안 위탁사유가 되었던 상황이 해소되면 다시 원가정으로 복귀가 가능하다.

셋째, 방어선의 위치에 따른 분류이다. 주커먼(Zuckerman, 1983)은 아동복지서비스를 방어선의 개념으로 분류하고 있다. 그는 아동에게 방어선(line of defense)이란 가족으로부터 제공되는 것이라고 할 수 있는데, 가족이 방어기능을 제대로 하지 못할 경우, 순차적으로 제2차 방어선, 제3차 방어선으로 이동되어 간다고 주장하고 있다. ① 제1차 방어선이다. 가정은 아동의 기본적인 욕구를 충족시켜 주는 1차적인 방어선의 기능을 수행한다. 만약 가정이 위기에 처하게 되면 가정의 사회적 기능을 강화하여 역할을 회복하도록 한다. 제1차 방어선의 내용으로는 가족치료, 부모교육, 아동상담, 소득보장 프로그램 등이 있다. ② 제2차 방어선은 가정의 기능이 정상적으로 수행되지 못할 때, 아동을 위해서 원가정과 가장 유사한 기능을 하는 다른 보호의 장소를 아동에게 제공하는 것이다. 제2차 방어선의 내용으로는 대리가정의 형태를 제공하는 가정위탁, 입양서비스 등을 들 수 있다. ③ 제3차 방어선은 아동의 욕구가 원가정 혹은 대리가정에 의해서 충족될 수 없는 경우에 한하여 마지막 대안으로 제공되는 집단보호서비스이다. 제3차 방어선은 원가정을 대리한다는 점에서 제2차 방어선과 동일하지만, 차이점은 원가정과 유사한 환경보다는 집단 생활환경 속에서 서비스가 제공된다는 것이다. 제3차 방어선은 탈시설화의 경향에 따라 가장 마지막으로 사용되어야 할 아동복지서비스이다.

사례: 현장활용 자료 **복지 사각지대**

• 다음은 아동복지 대상 범위에 해당하지 않는 복지사각지대에 대한 사례이다.

11살 희원이네는 부모님과 2명의 어린 남동생들과 함께 살고 있다. 어머니는 정신질환을 겪고 있으며, 아버지는 공장에서 일하다가 허리 부상을 입어 실직한 후 술에 의지한 채 하루하루 살아 왔다. 희원이네 집은 곰팡이가 피고 매우 낡아 비나 눈이 오는 날에는 집안에 물이 샌다. 희원이는 매일 술을 드시는 아버지 때문에 스트레스를 받고 있으며, 어머니의 정신질환으로 부부간의 불화가 잦다. 어린 동생들은 적절한 교육을 받지 못해 기초학습 능력이 부족해 특수반에 배정받은 상황이다. 아버지는 어느 정도 건강을 회복해 재취업을 하고 싶고, 자녀들의 교육문제를 해결해주고 싶지만 쉽지가 않은 상황이다.

1) 아동복지의 대상 중 사각지대에 놓인 아동에 대해 기술하시오.
2) 위의 사례를 읽고 희원이네를 도울 수 있는 방안에 대해 다각적인 측면으로 생각해 보시오.

04 아동복지 출현의 제 요인

아동의 문제는 인간의 역사와 더불어 시작되어 오늘날에 이르게 되었다. 한 인간이 출생하여 성인이 되기까지 오랜 시간이 소요되며, 그 성장과정에서 어려운 상황에 봉착하게 될 것이다. 즉, 빈곤, 질병, 불의의 재해, 심신장애, 가족 결손, 주거환경의 어려움, 노동력의 착취 등으로 인하여 아동문제가 발생할 것이다. 이에 대처하기 위해 초창기에는 자선적 · 구호적 차원의 보호가 제공되었으나, 오늘날에는 인도주의 이념이나 사상이 발전되고, 경제와 정치적 변화 및 발전 등으로 인하여 아동문제에 대처하는 전문적인 프로그램과 서비스를 담당하는 아동복지 전문직의 출현에 이르고 있다(Kadushin, 1974). 여기에서는 아동복지 출현의 다양한 변인으로 인도주의 이념과 사상의 발전, 가정과 아동의 지위변화, 아동의 법적 지위 향상, 경제와 정치적 변화 및 발전, 새로운 아동기의 발견, 사회제도의 전문적 분화 등에 대해서 고찰하기로 한다(장인협 · 오정수, 2001).

첫째, 인도주의 이념과 사상의 발전을 들 수 있다. 고대사회에서는 일차적 피임이나 이차적 유산이 실패했을 경우에 아동문제의 원초적인 해소방법으로 유아살해가 시도되었다. 이 방법은 사회적으로 용납되었고 때에 따라서는 강제성을 띄기도 했다. 이러한 유아살해는 직접적인 방법 대신에 간접적인 방법으로 유기가 지배적이었다. 하지만 오늘날은 다양한 형태의 피임, 유산, 유기가 사회사상이나 이념의 발전과 변화로 인하여 점차 감소되고 있다. 그 이유는 인도주의와 기독교 사상을 들 수 있다. 이들의 등장으로 인하여 기존의 아동문제 해결방법의 부당함을 명확히 하여 아동생명의 경시는 곧 범죄임을 주장하게 된 것이다. 결국 아동복지는 이러한 인도주의 사상에 기초하여 발전된 사회제도로 볼 수 있다.

둘째, 가정과 아동의 지위변화이다. 역사를 거슬러 올라가면 가족의 중요성은 인정받지 못했다. 오히려 교회, 학교, 직업집단, 동료집단, 국가 등이 우위를 차지하고 있었으므로 상대적으로 가족의 지위는 약화될 수밖에 없었고, 아동의 지위도 경시당하는 상황이었다. 하지만 가정이 인간생활에 있어서, 특히 아동들에게 가장 중요한 안식처로 인식되기 시작하면서 다른 체계들이 가족에 연계되는 경향으로 전환되고 있다. 핵가족화는 이러한 경향을 가속화시켰다. 가족시스템 내에서 중요한 지위를 차지하고 있는 아동에 대한 인식의 증대로 아동복지의 학문이나 서비스가 발전하게 되었다.

셋째, 아동의 법적 지위 향상이다. 동서고금을 막론하고 전통사회에서는 아동의 권리가 거의 인정을 받지 못하였다. 그러나 오늘날 선진국의 경우 아동 인권이 법적으로 보장되어 부모의 강압적 통제는 허용되지 않으며, 극단적인 경우 부모의 자녀양육에 대한 권한이 박탈되기도 한다. 이러한 흐름은 1954년 11월 유엔총회에서 아동의 권리선언을 선포하기에 이르렀다. 그 결과 각국에서는 헌법이나 아동복지법 및 아동에 관련된 제 법률에서 아동의 복지권이 규정되었다. 이러한 동향이 오늘날 아동복지에 대한 필요성의 인식과 서비스의 발전에 있어 중요한 계기가 되었다.

넷째, 경제와 정치적 변화 및 발전이다. 경제적 상황이 좋지 못하면 아동에 대한 보호를 실현하기가 어렵다. 산업혁명은 모든 사회구성원들의 생산능력을 증대시켰고, 많은 수의 요보호아동들을 보호할 수 있는 경제적 부양능력을 증대시켰다. 그 결과 사회적으로 장애아동, 정신질환아동, 요보호아동을 사회적으로 지원하고 보호할 수 있게 되었다. 그리고 정치적 요인으로는 아동의 복지문제를 다루기 위해 지역사회가 후원하는 시설의 필요성을 증대시켰다는 점이다. 만약 아동복지사업을 대비하지 못했을 경우에는 비행아동의 증가뿐만 아니라 신체적 및 정신적 장애아동의 발생을 증대시킴으로써 사회적 불안요인으로 작용할 수 있다. 따라서 아동복지는 정치적 불안의 위협에서 벗어나기 위해서도 전개될 필요가 있게 되었다.

다섯째, 새로운 아동기의 발견이다. 인간의 평균수명이 40세를 넘을 수 없었던 시대에는 독립된 아동기가 존재하지 않았다. 당시에는 어려서부터 성인의 역할과 책임을 수행하지 않으면 안 되었으므로, 아동들은 6~7세에 이미 생계에 가담해야만 하였다. 아동기를 빨리 지나가 버리는 짧은 기간으로 간주되었던 것이다. 따라서 아동이나 아동기에 대한 관심은 적었으며, 아동기는 성인기의 일부로만 간주되었다. 오늘날 현대교육계에서는 아동에 대한 견해가 공식적이며 보다 고도화된 교육체제의 필요성을 증대시키고 있다. 따라서 오늘날은 인생주기에 있어 아동기는 다른 주기와는 다른 특성을 지닌 시기라는 인식이 널리 받아들여지게 되었고, 아동복지는 아동기에 대한 올바른 인식의 변화에 따라 발전하게 되었다.

여섯째, 사회제도의 전문적 분화이다. 고대 농경사회에서는 부족들이 함께 살아오면서 친숙한 이웃으로 살면서 먼 친척까지 포함하는 확대가족, 친인척이 아니더라도 부모가 자기 자식에 대한 역할을 다하지 못하는 경우에도 보호와 양육을 해주는 미덕을 가지고 있었다. 중세사회에 이르러 아동을 위하여 권리와 의무를 따르는 공식적인 상호부조체계가 마련되었다. 처음에는 친척, 이웃 등 1차적 집단에서 점차적으로 상조회, 교회, 직업조직, 친선단체, 공공단체, 전문기관 등으로 제도적인 측면에서 분화되어 오늘에 이르고 있다. 결국 사회제도적인 차원에서 전문지식과 기술을 활용할 수 있는 아동복지시설과 기관의 활동이 필요하게 되었다.

05 아동복지의 목표와 기능

우리나라 아동정책의 체계는 아동의 권리신장이라는 목표를 중심으로 세 가지 이행과제와 각 이행과제별 단위과제로 이루어져 있다(김주아 외, 2012).

첫째, 이행과제로는 ① 보호아동을 위한 가정 · 사회보호시스템 강화, ② 지역사회 중심의 저소득층 아동을 위한 지원체계 강화, ③ 아동권리 모니터링과 아동학대예방 등 아동의 권익 신장을 세부 정책목표로 하고 있다.

둘째, 이행과제별 단위과제로는 ① 가정 중심의 아동보호시스템 강화를 위하여 국내입양의 활성화, 가정위탁제도 법제화, 공동생활 가정확대, 아동복지시설의 기능 다양화를 추진하고 있다. ② 지역사회중심의 저소득아동복지 지원강화를 위하여 지역아동센터 지원확대 활성화, 급식아동 대상확대 및 전달체계 강화, 빈곤아동 청소년 대책 등을 추진하고 있다.

③ 아동권리, 아동학대예방 등 아동권익 신장을 위하여 「유엔아동권리협약」 이행관련 모니터링, 아동보호종합센터 등 종합적 서비스 제공, 아동복지 유공자 포상, 미아 찾기 지원시스템 강화, 아동권리 안전교육 및 홍보강화를 추진하고 있다.

한편 아동복지의 기능을 소개하면 다음과 같다(김주아 외, 2012).

첫째, 아동에 대한 기능이다. 일반아동에 대한 복지사업은 일반아동들이 더 건강하고, 또 건전하게 성장 및 발달할 수 있도록 이들이 가진 능력을 개발 및 육성시키는 기능을 갖는다. 요보호상태에 있는 아동들은 일반아동보다 우선적인 복지의 대상으로서 더 많은 사회적 노력을 기울이게 된다. 그 이유는 아동기는 신체적 · 정신적 발달이 활발히 일어나고 성인으로 성장하기 위한 중요한 발달의 시기이기 때문이다. 이 시기에 적절한 양육을 받지 못하여 발달상의 장애를 입을 수도 있다. 따라서 요보호아동의 욕구가 제대로 충족되지 못하면 정상적인 성장 및 발달하기가 어려울 뿐만 아니라, 경우에 따라서 생존하기조차도 어렵다. 이들을 방치할 경우 아동 문제뿐만 아니라 사회문제를 일으키므로 사회적 비용이 더 들게 된다.

둘째, 부모에 대한 기능이다. 넓은 의미의 아동복지에는 아동뿐만 아니라 그 부모도 포함된다. 그것은 아동은 스스로 자기의 복지를 책임질 수 있는 위치에 있지 못하며, 부모와 주변 사람과 각종 제도를 통해서 충족시킬 수밖에 없기 때문이다. 이러한 맥락에서 부모는 부모로서의 역할을 충실히 수행할 수 있도록 사회적 도움을 받을 권리가 있는 것이다. 카두신과 마틴(Kadushin & Martin, 1988)은 이러한 부모들의 다양한 상황을 고려하여 부모의 역할 수행을 도와줄 수 있는 영역을 부모 역할의 지지, 보조, 대리의 세 가지 기능으로 제시했다.

셋째, 사회에 대한 기능이다. 아동복지의 기능은 국가인력의 보호 육성과 더불어 아동과 관련된 사회문제 발생의 예방이라고 볼 수 있다. 이런 연유로 각 나라에서는 어린이헌장이나 어린이날을 제정하여 아동 애호사상을 고취시킬 뿐 아니라 이들의 복지를 도모할 수 있는 각종교육, 문화, 의료시설을 설치하여 건전한 육성을 도모하고 있으며, 각종 복지프로그램을 개발하고 제도를 창출하여 이들의 복지대책을 강구하고 있다. 또한 1989년 유엔에서 만장일치로 채택된 「아동권리에 관한 국제협약」은 국제법으로서 효력을 가지며, 이 비준에 서명한 국가는 유엔에서 제시하는 여러 요구사항을 따라야 한다. 우리나라도 1990년 이 협약에 서명하고, 1991년 비준함으로써 협약 당사국이 되었다. 당사국이 된 것은 우리나라 아동복지를 국제적 수준에서 보장과 동시에 아동의 건전 육성과 가정복지를 통한 사회적 안정과 발전을 도모하려는 부가적인 목적이 있기 때문이다.

06 아동복지의 기본요소와 원칙

아동복지는 아동이 신체적 · 정신적 · 인지적 · 사회적으로 적응함으로써 자기 자신의 잠재능력을 실현함으로써 행복한 상황이 되도록 하는 것임을 알 수 있다. 여기에서는 아동복지사업을 실시할 때 기본적으로 고려해야 할 요소와 원칙을 고찰하기로 한다.

1. 아동복지의 기본요소

아동복지의 기본요소는 아동복지사업의 기본구조를 구성하는 요인으로 아동복지대책을 수행할 때 우선하여 적용되는 영역이다. 아동복지의 기본요소는 제 학자에 따라 다양한 견해를 보이고 있다.

① 김호년 외(2016)는 "아동복지의 기본요소를 안정된 가정, 적절한 가족의 수입과 주거, 영양 및 보건, 교육기회, 근로에서 해방, 여가와 오락활동, 특수보호" 등으로 제시했다.

② 고인숙 외(2017)는 "아동복지의 기본요인을 안정된 가정생활, 적절한 가족의 수입과 준거, 영양 · 보건 · 의료보호, 교육기회, 근로, 여가와 오락활동, 특수보호" 등으로 구분했다.

③ 장인협 · 오정수(2004)는 "아동복지의 기본전제로 안정된 가정생활, 경제적 안정, 보건 및 의료보호, 교육, 노동, 오락, 특수보호" 등을 제안했다.

④ 이순형 외(2016)는 "아동복지의 요인을 부모 및 가정, 교육 및 훈련, 보건 및 의료, 놀이 및 여가, 노동 및 피착취, 특수보호" 등을 기본요소로 들고 있다.

⑤ 프레데릭슨(Frederickson, 1957)은 아동복지의 기본요인으로 부모의 계몽, 가정생활의 보존과 강화, 심신 보건시설의 증진, 경제적 안정, 종교, 교육, 놀이, 위험한 착취에서의 해방, 특수욕구를 지닌 아동에 대한 특별한 서비스 등을 들고 있다.

지금까지 고찰한 아동복지의 기본요소를 정리하면 다음과 같다. 안정된 가정, 적절한 수입과 주거, 보건 · 의료보호, 교육기회, 근로에서 해방, 여가와 오락활동, 특수보호로 분류할 수 있다(김호년 외, 2016; 고인숙 외, 2017; 장인협 · 오정수, 2004; 프레데릭슨, 1957).

첫째, 안정된 가정이다. 가정은 각 개인에게 생활의 근거지가 되고, 가족 구성원 간 사랑과 존중을 통해 정서적 욕구를 충족할 수 있는 공간이다.

하지만 오늘날의 가족은 전통가족에 비해 아동의 양육·교육활동을 위한 인적 자원의 요소가 미진하고, 가정의 경제적 및 주거 요소에 의해서 그러한 취약성이 더욱 더 심화되기 때문에, 가정의 안정성이 아동복지의 최우선 전제가 되어야 한다. 그리고 가정의 기능이 붕괴되어 야기될 수 있는 문제는 가정폭력, 자녀와 부모의 관계 단절, 비행아동, 이혼 등이 있다. 그리고 가정폭력은 가족구성원의 한 사람이 다른 가족에게 의도적·반복적으로 물리적 힘을 사용하거나, 정신적 손상과 고통을 주는 행위로 주로 아동과 같은 약자가 피해를 받는다. 오늘날 맞벌이부부가 많아지면서 아동은 영유아교육기관에 맡겨지는 경향이 있어 부모와 아동 간의 정서적 교감을 나눌 수 있는 기회가 감소하게 된다. 자녀의 욕구가 해결되지 못하면 자연스럽게 아동은 비행을 하게 된다. 또한 빈곤의 개념은 최저 생계비 이하의 상태만을 의미하지 않는다. 교육, 건강, 비행, 불평등, 기회 등의 사회적 여건 또는 자원의 결핍 상태를 의미하는 빈곤의 상대적 개념을 무시할 수 없다. 절대적 빈곤과 상대적 빈곤의 상태에 처한 가정의 요구와 필요에 부응할 수 있는 각종 복지대책은 아동복지의 기본요소로 볼 수 있다.

둘째, 적절한 수입과 주거이다. 안정된 가정생활을 위해서는 지속적인 수입이 있어야 한다. 경제적 불안정은 아동에게 충분한 영양을 공급하기 위한 양질의 음식을 섭취할 수 없게 하며, 안락한 주거 공간과 따뜻한 의복을 입을 수 없는 등 아동의 기본적인 욕구를 충족시킬 수 없게 한다. 성장이 왕성한 유아기에 충분한 영양을 공급받지 못하면 신체 발육뿐만 아니라 인지발달 및 정서발달에도 악영향을 끼친다. 경제적 불안정은 그것에 그치지 않고, 가정불화의 원인이 되어 잦은 부부싸움과 이혼, 가정폭력 등으로 발전되어 아동에게 피해를 가중시키게 된다.

셋째, 보건·의료보호이다. 아동의 건강뿐만 아니라 모체의 건강 유지 및 증진은 아동의 기본조건이다. 결혼 전의 상담, 결혼준비교육, 임신과 출산, 아동의 양육 및 발달에 대한 임신 중, 출산 후 지속적인 부모교육을 포함해 태내기의 모자보건을 위한 대책이 이루어져야 한다. 경제적·사회적으로 문제를 가진 임산부의 태아는 건강상의 위험성이 더 높으므로 이들

임산부와 아동을 위한 특별한 고려가 있어야 한다. 또한 아동이 성장하는 동안 제공되는 보건 및 의료 지지는 건강한 사회구성원으로 성장하기 위한 필요조건이다. 이동의 신체적 건강뿐만 아니라 정신건강 증진에 대한 관심도 요청된다. 아동이 자신에 대해 긍정적인 자아개념을 형성하고 자신의 능력에 대해 자신감을 갖는 것은 정상적인 성인으로 성장하는 데 중요한 요소이기 때문이다.

넷째, 교육기회이다. 모든 국민은 균등하게 교육을 받을 권리가 있다. 또한 교육권은 아동이 교육을 받는 것을 방해받지 않고 교육을 받을 수 있도록 국가가 적극적으로 배려해 줄 것을 요구할 수 있는 권리를 말한다. 아동은 교육을 통하여 개인의 잠재적 능력을 계발시킴으로써 인간다운 문화생활과 직업생활을 할 수 있는 기초를 마련할 수 있다. 그리고 합리적이고 계속적인 교육을 통해 민주시민의 윤리적 생활을 어렸을 때부터 형성할 수 있다. 나아가 능력에 따른 균등한 교육을 통해 직업생활과 경제생활의 영역에서 실질적인 평등한 삶을 누릴 수 있다.

다섯째, 근로에서의 해방이다. 우리나라의 근로기준법에서는 15세 미만인 자는 근로자로 고용하지 못하며, 18세 미만인 자는 도덕상 또는 보건상 유해한 환경 또는 위험한 사업에 고용하지 못한다고 규정되어 있다. 모든 아동이 연소근로와 유해근로에서 보호되어야 함은 아동복지의 기본 전제이다. 아동기에 근로에 동원되면 신체의 발달을 저해하여 건강을 위태롭게 할 뿐만 아니라 지능발달과 인격발달에도 나쁜 영향을 미치게 된다. 아동은 충분한 놀이로 즐거운 생활을 해야 하는데, 근로로 인하여 신체적 · 정신적 고통을 받는다면 아동다움의 상실과 행복한 삶을 잃게 되는 것이다.

여섯째, 여가와 오락활동이다. 여가란 개인이 휴식과 오락을 위하여 모든 의무로부터 벗어나 구속됨이 없이 휴식, 기분 전환, 사회적 성취 및 개인적인 발전을 위해 사용되는 활동의 시간이다. 아동기의 여가와 오락활동은 전인적 성장의 밑거름이 되며, 여가를 잘 활용함으로써 자아를 재발견하고, 창조의 원동력을 갖게 한다. 아동의 여가와 오락은 학업에서 오는 육체적 피로를 회복시킬 수 있고, 자신을 되돌아 볼 수 있는 시간적인 기회를 갖는다. 아동은 여행, 영화나 음악 감상 등의 활동을 통해 의무적 속박에서 벗어날 수 있다. 여가는 일상적인 사고나 행동으로부터 해방시키고, 아동이 자유로운 사회적 활동에 참가하여 자기완성을 위한 가치를 실현하는 데 사용된다.

일곱째, 특수보호이다. 모든 아동을 대상으로 그들의 복리를 증진시키기 위한 것이라면, 특수한 욕구를 가진 아동에 대해서는 개별적인 특수보호가 제공되어야 한다. 구체적으로는 신체적 · 정신적 · 심리적 장애를 가진 아동에 대한 교육 및 치료와 보호, 학대받거나 방임되는 아동에 대한 치료와 보호, 취업모 자녀에 대한 보육 및 방과후 보호, 빈곤층아동에 대한 교육, 보건, 오락 및 문화 설비 등이 제공되어야 한다.

2. 아동복지의 기본원칙

아동기는 생애 발달단계에서 가장 특별한 요구가 있고, 특별한 보호와 성인의 지도를 필요로 하기 때문에 아동복지정책과 서비스를 실천하기 위해서는 기본 원칙이 필요하다. 아동복지가 기본원칙에 입각해서 충실히 계획되고 실천될 때 아동은 건전하게 성장하고 행복한 삶을 영위할 수 있게 될 것이다.

선행연구자들의 아동복지에 대한 기본원칙을 고찰하기로 한다

① 장인협 · 오정수(2001)는 권리와 책임의 원칙, 보편성과 선별의 원칙, 개발성의 원칙, 포괄성의 원칙, 전문성의 원칙 등을 제시하고 있다.

② 이혜원(2006)은 권리와 책임의 원칙, 선별성과 보편성의 원칙, 통합성의 원칙, 전문성의 원칙, 예방성과 치료성의 원칙, 무차별의 원칙, 아동 최선의 이익원칙, 아동의 생존 · 보호 · 발달원칙, 아동의 참여 원칙, 자기실현의 원칙 등을 제시했다.

③ 김이영 외(2017)는 부모의 권리와 책임의 원칙, 사회 및 국가 권리와 책임의 원칙, 보편성의 원칙, 선별성의 원칙, 개발성의 원칙, 포괄성의 원칙, 전문성의 원칙 등을 제시했다.

④ 김성경 · 김혜영 · 최현미(2005)는 권리와 책임의 원칙, 보편성과 선별의 원칙, 포괄성의 원칙, 전문성의 원칙, 예방성과 치료성의 원칙 등을 주장했다.

⑤ 김주아 외(2012)는 아동의 권리와 책임의 원칙, 부모의 권리와 책임의 원칙, 사회 및 국가의 권리와 책임의 원칙, 보편성과 선별성의 원칙, 개발성의 원칙, 개별성과 종합성의 원칙, 전문성의 원칙 등을 제시했다.

⑥ 「유엔아동권리협약」(1989)은 무차별의 원칙, 아동 최선의 이익원칙, 생존 · 보호 · 발달의 원칙, 참여의 원칙을 명시하고 있다.

⑦ 김옥분 외(2017)는 권리와 책임의 원칙, 보편성과 선별의 원칙, 개발성의 원칙, 포괄성의 원칙, 전문성의 원칙, 예방성과 치료성의 원칙 등을 제시했다.

앞에서 설명한 아동복지의 기본원칙을 종합하면 다음과 같다. 아동복지의 기본원칙은 권리와 책임의 원칙(아동 · 부모 · 국가 및 사회), 보편성과 선별성의 원칙, 예방성과 치료성의 원칙, 개발성의 원칙, 포괄성의 원칙, 전문성의 원칙, 무차별의 원칙, 아동 최선의 이익원칙, 아동의 생존 · 보호 · 발달의 원칙, 아동의 참여원칙, 자기실현의 원칙으로 분류할 수 있다(김호년 외, 2016; 김주아 외, 2012; 김이영 외, 2017; 정옥분 외, 2017; 이순형 외, 2016; 이혜원, 2006; 장인협 · 오정수, 2001; 「유엔아동권리협약」, 1989). 아동복지의 기본원칙에 대하여 정리하면 다음과 같다.

첫째, 권리와 책임의 원칙이다. 이 원칙은 아동, 부모, 사회라는 3자 간의 상호관계 속에서 각각의 권리와 책임의 확립에 기반을 두어야 한다는 것이다. 이 3가지 대상 중 어느 한 부분의 권리와 책임으로 인해 유발되는 갈등 또는 지나친 요구는 아동들에게 어려움을 초래할 수 있다. 아동, 부모, 국가 · 사회 측면에서 권리와 책임에 대하여 고찰하기로 한다. ① 아동의 권리와 책임이다. 아동은 하나의 주체적 인간으로서 독립적인 인격과 권리를 가진 존재임과 동시에 성인의 보호 아래 스스로 건전하게 성장하려는 책임도 지니고 있다. 아동은 자기 자신의 생명을 유지하기 위해서 인적 및 물적 자원을 제공받을 권리와 유해한 환경이나 행위로부터 보호를 받을 권리, 자신의 삶에서 중요한 결정에 참여하여 자신의 의사를 마음대로 표현할 권리, 건강 및 의료지원을 받을 권리, 종교의 자유를 가질 권리, 사생활에서 보호를 받을 권리, 각종 사회보장을 받을 권리 등을 가졌다. 아동은 자신의 권리를 갖고 있는 것과 동시에 책임도 가지고 있다. 아동은 성인들의 기대를 충족시키고, 개인의 책임감을 발전시켜야 하며, 자신들의 발전에 도움이 되는 기회에 책임 있게 참여하여 발전의 기회로 삼아야 한다. ② 부모의 권리와 책임이다. 부모의 권리는 양육권, 법적 후견인으로서의 권리, 사회에 대해 요구할 권리이다. 부모는 자녀가 사회로부터 안전하게 보호받을 권리를 침해받았다면 이에 대해 제도개선 등을 사회에 요구할 권리가 있다. 과거에는 부모의 권리로서 아동을 위험으로부터 보호한다는 측면만이 강조되었지만, 최근에는 아동의 자율권 확대 또한 강조되고 있다. 아울러 부모는 아동의 경제적 지원, 신체적 보호, 정서적 보호의 책임을 갖는다. 부모는 가정 안에서 아동의 성장 시기에 맞추어 건강하고 안전하게 양육해야 하는 책임이 있다. 이러한 점에서 볼 때 부모의 양육에 필요한 안내와 슈퍼비전이 요구된다. ③ 국가·사회의 권리와 책임이다. 과거에는 부모와 가족이 기능이 손상되거나 해체되어 아동을 더 이상 제대로 양육할 수 없는 상황에 한하여 국가가 개입하였다. 하지만 국가의 개입이 확대되면서 복지국가로 발전됨에 따라 아동에 대해서도 문제가 발생하기 이전에 국가 또는 지역사회가 상담, 보육시비스 등을 통해 부모와 가족의 기능을 지지하거나 보충함으로써 아동이 건강하게 발달하는 아동복지 실천체계를 갖추게 되었다. 이와 같이 아동의 양육에 대한 정부와 사회의 책임이 증가하는 가운데 사회적 아동양육, 즉 아동복지의 개념이 보편화되고 있다. 특히 국가는 자녀에 대한 부모의 방임이나 학대와 같은 부적절한 양육방식에 개입할 수 있을 뿐만 아니라 친권 박탈과 같은 법률적 제재와 처벌을 할 수 있다.

둘째, 보편성과 선별성의 원칙이다. 사회복지 급여 할당에서 상반된 시각을 가진 주요 원칙으로 보편성과 선별성이 있다. 이 두 원칙은 복지서비스를 제공하는 기준에 관한 가치이다. 사회복지서비스를 받을 수 있는 자격과 범위를 정하는 원칙에 관한 것이며, 비용효과성과 사회적 효과성의 상반된 개념을 통해 서로의 가치를 일반화시키고 있다. 아동복지 실천에는 보편성과 선별성의 원칙이 모두 적용되고 있다. 일반적으로 보편성은 서비스의 대상과 소득에 관계없이 모든 아동을 포괄한다는 것을 의미한다. 선별성이란 조건, 기준을 정하고 이에 따라 서비스의 대상을 제한하는 것을 의미한다. 보편성의 원칙에 의한 서비스의 예로는 아동수당, 무상보육 등이 있다. 이러한 서비스의 비용은 대체로 일반조세에서 재정이 충당된다. 선별성의 원칙에 의한 서비스의 예는 주로 수용시설 아동을 중심으로 이루어진다. 최근 아동복지대책을 위한 재정적 역량의 개선과 함께 복지에 대한 인식과 요구가 높아지면서, 선별주의 원칙에 의거한 복지시책보다는 모든 아동을 대상으로 하는 보편주의 원칙을 지향하는 추세이다. 특히 사회적 변화와 함께 가족의 기능과 구조가 크게 변화했고, 아동의 발달 수준에 대한 기대나 교육적 욕구가 과거에 비해 높아지면서 점차 가족 내에서 자체적으로 그러한 변화를 수용하고 충족하기에 한계가 있는 것이 사실이다. 아동복지의 기본 토대가 되는 가족제도, 의료제도, 고용제도, 사회보장제도 등에서 공히 가족의 역할과 기능을 지지하는 제도를 구비함으로써 아동의 복지를 도모해야 하며, 권리로서의 아동복지를 지향하는 현시점에서는 개별 아동이 처한 환경여건에 관계없이 모든 아동을 대상으로 하는 복지가 실현되어야 한다.

셋째, 예방성과 치료성의 원칙이다. 아동복지를 가장 적극적으로 실천하는 방법은 아동의 문제를 예방하는 것이다. 특히 아동발달에 있어서 영아기와 유아기의 신체 및 심리적 발달은 급격하게 이루어지고, 이 시기에 입은 심리적 손상은 일생을 통해 심각한 영향을 미치기 때문에, 가능한 한 문제가 발생하지 않도록 노력하는 것이 중요하다. 하지만 예방과 더불어 치료 또한 중요하다. 치료의 원칙은 문제 발생 후 실시되는 조치로서 일단 확인된 문제는 그 해결이 가능하다는 전제에서 출발하고 있다. 따라서 장애 등의 조기 발견은 조기 치료를 의미한다. 적절한 시기의 효과적인 방법에 의한 전문가의 개입은 아동의 건강한 발달을 지원함에 있어서 필수적이다(이혜원, 2006).

넷째, 개발성의 원칙이다. 아동이 가진 능력을 최대한 끌어낼 수 있도록 도와주는 것으로, 모든 아동이 이 원칙의 적용을 받는다. 아동발달상의 편차가 심한 장애아동과 우수아동, 결손된 양육환경에서 자라는 고아나 빈곤가정아동이 주 대상이 된다. 따라서 이 원칙에는 아동의 사회적 자립과 함께 사회적 기여라는 관점이 내포되어 있다. 빈곤가정아동의 경우 실조된 환경이 학업성취를 저해하고, 이로 인해 직업적 성공이 어려워져 빈곤의 악순환을 되풀이 할 가능성이 크다. 더구나 개인의 능력을 중시하며, 업적 지향적인 현대사회에서 개발의 원칙은 실제적인 의미가 크다. 따라서 장애아동을 대상으로 한 직업재활과 빈곤가정의 아동을 대상으로 한 직업훈련이 우리나라에서도 매우 강조되고 있다(김이영 외, 2017).

다섯째, 포괄성의 원칙이다. 아동이 전인으로 성장하기 위해서는 삶의 모든 측면에서 지원되어야 하고, 아동이 균형 있는 발달을 하고, 건전한 사회구성원으로 성장하기 위해서는 아동복지의 기본 전제가 되는 제 요소, 즉 건강한 가정생활, 경제적 안정, 교육, 보건, 노동, 오락 및 특수보호 등에 대한 프로그램이나 서비스가 어느 하나라도 제외되거나 소홀함 없이 포괄적으로 제공되어야 한다(김호년 외, 2016). 예를 들면, 장애아동의 사회적 자립을 위해서 의료재활, 교육재활, 심리재활 및 직업재활이 종합적으로 제공되어야 하고, 관련 분야 간이 상호 유기적인 이해와 협조가 필요하다.

여섯째, 전문성의 원칙이다. 아동의 욕구나 사고 및 행동문제 등에 관한 전문적인 지식이나 기술 없이 아동의 문제를 해결하는 것은 쉽지 않다. 아동의 건전한 성장과 발달을 돕기 위해서는 이들을 위한 전문기구와 전문인력이 필요하다. 따라서 아동복지사업을 효율적으로 전개하기 위해서는 아동복지 실천 분야의 전문성을 제고한 정부수준의 강력한 제도적 보장의 지지와 격려가 수반되어야 하며, 전문인력의 활용이 반영되어야 할 것이다(정옥분 외, 2016).

일곱째, 아동 최우선 이익의 원칙이다. 아동은 아동과 부모 또는 법적 후견인의 인종, 피부색, 성별, 언어, 종교, 정치적 또는 다른 의견, 국적, 민족, 사회적 출신, 재산, 장애, 출생 또는 기타의 지위에 따라 차별받아서는 안 된다. 따라서 아동이 그의 부모나 후견인 또는 가족구성원의 지위, 활동, 표명된 의견 또는 신념을 이유로 모든 형태의 차별이나 처벌로부터 보호받도록 하기 위하여 모든 적절한 조치를 취하여야 한다(이혜원, 2006).

사례: 현장활용 자료

• 다음 '맞춤형보육'에 대한 기사를 읽고 아동복지에 대한 기본원칙에 부합하는 것과 그렇지 않은 것에 대해 토론해보고 해결방안을 제시하시오.

전업맘 자녀도 하루 8시간까지 어린이집 무료 이용 추진

앞으로 전업맘이 0~2세 자녀를 8시간까지 추가 부담 없이 어린이집에 보낼 수 있게 될 전망이다. 지금은 전업맘 아이는 6시간, 직장맘 아이는 12시간 어린이집을 이용할 수 있는데 앞으로 이런 구분이 없어질 가능성이 커졌다. (중략)

지금은 전업맘의 0~2세 자녀는 하루 6시간까지 무료로 어린이집을 이용한다. 다만 급한 일이 생겼을 경우 월 15시간 긴급보육이용권이 나온다. 둘을 합하면 하루 평균 6시간 45분까지 무료로 이용한다. 이를 초과할 경우 시간당 4000원을 내야 한다. 맞춤반(6시간) 영아는 지난해 말 기준으로 19만여 명이다. 맞벌이부부 아이는 종일반(12시간)을 이용한다. 복지부는 맞벌이·홑벌이 구분을 없애기 위해 '표준보육시간제도'를 도입하기로 했다. 국가가 이 수준까지는 무상으로 보육을 지원하겠다는 것이다. 하루 8시간으로 정하거나(1안) 0~2세, 3~5세에 따라 4~6시간으로 달리하는(2안) 등의 방안을 검토하고 있다. 어떤 안을 채택하더라도 지금의 맞춤형보육은 유명무실해질 수밖에 없다. 1안으로 정해지면 현재 맞춤반을 이용하는 전업맘 아이들의 무료 이용시간이 8시간으로 늘어난다. 만약 그동안 한 달에 절반 정도 하루 8시간을 이용해 온 맞춤반 영아라면 월 5만 원가량의 비용을 줄일 수 있게 된다. 복지부는 표준보육시간을 8시간으로 잡되 최소 4시간~최대 12시간까지 엄마들이 필요에 따라 어린이집에 아이를 맡길 수 있게 하는 방안을 검토하고 있다.

복지부가 2012년 소득 상위 30%를 무상보육에서 제외하고 전업맘 아동에게 반일반을 적용하는 것을 골자로 한 개편안을 냈다가 국회의 반발에 부닥쳐 없던 일이 된 적이 있다. 맞춤형보육제도는 2012년 안보다 전업맘 자녀 이용의 폭을 늘린 것이다. 어린이집과 0~2세 부모의 반발 때문이었다.

황수연·정종훈 기자 ppangshu@joongang.co.kr .

1) '맞춤형보육'서비스 대상(아동, 부모)에 따른 복지 수혜는 어떠한가?
2) '맞춤형보육'의 효과 및 한계를 아동복지의 기본원칙에 근거하여 토론해 보시오.

*자료: 중앙일보(2017). 전업맘 자녀도 하루 8시간까지 어린이집 무료 이용 추진(2017. 12. 28).

여덟째, 자기실현의 원칙이다. 이 원칙은 모든 아동이 자신의 잠재적 능력을 최대한 발휘하여 자립을 할 수 있도록 지원함을 강조한다. 아동복지 서비스의 목표를 아동의 권리 증진과 아동의 자립 지원으로 설정하고, 사회복지사는 설정된 목표의 달성을 통해 아동의 사회적 자립을 촉진하고, 아동은 자아실현을 통해 사회적인 기여를 할 수 있다는 가정이 전제되어 있다. 이 원칙은 아동의 참여를 기반으로 아동의 자율성을 강조하고 있다(이혜원, 2006).

07 아동복지의 대상

아동복지는 기본적으로 모든 아동을 대상으로 하며, 요보호아동과 일반아동으로 구분된다. 1961년 아동복리법 제정 당시 요보호아동을 보호하는 소극적 아동복지에서, 1981년 개정된 아동복지법에서 일반아동의 복지에 대해 관심을 갖기 시작했다. 2000년에는 아동학대예방에 관한 조항을 확대하여 전폭적으로 개정하였다. 이로써 한국의 아동복지제도는 요보호아동의 보호라는 소극적 목표에서 모든 아동의 건전한 발달과 성장을 지향하는 보다 적극적이고 포괄적인 목표로 나아가기 시작하였다. 과거 아동복지의 주요 대상이었던 요보호아동이나 현대적 의미에서 아동복지의 실천 대상으로 포함된 일반아동 모두 부모의 보호와 양육을 통해서 비로소 건강한 성장과 발달이 가능하다는 점에서, 아동복지는 아동뿐 아니라 그들의 부모도 복지의 대상으로 포함하는 특징을 갖는다(임시아, 2017).

첫째, 요보호아동이다. 현재 우리나라 아동복지법에서 요보호아동은 보호자가 없거나 보호자로부터 이탈된 아동 또는 보호자가 아동을 학대하는 경우 등 보호자가 아동을 양육하기에 부적당하거나 양육할 능력이 없는 경우의 아동으로 규정하고 있다(아동복지법 제3조 제4호).

표 3-3 요보호아동 · 청소년분류

구분	대상아동
양육환경상 보호가 필요한 아동 및 청소년	• 가족의 구조와 기능이 결손되어 건강한 양육환경 하에서 성장하기 힘든 경우 • 빈곤가정아동 · 청소년, 결손가정아동 · 청소년, 부모부재아동 · 청소년
신체적 · 정신적 · 정서적으로 문제나 장애를 가진 아동 및 청소년	• 아동 · 청소년이 가진 독특한 심신상의 결함으로 인해 정상적인 사회참여에 제한을 받고 있고, 독립적인 인격체로서의 존엄성을 침해받는 경우 • 신체장애아동 · 청소년, 정신장애아동 · 청소년, 정서장애아동 · 청소년
사회적 · 법적 보호가 필요한 아동 및 청소년	• 가출아동 · 청소년, 비행아동 · 청소년
특별보호를 요하는 아동 및 청소년	• 학대 및 유기된 아동 · 청소년, 미혼모의 아동 · 청소년

*자료: 임시아(2017). 아동권리와 복지. 경기: 공동체. p.55.

둘째, 일반아동이다. 일반아동 복지서비스는 요보호아동 및 청소년을 비롯한 모든 아동을 위한 서비스를 뜻한다. 특히 카두신(Kadushin)은 '모든 아동의 행복과 사회적응을 위해 심리적 · 사회적 및 타고난 잠재능력을 길러주는 각종 활동'을 아동복지사업으로 정의했다(1984). 이러한 점을 고려할 때 일반아동의 복지사업은 아동의 행복과 그들의 사회적응을 위해 심리적 · 사회적 및 타고난 잠재능력을 육성할 수 있도록 지원하는 활동이어야 한다. 이를 위해 우리나라에서는 가정, 학교 및 지역사회를 통해 아동복지의 기본전제가 되는 부모에 대한 교육, 가정생활의 보존과 강화, 아동의 심신보건, 경제적 안정, 교육, 놀이, 위험한 착취에서의 해방(Frederiksen, 1957) 등을 골자로 한 아동복지사업이 실시되고 있다.

셋째, 부모 또는 보호자이다. 아동의 환경 중 일차적이면서 가장 중요한 환경인 부모는 아동복지에서 아동 외에 가장 관심을 가져야 하는 복지의 대상이다. 따라서 아동의 행복을 보장하기 위해서는 모든 계층의 부모에게 부모로서 자녀양육의 책임에 대한 준비 및 이를 위한 상담과 지도 프로그램을 제공해야 한다. 아동복지법 제3조 제3호에 의하면 '보호자'라 함은 친권자, 후견인, 아동을 보호 · 양육 · 교육하거나 그러한 의무가 있는 자 또는 업무 · 고용 등의 관계로 사실상 아동을 보호 · 감독하는 자를 말한다

(임시아, 2017). 아동은 적절한 보호, 사랑, 교육, 안전을 통하여 성장할 수 있으며, 이러한 환경을 제공하는 것은 부모를 비롯한 보호자이다. 만일 아동의 보호를 담당하는 보호자가 존재하지 않는다면, 아동은 국가나 권위 있는 기관으로부터 보호자(친권자)를 제공받아야 한다(문선화 외, 2004).

생각해 봅시다

1. 아동복지의 대상이 계속 늘어나고 있는 현상과 원인은 무엇인지 생각해 봅시다.
2. 아동복지의 대상이 요보호아동에서 모든 아동에게로 변화하게 된 요인들을 생각해 봅시다.
3. 현대사회의 특성과 관련된 아동복지의 필요성은 어떤 것들이 있는지 생각해 봅시다.
4. 아동의 복지를 저해하는 환경에 대하여 생각해 봅시다.
5. 아동복지적 관점에서 부모가 아동에게 해 줄 수 있는 아동에 대한 책임과 영향에 대하여 생각해 봅시다.

CHAPTER

04 아동복지발달사

학습목표

1. 서양의 아동복지발달사를 설명할 수 있다.
2. 선진국(영국, 미국, 스웨덴, 일본)의 아동복지 전개과정을 설명할 수 있다.
3. 우리나라의 아동복지발달사를 설명할 수 있다.

이 장에서는 아동복지발달사를 서양과 우리나라를 구분해서 고찰하고자 한다. 우선 서양의 아동복지발달사 – 서구사회에 대해서는 산업화를 기점으로 산업화 이전의 고대 및 중세사회, 근대사회 그리고 19세기 후반 이후의 현대사회 – 를 살펴보고자 한다. 우리나라 아동복지발달사를 근대 이전의 아동복지, 근대사회의 아동복지, 현대사회의 아동복지로 분류해서 살펴보고자 한다(임시아, 2017; 김이영 외, 2017; 김호년 외, 2016; 정옥분 외, 2016; 이순형 외, 2010).

01 서양의 아동복지발달사

아동복지와 관련된 정책에는 특정한 시대, 사회의 아동관이 그대로 반영되어 있다. 그리고 특정한 사회의 아동복지정책은 여러 사회 상호 간에 횡적으로 영향을 미치며, 이전 시대의 아동복지정책은 종적으로 이후의 아동복지정책에 영향을 미친다. 그러므로 아동복지정책을 수립하는데 있어서 아동복지와 관련된 정책들이 시대나 사회에 따라 어떻게 변화해 왔는가를 파악하는 것이 필수적이다. 이러한 맥락에서 서구사회를 중심으로 산업화 이전의 고대 및 중세사회, 산업화를 기점으로 한 근대사회 그리고 19세기 후반 이후의 현대사회로 분류하여 아동복지의 흐름을 제시하기로 한다. 그리고 주요 선진국의 아동복지가 어떤 과정을 거쳐 발달해 왔는지 영국, 미국, 스웨덴, 일본을 중심으로 논의하고자 한다.

1. 아동복지의 전개과정

첫째, 고대 및 중세사회의 아동복지의 전개과정을 살펴보면 다음과 같다. 고대사회는 인간의 존엄성이 인정되거나, 생명에 대한 존중사상이 발달하지 않아 아동이 죽임을 당하는 사례들이 많았다. 아동은 종족의 보존을 위한 수단으로 취급되어 병약하거나, 집단의 유지에 도움이 되지 않으면 유기되었다. 고대 그리스와 스파르타에서는 튼튼한 어린이를 얻기 위해서 우생학적 결혼제도를 채택했으며, 아이가 출생하면 국가에서 신체검사를 통하여 건강하지 못하면 유기하거나 살해했다. 고대사회에서는 대부분의 나라에서 영아의 살해와 기아는 인구조절을 위한 방편이었다. 이에 대해서 아리스토텔레스(Aristoteles)는 기아보다 낙태를 더 나은 방법으로 보았다. 또한 아동매매도 성행하여 534년 제정된 유스티아누스 법전에서는 가난한 부모에게 자식을 팔 권리를 허용했다(성영혜 외, 1997). 한편 중세사회는 봉건제 사회로서 종교의 영향이 강한 시대였다. 주종 간의 신분이 엄격한 봉건사회의 틀 속에 기독교가 정신세계를 지배한 중세시대의 아동에 대한 관심은 장원을 위한 경제적, 군사력 확보 수단으로 가치가 부여되는 정도였다. 중세는 출생과 더불어 계급이 정해지는 신분제 사회였기에 신분에 따른 처우가 달랐다. 높은 계급의 아동은 혈통계승자로 존중된 반면, 하류계급은 농노로서 무가치한 생명으로 취급되었다. 기독교적 입장에서는 아동을 성악설 관점에서 인식하여 매우 엄격하게 대했으나, 편견 때문에 소홀한 취급을 당한 장애아에 대해서는 종교적 차원에서의 보호가 이루어졌다. 이와 같이 중세사회에서는 신분에 따른 일부 아동의 권리가 인정되고 종교단체가 자선차원에서 가난하거나 의지할 곳 없는 아동의 보호를 시도해 아동보호사업이 싹트기 시작했다. 하지만 이 시기의 아동보호는 동정에 근거하는 종교적 자선행위였고, 개인의 욕구나 권리를 존중하는 근대적 의미의 아동복지는 전개되지 않았다(이순형 외, 2016). 플라톤은 그의 저서 「국가론」에서 아이들은 각기 금(金), 은(銀), 놋쇠, 철로 태어나는데, 그 천성에 맞게 수호자나 보조자, 직공이나 농부로 살아야 한다고 보았다. 이와 같은 내용은 아동을 한 인간으로서 인격을 가진 존재로 존중하기보다는 사회의 필요에 따른 수단으로 취급되었음을 알 수 있다(김호년 외, 2016).

둘째, 근대사회의 아동복지 전개과정을 살펴보면 다음과 같다(신재흡, 2015; 김호년 외, 2016; 이순형 외, 2016). 중세말기에 문예부흥이 일어날 수 있는 조짐을 보이기 시작했다. 시민계급의 출현, 시적문화의 발달, 도시의 상업화, 대학의 발달, 교회의 권위 쇠퇴현상 등이 발생하게 되었다. 이러한 사실들은 15세기에 문예부흥(Renaissance)을 대동시켰다. 문예부흥이란 인간을 구속한 모든 외부의 권위를 타파하고 인간이 스스로 주인공이 되게 하는 운동이며, 인간 본연의 자세로 복귀하려는 인문주의(humanism) 사상이라 할 수 있다. 유럽 남부에서는 개인적 인문주의가 성행하였고, 북 유럽에서는 개인의 행복보다는 사회 개선과 인간관계의 개선에 역점을 두며, 사회적·종교적·도덕적 교육을 중시했다. 이러한 흐름은 16세기 마르틴 루터(Martin Luther, 1483~1546)가 당시 서민층 부모가 자녀교육을 등한시 하는 것을 비판하면서 자녀교육에 대한 부모의 각성을 촉구하였다. 그리고 루터는 아동의 교육을 국가가 책임지는 의무교육을 주장하였으며, 남녀 아동을 함께 교육하고 적절하게 성장하도록 해야 한다고 주장했다. 17세기에는 자연과학이 발달하기 시작했고, 경험론의 영향으로 실학주의 사조가 나타나게 되었다. 즉, 실학주의는 실생활이나 사물을 통해 지식을 습득함으로써, 생활에 유능한 아동을 양성하려는 교육사상으로 볼 수 있다. 코메니우스(Comenius, 1592~1670)는 그의 저서 「대교수학」(Didactika Magna, 1632)에서 자연의 법칙에 따른 교육방법을 제시하는데, "교육은 아동기부터 시작하며, 연령단계와 능력에 맞는 것이어야 한다. 아동에게 필요한 것을 가르쳐라. 친절, 설득, 유쾌, 흥미가 강제와 고역에 대신해야 한다. 학습을 실패하더라도 체벌하지 말아야 한다"고 했다. 또한 코메니우스는 우둔한 아동, 총명한 아동, 부잣집의 아동, 가난한 집의 아동, 남자아이나 여자아이도 차별없이 똑같이 교육을 받아야 한다는 교육 기회균등을 역설하였다.

18세기에는 계몽주의 사상이 나타났다. 이는 인간이 보편적으로 가지고 있는 이성을 원리로 하여 과거의 모든 역사적 권위와 전통을 비판하고, 인간과 사회의 몽매와 불합리를 타파하고 합리적인 사회와 인간관계를 건설하고자 하였다. 이러한 계몽사상의 근저에는 인간해방의 정신과 의지가 작용하므로, 계몽사상은 자유사상, 과학적 지식, 비판정신, 진보적 관념과 인간존엄의 의식을 근본으로 하고 있다. 이 시기에 프랑스 사상가인 루소(Rousseau, 1712~1778)는 기독교의 원죄설과는 달리 인간의 본성은 선하게 태어났기 때문에 아동의 자연성을 방해하지 않는 아동중심교육을 주장하였다. 그는 "아동은 자유인으로 태어나며, 그들의 자유는 어떤 사람도 그것을 멋대로 처분할 권리가 없다"고 하여 아동에게도 자유화 권리가 있음을 주장하였다. 결국 아동의 교육은 아동의 흥미와 욕구, 관심에서 출발해야 하며, 아동이 아동답게 살아갈 권리를 보장해야 한다고 인식되었다. 한편 19세기는 신인문주의 시대라고 할 수 있다. 이 사조는 정의를 존중하고 인간성의 원만한 발달을 숭상하며, 역사와 민족에 중점을 두는 인도적인 사상으로 볼 수 있다. 그리고 스위스의 페스탈로치(Pestalozzi, 1746~1827)는 자기 집에 빈아학교를 설립하여 유기된 아동을 모아 의식주를 해결하고,

여러 가지 교육을 실시하였다. 그는 "자녀를 보는 즐거움이야말로 사람의 가장 거룩한 즐거움"이라고 하여 부모나 성인이 아동을 보호하고, 교육하는 일이 인간사에서 가장 중요한 일임을 일깨웠다. 페스탈로치의 사상은 프뢰벨과 오웬에게 계승되어 유치원과 유아학교가 설립되었다. 프뢰벨(Fröbel, 1782~1852)은 가난한 루터파 목사의 아들로 출생하여 생후 9개월에 어머니를 여의고 계모의 손에 양육되었다. 프뢰벨은 불우한 환경에 굴하지 않고 불타는 향학열로 예나대학, 괴팅겐대학, 베를린대학에서 자연과학, 철학, 교육학 등을 공부했다. 그의 교육적 공헌을 언급하면, 유아교육의 본질을 재정립하였고 부모교육의 중요성을 일깨웠다. 그리고 몸, 마음, 정신의 균형과 조화에서 기약되는 전인교육의 바탕을 마련해 주었다. 또한 아동교육은 그들의 활동, 욕구, 흥미에 의하여야 하고, 자유롭고 자발적인 성장과 타율적인 강제가 아니라 자율적 및 자발적 계발을 중시하였다. 그리고 프뢰벨에 의해 근대교육에서 개성존중, 아동중심주의 등의 교육사조가 구체화되었다.

19세기 영국에서는 산업혁명으로 대규모 공장들이 생겨나고 사람들은 시골에서 도시로 이주하여 공장에 취직하였다. 빈민가의 자녀들은 생계를 위해 5, 6세 때부터 노동에 동원되었으며, 3, 4세 유아들은 길거리에 방치되어 사회문제가 되었다. 부유한 집의 자녀들은 양질의 교육을 받았다. 이에 반해 빈민가의 아동들은 적합한 교육을 받지 못했다. 이들을 위한 교육은 사적기관이 일부 담당하고 있었을 뿐 정부는 손을 놓고 있었다. 이와 같은 시대에 빈곤아동의 교육을 확신하고 실천한 사람이 오웬(Owen, 1746~1827)이다. 그는 탁월한 공장 지배인으로 역량을 발휘하여 성공을 거두었으며, 당시 일반적인 산업자본가들과는 달리 영리를 목적으로 하지 않고 인도적이고 과학적으로 공장경영과 노무관리, 교육을 하여 생산성을 높였다. 또한 공장 노무자들의 생활개선과 아동의 교육에 힘썼다. 오웬은 1816년 스코틀랜드 뉴 라나크(New Lanark)에 유아학교(Infant school)를 설립했다. 이 학교는 어린 유아를 대상으로 좋은 습관을 길러줌과 동시에, 그들을 신체적 위험으로부터 보호해 주는 것을 목적으로 하고, 노동자들의 유아들을 보호하기 위한 탁아시설과 교육기능을 겸하였다. 그 후 유아학교는 영국 전 지역으로 확산되었고, 초등학교의 하부조직으로 정규학교체제 속에 편입되었다. 결국 근대사회의 아동복지는 아동문제에 대한 사회인식의 분화에 발맞추어 아동복지의 개입방법이 다양한 형태로 발전한 시기라 할 수 있다(이순형 외, 2016).

셋째, 현대사회의 아동복지 전개과정을 살펴보면 다음과 같다(김호년 외, 2016; 이순형 외, 2016). 19세기 후반 이후 현대사회로 접어들면서 많은 학자들이 아동에 대한 연구를 활발하게 전개했다. 이에 따라 아동은 성인과 달리 고유한 발달단계를 거쳐 성장하는 존재라는 새로운 개념이 정립되면서, 아동은 성인의 종속물이나 축소판이 아닌 독립된 인격을 지닌 존재라는 인식이 확산되었다. 20세기에 진입하면서 아동권리의 사상, 권리로서의 아동복지사상이 더욱 강조되어 복지에서도 사후관리가 아니라 예방차원에서의 적극적인 개입이 시작되었다. 1909년 미국에서 열린 백악관회의에서 아동복지에 대한 국가의 책임을 강조하게 되었다. 이 회의에서 루즈벨트 대통령은 아동을 위한 부모역할, 가정생활의 중요성을 강조했다. 그리고 1919년 제2회 백악관회의에서 윌슨대통령은 '아동복지의 최저기준, 모자보건, 요보호아동의 보호'를 강조하였으며, 1930년의 3차 백악관회의에서 19개조에 이르는 아동헌장을 채택하여 아동복지의 전문화에 획기적인 계기가 마련되었다. 이는 1924년 국제연맹이 행한 「아동권리선언」과 이념적으로 관련되는 것이다. 국제연합은 1959년 「아동의 권리」, 1971년 「정신박약아의 권리」 그리고 1990년에 「아동의 권리에 관한 국제협약」을 선포함으로써 보호와 양육을 받을 아동의 권리를 법적으로 보장했다. 또한 1990년 9월 29일에서 30일까지 '아동'이라는 단일 주제로 뉴욕에서 개최된 '아동을 위한 세계정상회담(World Submit for Children)'에서는 158개국 대표들이 참석하여 아동의 생존, 보호, 발달을 위한 세계선언과 국가 행동계획을 수립하였다.

앞에서 살펴본 바와 같이, 고대 및 중세의 경우 아동문제는 미분화된 상태로 인식되었으나, 산업화가 진전되면서 다른 인구 대상층의 문제와 분리하여 인식하기 시작하였고, 현대로 진입하면서 아동문제는 자체 내에서도 보다 세분화되어 전문적인 복지의 대상으로 취급받고 있음을 알 수 있다. 또한 현대의 복지적 접근은 아동 개인에 초점을 둔 과거에서 한 걸음 더 나아가 아동을 지지해 주는 가족체계에 대한 복지로 발전하고 있으며, 빈곤, 질병, 자연재해(지진, 해일 등) 등으로 적절한 보호를 받지 못하는 아동문제가 더 이상 한 국가의 문제가 아니라 국제적인 공동 대처가 필요한 문제라는 인식이 확산되고 있다(이순형 외, 2016).

2. 외국 아동복지 전개과정

아동복지와 관련된 정책이나 관련법들은 그 시대의 아동관, 지배적 가치 등이 반영된다. 서양의 경우 중세 이전의 아동들은 성인의 소유물로 취급받았으며, 산업혁명기에는 값싼 노동력 착취를 위해 이용되었다. 그러나 근대사회에 진입하면서 아동은 성인과 다른 고유한 인격체로 인정받기 시작하였다. 영국과 미국을 비롯한 서구사회에서 아동복지의 발달은 산업혁명의 시작과 더불어 자본주의 제도가 탄생한 시기에 이루어졌다. 산업혁명으로 인해 노인, 아동, 여성 등 사회적 약자에 대한 보호의 문제가 사회적 문제로 대두하기 시작한 것이다(김이영 외, 2017).

여기에서는 주요 선진국의 아동복지가 어떤 과정을 거쳐 전개되어 왔는지를 영국, 미국, 스웨덴, 일본을 중심으로 고찰하기로 한다(김이영 외, 2017; 김호년 외, 2016; 정옥분 외, 2016; 이순형 외, 2016).

(1) 영국

영국의 아동복지의 역사적 발달과정을 산업혁명 이전, 산업화와 아동복지, 최근의 아동복지로 구분하여 고찰하기로 한다.

첫째, 산업혁명 이전을 살펴보면 다음과 같다. 산업화 이전에 영국에서의 아동은 특별한 욕구를 가진 존재로 인정되지 않았기 때문에 아동에 대한 처우는 열악할 수밖에 없었다. 대부분의 아동은 성인의 소유물과 같이 취급되었다(김호년 외, 2016). 일부 상류층의 자녀를 제외한 대부분의 아동들은 무시되거나 단지 미성숙한 성인으로 여겨지는 정도였다. 홀(Hall)은 "아이의 운명에 대한 잔인한 무관심(brutal indifference to a child's fate)"이라는 표현으로 아동권리에 대한 무지함을 강조했다(김이영 외, 2017).

둘째, 산업화와 아동복지이다. 영국에서 산업화가 진행되면서 대규모의 이농민이 발생하였고, 도시인구가 획기적으로 증가했다. 그 결과 빈곤, 실업, 주택문제 등 다양한 사회문제가 발생했다. 또한 아동에 대한 인식도 점차적으로 변화되기 시작했다. 즉, 아동은 성인과 다른 욕구와 능력을 가졌고, 생애주기에서 성인기와 구분되는 독특한 시기를 통해 성장한다는 점을 점차적으로 인정하기 시작했다. ① 영국은 1601년 빈민법(Poor Law)이 제정되었다. 국가가 빈곤을 책임지는 빈민법 제정으로 빈곤아동들은 국가의 보호를 받기 시작하였다. 당시 제정된 빈민법(Poor Law)에서는 도제제도를 통해 빈곤아동을 구하려고 하였으며, 이를 통해 자립능력을 키워주고자 하였으나 노동력 착취 등의 문제점이 적지 않았다(장인협 외, 1993). 그 후 1834년 개정빈민법(Poor Law Reform Amendment Act)이 제정되었다. 개정빈민법에서는 9세 이하 아동의 노동을 금지하고, 13세 이하 소년의 노동시간을 주당 48시간 이내로 제한하였으며, 장애아동을 위한 특수학교 설립을 허가하였다. 더구나 작업장에 입소한 빈민의 생활조건이 원외에서 일하는 노동자의 보수보다 절대적으로 낮아야 한다는 열등 처우의 원칙을 강조하였다(원용찬, 1990). ② 공장법의 제정이다. 산업혁명 이후 많은 노동력을 필요로 하는 상황에서 아동은 값싼 노동력을 얻을 수 있는 가장 손쉬운 대상이었다. 아동의 값싼 노동력이 사회적 문제로 제기되어 아동의 노동을 제한하는 사회적 운동이 전개되고, 면직공장과 모직공장에서 일하는 아동의 노동시간을 제한하기 위하여 1802년 공장법(Factory Act of 1802)이 제정되었다. 이 법은 9~13세의 아동은 하루 최대 8시간, 14~18세의 아동도 하루 최대

12시간 이상을 초과하여 일할 수 없고, 9세 미만 아동은 일할 수 없도록 제한하였다. 또한 1833년 공장법(Factory Act of 1833)은 섬유공장에서의 일상적인 작업시간을 규정하기 위해 제정된 것으로, 1시간의 점심시간을 포함하여 9~13세의 아동은 하루 최대 8시간, 14~18세의 아동은 하루 최대 12시간 이상을 초과하여 일할 수 없도록 제한하였다. 또한 9~13세의 아동은 매일 2시간씩 교육을 받도록 규정하고, 이 법의 시행을 위해 감독관제를 도입하였다. 그리고 노동운동가인 리차드 오스틀러(Richard Oastler) 등의 노력으로 제정된 1847년 공장법(Factory Act of 1847)에서는 영국의 모든 공장에서 일하는 여성과 아동의 노동시간을 하루 10시간으로 제한하였다(장인협 외, 1993).

③ 커티스위원회(The Curtis Committee)이다. 20세기에 들어와 아동복지는 아동의 권리를 보다 강조하는 방향으로 발전하였다. 제2차 세계대전 이후 영국의 아동정책에 영향을 미친 중요한 사건 가운데 하나는 1946년의 커티스위원회(The Curtis Committee) 보고서이다. 커티스위원회는 정상적인 가정생활을 박탈당한 아동들을 보호하기 위한 목적으로 정부에서 임명한 위원들로 구성되었다. 이 위원회의 보고서에서는 집단양육시설에서 성장한 아동들이 여러 가지 발달상의 문제를 보일 가능성이 높고, 성인이 되어서도 대인관계 문제나 알코올 의존증, 범죄에 노출될 위험이 높다는 사실을 지적하면서 가정위탁보호가 시설보호보다 우월하다고 주장하였다. 이러한 원칙은 영국 빈민법에 근거하여 이루어졌던 아동에 대한 시설보호가 아동발달에 역기능적인 영향을 미칠 수 있음을 지적한 것이라고 볼 수 있다(김응석 외, 1995). 영국은 이때까지 엘리자베스 빈민법에 따라 작업장에서의 근로를 통해 요보호아동을 구제해 왔으나, 커티스위원회의 보고서가 발표되면서 정부차원에서 현대적 의미의 가정위탁사업을 제도화하기 시작하였다. 또한 이 위원회의 보고서를 기초로 하여 아동복지의 기본 골격을 형성하게 된 1948년 아동법(Children Act 1948)이 제정되고, 아동국이 설립되었다.

④ 다양한 아동복지법의 제정 및 시행이다. 제2차 세계대전을 겪으면서 정상적인 가정에서 보호를 받을 수 없게 된 아동들이 속출하자, 1945년 가족

수당법(family allowance act)을 제정하여 부모의 경제적 · 사회적 지위 등과 무관하게 한 가정에 자녀가 둘 이상으로 16세 미만인 아동에게 1인당 매주 수당을 지급하도록 하였다. 그리고 1948년에 아동법(children's act)이 제정되었다. 이 법은 보호받는 아동을 다른 일반아동과 같은 권리를 지닌 개인으로 인정하고, 양친이 없는 아동, 유기아동, 부모와 떨어져 사는 아동, 특히 아동부양능력이 없는 부모의 자녀들은 지역사회와 공공단체가 부모의 역할을 담당해야 하는 개념이 확립되었다는 데 의미를 갖는다. 이 법의 제정으로 아동복지가 보호가 필요한 아동에 대한 보호뿐만 아니라, 예방(prevention) 역시 중요하다는 인식이 생겨났다. 아동법이 수차례 개정되었는데, 1989년에 개정된 아동법(The Children Act 1989)은 부모는 자녀의 양육을 책임지며, 법원이나 지방정부에서 아동보호를 담당할 경우에는 아동의 이익이 우선적으로 고려되어야 한다는 「유엔아동권리협약」의 원칙에 의거하고 있다. 또한 아동복지서비스를 민간부분과 공공부분이 역할을 분담하지만, 지방정부가 아동복지를 실행하는 과정에서 계획을 수립하고 실행하는 중심적 역할을 하며, 민간기관과의 협력이 필수적이라고 보는 기본적인 입장을 가지고 있다. 또한 자녀양육에서 부모의 역할을 중시하여 1991년에는 부모헌장을 제정함으로써 부모의 책임을 명시하였고, 1992년 고등교육법에서는 학교에 부모교육과정을 개설할 것을 권고하였다. 그리고 1994년에는 국립성인평생교육연구소를 통해 부모교육지침서를 발간하였다. ④ 슈어스타트(Sure Start) 정책이다. 영국정부는 미국의 헤드스타트(Head Start)에 자극받아 빈곤 · 소외계층의 아동문제를 극복하기 위해 1999년부터 Sure Start 정책을 시행하였다. 이 정책은 빈곤 및 소외계층의 아동들을 도와 인생의 '확실한 출발'을 보장하고, 더 나아가 영국 내 모든 아동이 보육시설을 이용할 수 있도록 돕는 것을 주 내용으로 한다. 이 정책은 영국의 보육상황을 개선하는 데 가장 큰 기여를 한 것으로 보인다.

셋째, 최근의 아동복지 동향을 고찰하면 다음과 같다. 2000년대에는 아동 및 청소년의 교육과 복지에 집중적인 지원정책이 펼쳐졌다. 2004년에는 1989년 제정된 아동법이 전면 개정되었는데, 이는 2000년 빅토리아 클

럼비(Victoria Climbie')가 학대 당해 사망한 사건으로 인해 기존 아동보호제도의 한계를 인식하고 발간된 'Every Child Matters'는 법률적으로 뒷받침하기 위해 이루어졌다. 2004 아동법(Children Act 2004)에서는 모든 아동은 어떠한 배경이나 상황에서도 건강하고 안전하며 즐겁게 배울 수 있고, 사회에 기여하며, 경제적 역량을 획득할 수 있도록 필요한 서비스가 제공되어야 한다고 규정하였으며, 특히 취약계층아동의 복지에 더욱 관심을 갖고 취약계층 부모지원이 확대되었다. 특히 아동권리모니터링을 수행할 수 있는 기구를 창설해야 한다는 유엔아동권리위원회의 권고를 수용하여 아동의 권리보호활동과 옹호활동을 주도하는 아동커미서너(Children's Commissioner)를 임명하도록 하였다. 그 외에도 2005년 'Youth Matters', 2007년 'Children's Plan' 등 아동·청소년 정책들이 발표되었고, 이를 실행하기 위한 예산조치로서 아동·청소년 기금(Children Fund, Youth Opportunity Fund & Youth Capital Fund) 등이 조성되었다. 이후 아동수당법(Child Benefit Act 2005), 아동입양법(Children and Adoption Act 2006), 아동청소년법(Children and Young Persons Act 2008), 아동빈곤법(Child Poverty Act 2010), 아동학교가족법(Children, School and Families Act 2010) 등이 제정되었다. 하지만 심각한 제정적자로 인해 2011년 복지개혁법안(Welfare Reform Bill 2011)에서는 고소득층에 대한 무상혜택을 축소시켰으며, 자녀양육에서 부모들이 국가의 지원에 의존하기 보다는 자신의 힘으로 양육할 수 있도록 권장하기 위해 『가족관계 강화, 부모 책임감 장려: 아동 부양의 미래에 관한 자문 문서』(Consultation Document Strengthening Families, Promoting Parental Responsibility: the Future of Child Maintenance)를 발간하였다. 그리고 2013년부터는 무조건 지급해 온 아동급여를 연봉 44,000파운드 이상의 고소득자들에게는 자격을 제한하고, 혜택을 세 명까지로 제한하기로 하였다(최윤영, 2013). 앞에서 설명한 바와 같이 영국의 아동복지는 여타 다른 복지 분야와 마찬가지로 다른 나라에 대한 본보기로서 선구자적 역할을 하였다. 또한 사회보장제도가 발전하는 과정에서 가족수당 등이 제도가 수립됨으로써 아동복지도 함께 발전하였고, 공공부조의 성격을 띠는 아동수당 등의 최저 생계비 차원에서 구비되어 있다는 특징을 갖는다. 영국의 복지정책은 1997년 토니 블레어(Tony Blair)의 집권을 계기로 '일하는 복지정책(Welfare to Work)'으로 전환되어 일자리가 없는 사람에게 직업교육을 통해 일할 기회를 주는 적극적인 복지정책으로 전개되고 있다(이순형 외, 2016).

(2) 미국

미국의 아동복지제도는 영국의 영향을 많이 받았으며, 노동을 중시하는 청교도적인 가치관이 그 근간을 이루고 있다. 그러므로 빈곤은 개인의 책임이며 근로능력이 있는 아동의 경우에는 노동을 통해 구제해야 한다는 인식이 지배적이었다. 미국의 아동복지발달을 가정위탁제도의 발달, 아동노동법의 제정과 백악관회의, 사회보장법의 제정, 다양한 아동복지법의 제정 및 시행 등을 통해 고찰하기로 한다. ① 위탁가정운동의 발달이다. 미국의 아동복지는 종교단체를 중심으로 이루어진 시설보호제도가 그 시발점이 된다. 1727년 뉴올리언스(New Orleeans)의 우슬린(Ursuline) 수도원에 인디언에게 부모를 잃은 아동을 위한 보호시설이 최초로 설립되었으며, 1740년 조지 화이트필드(George Whitefield)는 최초의 영구적인 보호시설인 베데스다 고아원(Bethesda Orphanage)을 조지아(George) 주에 설립하였다. 1853년 브래스(Brace) 목사가 설립한 뉴욕아동구호협회(New York Children's Aid Society)는 최초로 위탁가정서비스를 실시하였다. 브래스 목사는 뉴욕에서 집 없이 거리를 방황하는 아동을 사회적으로 위험한 계층으로 간주하고 이들을 위해 다양한 프로그램을 운영하였는데, 이것이 위탁가정운동이다. 브래스 목사는 이들 아동을 서부의 기독교 농가에서 위탁양육하게 함으로써 도시의 범죄문제와 서부지역의 노동력 문제를 동시에 해결하고, 나아가 일을 통해 아동 자신의 자립능력을 키워주고자 하였다. 이 과정에서 1853년에서 1929년까지 무려 15만 명이 넘는 아동이 고아열차를 타고 뉴욕에서 서부지역으로 이동하게 되었다. 그러나 위탁가정 내에서 아동학대가 일어났다는 사실로 인해 비판을 받기도 하였다. 이러한 문제에도 불구하고 아동보호가 시설수용보호 방식에서 위탁가정보호 방식으로 전환되었다는 점에서 아동복지사에 중요한 의미를 갖는다. 이후 1895년에는 아동노동법이 제정되어 14세 이하 아동의 노동 및 야간작업 금지와 노동시간 제한 등을 규정하였다(Mallon & Hess, 2005). ② 제1차 백악관회의이다. 1909년 제1차 백악관회의(White House Conference)는 대규모의 아동수용시설에서 아동과 양육자 간의 애정결핍으로 인해 유발되는 문제의 심각성이 제기되면서 소집된 것이다. 이 회의에서 루즈벨트 대통령은 아동을 위한 부모역할의 중요성과 가정생활의 중요성을 언급하면서 3가지 원리를 제시했다. 첫째, 가난하기 때문에 아동이 가정으로부터 이탈되어서는 안 된다. 둘째, 가정을 떠나야만 될 충분한 이유가 있을 경우에는 차선책으로 잘 선정된 위탁가정이 바람직하다. 셋째, 필요에 의해 시설을 이용할 경우 소숙사제도(cottage system)가 바람직하다는 것이다(표갑수, 2000). 과거에는 요보호대상아동을 시설에 수용하여 구제하는 것이 바람직하다고 생각하였으나, 점차 가족이나 이웃, 지역사회의 지원을 통한 구제가 보다 바람직하다고 생각하게 되었다. 제1차 백악관회의를 계기로 1912년 아동문제를 전담하는 아동국(Children's Bureau)이 설립되면서 전반적인 아동문제를 담당하게 되었다. 또한 1930년 제3차 백악관회의에서는 19개조로 구성된 아동헌장을 채택하여 발표하였다. ③ 사회보장법의 제정이다. 1935년 제정된 사회보장법(Social Security Act)은 아동복지사업에서 국가개입의 기틀을 형성한 계기가 되었다. 사회보장법은 요보호아동들이 연방정부가 제공하는 공공부조의 혜택을 받을 수 있도록 요보호아동부조 프로그램(Aid to Dependent Children Program)을 처음으로 규정하였다. 가정이 있는 요보호아동이 자신의 가정이나 친척 집에 머물 수 있도록 도움을 주는 주정부의 보조금 제도뿐만 아니라 가정이 없는 요보호아동에게 지급되는 연방정부의 보조금 제도를 명시하였다. 또한 이 법안은 근로불가능빈민과 근로가능빈민에 따라 구제방법이 달라져야 한다는 영국 빈민법의 주요 이념을 적용하였다. 근로능력이 있는 빈곤한 아동과 청소년은 지원받을 자격이 없으며 스스로 노동을 통해 생계를 책임지도록 하고, 노인이나 장애인과 같이 근로능력이 없는 사람만을 지원하도록 하는 차별적인 미국복지정책의 중요한 근간을 형성하게 된다(정익중, 2004). ④ 다양한 아동복지법의 제정 및 시행이다. 미국 최초의 아동관련 법률은 1875년 뉴욕 주에서 제정된 아동법(Children's Act)이지만, 아동보호 및 가족지원을 위한 국가 차원의 포괄적인 법령은 1935년 제정된 사회보장법(Social Security Act)이라고 할 수 있다. 동법에 의거해 요보호아동 가족부조(Aid to Families with Dependent Children: AFDC)를 만들어 아동이 있는 빈곤여성가구주를 지원하도록 하는 가족부조정책의 기초를 세웠다. 1970년대에 이르러 시민권운동, 여성운동과 더불어 아동권리운동이 전개되었고, 아동학대, 청소년비행, 장애아동 등 요보호아동의 특성별로 다양한 법령체계가 이루어졌다. 그리고 1980년 입양부조와 아동복지법(Adoption Assistance and Child Welfare Act)이 제정되면서 요보호아동에 대한 국가적 개입이 활발하게 이루어졌다. 1980년대 이후 연방정부의 복지재정이 감축되면서 주정부나 지방정부가 개입하도록 하는 새로운 정책방향에 따라 아동복지에 대한 국가적 지원이 약화되었다. 아동정책은 사회복지 예산 삭감, 적절한 통계자료의 미비, 관련법들의 상충 등으로 인해 사후 복지서비스로 범위가 축소되었으며, 아동문제에 포괄적으로 대처하지 못하는 것으로 나타났다. 1990년에는 저소득층 가족의 재정지원을 위한 가족지원법(Family Support Act)이, 1993년에는 안전하고 안정된 가족을 지원하기 위한 가족 유지 및 지원서비스법(Family Preservation and Supporting Service Act)이 제정되었다. 1997년에는 입양 및 안전가족법(Adoption and Safe Families Act: ASFA)이 제정되었는데, 주요 내용은 아동의 안전을 가장 우선적으로 보장하고, 아동에게 영구적인 가정을 제공하며, 가정으로 안전하게 돌아갈 수 없는 아동의 입양을 촉진시키기 위한 것이었다. 이후 1999년 제정된 위탁양육독립법(Foster Care Independence Law)은 위탁가정으로부터 청소년의 독립을 지원하고 의료보호를 확대하기 위해 제정된 것이다(Mallon & Hess, 2005). 또한 2003년 아동 및 가족안전법(Keeping Children and Families Safe Act)이 제정되어 가족지지와 강화를 위한 지역사회기반 프로그램 등 아동학대와 방임 예방과 치료를 위한 다양한 서비스를 지원하고 있다. 또한 2011년에는 어린이 및 가족서비스 개선 및 혁신법(Child and Family Service Improvement and Innovation Act)을 제정하여 2016년까지 아동 및 가족 서비스 프로그램을 확장하도록 하였다.

사례: 현장활용 자료 미국 가정방문 프로그램

미국은 연방정부(U.S. Department of Health & Human Service Administration for Children & Families) 차원에서 모성 및 영유아가정방문서비스(Meternal, Infant and Early Childhood Visiting Program: MIECHV)를 실시하고 있다. 가정방문프로그램은 임산부와 5세 미만의 자녀를 둔 조부모, 부모, 보호자를 대상으로 모자보건 향상, 아동학대 및 방임 감소, 미취학아동의 학업 준비 및 성적 향상, 범죄 및 가정폭력 감소, 경제적 자립능력 배양, 지역사회 내 자원 및 지원체계 향상 등을 위한 서비스를 제공한다. 간호사, 사회복지사, 상담사, 심리사, 가족학사 등의 인력이 수행한다.

2016년도 전체 893개 카운티의 약 16만 명의 부모와 자녀에게 영유아가정방문서비스를 제공한 것으로 나타났으며, 이 중 약 43%가 신규 등록자였다. 영유아가정방문서비스를 제공받은 아동 및 학부모의 수는 2012년 이후 거의 5배 이상 증가했으며, 제공되는 방문의 수는 5배 증가하였고, 지난 5년간 약 330만 건의 가정방문이 이루어졌다. 미국의 가정방문프로그램(MIECHV)의 특징은 0~5세 영유아를 대상으로 보편복지서비스를 제공하고 있으며, 아동학대 및 가정폭력 등 가정 내에서 발생하는 다양한 문제를 다루고, 이를 적극적으로 지원하기 위해 지역사회와 협력적으로 서비스를 제공하고 있다는 점이다.

- **미국 MIECHV 프로그램 내용**
  - 산모의 산전 건강 예방 및 산전 진료 지원
  - 건강한 모유수유를 위한 산모교육
  - 부모의 아동발달 단계 및 행동 이해 지원
  - 칭찬 등의 긍정적인 육아기술의 사용 장려
  - 미래를 위한 목표설정 및 교육을 지속
  - 고용 및 보육 솔루션 마련을 위한 협력
- **프로그램의 성공여부 평가 기준**
  - 임산부 및 신생아의 건강 향상
  - 아동상해, 학대 및 방임의 감소
  - 학업준비 및 성취의 향상
  - 범죄 또는 가정폭력 감소
  - 가정경제의 회복
  - 지역사회 내 지원 및 지원체계 향상

MIECHV PROJECT
MATERNAL, INFANT, AND EARLY CHILDHOOD HOME VISITATION

출처: 미국 보건 자원 및 서비스국(Health Resources and Services Administration) 홈페이지(http://mchb.hrsa.gov/maternal-child-health-initiatives/home-visiting-overview)

*자료: 김주미(2017). 젠더 브리프. "찾아가는 복지 서비스 해외 사례: 영유아가정을 중심으로" (2017.6.14.). 서울시여성가족재단.

(3) 스웨덴

스웨덴은 11~12세기경부터 봉건제도가 성립되었으나 13세기에 들어와서 내란, 페스트, 과중한 세금, 부역 등으로 농촌인구가 격감하여 봉건제도가 붕괴되었다. 영주로부터 이탈한 피지배계층은 빈민으로 전락하여 사회문제로 대두되었다(김연진 · 이상희, 2010).

1853년에는 구빈법이 제정되면서 체계적인 구빈제도가 확립되었다. 구빈법을 통해 구빈에 대한 국가의 책임을 명시하였다. 원칙적인 구빈에는 15세 이하의 아동과 병자, 폐질환자인 노동무능력자가 대상이었다. 또한 1881년 노동금지법이 제정되어서 이들을 저임금과 장시간 노동으로부터 보호하였다. 이는 단지 비인간적인 대우에서 구해준다는 것 외에 노동력의 질적 향상을 도모하기 위한 의미도 있었다. 1869년 사회민주당이 결성되면서 사회복지정책의 강력한 추진력을 가지게 되었다. 1901년에 노동자화재보상법이 제정되어 사회복지의 선구적 역할을 하였다. 이는 아동복지 측면에도 영향을 주어 청소년비행에 대한 제도를 마련하는 계기가 되었다. 1902년 입양아동의 건강과 보건을 위해 입양법을 제정하였다. 미혼부모의 아이들을 합법적인 입양과 사후관리를 하여 입양 후 정상적인 성장을 지원하였다. 1924년 아동복지법이 제정되면서 구빈법의 수혜대상으로 취급되어 오던 아동이 독립된 아동복지법에 의하여 보호되었다. 아동복지법에 의해 아동과 청소년의 보호를 위한 기관이나 시설의 관리 및 설치 추진을 위한 아동복지위원회가 설립되어 아동복지기관의 업무를 감독하였다. 1930년 세계경제공황을 전후하여 출산율이 급격히 저하됨에 따라 아동과 모성 및 학교급식에 대한 국가보조 등이 실시되었다. 또한 1938년 이후 산전 · 산후에 따른 모자보건대책과 1955년부터 모든 임산부에게 출산수당을 지급하였다.

1930년대 이후 아동복지제도가 확립되면서 다양한 아동보호정책이 실시되었다. 아동수당은 신체장애자나 연금지급자의 자녀, 한부모자녀에 한하여 지급되었으며, 이혼을 했을 경우 부모 중 한 사람이 자녀의 양육비를 지급하지 않을 경우 국가가 이를 대신 지불해주기도 한다. 또한 임산부와 신생아에 대한 상담, 치료, 출산 전후의 휴양, 남편의 군복무기간 중 지급되는 양육수당 등이 있다. 또한 여성의 사회참여를 촉진하기 위해 어머니와 자녀문제 관련 사회적 조치와 서비스가 발달하였다. 출산 후에 신생아와 함께 지낼 수 있는 9개월 휴가제도와 생후 6개월부터 학교 입학 전 6세까지 부모가 일하는 동안에 아동을 맡길 수 있는 보육시설, 학교를 다니는 아동이 방과후에 몇 시간을 보낼 수 있는 여가 선용의 집, 자신의 집에서 아이들을 맡아서 돌봐주는 가정보육시설, 아플 경우에 간호해 주는 아동간호사제도 등이 있다. 그리고 장애아동을 위한 교육적 조치는 1952년 장애아학교법(The School Act If Handicapped)의 규정에 따라 7~16세의 모든 어린이에게 교육의 기회를 부여하였다(김호년 외, 2016).

(4) 일본

일본의 아동복지는 불교가 전래된 6세기 초 각종 자발적 서비스와 더불어 불교신자, 왕가 및 귀족의 자선사업을 필두로 아스카시대(593~710년)의 빈민 및 고아를 수용·구제하는 공적인 구제제도로 출발하였다. 봉건시대가 막을 내리고 근대사회가 시작되는 메이지(明治)시대에 접어들면서 빈민의 문제가 심각하게 대두되었으며, 이에 따른 복지의 제정과 시행이 본격적으로 이루어졌다(정옥분 외, 2017; 이순형 외, 2016).

첫째, 휼구규칙과 감화법의 제정이다. 일본에서 국가주도의 계획적인 아동복지는 메이지시대에 정부가 기아양육미급여방(棄兒養育米給與方)과 3명 이상의 자녀를 출산한 빈곤가정의 어머니에게 쌀을 지급하는 급여방을 제정함으로써 출발하였다. 그 이후 1874년 공적 구빈법인 휼구규칙(恤救規則)이 제정되었다. 휼구규칙은 일본 최초의 사회복지법으로 근친 및 공동체에 의한 상호부조를 원칙으로 하되, 노약자, 중병자와 13세 미만의 고아는 국가가 구제한다는 것이다. 또한 메이지시대 또 하나의 중요한 법률은 1900년의 감화법이다. 이는 아동복지법과 소년법 중간에 위치하는 것으로 시설보호를 법적으로 명시한 일본 최초의 법률이다. 이는 일본 최초의 빈민구제법이라고 할 수 있다(현정환, 2003).

둘째, 구호법과 소년보호법의 제정이다. 쇼와(昭和)시대에 접어들면서 다양한 사회사업법규가 공포되었는데, 휼구규칙이 폐지되고 구호법이 제정되었으며, 감화법이 폐지되고 소년보호법이 제정되었다. 1929년에 제정·공포된 구호법은 일본 구빈법사상 처음으로 빈곤자의 보호를 공공의 의무로 규정하였다. 구호법에서는 구호기관, 구호내용, 구호방법, 구호비 분담부분을 분명하게 명시하였고, 구호대상을 빈곤자와 생활불능자(65세 이상의 노쇠자, 13세 이하의 유아, 임신부, 질병·상병·심신장애로 노무에 지장이 있는 자)로 한정하여 집행하였다. 그리고 1933년 제정된 소년보호법은 14세 미만의 아동을 보호하는 내용을 주요 골자로 한 것이다. 그 외에도 14세 미만의 학대받는 아동을 보호하기 위한 목적으로 아동학대방지법이 제정되었으며, 1937년에는 모자보호법이, 1938년에는 사회사업법이 제정되었다(현정환, 2003).

셋째, 아동복지법과 아동헌장의 제정이다. 1946년에는 기존의 구호법, 모자보건법 등을 통합한 구생활보호법이 제정되었다. 제2차 세계대전 이후 일본에서는 기아와 고아들이 수없이 발생했다. 정부에서는 이들의 구제를 위해 많은 노력을 하였으나 당시의 경제적 여력이 미치지 못해 민간차원에서 구호사업을 주도하는 형편이었다. 이러한 상황에서 1947년 아동복지법이 제정되었다. 1947년의 아동복지법은 아동의 정신적 및 신체적 건강을 보장하기 위해 아동의 후견인뿐만 아니라 중앙과 지방정부의 책임을 규정한 것이다. 그러나 아동복지법 제정 이후에도 아동의 인권을 침해하는 행위가 되풀이되어 1951년 아동헌장(兒童憲章)이 제정·공포되었다(최진희, 2005).

넷째, 다양한 아동복지법의 제정과 시행이다. 1950년대 중반 일본이 고도 성장기에 접어들면서 민간차원에서의 학동보육운동이 시작되었고, 1963년 이후 지방자치단체의 학동보육예산이 확대되기 시작하였다. 1964년 특별아동부양수당의 지급에 관한 법, 1965년 모자보건법과 정신박약아동복지법 등이 제정되었다. 1971년에는 아동수당법이 제정되었으며, 그 후 출산율 저하로 1985년 아동수당법이 대폭 개정되어 지급대상이 종전의 셋째 자녀에서 둘째 자녀부터로, 1991년 개정에서는 첫째 자녀부터로, 2000년부터는 그 대상이 취학 전 모든 아동에게로 확대되었다. 또한 1997년에는 50년 만에 아동복지법이 전면 개정되었고, 2000년에는 아동학대 방지에 대한 법률이 특별법으로 제정되었다(이상희 · 하승수 · 이혜원, 2008; 최영진, 2009).

현재 일본의 아동복지제도는 '소자화(小子化)' 문제가 심각해짐에 따라 1994년 정부차원에서 육아지원사회의 구축을 목표로 엔젤플랜을 실시하였으며, 1999년 뉴엔젤플랜(1999~2004년)을 수립하여 지속적인 정책을 추진해 왔다. 이러한 대책에도 불구하고 소자화와 고령화가 계속되자 지역사회 내 자녀양육을 지원하기 위해 2002년 소자화 대책 플러스원, 2003년 차세대 육성지원대책 추진법, 2004년 자녀양육 응원플랜 등이 지속적으로 제정 및 추진되었다. 2007년에는 모든 아이들과 모든 가정을 소중히 한다는 '아이들과 가족을 응원하는 일본' 중점 전략을 제시했다. 이러한 전략에 따라 2009년 아동복지법과 차세대육성지원법이 일부 개정되어 아동양육지원사업을 명확하게 규정하고, 학대피해아동을 위한 가정적 환경 조성과 일 · 생활의 양립을 지원하기 위한 차세대 육성지원대책을 세우게 되었다(최윤영, 2013).

최근 들어 일본의 아동인구는 급격히 감소하고 있으며, 이에 따른 급속한 노령화사회의 도래로 출산율 증진이 일본사회의 최대 과제가 되고 있다. 따라서 일본 아동복지행정은 출산이나 양육을 원하는 이들을 위한 편리한 환경 조성에 힘쓰고 있다. 이와 더불어 아동의 건전한 성장 발달을 돕기 위한 정부의 지원책으로 자녀가 있는 가정에 대한 아동수당 및 아동부양수당이 지급되고 있으며, 아동복지시설의 다양화와 전문화가 활발히 진행되고 있다(이순형 외, 2016).

02 우리나라의 아동복지발달사

우리나라 아동복지의 발달과정은 조선시대 이전의 아동복지, 구한말부터 해방 전까지의 근대사회 아동복지 그리고 해방 후 오늘에 이르기까지의 현대사회의 아동복지로 구분할 수 있다. 표갑수(1994)는 해방 이후의 시기를 사회구호적 차원의 복지사업(1945~1960년), 요보호대상자의 복지사업(1961~1980년), 전체 아동 및 청소년 복지사업(1981년 이후)으로 구분하였다. 김이영 외(2017)는 해방 이후 시기를 사회구호단계, 선별주의적 아동보호단계, 보편적 아동복지단계, 보편적 아동복지 실행단계로 분류하고 있다. 이처럼 단계구분이나 이에 따른 명칭에서 다소 차이는 있으나 학자들은 공통적으로 1961년의 아동복리법 제정과 1981년의 아동복지법 개정을 아동복지의 중요한 전환점으로 간주하고 있다.

여기에서는 먼저 근대 이전의 아동복지와 근대사회의 이동복지를 먼저 고찰하고, 해방 이후 현재까지의 시기를 사회구호적 복지단계(해방 이후~1960년), 선별주의적 복지단계(1961~1980년), 보편주의적 복지단계(1981~1999년), 권리지향적 복지단계(2000~현재까지)로 구분하여 살펴보고자 한다.

1. 근대 이전의 아동복지

첫째, 삼국시대의 아동복지는 『삼국사기』에 나타나 있다. 신라에서는 2대 남선왕 15년에 배성이 기근으로 굶주릴 때 국고로 이들을 구휼하였고, 3대 유리왕 때 환과고독노병(鰥寡孤獨老炳: 홀아비, 과부, 고아, 늙어서 자식이 없는 사람, 늙고 병든 사람 등)을 요보호 대상자로 정해 무료급식과 양육을 왕명으로 하였다(김이영 외, 2017). 백제 온조왕 33년과 고구려 태조왕 56년 때는 아동을 포함하여 재해를 입은 자들에게 관곡을 배급하였다. 고아에 대한 접근으로는 민간 차원에서 노비나 양자로 입양이 허용되었으며, 친척 등이 거두지 않는 고아에 대한 구제가 국가차원에서 시행되었다(이순형 외, 2016).

둘째, 고려시대에는 불교의 자비사상에 입각하여 고아나 기아, 빈곤아동을 사찰이나 관가에서 수용하여 보호하기 시작하였으며, 성종 13년(994년)에는 나이 어린 고아를 10세까지는 관가에서 수용하고, 이후부터는 본인의 의사에 따라 거주하도록 하였다(하상락, 1989). 또한 충목왕 3년에는 관립의 영아원이라 할 수 있는 해아도감(孩兒都監)을 설치하여 유아들을 보호 및 양육하였다. 전쟁과 흉년으로 부모를 잃은 가난한 아동들을 사찰하여 수용 및 양육하여 승려 또는 사역승으로 양성하는 일이 성행하게 되었다. 이를 본받아 민가에서도 양육 후에는 양자녀 또는 노비로 삼았다(표갑수, 2000). 민가에서 고아를 양육하는 일은 아동을 위해서 좋은 일을 하는 것 같지만 수양을 빙자한 인신매매나 유괴 등의 폐단도 있었다.

셋째, 조선시대 현종 2년(1661년)에는 유기된 아동을 대상으로 민가수양을 실시하였으며, 아동이 10세에 이르면 그 아이를 양육한 자로 하여금 사역할 권리를 갖게 하였다. 숙종 22년(1696년)에는 수양임시사목(修養臨時事目)을 제정하여 수양을 원하는 아동 가운데 부모나 보호자가 없는 아동을 대상으로, 관청에서 사목의 규정에 따라 수양관계를 결정하여 흉년에 한해 민가수양을 하도록 하였다. 이처럼 민가수양제도는 오늘날의 입양제도와 유사한 것으로, 시설보다는 가정양육을 우선시하는 현대사회의 아동복지 이념과도 일맥상통하는 것이다. 정조 7년(1783년)에는 자휼전칙(字恤典則)이라는 법령을 제정하여 유기아동이나 부랑걸식아동들을 민가나 관가에서 수양하는 것을 제도화하였다(구자헌, 1972). 이 법의 근본 취지는 유기 및 부랑아동을 국가에서 수용·보호하거나 민가에서 수양하여 정황에 따라 양자녀나 노비로 삼는 것을 허가하는 것이었다. 자휼전칙의 근본정신은 영국의 구빈법(1601년)과도 상통하며, 아동의 생명구제를 위한 기본 법령으로 기능했으나, 전통사회에서는 오늘날의 시설보호와 같은 체계적인 개입은 존재하지 않았다(이순형 외, 2016).

2. 근대사회의 아동복지

근대사회의 아동복지는 구한말과 조선총독부로 구분해서 고찰하고자 한다.

첫째, 구한말이다. 1894년 갑오개혁 이후에는 외국의 선교사들이 입국하면서 포교를 위한 구호와 교육사업이 실시되었다. 일제강점기에는 식민지 통치 수단으로 부랑아들에 대한 수용보호가 있었다. 1855년 프랑스 메스트로(Maistre) 신부에 의해 '조선영해회'라는 조직이 설립되어 고아 구제사업을 실시하였는데, 이것이 근대적 육아사업의 출발로 볼 수 있다. 1880년 프랑스 장 블랑(Jean Blanc) 신부가 한양에 양로원과 고아원을 설립하였다. 1886년 미국 북장로교의 언더우드(Underwood)는 고아들을 모아 예수학당과 구세학당을 시작하였고, 1888년에는 '조선영해회'가 종로의 수녀원 부속 고아원을 설립하여 양육사업을 시작하였다. 1892년 영국성공회 선교사 랜디스(Randis)가 인천에 고아학원을 설립하였다. 1905년 이필화가 경성고아원을 설립하였고, 이 고아원은 황실하사금과 정부보조금으로 설립되었고, 이는 근대적인 영유아복지사업의 발판이 되었다(윤혜미 외, 2005). 그리고 일제강점 이후 1921년 총독부는 제생원(濟生院)이라는 수용시설을 설립하고,

참고자료 자휼전칙

자휼전칙(字恤典則)은 9개조로 이루어져 있는데, 구호대상자인 '행걸아(行乞兒)'는 부모 및 친척이나 상전(上典)이 없어 의탁할 수 없는 4세부터 10세까지의 어린이이며, '유기아(遺棄兒)'는 3세 이하의 유아이다.

*자료: 한국민족문화대백과사전 (http://encykorea.aks.ac.kr/Contents/index?contents_id=E0048122).

사회과를 신설하여 각종 구호사업의 지휘 감독을 담당하도록 했다. 또한 1923년 공적 비행청소년 감화구제시설인 영흥학교가 설립되고, 총독부 직영으로 운영되면서 사회사업의 범위가 확대되었다(이순형 외, 2016).

둘째, 조선총독부 시대이다. 1909년 미국에서 제1차 백악관회의의 영향으로 우리나라 천도교 소속의 소파 방정환을 주축으로 '조선소년운동협회'를 조직하고, 아동의 권리운동을 전개하였으며, 1923년 5월 1일을 '아동의 날'로 정하여 첫 행사를 하였다. 천도교의 소년운동은 봉건시대의 아동관을 불식하고, 시대에 맞는 새로운 아동관의 계몽에 힘썼으며, '어린이'라는 순 한글말을 만들어 보급하고, '어린이날'을 제정하는 등 아동문화를 확산시키는 한편, 민족독립운동의 성격을 지닌 사회운동의 성격을 띠고 있었다. 1921년 서양 감리교 선교사들이 개관한 서울의 태화기독교사회관에서 빈민아동을 위한 구제사업의 일환으로 보육사업을 실시하였다. 태화관의 사회사업은 이후 '시국에 맞지 않는다'는 이유로 일제에 의해 완전 중지 명령이 내려지게 되었다. 박영효는 1922년 교북동 4번지 1호에 보육원을 설립하였다. 1926년에 부산 공생탁아소와 대구탁아소 등 2개 시설이 설치 및 운영된 것을 계기로 1939년에는 전국에 11개소의 공사립 보육시설에서 435명의 아동을 보육한 것으로 기록되어 있다. 1944년에는 우리나라 최초의 공적 부조관련법규라 할 수 있는 조선구호령이 제정되었는데, 이는 65세 이상이 노쇠자나 13세 이하의 아동과 임산부 등 노동능력이 없는 사람들의 그 대상이었다. 그러나 이들 법령은 사회복지적 관점의 법령이라기보나는 일제강점기 식민지 정책의 일환으로 사회통제 목적으로 제정된 것이었다. 더구나 전쟁으로 인해 법령은 명목적인 것에 불과했으며 실제 구호활동은 제대로 이루어지지 못했다. 한편 이 시기에는 아동의 건강한 발달과 복지에 관심을 갖는 인물들이 출현해 현대적 의미의 아동애호사상의 발전에 큰 기여를 했는데, 아동문학과 출판활동을 활발히 펼친 소파 방정환과 많은 동요를 작곡한 윤석중 등을 대표적인 인물로 꼽을 수 있다(이순형 외, 2016).

3. 현대사회의 아동복지

해방 이후 현대사회의 아동복지발달과정은 사회적 이념과 복지의 특성을 기준으로 1945년부터 사회구호적 복지단계(해방 이후~1960년), 선별주의적 복지단계(1961~1980년), 보편주의적 복지단계(1981~1999년), 권리지향적 복지단계(2000~현재까지)로 구분할 수 있다(김이영 외, 2017; 정옥분 외, 2016; 김호년 외, 2016; 이순형 외, 2016).

첫째, 사회구호적 복지단계(해방 이후~1960년)이다. 1945년 광복을 맞았으나 자주적으로 국가를 통치할 능력이 없어 미군정이 실시되었다. 그리고 38도선을 경계로 양분하여 남과 북이 서로 다른 이념으로 갈라지는 과정에서 가족이 헤어지고 고아가 발생하거나 빈곤한 가정이 많이 발생하였다. 또한 한국전쟁을 전후하여 요보호아동을 위한 복지는 시설수용보호를 중심으로 이루어졌다. 1945년 42개소이던 아동시설은 1959년 475개소로 증가하였다. 이처럼 수용시설 수와 수용되는 아동의 수는 증가하였으나 수용시설의 질은 열악한 상태였다. 1946년 이우선에 의해 최초의 한국인이 세운 고아원이 생겼으며, 그해 9월에는 아동노동법규가 공포되어 전 세계 문명국가가 채택하는 인도적 및 계몽적 원리에 따라 아동의 노동을 보호하였다. 그 내용은 다음과 같다. ① 14세 미만의 어린이를 공사간(公私間) 상공업에 고용함을 금한다. ② 14세 미만의 어린이는 학교수업시간 중 누구라도 노동에 종사시키지 못한다. ③ 16세 미만 어린이는 공사(公私)의 중공업 또는 유해한 사업에 종사시키지 못한다. ④ 16세 미만 어린이는 생명 자체가 위험하거나 도덕 또는 건강에 유해한 공사 간 사업에 종사시키는 것을 금한다. ⑤ 노동시간 16세 미만의 아동은 8시간 이내로, 18세 미만의 아동은 10시간 이내로 규정한다. 이에 정부는 1949년 교육법, 1953년의 근로기준법을 위시하여 불우아동을 위한 초보적인 규정과 사업을 선보였다(박보희, 2002). 1950년 한국전쟁의 발발로 많은 전쟁고아, 부랑아 등이 발생함에 따라 이들을 보호하기 위해 국가 및 민간단체에서 많은 아동보호시설을 설립하여 응급구호를 하였다. 이어서 1950년 후생시설 설치기준을 마련하여 모든 시설의 설비강화를 촉구하였다. 그러나 이 시기에는 국가주도적인 전문적인 아동복지서비스가 이루어졌다고 볼 수 없으며, '기독교아동복리회(이후 한국어린이재단으로 명칭 변경)', '선명회(이후 '월드비전'으로 명칭 변경)' 등의 민간기관이나 외국 원조를 중심으로 요보호아동을 위한 구호사업이 주를 이루었다. 그리고 전쟁고아들에 대한 정부의 책임회피와 우리나라의 혈통중시사상이 맞물려 '홀트아동복지회'나 '국제사회봉사회' 등을 중심으로 고아해외입양사업이 활발하게 전개되었다. 홀트아동복지회는 국내외입양문제뿐만 아니라 장애인 관련 업무, 미혼모 상담업무 등 다양한 복지서비스를 병행하고 있다.

둘째, 선별주의적 복지단계(1961~1980년)이다. 1961년 아동복리법 제정 이후부터 1980년까지는 선별주의적 복지단계로 볼 수 있다. 이 시기는 사회복지가 시작된 시기로 각종 복지 관련법들이 제정되면서 사회복지의 기본 구조가 형성된 시기이다. 1961년 12월 30일 법률 제912호로 제정된 아동복리법은 법적으로 아동복지에 대한 국가와 사회의 책임을 최초로 명시한 것으로, 정부차원의 아동복지정책이 수립되고 다양한 복지사업의 제도화를 통해 아동복지의 기틀을 마련하게 되었다. 또한 1961년에는 아동을 비롯한 생활무능력자의 보호를 위한 생활보호법, 시설아동을 위한 고아의 후견업무에 관한 법률인 고아입양특례법이 제정됨으로써 아동복리를 증진시키기 위한 제도적 기반이 마련되었다. 1965년 1월부터 실시된 아동상담사업은 상담과 지도를 통해 요보호아동의 발생을 사전에 예방하는 사업이라고 볼 수 있다. 이동상담소는 입양이나 위탁, 상담 등 아동복지와 관련된 다양한 업무를 수행함으로써 정부차원의 아동복지전문기관의 시초가 되었다. 1967년 미인가 탁아시설에 대한 임시조치령이 공포되면서 탁아소는 그 명칭이 어린이집으로 변경되었고, 탁아사업은 일반가정아동의 복지를 위한 보편적인 방법으로 발전되기 시작하였다. 그리고 생활수준이 향상되면서 우리 아동은 우리가 돕자는 취지하에 1965년 대한사회복지회가 사랑의 손길펴기 운동을 전개하였다. 또한 1976년 보건사회부에서는 시설아동의 퇴소 후 자립을 돕고자 불우아동건전육성대책을 마련하고, 18세 이상의 퇴소한 청소년을 대상으로 직장 알선사업을 추진하였다(정옥분 외, 2016). 즉, 1970년대에는 모자보건법, 입양특례법 등 아동복지와 관련된 법이 차례로 공포되는 등 아동보호정책이 국가중심체제로 전환되기에 이루었으나, 여전히 선별주의 원칙에 입각한 잔여적 형태의 아동서비스를 제공하였다(김이영 외, 2017).

셋째, 보편주의적 복지단계(1981~1999년)이다. 1981년 아동복지법이 제정됨에 따라 전체 아동이 아동복지서비스의 보편적 대상이 되었다. 아동복지법은 제1조(목적)에 "이 법은 아동이 건전하게 출생하여 행복하고 건전하게 육성되도록 그 복지를 보장함을 목적으로 한다"고 명시하여 아동복지의 대상을 모든 아동으로 규정한 복지의 보편주의를 취하고 있다. 1961년 아동복리법이 한국전쟁 전후의 전쟁고아, 빈곤아동 등 요보호아동을 구제하기 위한 목적으로 제정된 것이라면, 1981년의 아동복지법은 아동복지법의 대상을 요보호아동에 국한시키지 않고 모든 아동으로 규정함으로써 아동복지의 보편주의를 표방한 것이다. 또한 1979년에는 한국사회복지협의회가 서울에 '아동학대고발센터'를 개설하여 아동학대에 대한 사회의 관심을 촉구하였다. 1981년에 심신장애복지법, 1981년 아동복지법과 생활보호법의 개정, 1982년 유아교육진흥법 제정을 위시하여 1985년에는 서울시립아동상담소가 공립기관으로서는 처음으로 '아동권익 보호신고소'를 개설하였다. 1986년 모자복지법 제정, 1987년 청소년육성법 제정, 1989년에는 한국아동학대예방협회가 발족되어 전국 9개 시도 지역사회복지회관 내에 '아동학대신고센터'를 개설하여 이동학대에 대한 예방활동을 펼쳐나갔다. 그리고 동년 모자복지법이 제정되었다. 1991년 영유아보육법 제정, 1999년 청소년보호법 제정 등 다양한 종류의 아동복지 관련 법률이 제정되었다. 그리고 아동학대 관련 조항이 포함된 아동복지법 개정안 서명운동을 전개함으로써 2000년의 이동복지법 개정에 큰 영향을 미쳤다. 또한 우리나라는 1990년 9월 25일에 「유엔아동권리협약」에 서명하고 11월 20일 이를 비준함으로써, 1991년부터 「유엔아동권리협약」의 당사국이 되었다. 1994년에는 아동권리에 관한 국가보고서를 유엔에 제출함으로써 우리나라도 국제수준의 아동복지를 시행해야 하는 단계에 이르렀다.

사례: 현장활용 자료

- 사회 환경의 변화에 따라 보육정책이 어떻게 변화해나가고 있는지 다음 항목에 의거하여 발표하시오.
  ① 선별주의와 보편주의로의 변화
  ② 통합적 보육정책에로의 변화
  ③ 가족책임과 국가 책임으로 변화

*자료: 이경준 외(2017). 아동권리와 복지. 서울: 동문사. p.102.

넷째, 권리지향적 복지단계(2000~현재까지)이다. 우리나라는 외환위기 이후 2000년대에 들어서면서 가족 내 경제적 위기와 해체의 증가, 출산율의 저하라는 사회적 변화를 경험하고 있다. 2000년대 이후에는 요보호아동에 대한 보호대책과 함께 아동의 인권과 권리, 학대아동에 대한 보호 및 아동안전 등과 관련된 정책을 추진하는 등 개별적 서비스에서 보편적 서비스로의 전환이 이루어지고 있다. 또한 아동의 권리를 향상시키기 위한 법률적 지원 노력이 시행되었으며, 2011년에는 11년 만에 아동복지법 전부개정(2012. 8. 5. 시행)이 되었다. 이를 통해 아동종합기본계획, 아동종합실태조사 등의 실시근거를 마련하게 되었고, 아동복지 증진을 위한 정책수립의 기초가 강화되었으며, 2013년에는 아동종합실태조사를 실시하였다.

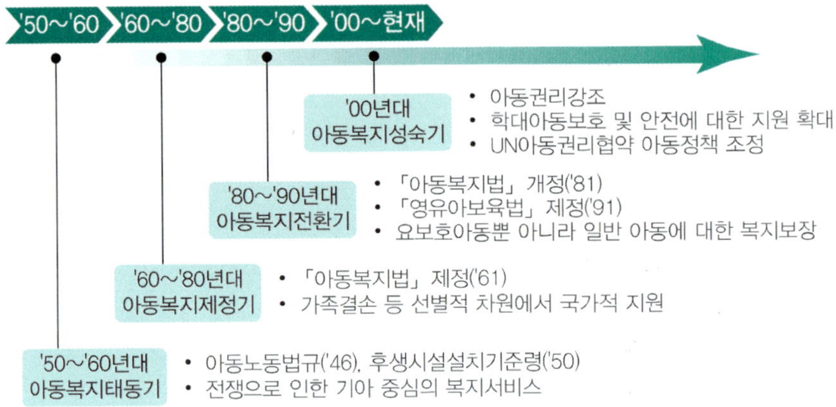

*자료: 보건복지부(2016). 2015 보건복지백서. p.302.

그림 4-1 현대 아동복지의 변화과정

또한 2015년 3월 일부 개정되어 9월부터 시행된 아동복지법은 아동학대 사건이 발생한 경우 피해아동의 가족구성원 파악을 통한 사후조치를 실효성 있게 하도록 아동보호전문기관장의 신분조회 등 조치의 범위에 가족관계등록부를 포함하고, 아동학대를 1차적으로 발견할 수 있는 사람인 아동학대 신고의무자에 대한 신고의무 고지 및 교육을 강화하며, 아동에 대한 체벌 등의 금지를 명시하려는 목적으로 일부 개정되었다. 이에 따라 보호자에게 아동에 대해 신체적 및 정신적 고통을 가하는 것을 금지하도록 명시하고(제5조 제2항 신설), 아동보호전문기관장의 신분조회 등 조치범위에 가족관계의 등록 등에 관한 법률에 따른 증명서의 발급을 포함하여 명확히 규정하였으며(제22조의 2의 신설), 아동학대 신고의무자에게 신고의무자임을 알리고, 신고의무교육을 받도록 하며, 아동학대 신고의무자가 소속된 어린이집, 유치원 등의 기관의 장에게 신고의무교육 실시를 의무화하였다(제26조). 권리지향적 복지단계는 아동복지에 대한 책임의 주체는 가족 중심에서 국가 책임으로 증대되었다. 아동복지 보호대상 또한 일부 아동에서 전체 아동으로 확대되었으며, 보호의 형태는 시설보호에서 가정과 지역사회의 보호로 전환되고, 아동복지서비스는 단순한 수용보호에서 시작하여 다양하고 전문화된 서비스로 발전하고 있음을 알 수 있다.

앞에서 살펴본 바와 같이, 우리나라에서는 1970년대를 기점으로 외국원조단체가 철수하면서 아동복지서비스의 운영에 대한 국가의 책임이 계속 증대되었다. 이러한 과정에서 아동복지서비스의 운영에 대한 국가의 책임이 계속 증대되었다. 이러한 과정에서 아동복지서비스는 시설보호, 입양, 아동결연, 가정위탁 및 영유아보육사업 등으로 다양하게 발전해 왔다. 최근에는 과거 복지서비스의 주류였던 시설보호사업이 감소하고, 가정과 지역사회 중심의 국내입양, 가정위탁, 재가복지 그리고 여성의 취업 증가에 따른 보육서비스의 중요성이 강조되고 있다. 또한 급격한 사회변동에 "따라 늘어나고 있는 아동학대, 청소년비행, 약물남용, 미혼모, 가족해체로 파생되는 다양한 문제들 그리고 장애아동서비스 및 학교사회사업서비스 등이 시급히 해결해야 하는 아동복지 분야로 대두되고 있다(이순형 외, 2016).

생각해 봅시다

1. 우리나라 아동복지의 번친과정에 대하여 생각해 봅시다.
2. 외국의 아동복지 역사의 특징을 국가별로 살펴봅시다.
3. 한국의 아동복지 역사는 외국의 아동복지 역사와 어떤 차이점이 있는지 살펴봅시다.
4. 현대의 아동복지 변화 방향에 대하여 생각해 봅시다.

CHAPTER

05 아동복지행정 및 정책서비스

학습목표

1. 아동복지정책서비스를 이해한다.
2. 아동복지행정의 개념과 유형에 대해 설명할 수 있다.
3. 아동복지 전달체계 및 행정의 전달체계를 설명할 수 있다.
4. 아동복지 전달체계의 문제점을 파악하고 개선방안을 모색해 본다.
5. 우리나라 아동복지정책의 시대적 변화를 이해하고 향후 아동복지정책의 방향성을 예측할 수 있다.

아동복지행정이란 아동복지정책이 제반활동을 조직하고 관리하는 것으로, 한 사회가 추구하는 아동복지 이념이나 정책적 목표들을 구체적인 서비스로 전환시키는 총체적인 과정이라 할 수 있다. 이는 아동복지행정에 대한 광의의 개념에 해당하는 한편, 협의의 개념에서는 행정을 하나의 실천방법으로 볼 수 있다. 아동복지조직의 목표 달성을 용이하게 하기 위해 관리자에 의해 수행되는 상호의존적인 과업과 기능 및 관련 활동 등을 위한 체계적인 개입과정으로도 볼 수 있다. 하지만 오늘날 아동복지사업은 정부 부처나 지방자치단체 및 각종 아동단체와 관련된 기관들을 통해 아동에게 적절한 서비스로 전달되기 때문에, 아동복지행정은 협의의 개념보다는 광의의 개념으로 받아들여지고 있다(김이영 외, 2017).

따라서 이 장에서는 아동복지행정과 아동복지정책서비스 등에 대해서 고찰하기로 한다(이순형 외, 2016; 이혜원, 2006; 김이영 외, 2017; 박정란 외, 2012; 정옥분 외, 2016; 김호년, 2016; 임시아, 2017).

01 아동복지행정

여기에서는 아동복지법, 아동복지행정의 개념과 전제조건, 아동복지행정의 전달체계에 대해서 살펴보기로 한다.

1. 아동복지법

1) 아동복지법의 제정 목적 및 보호대상

아동복지법의 전신은 1961년 11월 29일에 제정된 아동복리법이었으나, 1981년 4월 13일 아동복지법으로 명칭이 바뀌고 내용도 대폭 개편 및 보완되었다. 아동복지법 제1조에서 그 제정 목적을 "아동이 건강하게 출생하여 행복하고 안전하게 자랄 수 있도록 아동의 복지를 보장하는 것을 목적으로 한다"라고 하였다. 이를 위한 기본이념으로 제2조에서 아동이 자신 또는 부모의 성별, 연령, 종교, 사회적 신분, 재산, 장애유무, 출생지역, 인종 등에 다른 어떠한 종류의 차별도 받지 않고 자라나야 할 것을 명시하고 있다. 그리고 제4조 제1항에서는 "국가와 지방자치단체는 아동의 안전, 건강 및 복지증진을 위하여 아동과 그 보호자 및 가정을 지원하기 위한 정책을 수립 및 시행"할 것을 밝히고 있다.

아동복지법의 보호대상은 제3조 제1호에서 18세 미만인 사람을 의미하는데, 아동복지법이 개정되면서 보호대상이 전체 아동으로 확대되었다. 이에 따라 보호대상아동을 제3조 제4호에서 "보호자가 없거나 보호자로부터 이탈된 아동 또는 보호자가 아동을 학대하는 경우 등 그 보호가 아동을 양육하기에 적당하지 아니하거나 양육할 능력이 없는 경우의 아동"으로 규정하고 있다.

2) 아동복지법의 내용

여기에서는 아동복지서비스 전달체계, 아동복지서비스의 내용, 아동복지 재정 및 비용 등에 대해서 기술하고자 한다(이순형 외, 2016).

첫째, 아동복지서비스 전달체계이다. 개정된 아동복지법에서는 '아동정책조정위원회'가 국무총리 소속하에 신설되었는데, 위원회의 목적은 아동의 권리 증진과 건강한 출생 및 성장을 위하여 종합적인 아동정책을 수립하고, 관계부처의 의견을 조정하며, 그 정책의 이행을 감독하고 평가하는 것이다. 위원회가 심의 및 조정하는 사항은 아동정책의 기본방향, 개선 및 예산지원, 관련 부처 간 협조사항 등으로 광범위하고, 아동 관련 국제조약의 이행 및 평가 · 조정에 관한 사항이 새로 포함되었다. 아동복지법에서는 각종 아동복지시설(아동양육시설, 아동일시보호시설, 아동보호치료시설, 공동생활가정, 자립지원시설, 아동상담소, 아동전용시설, 지역아동센터)의 설치 기준과 운영에 대해 명시하고 있다. 이 외에도 아동복지서비스를 전달할 전문가로 아동위원, 아동복지 지도원, 아동복지시설 종사자, 아동보호전문기관원의 자격과 직무에 대해 규정하고 있다.

둘째, 아동복지서비스의 내용은 다음과 같다. ① 아동의 건강 및 안전을 위해 시설의 안전기준, 안전교육에 관한 규정과 절차를 두고 있다. ② 보호대상아동을 규정하고, 이들 아동에 대한 보호조치의 내용과 절차에 대해 밝히고 있다. ③ 아동학대를 규정하고, 이를 방지하기 위한 조치의 내용과 절차에 대해 규정하고 있다.

셋째, 아동복지 재정 및 비용이다. 동법 제59조에 의거 국가와 지방자치단체는 규정된 아동복지서비스 비용의 전부 또는 일부를 보조할 수 있다. 아울러 아동의 보호조치 및 치료에 필요한 비용을 본인이나 부양의무자로부터 징수할 수 있다. 동법에 의한 아동복지시설을 설치 · 운영하는 법인에 대해 국유재산을 무상으로 배여할 수 있으며, 아동복지시설에 대해 조세, 기타 공과금을 면제할 수 있다. 이울러 이 법에 의해 지급된 금품과 이를 받을 권리는 압류하지 못한다.

3) 우리나라 아동복지관계법

아동복지관계법의 법적 체계는 사회복지의 하위 법적 체계로서, 아동복지의 전 분야를 포괄적으로 다루는 단독법을 제정하는 경우와 아동복지의 기본방향을 설정하는 법과 함께 아동복지 분야의 다양성에 따라 여러 관계법을 제정하는 경우로 구분할 수 있다. 현행 아동복지관계법을 구분하면 표 5-1과 같다.

표 5-1 아동복지관계법의 분류

구 분		관련법
아동노동		근로기준법
아동교육		교육기본법, 초중등교육법, 유어교육법, 장애인 등에 대한 특수교육법
아동범죄		소년법, 성매매방지 및 피해자 보호 등에 관한 법률, 성폭력범죄의 처벌 및 피해자보호 등에 관한 법률, 가정폭력방지 및 피해자보호 등에 관한 법률, 학교폭력예방 및 대책에 관한 법률
아동건강		의료급여법, 정신보건법, 청소년보호법, 모자보건법, 학교안전사고예방 및 보상에 관한 법률, 지살예방 및 생명존중문화 조성을 위한 법률, 학교보건법, 학교급식법
아동문화		문화예술교육지원법, 청소년활동진흥법
아동보호 및 지원	일반아동	아동복지법, 영유아보육법, 아동 · 청소년 성보호에 관한 법률, 사회복지사업법, 건강가정기본법, 사회보장기본법, 저출산 · 고령사회기본법, 민법, 청소년복지지원법, 청소년활동진흥법, 아이돌봄지원법
	시설아동	보호시설에 있는 미성년자의 후견 직무에 관한 법률
	장애아동	장애아동복지지원법
	실종아동	실종아동의 보호 및 지원에 관한 법률
	빈곤아동	국민기초생활보장법, 아동의 빈곤예방 및 지원 등에 관한 법률
	입양아동	입양촉진 및 절차에 관한 특례법
	다문화아동	다문화가족지원법
	한부모아동	한부모가족지원법

*자료: 김이영 외(2017). 아동권리와 복지. 경기: 양성원. pp.105-106.

2. 아동복지행정의 개념과 전제조건

아동복지행정의 개념과 전제조건을 고찰하기로 한다.

1) 아동복지행정의 개념

아동복지의 개념은 광의의 개념과 협의의 개념으로 구분할 수 있다. 광의의 개념에서는 행정을 조직의 모든 활동과정에 다양하게 기여하는 조직구성원들의 협동적·조정적 노력으로 보는데, 즉 아동복지행정은 아동복지정책을 아동복지서비스로 전환시키는 데 필요한 아동복지조직에서의 총체적인 활동을 의미한다. 한편 협의의 개념에서는 행정을 하나의 실천방법으로 본다. 이러한 의미에서의 아동복지행정은 아동복지조직의 목표 달성을 용이하게 하기 위해 관리자에 의해 수행되는 상호의존적인 과업과 기능 및 관련 활동 등의 체계적 개입과정을 의미한다(최성재 · 남기민, 1998).

따라서 사회복지조직 내의 모든 활동은 그것이 개인적 차원이든, 조직적 차원이든 행정과정에서 매우 중요하다는 것을 강조함으로써 행정의 개념을 보다 민주화에 두고 있다. 오늘날 사회복지는 국가의 주요한 제도로 발전하고 있고, 이에 따라 사회복지서비스도 공적, 사적 사회복지조직을 통해 전달되고 있다(김이영 외, 2017). 또한 아동복지행정의 영역에서 아동복지행정 관리자들이 담당하는 활동은 구체적으로 기획, 정보처리, 통제, 통합 소성, 평가, 협상, 옹호, 인력배치, 모니터링, 공급, 대외활동, 직접 서비스, 예산활동 등이다(김영종, 1998).

2) 아동복지행정의 전제조건

아동복지행정의 전제조건은 효과성, 효율성, 공평성 및 편익성(접근성)으로 구분할 수 있다(김이영 외, 2017).

첫째, 효과성은 행정의 욕구충족 또는 해결에 어느 정도 유효한가를 의미하는 것이다. 욕구충족을 위해 선택된 서비스가 어느 정도 적합한가의 관점에서 판단되는 것이다. 아동복지서비스가 대상자에게 의존성을 조장하게 된다면 자주성, 주체성에 위배되는 것이므로 효과성이 없는 것으로 평가를 받게 된다.

둘째, 효율성은 최소의 자원으로 최대의 효과를 어떻게 거둘 것인가 하는 것이다. 이 개념은 자원의 유한성을 전제로 하는 경우 문제가 되는 것으로서, 제한성이 있는 아동복지서비스의 공급과 관련하여 중요시되는 개념이다.

셋째, 공평성은 동일한 욕구를 가진 대상자는 동일한 혜택을 받아야 한다는 것이다. 특히 아동복지서비스의 공급에서 공평성이 배려되지 않으면 안 된다. 공평성은 서비스를 받는 기회와 내용뿐만 아니라, 그 비용 등을 포함한 측면에서 고려되어야 한다. 공평성은 융통성 있게 유동적으로 판단할 필요가 있다.

넷째, 편익성(접근성)은 대상자가 서비스를 쉽게 이용하는 것으로, 복지욕구 중 특히 비화폐적 욕구충족의 경우에 문제가 된다. 비화폐적 욕구 충족은 금전 급여와는 달리 현물 또는 상담서비스이기 때문에, 이용자들이 쉽게 이용할 수 있어야 한다.

사례: 현장활용 자료 아동복지 전제조건

• 다음 기사를 읽고 아동복지행정의 전제조건에 대하여 이야기해 보자.

어린이집 '긴급보육바우처' 손 놓은채 지켜보기만

맞벌이가정의 효과적인 육아를 위해 맞춤형 긴급보육바우처제도가 도입됐지만 주먹구구식으로 운영돼 제대로 된 실태조사와 함께 보다 체계적인 지침이 필요하다는 지적이다. 현행 긴급바우처가 어린이집 이윤이나 운영상 편의를 위해 남용될 우려가 있기 때문이다. 지난해 7월 시행된 맞춤형보육은 맞벌이가정 등 장시간 어린이집 이용이 요구되는 가구에게 필요한 만큼 충분한 보육서비스를 제공하며 일과 가정의 양립을 지원하는 정책이다. 그중 '긴급보육바우처제도'는 맞춤반 아동이 맞춤반 보육 시간 이외에 어린이집 추가 이용이 필요할 때 사용할 수 있는 제도다. 한 달에 15시간을 사용할 수 있고 어린이집에는 시간 당 4000원씩 지원된다. 미사용 시간은 다음해 2월까지 이월 가능하다. 단 초과시간에 대해서는 학부모 본인이 개인부담금을 지출해야 한다.

문제는 맞벌이부부를 위해 마련된 긴급바우처제도가 취지와 다른 목적으로 운영될 우려가 있다는 점이다.

어린이집 학부모 A씨는 "급한 일이 생겨 아이를 제 시간에 데리러 가지 못하는 경우 어린이집과 구두 상의 과정을 거쳐 바우처를 사용하게 되는데, 이 과정에서 남용될 우려가 있는 것 같다"며 "또 정작 본인이 몇 시간을 사용했는지 모르는 경우가 많아 학부모가 먼저 제도에 대한 이해가 필요하다"고 밝혔다.

따라서 어린이집 긴급바우처 사용에 있어 본래 정책 취지와 올바른 활용에 대한 홍보와 함께 정부 차원의 전반적인 제도 점검이 필요한 상황이다.

특히 일각에서는 바우처 사용내역 및 출석부 작성 그리고 적정 여부에 대한 기준 등을 갖춰 더욱 체계적인 맞춤형보육이 이루어져야 한다는 목소리다.

구 관계자는 "긴급바우처제도가 시행된 지 얼마 안 돼 미흡한 부분이 있는 것이 사실"이라며 "어린이집 입장에서도 투명하고 체계적으로 긴급바우처를 사용해야 하는 것이 맞지만 어린이집에서 초과시간에 대한 개인부담금을 학부모들에게 요구하기 어려운 상반된 문제도 있다"고 설명했다. 이어 "제도를 완전히 이해하지 못한 학부모들 사이의 오해가 생기기 쉽다는 것을 인지해 이를 방지하기 위해 출석부나 사용내역 등 정기적으로 지도 점검하고 있다"고 답했다.

최유서 기자 cys@cctoday.co.kr

1) 아동복지행정 전제조건에 비추어 '긴급보육바우처'정책에 대해 토론하시오.

*자료: 충청일보(2017). 어린이집 '긴급보육바우처' 손 놓은채 지켜보기만(2017. 6. 19).

3. 아동복지행정의 전달체계

1) 아동복지 전달체계

아동복지서비스 전달체계를 할 때 고려해야 할 주요한 원칙에 대해서 길버트, 슈페흐트, 테럴(Gilbert, Specht & Terrell, 1993)은 사회복지 전달체계 구축의 원칙을 다음과 같이 제시하고 있다.

첫째, 전문성의 원칙이다. 아동복지서비스의 핵심적인 주요 업무는 반드시 전문가가 담당해야 한다. 아동복지 분야의 종사자는 전문성 정도에 따라 전문가, 준전문가, 비전문가인 자원봉사자로 구분된다. 이외에도 의사, 간호사, 보육교사, 물리치료사, 작업치료사, 영양사 등 여러 분야의 전문가들도 아동복지 분야에 참여하고 있다.

둘째, 적절성의 원칙이다. 아동복지서비스는 그 양과 질 그리고 제공하는 기간이 소비자의 욕구 충족과 서비스의 목표 달성에 충분해야 한다. 그러나 이 원칙은 재정 형편상 제대로 지키기 어려운 경우가 많으며, 적절성의 수준에 대한 논란이 있을 수 있다.

셋째, 포괄성의 원칙이다. 서비스의 포괄성을 달성하기 위해서는 한 사람의 전문가가 여러 문제를 다루거나, 각각 다른 전문가가 한 사람의 각각 문제를 다룰 수 있고, 여러 전문가들이 한 팀이 되어 문제를 해결할 수도 있다.

넷째, 지속성의 원칙이다. 한 개인의 문제나 욕구를 해결하는 과정에서 필요한 서비스의 종류와 질이 달라져야 하는 경우가 많은데, 한 개인이 필요로 하는 다른 종류의 서비스와 질적으로 다른 서비스를 지역사회 내에서 계속적으로 받을 수 있도록 서비스들이 상호연계되어야 한다. 이 원칙이 잘 적용되기 위해서는 같은 조직 내의 서비스 프로그램 간의 상호협력이 잘 이루어져야 할 뿐만 아니라, 지역사회 내의 아동복지서비스 조직 간에도 유기적인 연계가 잘 이루어져야 한다.

다섯째, 통합성의 원칙이다. 아동복지서비스가 통합적으로 제공되기 위해서는 한 행정책임자 아래 서비스들이 제공되고, 서비스 조직들이 지리적으로 상호근접되고 서비스 프로그램 간 또는 조직 간에 상호 유기적인 연계와 협조체계가 구비되어야 한다.

여섯째, 평등성의 원칙이다. 특별한 경우를 제외하고는 성별, 연령, 소득, 지역, 종교, 지위에 관계없이 아동에게 아동복지서비스를 제공해야 한다.

일곱째, 책임성의 원칙이다. 아동복지 조직은 사회가 아동의 권리로 인정한 복지서비스를 전달하도록 위임받은 조직이므로 서비스의 전달에 책임을 져야 한다. 책임성이 강조되어야 할 주요 업무는 서비스가 수혜자의 욕구에 적절히 대응하는 것인가, 서비스의 전달절차가 적합한가, 서비스가 효과적이고 효율적인가, 서비스 전달과정에서의 불평과 불만의 수렴장치는 적합한가에 대한 것이어야 한다.

여덟째, 접근 용이성의 원칙이다. 아동복지서비스는 그것을 필요로 하는 사람들이면 누구나 쉽게 받을 수 있어야 하기 때문에 수요자가 접근하기에 용이해야 한다.

2) 아동복지행정 전달체계 현황

아동복지행정 전달체계를 중앙정부, 지방자치단체, 복지기관 및 시설(공공 및 민간, 미등록 시설 포함) 그리고 자원봉사 부문으로 나누어 살펴본다(이순형 외, 2016).

(1) 중앙정부

중앙정부의 아동복지업무는 보건복지부에서 담당하고 있다. 그림 5-1과 같이 보건복지부 → 인구정책실 산하에 2개의 정책관이 설치되어 있다. 이 외에도 아동과 청소년에 관한 업무를 수행하는 중앙정부로 국가청소년위원회와 여성가족부, 교육부, 문화체육관광부, 고용노동부, 법무부와 검찰청 등을 들 수 있다.

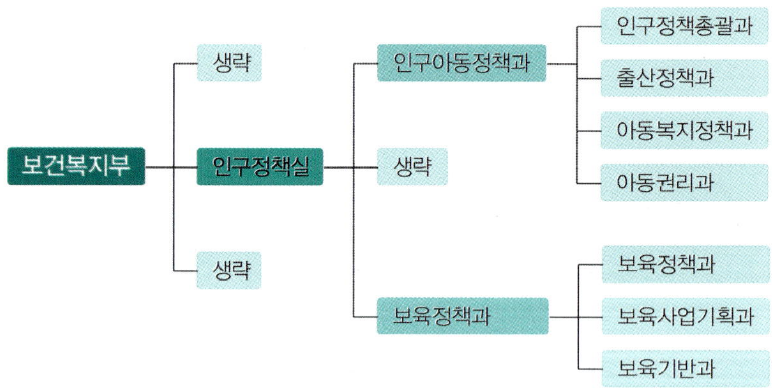

*자료: 보건복지부(www.mohw.go.kr) 조직도에서 재구성.

그림 5-1 중앙정부의 아동복지서비스 전달체계

(2) 지방자치단체

우리나라는 그림 5-2와 같이 중앙에서 기본정책과 계획을 수립하여 이를 수행하기 위한 지침을 하달하고, 지방자치단체는 지침업무를 수행하는 전달체계를 갖고 있다. 이 경우 지방자치단체에 있는 아동복지 담당부서의 업무 수행과 관련된 문제점이 피드백을 통해 중앙정부에 전달되기 쉬우며, 중앙정부 역시 일선기관의 행정편의로 정책을 수립하기가 쉽다.

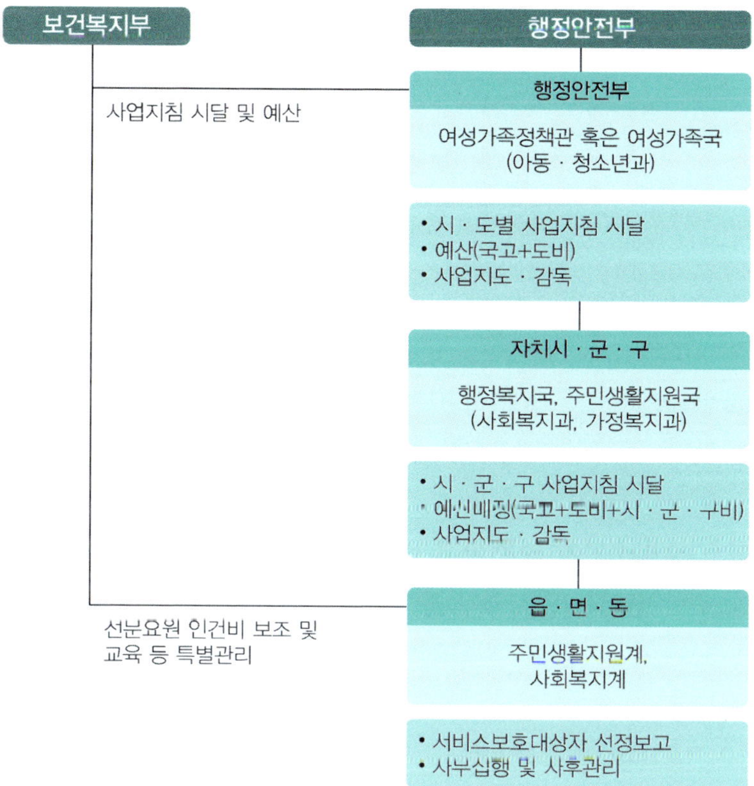

*자료: 이순형 외(2016). 아동복지 이론과 실천. 서울: 학지사.

그림 5-2 지방정부의 아동복지서비스 전달체계

(3) 복지기관 및 시설(아동복지 민간조직)

아동복지 전달체계의 민간조직으로는 아동복지시설(생활시설, 이용시설), 보육시설, 아동보호전문기관, 입양기관, 가정위탁지원센터, 실종아동전문기관 등이 설치되어 각 영역의 전문 아동서비스를 제공하고 있으며, 지역의 종합사회복지관에서 아동복지서비스를 제공하기도 한다. 아동복지 민간조직은 표 5-2와 같다.

표 5-2 아동복지 민간조직

아동복지 민간조직		시설의 종류/내용
아동복지시설	생활시설	아동양육시설, 아동일시보호시설, 아동보호치료시설, 자립지원시설, 공동생활가정
	이용시설	아동상담소, 아동전용시설, 지역아동센터
어린이집		국공립어린이집, 사회복지법인어린이집, 법인/단체 등 어린이집, 직장어린이집, 가정어린이집, 협동어린이집, 민간어린이집
아동보호전문기관		중앙아동보호전문기관, 지방 아동보호전문기관(시 · 도 또는 소규모 단위)
입양기관		국외입양기관, 국내입양기관
가정위탁지원센터		중앙 가정위탁지원센터, 지방 가정위탁지원센터(시 · 도 또는 소규모 단위)
실종아동전문기관		실종아동전문기관(어린이재단 위탁운영)

*자료: 김이영 외(2017). 아동권리와 복지. 경기: 양성원. p.121.

또한 가출청소년을 보호하고 이들의 복지욕구를 지원하기 위해 가출청소년을 위한 쉼터는 일시쉼터, 단기쉼터 및 중장기쉼터로 나누어 운영되고 있다(표 5-3 참조).

표 5-3 가출청소년을 위한 쉼터

구분	2002년	2005년	2010년	2012년
일시쉼터	-	4개소	9개소	10개소
단기쉼터	19개소	19개소	42개소	48개소
중장기쉼터	-	15개소	26개소	25개소

*자료: 보건복지부(2012).

일시쉼터는 가출청소년 등 도움이 필요한 청소년에게 24시간 이내의 생활지원을 제공하는 곳으로, 2012년 현재 10개소가 운영되고 있다. 단기쉼터는 3개월 이내의 일시 보호 및 숙식 제공을 통해 가출청소년의 학업 및 직업훈련을 지원하는 곳으로, 48개소가 운영되고 있다. 중장기쉼터는 가출청소년을 대상으로 3개월 이상 생활지원과 가정복귀 및 자립을 지원하는 곳으로 25개소가 운영되고 있다.

그리고 청소년의 방과후 활동을 지원하기 위한 기관으로는 방과후 학교, 청소년 방과후 아카데미, 지역아동센터, 청소년 공부방 등을 들 수 있다. 청소년 방과후 공적서비스 현황을 소개하면 표 5-4와 같다.

표 5-4 청소년 방과후 공적서비스 현황

구분	방과후 학교	청소년 방과후 아카데미	지역아동센터	청소년공부방
시작연도	2005년	2005년	2004년	1990년
시설기반	학교	청소년수련관 등 청소년시설	지역아동센터	청소년공부방
주 대상	일반학생 (초 · 중 · 고등학생)	일반 및 저소득층 학생 (초등 4~6, 중등 1~2)	지역사회 18세 미만 저소득아동 · 청소년	저소득층 초 · 중등학생
서비스 내용	수준별 보충학습/특기적성교육	전문체험, 학습지원, 생활지원 등 종합서비스	보호, 학습지도, 상담 · 문화지원 및 급식 등 종합서비스	방과후 학습공간 제공 학습지원 프로그램 운영('06년부터)
이용자 부담	수익자부담 원칙, 저소득층은 자유수강권 지원(1인당 연 30만 원 내외)	수익자 부담(일반형), 저소득층은 무료 (지원형)	무료	시 · 군 · 구와 협의하여 무료 혹은 저렴한 비용으로
운영 시간	자율적 운영	일 6시간 주 5~6일	일 8시간 이상 주 5일 이상	일 최소 6시간 이상 개관
운용 규모	11,226개교(2011)	200개소(2011)	3,985개소(2011)	345개소(2011)
수용 규모	30명/교실	60, 40, 30명 단위 운영/개소	10인 미만 1~30인 미만 30인 이상	가형: 30석 이상 나형: 50석 이상

*자료: 보건복지부(2012).

(4) 자원봉사

자원봉사활동은 재정과 인력 부족에 따른 복지제도의 불완전성을 보완 및 강화하며, 자원이 부족한 공적·민간복지기관의 인력을 보충해 준다. 그리고 자원봉사자는 제도적 시책과는 달리 수혜자나 지역사회가 안고 있는 인권상의 문제나 복지상의 문제에 대해 원인을 찾아내며, 공명하게 행동하는 자유가 있다. 이와 같은 자원봉사자의 독자적인 성격과 입장에서 사회복지 전달체계의 공·사 역할을 분담하는 의의가 있다(신섭중, 1993).

정부는 청소년의 자원봉사를 지원하기 위해 한국청소년자원봉사센터를 설치하고, 전국 16개 시·도에서 7,300여 기관의 청소년자원봉사센터를 설치하여 운영하고 있다. 한국청소년자원봉사센터는 봉사활동검색, 신청, 확인서 출력이 가능한 청소년자원봉사 전문 사이트로서 개인별 봉사활동 관리 시스템 및 자기기입식 활동 내역 기입 시스템이 구축되어 있고, 청소년 봉사활동 동영상 강의 및 연구자료 등의 정보를 제공하고 있다. 또한 16개 시·도 청소년자원봉사센터는 청소년자원봉사활동 수급연계 및 정보제공, 해외청소년봉사단 파견사업, 청소년봉사활동 터전 인증, 청소년자원봉사대회, 청소년지도자 인력제 등의 역할을 담당하고 있다(한국청소년활동진흥원, 2012; 이순형 외, 2016).

아동과 청소년을 위한 자원봉사의 목표는 아동과 청소년이 현실에 안주하려는 '작은 자아'에서 탈피하여, 공동체적 삶을 실천하는 전인적 민주시민이 되게 하는 '생태적 자아'로 발전시키는 데 있다(김성이 외, 1997). 아동과 청소년을 위한 자원봉사 프로그램은 표 5-5와 같이 아동 및 청소년시설 업무보조로부터 또래상담, 불우청소년 결연, 각종 캠페인 참여에 이르기까지 매우 다양하게 실시되고 있는데 향후 더 확대될 필요가 있다.

표 5-5 아동 · 청소년을 위한 자원봉사 프로그램의 종류

목표	체계	프로그램 분야	프로그램 내용
자립기능 향상 (직접 서비스)	심리적 지지	상담	또래상담, 전화상담, 학교상담봉사, 비행청소년상담 등
		심리적 자립	결손가정아동지도, 요보호아동 결연, 실직가정아동 심리 · 정서지도, 비행청소년 개별결연 등
	사회성 증진	교육지원	공부방 학습지도, 방과후 학습지도, 교육 프로그램 지도, 아동 · 청소년 자원봉사자를 위한 교육 등
		여가선용 지도	취미교육, 동아리활동 지도, 캠프활동 보조, 레크리에이션지도, 전통문화놀이지도 등
		사회활동 지원	농촌활동지도, 동반외출, 역사탐방 등
	생활안정	취업지원서비스	청소년들의 직업훈련, 취업알선 및 사회적응 훈련
		생활 및 가사지원서비스	결식 청소년 무료급식 및 노력봉사, 불우청소년 도시락 및 밑반찬 전달, 청소, 식사준비 및 취사 등 지원봉사 서비스
		보호활동	방과후 아동보호지도, 일일위탁부모, 가출청소년 일시보호(쉼터), 민간가정위탁 등
사회적 지지 (간접 서비스)	시설 지원	업무보조	복지시설 단체, 시설 업무보조, 숙박시설(수련장) 업무보조, 차량지원 등
		초청, 방문	시설 방문봉사, 시설에서 레크리에이션지도, 보호관찰소, 소년원 위문 등
		시설장비 지원	복지시설 각종 시설 정비, 놀이터 등 장비 정비, 복지시설 자연학습장 만들기 등
	사회환경 조성	조사활동	유해문화 환경 조사 · 감시, 위험장소 검사, 아동 · 청소년 욕구조사와 같은 사회조사 등
		정보제공	청소년신문 제작, 자원봉사활동 정보지도 제작, 아동 및 청소년을 위한 지역사회신문 제작, 근로청소년을 위한 음악회 개최 등
		캠페인	약물남용 방지 캠페인, 가출청소년을 위한 바사회, 소년소녀가장을 위한 음악회, 결식아동을 위한 사랑의 빵 나누기 모금 등

*자료: 이순형 외(2016). 아동복지이론과 실제. 서울: 학지사. p.186.

02 아동복지정책서비스

전 세계적으로 아동과 그들 가족을 보호하기 위한 법적·제도적 노력이 있어 왔다. 아동복지정책도 국가 정책 중 하나라고 볼 수 있다. 아동복지정책은 국가나 지방자치단체 또는 아동복지기관이 아동의 복지를 위하여 마련하는 행동 노선이나 절차, 계획이라 할 수 있다(김호년 외, 2016: 137). 아동복지정책은 중앙정부 차원에서 이루어지는 경우가 많고, 하부조직으로 내려갈수록 정책을 수립하는 기능은 줄어들고, 정책을 수행하는 기능이 늘어난다. 과거 우리나라의 아동복지정책에서는 요보호아동을 위한 사후적인 복지제도의 기반이 되는 정책들이 시행되어 왔다. 하지만 최근에 보편주의적인 아동복지정책이 확대되는 경향을 보이고 있으며, 일반아동들의 건전한 육성과 복지의 적극적인 추진을 기본정신으로 하는 다양한 정책들이 시행되고 있다(정옥분 외, 2017: 133~135). 여기에서는 아동복지정책의 개념, 아동복지의 유형, 아동복지정책 등에 대해 고찰하기로 한다.

1. 아동복지정책의 개념

아동복지정책은 아동복지와 정책의 합성어로 사회복지정책의 하위영역이다. 아동복지정책에 대한 선행 학자들의 견해는 ① 아동복지법과 그와 관련된 법 규정 그리고 이러한 법 규정에 따른 아동서비스로 정의하는 입장(장동일, 1997), ② 아동에게 영향을 주는 모든 정책, 프로그램과 활동으로 보는 입장(Kadushin & Martin, 1988), ③ 가족지원정책을 포함한 아동 및 가족복지정책으로 정의하는 입장(Downs et al., 2009; Pecora et al., 1997) 등으로 구분할 수 있다.

아동복지정책은 1차적으로 요보호아동에게 직접적인 서비스를 제공하는 것과 일반아동을 보호하기 위해 정책을 주장하는 것을 말한다(Downs et al., 2009). 임시아(2017)는 아동복지정책이란 "아동의 신체적·심리적·정서적 욕구를 파악하고 충족시키기 위한 정부의 법적 시스템이며, 아동과 아동이 속해 있는 가족에게 양질의 서비스 제공 및 본래의 역할을 충실히 수행할 수 있도록 지원하는 공공의 모든 정책이라 할 수 있다"고 제시하고 있다.

결국 아동복지정책은 아동만의 복지를 목표로 하는 전통적인 정책에서 아동 및 가족의 삶의 질 향상, 아동이 살고 있는 가정의 복지를 지향하는 아동 및 가족복지정책으로 전환되고 있다(Kamerman & Kahn, 1985).

2. 아동복지의 유형

우리나라 사회보장기본법에 따르면, 사회보장은 모든 국민이 인간다운 생활을 할 수 있도록 최저생활을 보장하고 국민 개개인이 생활수준을 향상시킬 수 있도록 제도와 여건을 조성하여, 그 시행에 있어 형평과 효율의 조화를 도모함으로써 복지사회를 실현하는 것을 기본 이념으로 한다. 그리고 사회보장이란 질병, 장애, 노령, 실업, 사망 등의 사회적 위험으로부터 모든 국민을 보호하고 빈곤을 해소하며, 국민생활의 질을 향상시켜 제공되는 사회보험, 공공부조, 사회복지서비스 및 관련 복지제도를 말한다고 규정되어 있다(정옥분 외, 2016).

아동복지정책의 유형에 대한 선행연구자들의 견해를 소개하면 다음과 같다. 장인협(2004)은 아동복지정책의 유형을 가족을 유지하기 위한 지원정책, 대체가정 서비스정책, 아동을 보호자로부터 분리하는 이동강제 보호서비스정책으로 구분하고 있다. 정옥분 외(2016)는 아동복지정책 유형을 사회보험, 공공부조, 사회복지서비스, 데모그란트 등으로 구성된다고 했다. 김성경(2013)은 사회보장기본법에 의한 구분에 따라 아동과 관련된 사회보험과 아동 관련 공공부조, 아동복지서비스로 분리하여 아동복지정책의 유형을 다음과 같이 제시하고 있다. 아동과 관련된 사회보험, 공공부조, 아동복지서비스로 제시하고 있다. 김호년 외(2016)는 공공부조, 사회보험과 아동복지, 사회수당으로서의 아동수당으로 분류하고 았다. 임시아(2017)는 아동복지정책의 유형을 아동관련 사회보험, 아동관련 공공부조, 아동을 대상으로 한 아동복지서비스로 분류하고 있다.

앞에서 설명한 여러 연구자들의 견해를 정리하면, 아동복지정책 유형을 아동과 관련된 사회보험, 공공부조, 사회복지서비스, 데모그란테 등으로 정리할 수 있다.

첫째, 아동과 관련된 사회보험이다. 우리나라 사회보험은 국민연금, 건강보험, 산업재해보상보험, 고용보험, 노령장기요양보험 등이 있다. 우리나라 사회보험은 아동이 있는 가정만을 별도의 대상으로 하는 것은 아니며, 보험가입자의 소득보장을 제공하여 그 가정의 아동을 지원하는 것이다. 국민연금에서 아동 관련 급여로는 가급연금액과 유족연금이 있다. 국민연금 급여액은 기본 연금액과 가급연금액으로 이루어지는데, 가급연금액이란 가입자가 권리를 취득할 당시 가입자에 의해 생계를 유지하고 있거나, 노령 및 장애연금수급권자가 그 권리를 취득한 이후 생계를 유지하게 된 자에 대하여 지급하는 일종의 가족수당 성격의 부가급여를 말한다(국민연금법 제72조). 스웨덴의 경우 부모보험제도를 시행하여 아동을 양육하는 부모 중에서 저소득층에게 일정 수준의 최저 생활이 가능하도록 보장하고 있고, 영국에서는 출산수당, 미망인연금을 두어 모성보호를 강화하고 있다(공계순 외, 2013). 특히 미국의 OASDHI(The Old Age, Survivors, Disability and Health Insurance Provisions)는 퇴직, 사망, 영구장애자가 되었을 경우 본인과 그 가족의 소득을 보장하는 미국의 가장 기본적인 프로그램이다. 민간기업의 사용자, 피고용자, 자영업자가 강제 적용되며, 퇴직 시 노령급여, 사망 시 유족급여, 장해 발생 시 장해급여 등이 있다.

둘째, 공공부조(public assistance)란 사회보장제도의 하나로 모든 국민이 인간다운 생활을 영위하도록 국가 및 지방자치단체의 책임 하에 생활유지능력이 없거나 생활이 어려운 국민의 최저생활을 보장하고 자립을 지원하는 제도를 말한다(장인협, 1992). 우리나라에서는 1995년 사회보장기본법이 제정되면서 공식적으로 그 명칭을 '공공부조'라 칭하게 되었다(김기원, 2000). 우리나라에서 국민기초생활보장법에 의해 실시되는 공공부조의 보호대상이 되는 아동의 범위는 시설 수용 및 보호되고 있는 아동과 소년소녀가정 아동, 기초생활수급자의 소득 인정액이 최저생계비 이하의 빈곤가정의 아동이다. 2014년 12월 30일 개정된 후, 2015년 7월 1일 시행된 국민기초생활보장법상의 급여로는 생계급여, 주거급여, 교육급여, 해산급여, 장제급여, 자활급여, 의료급여가 있는 데, 이 가운데 아동과 관련된 급여로는 생계급여와 교육급여가 있다. 생계급여 수급권자는 부양의무자가 없거나, 부양의무자가 있어도 부양능력이 없거나 부양을 받을 수 없는 사람으로서, 그 소득 인정액이 중앙생활보장위원회의 심의 및 의결을 거쳐 결정하는 금액 이하인 사람으로 한다. 이 경우 생계급여 선정기준은 중위소득 28% 이하 대상자들에게 급여를 지급하고, 2017년까지 30%로 단계적으로 인상했다. 또한 교육급여는 중위소득 50% 이하 대상자들에게 급여지원을 하는 것으로, 입학금, 수업료, 학용품비와 수급품 등을 지원하고 그 범위는 대통령령으로 정하고 있다(보건복지부, 2017). 또한 미국과 유럽 복지국가에서는 아동을 양육하는 가구의 빈곤문제를 1차적인 소득보장의 대상으로 삼고 있다. 그 대표적인 예가 미국의 한시빈곤가정지원제도(TANF)이다. 이 제도는 아동이 있는 저소득가구를 대상으로 하는 대표적인 공공부조제도이다(정옥분 외, 2016).

셋째, 사회복지서비스이다. 국가, 지방자치단체 및 민간 부문의 도움을 필요로 하는 모든 국민에게 상담, 재활 등의 서비스를 제공하여 정상적인 생활이 가능하도록 지원하는 제도이다. 이는 정상적인 일상생활의 수준에서 탈락된 상태의 대상자를 회복, 보진하도록 도와주는 것을 말하며, 개별적, 집단적으로 보호 또는 처치를 하는 것이다. 우리나라의 아동복지법은 일반적으로 아동복지서비스와 관련되어 있다. 아동복지서비스는 아동상담소, 가정상담소, 지역사회복지기관에서 제공하는 상담서비스, 학대 및 방임아동을 위한 보호서비스, 미혼부모 · 한부모를 위한 서비스, 보육서비스, 가정위탁서비스, 입양서비스, 시설보호 등 다양하다.

넷째, 데모그란트(demogrant)는 개인이나 가족의 고용 상태 혹은 경제적 수준에 관계없이 특정 인구학적 범주에 속한 인구계층이면 누구나 가지게 되는 특별한 요구에 부응하기 위한 제도이다. 데모그란트는 보편주의적 기본원칙에 따라 모든 국민에게 조세에 의해 일정액의 현금이나 서비스를 제공하는 방법을 의미한다. 이는 경제적 효과보다는 사회적 통합효과를 추구한다. 데모그란트의 일반적인 예로 영국은 아동수당과 후견인제도를 두고 있다. 또한 스웨덴은 아동을 보호하는 가족을 대상으로 하는 가족수당이 있다.

앞에서 아동복지정책의 유형을 설명했으며, 아동복지정책의 유형과 프로그램을 제시하면 표 5-6과 같다.

표 5-6 아동복지정책의 유형과 프로그램

구분	내용	특성	프로그램
사회보험	• 피보험자의 보험료를 기준으로 급여를 지급하는 공적연금제도 • 재정은 본인, 고용주, 국가의 3자 기여방식을 채택하며 관리는 국가 담당	• 재원: 기여 • 선정기준: 비자산 조사 • 급여형태: 현금, 현물 • 관리주체: 중앙정부	• 부모보험제도(영국)
공공부조	• 최저수준 이하의 개인(가족)에게 최저 생계비 미만의 수입만 국가가 보조하는 방법 • 자산조사에 의한 개인욕구의 측정과 확인을 통해 급여기준 설정	• 재원: 비기여/세입 • 선정기준: 자산조사 • 급여형태: 현금, 현물 • 관리주체: 중앙, 지방정부	• 소득지원제도(영국) • TANF(미국) • Medicaid(미국)
사회복지서비스	• 가정생활을 보호 또는 회복시키며 개인의 내외적 문제를 대처해 나갈 수 있도록 개인의 발전을 촉진, 도움을 제공하는 서비스	• 재원: 비기여, 기여/세입 • 선정기준: 자산/비자산 조사 • 급여형태: 서비스 • 관리주체: 중앙/지방정부, 민간	• Head start(미국) • 가정위탁서비스 • 상담서비스
데모그란트	• 일정 범주에 속한 모든 국민에게 조세에 의하여 일정액의 현금이나 서비스를 제공하는 방법 • 경제적 효과보다는 사회적 통합 효과 추구	• 재원: 비기여/세입 • 선정기준: 비자산 조사 • 급여형태: 현금, 서비스 • 관리주체: 중앙정부	• 아동수당, 후견인수당(영국) • 출산급여, 아동수당(스웨덴) • 국민보건서비스(프랑스)

*자료: Gilbert, N., & Terrell, P.(2005). Dimensions of Social Welfare Policy(6th ed.). Boston: Allyn & Bacon.

3. 아동복지정책의 현황

현재 우리나라의 아동복지정책은 주로 보건복지부와 여성가족부, 교육부에서 시행되고 있다. 보건복지부는 요보호아동과 저소득층 아동 등 특정 계층을 중심으로 사업을 수행하고 있고, 여성가족부는 가출청소년, 위기청소년을 제외한 일반아동을 대상으로 한 체험과 활동중심의 사업을 주로 하고 있다.

우리나라 아동복지정책의 현황과 아동복지사업을 정리하면 표 5-7과 같다.

표 5-7 아동복지정책 현황과 아동복지사업

구분	내용	전달체계
가정입양지원	보호자가 양육할 수 없는 경우, 보호자가 없는 경우에 아동에게 건전한 가정을 제공하여 건강하게 성장할 수 있도록 지원	국내입양기관 • 국내외(4개) • 국내(17개)
가정위탁보호	보호를 필요로 하는 아동의 안전한 위탁을 위하여 법적 기준에 적합한 가정에 일정 기간 아동을 위탁하는 것	(중앙, 지역) 가정위탁지원센터
소년소녀가장지원	국민기초생활수급자 가정에서 만 18세 미만의 아동이 실질적인 가장 역할을 하고 있는 가정	가정위탁보호로 전환
공동생활가정 운영	그룹홈의 형태로 보호를 필요로 하는 아동에게 가정과 같은 주거환경을 제공하여 건강하게 성장할 수 있도록 지원	아동공동생활가정 프로그램 운영
아동급식	빈곤으로 식사를 할 수 없는 아동과 영양 부족상태인 저소득가정의 아동에게 급식 제공	아동급식소, 음식점, 도시락 배달
아동복지시설 운영	아동양육시설 및 일시보호시설, 자립지원시설	시 · 도, 시 · 군 · 구
보호아동 자립지원	보호대상인 아동이 자립할 수 있도록 역량을 강화하여 사회진출을 돕기 위한 지원	시 · 도, 시 · 군 · 구 자립지원 전담기관 아동자립 지원사업단
드림스타트	취약계층의 아동에게 맞춤형 통합서비스를 제공하여 아동의 건강한 성장과 발달을 도모, 궁극적으로 빈곤의 악순환과 대물림의 차단	시 · 군 · 구 드림스타트 드림스타트 지원사업단
지역아동센터 운영	지역사회 아동의 보호와 교육, 건전한 문화생활, 보호자와 지역사회 연계로 아동의 건강한 성장발달을 위한 종합적 서비스 제공	지역아동센터
아동학대예방	아동학대를 예방하고 발생한 아동학대 문제에서 피해아동에 대한 적극적 보호 지원	(중앙, 지역) 아동보호전문기관 운영
디딤씨앗통장(CDA)	아동발달지원계좌로 저소득층 아동의 사회진출 시 학자금 · 취업 · 창업 · 주거마련 등에 소요되는 초기비용 마련을 위한 자산형성 지원	자치단체, 디딤씨앗지원사업단

*자료: 보건복지부(2017). 2017년 아동분야 사업안내.

4. 아동복지정책

아동복지정책에 대하여 미국의 헤드스타트(Head Start) 프로그램, 영국의 슈어스타트(Sure Start) 프로그램, 한국의 드림스타트(Dream Start) 프로그램, 스웨덴의 아동양육을 위한 복지정책, 외국(프랑스, 일본, 스웨덴, 영국)의 아동수당 제도 등에 대해 고찰하기로 한다(임시아, 2017; 보건복지부, 2017b; 정옥분 외, 2016; 박승희 외, 2007; Gilbert & Terrell, 2005).

첫째, 1965년 미국 존슨(Johnson) 대통령의 '가난과의 전쟁(the War on Poverty)'을 위해 설계된 연방정부 아동중심 프로그램인 헤드스타트(Head Start) 프로그램이다. 이 프로그램의 법적 근거는 1964년 제정된 경제기회법(economic opportunity act)이며, 그 이후 1981년 제정된 일괄예산조정법(omnibus budget reconciliation act)에 의해 진행되어 오다가, 1990년 헤드스타트 확대 및 질 개선법(Head Start Expansion and Quality Improvement Act)이 제정되었다. 헤드스타트 프로그램의 목적은 저소득층 아동의 사회성, 학습능력, 건강 및 영양 수준을 개선하여 일반가정아동들과 동일한 선상에서 출발할 수 있도록 지원하는 것으로, 서비스 내용은 아동의 인지 및 언어발달서비스, 의료·치과·정신보건서비스, 영양 및 사회서비스 등 세 가지로 나타난다. 그리고 헤드스타트는 0~5세의 아동과 그 가족을 대상으로 하는 포괄적 아동발달 프로그램으로 식품권(food stamp), 의료부조(medicaid), 학교급식(school lunch and breakfast program) 등과 함께 저소득가정의 아동에게 제공되는 대표적인 현물급여이다. 또한 헤드스타트 프로그램에서 대상 아동의 선정 기준으로 ① 가장 우선시되는 기준은 저소득가정이며 가구 총소득이다. 가구 총소득 조사를 실시하여 2007년 재인준 이후에는 빈곤선 이상이라 하더라도 공적 부조를 받는 가정의 아동이거나 위탁가정에 있는 아동은 프로그램에 참여할 수 있다. ② 아동의 연령은 만 3세 이상이어야 한다. 이는 헤드스타트 프로그램을 개진하는 지역 내 학교의 취학연령에 달해야 하기 때문이다. 하지만 아동의 연령이 0~3세일 경우에는 얼리 헤드스타트(Early Head start)의 대상이 된다. ③ 헤드스타트 프로그램 시행지침서에 따르면,

빈곤선 이하인 저소득층 가정의 아동이 적어도 90%를 차지해야 하며, 장애아동은 적어도 90%를 차지해야 하며, 장애아동은 적어도 10% 이상으로 구성되어야 함을 명시하고 있다. ④ 지역 내 저소득가정의 아동이나 장애아동 수가 충분하지 못하여 구성 비율을 채우지 못할 경우 저소득층이 아닌 일반가정의 아동도 참여가 가능하다(임시아, 2017).

둘째, 영국의 슈어스타트(Sure Start) 프로그램이다. 슈어스타트 프로그램의 핵심은 바로 빈곤층 및 이로 인한 불리한 환경 속에서 자라나는 아동들에게 지방자치단체가 지역의 여러 단체들과 파트너십을 이루어 이들로 하여금 인생을 확실하게(sure) 출발하도록(start) 돕자는 것이다. 이를 위하여 조기교육을 강조하고, 방과후 교육 프로그램을 운영하며, 양질의 아동보호를 제공하고, 또한 아동을 양육하는 부모에게 적절한 일자리를 제공하는 프로그램을 운영하고 있다. 2004년 발표된 정부의 '아동보육 10년 전략(The Ten Childcare Strategy)'과 2004년 통과된 아동법(Children Act)에 따라 슈어스타트 아동센터는 14세 이하 아동에게도 방과후 보육을 제공하게 되었다. 슈어스타트 대상 아동은 슈어스타트 아동센터가 설치된 지역의 모든 아동을 대상으로(평균 800명) 서비스를 제공하고 있다. 서비스 내용으로는 빈곤·소외지역 아동들의 불평등한 출발을 막기 위하여 일반아동과 같은 수준의 보육·보건·교육 서비스를 제공한다. 영국 정부는 2010년까지 빈곤아동 수를 절반으로 줄이고, 2020년에는 '0'으로 만들겠다는 목표를 세우고, 슈어스타트 프로그램을 법정부적으로 운영하고 있다. 특히 슈어스타트 서비스 프로그램에는 보육, 조기교육, 건강, 가족지원서비스 등이 포함된다(http://www.peoplepower21.org/Welfare/654836).

영국의 슈어스타트 서비스 내용은 표 5-8과 같다.

표 5-8 영국의 슈어스타트 서비스 내용

구 분	서비스 프로그램 내용
프로그램 1	outreach와 가정방문
프로그램 2	가족과 부모에 대한 지원
프로그램 3	양질의 놀이와 학습, 아동을 위한 케어 경험지원
프로그램 4	아동건강 및 발달과 가족건강에 대한 지역의료 보호와 안내
프로그램 5	특별한 서비스를 필요로 하는 대상자 지원

*자료: 임시아(2017). 아동권리와 복지. 경기: 공동체. p.90.

셋째, 호주의 베스트스타트(Best Start) 프로그램이다(보건복지부, 2017b: 160~161). 베스트스타트는 호주 빅토리아 주의 보건복지부(Department of Human Services)와 교육부(Department of Education and Training)가 공동으로 추진하는 예방 및 조기 개입 프로젝트이다. 또한 보건, 복지, 교육서비스를 비롯하여 스포츠, 취미, 도서관, 교통 등 다양한 서비스에 대한 체계적이고 일관성 있는 지원을 위해 법무부(법무예방부서), 체육관광연방게임부(Commonwealth Game), 빅토리아 경찰과 사회서비스기반부(Department of Infrastructure), 혁신산업지역개발부(Department of Innovation, Industry and Regional Development), 행정자치부와 파트너십을 통해 협력하고 있다. 그리고 베스트스타트는 0~8세 아동의 건강, 발달, 학습 및 복지를 증진시키는 것을 목적으로 하며, 이 프로그램을 통해 아동 및 가족지원, 보건서비스, 조기교육서비스에 대한 접근성을 높이고 부모, 가정 그리고 지역사회의 역량강화와 모든 아동 및 가족 욕구에 대한 조기 개입 강화를 지향하고 있다. 베스트스타트 핵심 활동 내용을 소개하면 다음과 같다. ① 양질의 산전관리, ② 자녀양육 관련 부모교육 및 지원, ③ 미취학아동과 학령기 초반 아동의 교육 기회 제공, 취학 후 3년 동안 아동에게 양질의 학습 및 보호 제공, ④ 아동의 조기학습 및 발달지원을 위한 부모 역량 강화, ⑤ 아동 및 부모의 건강 보호를 위한 건강 정보 제공, ⑥ 지역사회 내 아동과 가족을 위한 통합서비스 제공을 위해 '학교'에 허브 역할 부여, ⑦ 가정을 중심으로 한 서비스 제공, ⑧ 아동친화적 지역사회 환경 조성, ⑨ 적절한 주택공급 장려 등이다.

넷째, 뉴질랜드의 패밀리스타트(Family Start) 프로그램이다(보건복지부, 2017b: 162~163). 패밀리스타트는 1989년 '아동·청소년 및 가족법(Children, Young Persons and Their Families Act)'에 의해 '가족의사결정모델(Family group conference)'을 도입하여 아동의 문제 해결 시 반드시 가족의 의사결정을 따르도록 규정하고 있다. 또한 기존의 파편화된 아동지원을 유기적으로 연계하고 가족의 기능을 강화하여 빈곤의 악순환을 단절하고, 아동을 효과적으로 지원하기 위해 '패밀리스타트'제도를 고안하기에 이르렀다. 그리고 뉴질랜드 3개 지역을 대상으로 '패밀리스타트' 프로그램을 시작하여 1999~2000년 추가로 13개 지역에서 프로그램을 실시했다. 2012년 기준 총 32개 지역에서 사업을 실시하고 있으며, 지역의 욕구 및 특성, 문화에 맞춰 개별화된 맞춤형 서비스를 제공했고, 정부의 '가족강화전략'의 일환으로 사회개발부(Ministry of Social Development)의 지역사회서비스국(Family and Community Services), 보건부(Ministry of Health), 교육부(Ministry of Education) 등 3개 부처가 지원하고 있다. 패밀리스타트는 '가족강점접근(Family Strength Approach)'을 도입하여 예방적·통합적(건강, 보육, 복지 등) 조기개입 및 지원을 통해 아동이 속한 가족에 대한 삶의 질을 향상하고, 아동중심, 가족중심, 조기개입, 가정방문 프로그램을 통해 아동의 잠재역량을 높이고, 가족의 강점을 강화하여 궁극적으로 아동의 동등한 출발을 보장하고, 정부와 각 지역사회의 협력을 바탕으로 가족에 대한 통합적 서비스 제공을 통해 세부 목표를 달성하는 데 있다. 패밀리스타트의 세부목표는 ① 아동의 건강 증진, 교육 및 사회적 성취 달성, ② 부모의 양육시술 및 역량 강화, ③ 부모의 개인적·가족적 환경 개선 등이다.

다섯째, 스웨덴의 아동양육을 위한 복지정책이다(박승희 외, 207). 스웨덴의 아동양육을 위한 복지정책으로는 임신출산급부, 아동간병휴가 및 급여, 아동수당, 한부모에 대한 양육지원비, 입양수당, 아동을 위한 주택수당 등이 있다. 그중에서 가장 보편적인 복지정책은 임신출산급부, 아동수당, 한부모에 대한 양육지원비이다. ① 임신출산급부(parental benefit)는 아동이 7세가 될 때까지 아동 1명당 480일 이내의 유급휴가를 보장해 주는 제도이다. 이

급여로 390일까지는 월급의 80%를 지급하고 나머지 90일에 대해서는 1일에 180크로나(24,300원)를 지급한다. 예를 들면, 5명의 아동을 둔 어머니는 7년 6개월 간의 휴가를 사용할 수 있다. 이 휴가는 아버지도 사용할 수가 있으며, 부모 중 한 사람이 최저 60일 이상은 사용해야 한다. 그리고 아버지는 어머니의 산후조리 간병을 위해 10일 이내의 특별휴가급여(월급의 80%)를 사회보장사무소로부터 받을 수가 있다. ② 아동수당(child allowance)은 부모의 소득과 관계없이 16세 미만의 아동을 둔 부모에게 매달 지급하는 현금이다. 부모는 아동이 1명인 경우 1,050크러나(14만 1,750원), 3명인 경우 3,604크로나(48만 6,540원), 6명인 경우 9,714크로나(131만 1,390원)를 매달 지급받는다. ③ 한부모에 대한 양육지원비는 부모가 이혼했을 경우 아동을 양육하지 않는 부모로부터 지급받는 현금이다. 국세청은 아동을 양육하지 않는 부모로부터 양육지원비를 원천징수하고, 이 금액에서 아동을 양육하는 한부모에게 매달 1,273크로나(17만 1,855원)를 지급한다.

여섯째, 외국(프랑스, 일본, 스웨덴, 영국)의 아동수당제도이다(표 5-9 참조).

표 5-9 외국(프랑스, 일본, 스웨덴, 영국)의 아동수당제도

구분	연령	적용대상	아동수당
프랑스	18세 미만(학생, 견습생, 직업훈련생, 장애인인 경우는 20세 미만)	자녀가 2명 이상인 가정에 매달 지급	• 자녀가 2명인 경우 124달러 지급 • 셋째 및 그 이상 자녀의 경우 자녀 1명당 159달러 지급 • 자녀 연령이 10~15세인 경우는 자녀 1인당 35달러를 추가로 지급 • 15세 이상인 경우에는 자녀 1인당 62달러를 지급 • 임신 5개월째부터 출산 후 3개월까지 자산조사를 거치지 않고 178달러의 영아수당(young child allowance)을 지급하며, 그 이후부터 자녀가 3세에 이를 때까지는 자산조사를 거쳐 지급
일본	첫째 자녀는 4세까지, 둘째 자녀는 3세 미만까지 지급	소득기준에 부합하고 자녀가 1명 이상인 가족에 대해 매달 지급, 소득기준은 가구소득이 4인 가족 기준 연간 36,540달러 이하여야 함	• 첫째와 둘째 자녀에 대해서는 51달러를 지급 • 셋째 및 그 이하 자녀에 대해서는 102달러를 지급

(계속)

구분	연령	적용대상	아동수당
스웨덴	16세 미만(학생인 경우는 20세 미만)	자녀가 1명 이상인 가정에 매달 지급	• 첫째 자녀에게는 100달러 지급 • 둘째 자녀에 대해서는 200달러를 지급 • 셋째 자녀에게는 326달러 지급 • 넷째는 479달러 지급 • 다섯째 이하인 경우는 598달러를 지급함
영국	16세 미만(중등교육과정에 있는 학생인 경우는 19세 미만)	자녀가 1명 이상인 가정에 매주 지급	• 첫째 자녀에게는 16달러를 지급하고 추가 자녀 1명당 13달러를 지급 • 한부모가정의 첫째 자녀에 대해서는 10달러를 추가 지급

*자료: Gilbert, N., & Terrell, P.(2005). Dimensions of Social Welfare Policy(6th ed.). Boston: Allyn & Bacon.

일곱째, 한국의 드림스타트(Dream Start) 프로그램이다(보건복지부, 2017b). 드림스타트사업은 2006년 4월 노무현 정부에서 전국 20개 보건소에서 학대 및 방임아동의 증가 등 아동권리 사각지대 해소를 위해 '방문간호를 통한 아동보호 통합서비스 시범사업'을 실시하면서 시작되었다. 그리고 이 사업은 저소득층 아동의 신체적·정신적 건강과 발달을 도모하기 위해 지역사회 보호서비스를 제공하기 위한 사회복지실천모델의 하나로서, 빈곤아동의 건강과 복지, 보육, 교육 등에 관한 지원체계를 마련하는 것을 핵심 내용으로 하는 사회복지서비스이다(남일재 외, 2011). 드림스타트의 사업목적은 취약계층 아동에게 맞춤형 통합서비스를 제공하여 아동의 건강한 성장과 발달을 도모하고, 공평한 출발기회를 보장함으로써 건강하고 행복한 사회 구성원으로 성장할 수 있도록 지원하는 데 있다. 2017년 드림스타트사업 추진방향을 소개하면 다음과 같다. ① 드림스타트서비스 대상지역 전체 읍·면·동 확대(취약계층 아동 밀집지역부터 우선 확대하되, 2017년까지 완료), ② 지역 간 서비스 수혜의 형평성을 제고(취약계층 아동 수, 사례관리 아동 수 등 지역여건을 고려한 예산 차등지원으로 재정 투입효과 극대화), ③ 지역 내 사각지대 아동 적극 발굴 및 보호(학대위험, 방임 등 위기아동 발굴·보호를 위한 가정방문 확대, 지자체 재정투입 확대를 통해 사례관리 대상 적극 발굴), ④ 운영 효율화를 통한 사업효과 극대화(시·군·구별 지역여건에 맞는 사업 운영방식 적극 활용), ⑤ 드림스타트서비스 질 개선 지속 추진(사업운영 점검 및 컨설팅, 효과성 연구 결과 활용도 제고, 종사자 처우개선 등을 통해 사례관리 수준 향상), ⑥ 지역

내 아동복지서비스 사례관리 협력체계 강화(지역아동센터, 아동보호전문기관, 희망복지지원단, 읍·면·동 맞춤형 복지팀 등 사례관리 기관 간 연계협력 강화, 운영위원회 및 기관협의체 운영 내실화, 후원기관 등 지역자원 발굴·활용 활성화) 등이다. 드림스타트사업대상은 0세(임산부)~만 12세(초등학생 이하)로 아동의 성장 및 복지 여건이 취약한 가정이다. 하지만 만 12세 이상 아동 중 초등학교 재학아동을 포함하도록 하여 12세

사례 아동복지 실천을 위한 드림스타트사업

우리나라는 드림스타트(Dream Start)사업을 통하여 전국 빈곤아동 밀집지역을 거점으로, 아동과 그 가족의 긍정적 변화를 유도하기 위한 아동복지 실천 사례관리서비스를 제공하고 있다(보건복지부, 2007). 이 사업은 아동발달 초기의 빈곤은 건강, 정서, 사회성 함양 등에 부정적인 영향을 미쳐 아동의 전 생애에 걸쳐 성장을 저해하고, 이는 가난의 대물림으로 이어져 우리 사회의 미래에 부정적인 결과를 초래한다는 점에 착안하여 도입하게 되었다.

기존의 사회복지서비스가 문제 발생 후 단편적인 개입에 그쳤다면, 드림스타트사업은 예방적 차원에서 아이들의 개별적 욕구에 맞는 서비스를 통합적으로 지원하고, 성장과정을 지속적으로 관찰해 근본적인 문제해결을 추구한다는 새로운 복지 패러다임에 입각한 것이다.

드림스타트사업은 시·군·구별 드림스타트 개소지역을 중심으로 기초생활수급가정 및 차상위 가정 등 취약계층 아동과 그 가족을 대상으로 맞춤형 통합서비스를 제공한다. 대상자를 선정한 후 욕구조사와 사례회의 과정을 거쳐 아동발달의 단계별 개입계획이 수립되고 서비스가 제공된다. 사례관리서비스는 신체, 건강, 인지, 언어, 정서, 행동 등 빈곤아동의 성장과 발달에 필요한 서비스와 아동의 개별적 욕구와 상황에 적합한 맞춤형 통합서비스를 제공한다.

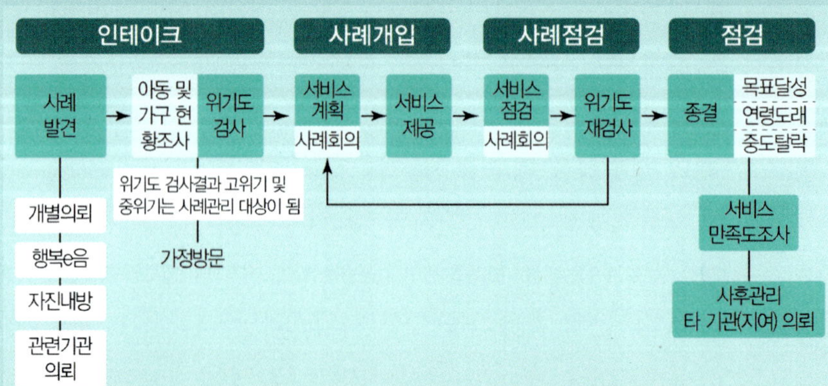

*자료: 이덕희 외(2018). 아동권리와 복지. 서울: 동문사. p.138에서 인용 및 수정함.

가 초과하였을지라도 초등학생인 경우에는 서비스 대상이 될 수 있다. 또한 국민기초수급 및 차상위계층 가정, 결손가정, 성폭력피해아동, 한부모가정, 다문화가정, 조손가정 등에 대한 우선지원을 원칙으로 하고 있다(이미자, 2013).

생각해 봅시다

1. 우리나라 아동복지서비스의 문제점과 개선방향에 대하여 생각해 봅시다.
2. 우리나라 아동복지정책의 유형에는 어떤 것들이 있는지 생각해 봅시다.
3. 한국의 드림스타트 프로그램의 장점과 단점을 지적해 봅시다.
4. 미국의 헤드스타트 프로그램과 영국의 슈어스타트 프로그램을 비교해 봅시다.

PART III

아동권리와 아동복지실천

CHAPTER 06

빈곤아동과 장애아동

학습목표

1. 빈곤의 개념을 이해하고 빈곤아동이 특성을 설명할 수 있다.
2. 빈곤가족의 유형과 아동문제를 설명할 수 있다.
3. 빈곤아동의 문제 및 현황을 설명할 수 있다.
4. 장애아동의 유형과 개념을 설명할 수 있다.
5. 장애아동의 현황 및 실태를 설명할 수 있다.
6. 장애아동 진로와 가족지원을 이해하고 개입방안을 모색할 수 있다.

이 장에서는 빈곤아동과 장애아동에 대해 고찰하기로 한다.

01 빈곤아동

빈곤은 인류가 안고 있는 가장 심각한 사회문제 중 하나이다. 빈곤은 개인과 가족뿐만 아니라 지역사회와 국가 전체에도 막대한 영향을 준다. 동서양을 막론하고 빈곤아동에 대한 복지제도나 정책은 다른 어떤 복지제도보다 앞서 발달하였다. 하지만 지금도 세계 도처의 수많은 아동이 열악한 노동환경에서 노동착취의 대상이 되고 있거나, 병역을 강요당하고 있으며, 빈곤으로 인해 생계의 위협을 받고 있다(박정란 외, 2012). 여기서 빈곤의 정의를 구체적으로 정의한다는 것은 어려운 일이다. 그러나 아동의 빈곤문제는 경제적 결핍의 문제와 아동의 발달, 건강, 정신건강, 행동문제에 심각한 영향을 미치고 있어 아동발달에 있어 가장 큰 위험요인으로 작용하고 있다. 빈곤이 아동발달, 신체발달, 인지발달의 문제, 학교 적응의 문제, 정서문제, 행동문제 등을 포함하여 매우 광범위한 것으로 밝혀지고 있다(Chung, 2004).

따라서 여기에서는 빈곤(아동)의 개념과 실태, 빈곤아동의 발생요인, 빈곤아동의 특징, 빈곤가족의 유형, 빈곤가족아동의 실태와 문제, 빈곤아동을 위한 복지서비스 등에 대해서 고찰하기로 한다(고인숙 외, 2017; 김주아 외, 2012; 박정란 외, 2012; 임시아, 2017; 김호년 외, 2016; 김이영 외, 2017; 이경준 외, 2017).

1. 빈곤(아동)의 개념

빈곤은 어느 시대에서나 필연적으로 발생하는 사회문제로 볼 수 있다. 그러나 빈곤이 지니는 사회적·경제적 의미는 시대에 따라, 각 국가의 정치, 경제, 사회체계에 따라 상이하게 규정되고 있다. 일반적으로 빈곤이란 인간의 생명을 유지하는 데 필요한 최소한의 물적 자원의 부족뿐만 아니라 교육 및 문화적 측면에 대한 기본적 욕구가 결핍되어 있는 상태를 의미한다. 빈곤은 절대적 빈곤, 상대적 빈곤, 주관적 빈곤으로 분류하고 있다. 절대적 빈곤은 고전적인 빈곤 개념으로, 인간의 신체적 생존에 필요한 최소한의 욕구가 자신 혹은 가계의 소득만으로는 충족되지 못한 상태를 의미한다. 한편 상대적 빈곤은 사회 및 문화적 관점에서 사회적 불평등, 심리적 · 문화적 · 상대적 박탈감을 모두 포함하는 빈곤 개념으로, 경제적 특성인 소득의 차이만이 아니라 주거조건, 직업의 안정성, 교육기회 등을 포함한다. 주관적 빈곤은 개인의 주관적인 관점에서 분석한 빈곤으로 철학적으로 볼 때 빈곤을 개개인의 느낌이나 욕구에 근거를 둔 것이라고 볼 수 있으므로, 개인이 느끼는 빈곤감은 다양하게 나타날 수 있다. 이러한 빈곤의 정의는 철학적 기반 위에 성립이 가능하고, 개인의 욕구를 반영할 수 있다는 장점이 있다. 하지만 정책적인 빈곤의 정의와 측정에는 거의 사용되지 않고 있다(임시아, 2017). 한 사회의 재화가 평등하게 분배되지 않은 한, 빈곤층은 언제나 존재하므로 현대사회에서는 절대적 빈곤이나 주관적 빈곤보다 상대적 빈곤 개념을 주로 사용하고 있다.

빈곤의 책임은 어느 한쪽에 있다기보다는 개인, 가족, 사회 모두에 있는 것으로 어느 한 요인에 의해 한 가족이 빈곤하게 되면 빈곤의 요인은 자연히 중복되며 이것은 빈곤의 악순환을 초래할 수 있는 것이다. 어느 국가에 있어서나 고아, 방임된 아동은 초기의 구호대상이 되었다. 빈곤가정아동 그리고 정신 및 신체상의 장애아동순으로 발달되어 왔다. 특히 현대사회의 경제적 성장과 소득증대로 복지국가로의 진입이 시도되고 있지만, 비자발적 외부요인으로 인해 건강권에서 소외되는 빈곤아동은 여전히 발생하고 있다(김이영 외, 2016). 빈곤아동은 최저생계비 이하의 소득을 가진 가정에서 생활하는 만 18세 미만의 아동으로 정의할 수 있다. 아동의 빈곤예방 및 지원 등에 관한 법률에서는 아동빈곤을 일상적인 생활여건과 자원이 결핍하여, 최저한도의 건강하고 문화적인 생활을 유지하는 데 필요한 의식주 및 기타 생활상 필요한 자원이 결핍되어 충분한 부양을 받지 못하는 요보호아동을 의미한다. 현재 소년소녀 가장세대, 저소득 한부모가정의 아동과 법적 지원체계에서 벗어난 차상위 계층에 속하는 결손 및 결식아동들이 빈곤아동에 포함될 수 있다.

2. 빈곤아동의 발생요인

빈곤은 아동의 발달에 영향을 주는 환경적인 위험 요인으로 작용하게 되고, 그 영향은 성인기까지 지속된다. 왜냐하면 빈곤은 심각한 물질적·정신적 문제와 직결되어 있으며, 가정 안에서 재생산되고, 보건, 교육, 사회 등 모든 분야에서 문제를 야기하는 원인이 되기 때문이다(Bronfenbrenner, 1994). 특히 빈곤 환경에서 성장하는 아동은 부모의 빈곤 문화적 태도와 점진적으로 상호작용하면서 빈곤문화론적 태도를 세습할 가능성이 높다고 보여진다.

빈곤아동의 발생요인에 대하여 류연구·최현수(2003)는 노동시장의 변화, 가족구조의 변화, 복지정책의 변화로 제시하고 있으며, 김주아 외(2012)는 개인적 원인(가난의 대물림, 한부모가족의 증가, 미혼모의 증가)과 사회적 원인으로 구분해서 제시하고 있다. 여기서는 류연구·최현수(2003)의 견해와 김주아 외(2012)의 견해를 아울러서 정리하고자 한다.

첫째, 가난의 대물림이다. 저소득층 아동의 가정환경은 경제적 빈곤, 주거환경, 학습공간의 부족, 자녀학습지도 미흡 등 모든 측면에서 열악하다. 여기에서 아동들은 학습 결손과 정서발달에 장애를 겪게 되며 곧바로 학업성취도에 부정적인 결과를 초래한다. 학교 부적응과 일탈 및 비행 현상도 발생한다. 학력이나 실력 등 경쟁력을 갖추지 못하다 보니 비정규직 취업이나 낮은 임금의 직종을 택하게 되어 결국 빈곤을 이어받게 되는 것이다.

둘째, 한부모가족의 증가이다. 한부모는 배우자와의 이혼 및 별거, 사별 등으로 배우자 없이 혼자 자녀를 키우는 아버지 또는 어머니를 말하며, 한부모가족은 이혼, 별거, 유기, 미혼모에 의하여 발생하는 가정으로, 현재 18세 미만의 자녀와 살면서 자녀를 부양하고 부모역할을 담당하고 있는 한부모와 자녀의 집단을 의미한다. 이런 가정은 경제적으로 어려움에 직면할 수 있다. 한부모가정의 경제적인 문제는 부자가족보다 모자가족에서 더 심각하게 나타나고 있다.

셋째, 미혼모의 증가이다. 미혼모 자신은 사회의 냉대와 거부로 인하여 죄의식과 수치심, 소외감 등에 시달리게 되며, 학업을 중단하게 된다든지 직장을 포기하는 등 기존의 생활기반을 잃게 됨에 따라 신체적 · 정신적으로 극히 불안정한 상태에 놓이게 되어 영아 유기, 정신적 쇼크 상태, 윤락 여성으로 전락하기도 한다. 더욱이 미혼모가 아이를 키울 경우에는 저소득 모자가장으로 빈곤문제가 발생하고, 아기를 키우지 못할 경우에는 기아를 발생시켜 아동문제가 발생하기도 한다. 이로 인해 미혼모의 아이 또는 사회적응이 원만하지 못해 비행청소년 등 또 다른 사회문제를 일으킬 소지를 내포하고 있다. 미혼모 혼자 아이를 양육하는 경우에도 사생아라는 사회적 냉대와 법의 차별 대우, 아버지 없는 가정에 대한 불만 및 경제적 빈곤을 겪기 쉽다.

넷째, 노동시장의 변화이다. 실업 및 비경제활동인구가 증가하면 빈곤아동도 증가한다. 아동빈곤율은 단지 실업이나 비경제활동과 연관이 있는 것이 아니라, 경제활동에 참여하고 있지만 비정규직이나 파트타임에 종사하는 근로자의 증가와 소득격차의 증가와도 밀접한 연관이 있다. 선진국을 비롯하여 25개 국가의 아동빈곤율과 그 요인을 비교한 브래드버리와 잔티(Bradbury & Jantti, 2001)의 연구에 의하면, 미국을 제외한 다른 나라의 경우 국내총생산(Gross Domestic Product: GDP)과 빈곤가구에 대한 현금급여수준이 높을수록 빈곤율의 감소를 보였다. 하지만 아동빈곤율 감소에 더 큰 영향을 준 것은 시장소득의 증가였다. 지난 20년간 우리나라는 IMF 경제위기로 인해 노동시장 여건에 많은 변화(비정규직 증가 등)가 일어났고, 그 여파가 다년간 지속되고 있는 가운데 신빈곤층이 점차 확대되었다. 이러한 변화는 좀처럼 줄지 않는 아동빈곤율과 관련이 있다고 볼 수 있다.

다섯째, 복지정책의 변화이다. 빈곤아동과 관련이 있는 정책은 소득보장에서부터 보육서비스에 이르기까지 매우 다양하다. 빈곤아동에 대한 현금급여(공공부조, 아동수당, 세제를 통한 급여 등), 현금급여 외에 보육, 교육, 의료, 주택 부분의 각종 서비스 그리고 노동시장 관련 정책(출산휴가 및 육아휴직 등)이 아동빈곤율 증감에 영향을 줄 수 있다. 브래드버리와 잔티(Bradbury & Jantti, 2001)

는 미국을 제외한 다른 나라의 경우 국내총생산(GDP)이 높을수록 절대빈곤율은 낮았고, 빈곤가구에 대한 현금급여가 증가할수록 빈곤율은 감소했으나, 국내총생산이나 현금급여보다 더 큰 영향을 미친 것은 시장소득이었다. 즉, 현금급여가 아동빈곤율 감소에 중요한 역할을 하지만 노동시장정책이나 가족정책이 국가마다 차이가 있기 때문에 보편적이고 포괄적인 노동시장정책과 가족정책을 펼치고 있는 스칸디나비아 국가들의 아동빈곤율이 잔여적 노동시장정책과 가족정책을 펼치고 있는 영미권 국가들에 비해 낮은 것으로 밝혀졌다(류연구 · 최현수, 2003). 실제로 1990년대 OECD국가의 상대 아동빈곤율(relative child poverty rate)을 살펴보면, 아동수당제도가 없는 미국이 26.3%로 가장 높았고, 17세 미만의 아동이 있는 모든 가정에 아동수당을 지급하는 핀란드가 3.4%로 가장 낮았다(Bradbury와 Jantti, 2001).

3. 빈곤아동의 특징

일반적으로 빈곤은 경제적, 사회적, 심리적 측면에서 규정될 수 있다. 경제적 빈곤은 일정 수준의 생계비를 감당할 수 없는 저소득을 말하고, 사회적 빈곤은 빈곤층의 사회 · 문화적 성격을 그들 나름대로 독특하게 발전시키는 빈곤문화와 제도를 말한다. 그리고 심리적 빈곤은 빈민이 갖게 되는 각종 심리상태를 말하는데, 모든 일에 숙명적이고 운명적이며 인지구조의 불안 등의 심리상태를 말한다. 이러한 세 가지 빈곤의 측면은 어느 것이 원인이고 결과인지 따질 수 없으며, 서로 순환되는 경향을 지니고 있다고 볼 수 있다. 아동은 의존, 성숙, 민감성, 요구, 적응이라는 특성을 가지고 있다. 빈곤아동은 이러한 일반적 특성과 더불어 빈곤환경에서 오는 영향으로 일반아동과 구별되는 특성들을 가지게 되는데(김이영 외, 2017), 빈곤가정과 아동을 연구한 문헌에서 밝혀진 빈곤아동의 특징을 살펴보면 다음과 같다. 첫째, 경제적 스트레스를 안고 있는 빈곤아동은 대부분 긴장상태에 놓여있다. 만성적인 긴장으로 인해 심리적 불안이 인성구조의 중심을 이룸으로써 빈곤아동은 사회적응력이 부족하다.

둘째, 가족관계가 원만하지 못한 빈곤아동은 다른 계층의 아동보다 거부감, 소외감, 적대감 등 자신이나 가족, 사회에 대한 부정적 태도를 가짐으로써 파괴적 행동에 빠지게 된다.

셋째, 아동 출생 시 어머니의 연령이 낮은 경우, 어머니의 육아지식 부족으로 제대로 양육받지 못하고, 이로 인해 아동이 심리적 불안과 우울을 경험할 가능성이 크다.

넷째, 빈곤아동은 인지적 및 사회적 발달장애를 보이거나 주의가 산만하고 인내심이 부족하다.

다섯째, 가정과 지역사회로부터 바람직한 인간관계 모델을 제공받을 수 있는 기회가 부족하기 때문에 대인관계를 형성하는 데 많은 어려움을 갖는다.

여섯째, 빈곤가정의 낮은 사회적·경제적 지위는 낮은 지적 지위를 갖게 하고, 낮은 지적 지위는 학교에 대한 부정적 태도를 초래하며, 이러한 부정적 태도는 거칠고 자극적인 행동을 유인하여 불량한 친구를 사귀게 되고 결과적으로 비행청소년이 되게 한다.

일곱째, 빈곤아동은 출생 시 건강상태도 좋지 않으며, 한부모가족과 같은 구조적 결손과 알코올이나 정신질환, 폭력 등의 기능적 결손가정 등 가정환경에 문제가 많다.

마지막으로 빈곤지역 하위문화에 적응함으로써 향후 생활조건을 향상시키거나 발전을 도모하려는 동기가 낮다.

위의 내용을 고찰하면 빈곤이란 아동의 신체, 인지, 심리 및 사회적 발달과 밀접한 연관이 있음을 알 수 있다. 하지만 빈곤이 아동발달에 어떠한 영향을 주는지를 밝히기란 쉽지 않다. 즉, 빈곤은 말단요인(distal factor)으로 상당부분 간접적으로 혹은 많은 매개과정을 통하여 아동발달에 영향을 주기 때문이다. 최근 연구 동향은 이러한 매개변인들에 관한 연구가 적극적으로 진행되고 있다. 시마(Seama, 2004)는 다양한 연구결과를 바탕으로 빈곤이 아동의 발달에 영향을 주는 일반모델을 그림 6-1과 같이 제시하고 있다.

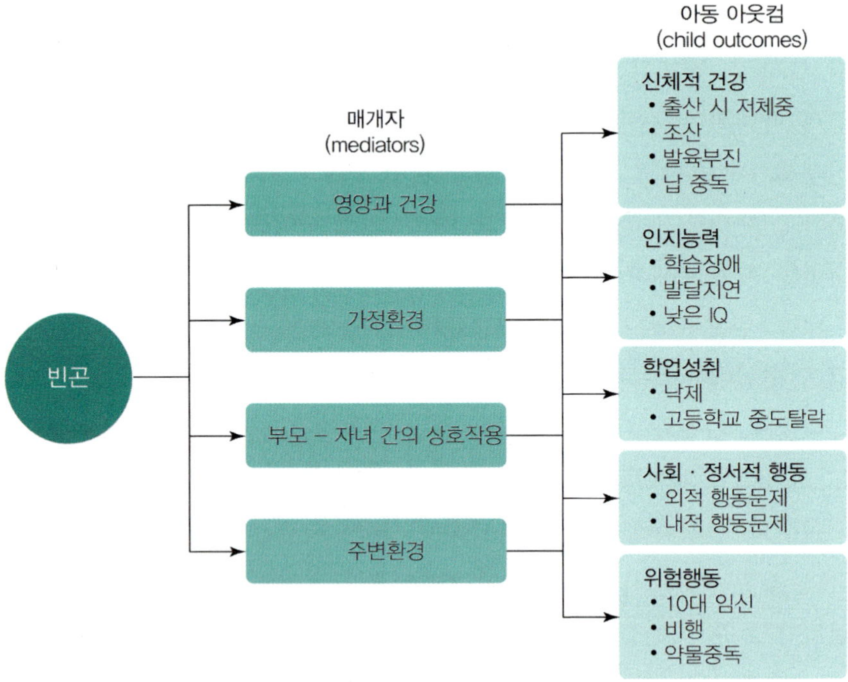

*자료: Seama, A.(2004). Childhood Poverty: Pathways and Programs. Health Generations, 4(1), 6.

그림 6–1 빈곤이 아동의 발달에 영향을 주는 일반 모델

그림 6-1과 같이 빈곤은 여러 매개변인을 통해 아동의 발달에 영향을 주고 있다.

첫째, 영양과 건강(nutrition and health)이다. 아동의 영양상태와 건강은 빈곤에 영향을 받는다고 할 수 있지만, 이들 변인은 후에 아동발달에 중대한 역할을 한다. 예를 들면, 조산이나 출생 시 심각한 저체중(1,250g 미만)은 학습장애와 지적장애(mental retardation)의 위험을 증대시킨다(Bradley, Whiteside, Mundfrom, Casey, Kelleher & Pope, 1994). 또한 지속적인 영양결핍은 부모와 아동관계에 영향을 주며, 이러한 부모와 자녀 간의 변화된 관계는 불안전한 애착, 부정적 정서, 제한된 동기 등 부정적인 심리사회적 결과를 가져온다(Valenzuela, 1997).

둘째, 가정환경(home environment)이다. 빈곤이 아동발달에 영향을 미치는 또 다른 메커니즘은 집에 있는 장난감, 책, 학습기회 등 인지적으로 자극을 줄 수 있는 자료와 자원의 부재라 할 수 있다. 브래들리와 코윈(Bradely & Corwyn, 2004)은 낮은 사회 및 경제적 상황과 관련된 요인은 자녀에게 질 높은 학습자료 제공을 제한함을 밝혔다. 가정에서의 인지적 활동을 자극할 수 있는 자료의 부재는 아동의 IQ와 초등학교의 성취 테스트 점수 그리고 문제행동과 밀접한 연관이 있다는 연구가 지속적으로 발표되어 왔다.

셋째, 부모-자녀 간의 상호작용(parent-child interaction)이다. 빈곤아동의 사회정서적 건강과 연관이 있는 주요 경로는 부모와 자녀 간의 관계라 할 수 있다. 빈곤층 부모들은 스트레스, 정신건강의 문제(우울, 불안 등), 결혼 갈등 등 다양한 문제를 더 많이 겪을 가능성이 높다. 이러한 요인들은 부모역할을 하는데 부정적인 영향을 미치며, 그 결과 부모-자녀 간의 관계에 영향을 준다.

넷째, 주변환경(neighborhood conditions)이다. 최근 여러 연구에서 주변 조건이 빈곤의 영향을 매개한다는 사실이 밝혀졌다. 빈곤아동은 환경적 위험(예: 납중독 위험, 비위생적 주거환경 등)과 사회악(예: 폭력, 빈곤, 불결, 자포자기, 우울, 소외 등)에 노출될 위험이 높다(Garbarino, 1995). 열악한 주변 환경은 학령 전기 아동보다 학령기 아동에게 더 큰 영향을 미치며, 특히 아동의 인지·학습관련 성과(outcomes)에 막대한 영향을 준다(Seama, 2004).

4. 빈곤가족의 유형

흔히 가족이란 혈연, 혼인 그리고 입양에 의해 결합된 집합체를 의미한다. 가족은 시간과 공간을 초월하여 존재해 온 기본적인 집단으로써 구성원 상호 간의 작용을 통해서 공동의 문화를 공유하고 살아가는 가장 기본적인 사회집단이다. 결국 가족은 인간이 운명적으로 만나는 최초의 집단이며, 혈연적 관계이며, 구성원 간 지속적으로 면 대 면의 접촉이 이루어지는 인간사회 집단의 가장 원초적인 집단으로 볼 수 있다(신재흡, 2011).

이러한 가족의 의미를 토대로 미누친(Minuchin, 1974)은 아동의 문제를 유발시키는 빈곤가족의 유형을 다섯 가지로 제시하고 있다.

첫째, 이탈된 가족(the disengaged family)은 부모가 집행하위체계로서의 기능을 포기해 버린 상태이다. 가족 간의 접촉과 반응이 결여되어 있고, 부모의 아동에 대한 통제와 지도는 부적절하며, 특히 어머니는 가족에 대한 과부담과 자신의 무력감으로 스스로 착취당하고 있다는 생각을 가지고, 가족 외부의 지지적인 사회적 관계망을 가지고 있지 못하는 가족이다.

둘째, 속박된 가족(the enmeshed family)은 아동양육에 대한 과중한 부담이 부모체계에 지워져 자녀의 행동에 대한 비효과적이고 잦은 통제를 가하는 상태이다. 즉, 부모의 일시적인 행동통제와 아동의 즉각적인 저항이 반복적으로 나타난다. 가족 외부의 지지적 자원에 대한 약간의 연결망을 가지고 있지만, 그 관계는 직접적인 원조를 기대할 수 있는 친지와 이웃에 한정되어 있고, 권위적인 행정기관이나 사회적 지원망에 대해서도 친숙하지 못하다.

셋째, 부(父)가 주변적인 가족(the family with peripheral male)이다. 미누친은 이탈된 가족과 속박된 가족의 연속선 위에서 주변적인 남성의 존재를 빈곤가족의 공통적인 특징으로 지적하고 있다. 빈곤가족의 경우 대체로 부부하위체계의 상호보완적인 기능보다는 부모하위체계로서의 기능이 전면에 드러나 있음에도 불구하고, 자녀양육기능에서 아버지의 역할은 상대적으로 주변적이라는 것이다. 이것은 가장의 경제적 무능력과 심리적 박탈감으로 인해 가장의 역할이 극도로 권위적이거나 억압적이다.

넷째, 미성숙 부모가족(the family with nonevolede parents)은 중첩되는 가족주기로 인한 가족경제의 혼란을 가지고 있는 가족이다. 나이 어린 부모와 그들의 어머니가 동거하는 경우, 할머니가 손자에 대한 부모역할을 맡고 나이 어린 손위 형제의 위치를 점하게 되는 경우이다. 이러한 가족에서는 역할의 분화가 미흡하여 가족발달에 따른 가족구조의 적절한 변화가 방해받고 있다는 것이다.

다섯째, 미성년 부모가족(the family with juvenile parents)이다. 청소년까지 발달과업을 완수하지 못한 부모가 성인의 과업에 직면함에 따라, 이를 회피하기 위해 동년배와 같은 보충적인 대상을 필요로 하는 경우이다. 이들은 너무 어린 나이에 부모가 됨으로써 부모와 배우자로서의 역할과 책임을 수행할 수 없는 상태에 있는 것이다.

5. 빈곤가족아동의 실태와 문제

빈곤아동들의 경제적 어려움은 불공정한 분배구조로 인한 부익부 빈익빈 현상으로 인해, 그들의 부모세대 혹은 조부모세대부터 이어온 뿌리 깊은 것으로 볼 수 있다. 부모의 빈곤은 아이들에게 충분한 의식주를 제공하지 못하고, 이는 양질의 교육을 받을 수 있는 기회를 가질 수 없게 한다. 이러한 아이들은 또 다시 빈곤한 부모가 될 가능성이 높은 처지에 놓이게 되는 것이다.

따라서 빈곤아동의 발생을 알 수 있는 다양한 지표들을 통해 빈곤아동의 실태를 파악하기로 한다.

첫째, 아동의 빈곤율이다. 국내에서 아동빈곤율을 파악할 수 있는 공식적인 자료가 없어 빈곤통계연보의 자료와 국민기초생활보장 수급자 비율을 통해 아동빈곤의 정도를 제시했다. 빈곤통계연보의 절대적 아동빈곤율은 표 6-1과 같다.

표 6-1 절대적 아동빈곤율(2003~2013년)

(단위: 년, %)

연도	소득		
	시장소득	경상소득	가처분소득
2003	6.7	5.6	6.6
2004	7.0	5.5	6.6
2005	8.3	5.9	7.9
2006	8.1	5.9	7.1
2007	8.2	5.6	7.1
2008	8.2	5.6	7.1

(계속)

연도	소득		
	시장소득	경상소득	가처분소득
2009	8.3	4.9	7.3
2010	7.5	4.8	6.6
2011	7.1	4.3	6.5
2012	6.1	4.4	5.9
2013	5.3	3.6	4.7

*전 가구 기준, 정부발표 최저생계비, 1인 가구 미포함.

*자료: 통계청. 가계동향조사 각 연도 원자료; 임시아(2017: 137).

가처분소득을 기준으로 살펴보면, 2005년 7.9% 이후로 2006년부터 2008년까지 7.1%로 감소하여 약 4년간 7%의 절대적 아동빈곤율을 유지하다가 2008년 세계경제위기의 영향으로 2009년에는 0.2%가 증가한 7.3%의 아동빈곤율을 보였다. 그리고 2010년(6.6%), 2011년(6.5%), 2012년(5.9%), 2013년(4.7%) 순으로 계속해서 감소하는 것을 알 수 있다.

한편 상대적 아동빈곤율은 일반적으로 OECD나 UNICEF와 같은 국제기구에서 사용하고 있으며, 우리나라에서도 공식적인 지표로 이용되고 있다(임시아, 2017). 빈곤통계연보의 상대적 아동빈곤율은 표 6-2와 같다.

표 6-2 상대적 아동빈곤율(2003~2013년)

연도	소득								
	시장소득			경상소득			가처분소득		
	중위 40%	중위 50%	중위 60%	중위 40%	중위 50%	중위 60%	중위 40%	중위 50%	중위 60%
2003	6.4	11.1	17.0	5.6	10.4	16.9	5.8	10.3	16.6
2004	7.1	12.4	18.7	6.0	11.0	18.4	6.0	11.3	18.1
2005	7.7	13.0	18.8	5.9	11.7	19.3	6.1	11.9	18.0
2006	7.7	12.4	19.3	6.1	11.1	18.5	6.4	11.1	18.5
2007	8.3	12.9	19.7	6.4	11.5	18.4	6.3	11.5	18.3
2008	7.8	12.1	17.5	5.6	10.8	16.3	5.8	10.8	16.3
2009	7.4	12.4	18.0	4.8	10.2	16.8	5.6	10.9	17.3

(계속)

연도	소득								
	시장소득			경상소득			가처분소득		
	중위 40%	중위 50%	중위 60%	중위 40%	중위 50%	중위 60%	중위 40%	중위 50%	중위 60%
2010	7.4	11.3	16.6	5.2	9.3	15.4	5.9	10.1	16.0
2011	7.1	11.1	16.9	5.1	9.7	15.7	5.9	10.3	16.4
2012	6.7	10.5	17.1	5.1	9.4	15.9	5.8	10.2	16.6
2013	5.3	9.1	15.1	4.4	8.5	14.9	4.6	8.4	14.5

*농 · 어가구 제외, 1인 가구 미포함.

*자료: 통계청, 가계동향조사 각 연도 원지료; 임시아(2017: 138)

표 6-2와 같이 상대적 아동빈곤율로 일반적으로 이용하는 가처분소득 중위 50% 기준에서 상대적 아동빈곤율을 살펴본 결과, 2005년에 11.9%로 가장 높게 나타났고, 이후에 조금씩 오르내림을 반복하고 있다. 2009년부터는 계속해서 감소하는 양상을 보이고 있으며, 2013년에는 8.4%로, 10년 만에 한국의 상대적 아동빈곤율은 10% 이하로 감소하였다. 이는 2012년 경제개발기구(OECD) 평균 상대빈곤율인 11.5%에 비해 약 3%나 낮은 비율이다(UNICEF, 2012). 같은 해의 상대적 아동빈곤율을 비교해도 2012년 우리나라의 상대적 아동빈곤율은 10.2%로, 미국(23.1%), 일본(14.9%) 등 주요 국가들에 비해서도 매우 낮은 수준이다.

둘째, 요보호아동 현황이다. 요보호아동은 일시적으로 시설에 보호되거나 시설에 입소하여 양육서비스를 제공받는 아동을 말한다. '요보호아동 현황'은 통계청에서 매년 발표하는 자료로, 전국단위로 조사가 이루어지고 있다. 보호자가 없거나 보호자로부터 이탈된 아동, 보호자가 아동을 학대하는 경우 등 보호자가 아동을 양육하기에 부적당하거나 양육할 능력이 없는 경우의 아동을 집계하고 있다. 다시 말하면 가정에서 양육이 어려운 아동들이 사회복지시설에 입소하여 생활하는 아동 중 매년 새로 유입된 숫자를 취합하고 있다. 요보호아동 현황을 살펴보면 표 6-3과 같다.

표 6-3 요보호아동 현황

(단위: 년, 명)

연도	기아	미혼모아동	미아	비행가출 부랑아	빈곤, 실직, 학대 등 기타	소계
2001	717	4,897	98	728	5,646	12,086
2003	628	4,457	79	595	4,463	10,222
2005	429	2,638	63	1,413	4,877	9,420
2007	305	2,417	37	748	5,354	8,861
2009	222	3,070	35	707	4,944	9,028
2011	218	2,515	81	741	3,928	7,483
2013	285	1,534	21	512	3,668	6,020
2014	282	1,226	13	508	2,965	4,994
2015	321	930	26	360	2,866	4,503
2016	264	856	10	314	3,148	4,592

*자료: 보건복지부(2017).

표 6-3의 요보호아동 현황에는 빈곤, 부모의 경제적 요인 등으로 인해 시설에 입소된 아동까지 포함한 통계이며, 요보호아동 중 부모의 경제적 요인으로 인해 시설에 입소하는 아동의 수는 2003년을 기점으로 감소 추세를 보이다가 2009년에 다시 증가하였으나, 2011년 이후 감소하는 추세를 보이고 있다.

셋째, 소년소녀가정 현황이다. 소년소녀가정은 부모의 사망, 이혼 등으로 인해 발생되며, 복역, 장애 등으로 인해 실질적인 소년소녀가정이 발생되기도 한다.

소년소녀가정 현황은 표 6-4와 같다.

표 6-4 소년소녀가정의 현황

구분	계	학교급별				
		미취학	초등학교	중학교	고등학교	기타
2003	6,184	99	1,309	1,966	2,668	12
2005	4,332	85	901	1,343	1,923	80
2007	2,501	25	401	789	1,226	60
2009	1,596	10	196	440	904	46
2010	1,327	9	149	375	753	41
2011	1,020	8	103	264	601	44
2012	796	3	77	206	456	54
2013	493	1	39	119	310	24
2014	292	3	23	82	163	21

*자료: 보건복지부(2015). 2015년도 보건복지통계연보.

소년소녀가정은 2003년에 6,184명이었던 것이 점차 줄어들어 2015년에는 292명이 발생되었다. 학교 재학별로 살펴보면, 고등학생이 가장 많은 163명이고, 어린 연령으로 내려갈수록 줄어든다. 소년소녀가정의 발생이 감소한 것은 건강가정을 위한 사회의 전반적인 노력이 있다는 반증이며, 국가의 경제발전과 더불어 국민들 삶의 질이 높아지고 있음을 나타내는 것으로 볼 수 있다.

빈곤가족의 문제는 기본적인 욕구충족을 위협하는 낮은 소득과 자녀교육, 주거의 불안성성, 생활의 어려움으로 인한 가족관계에서의 갈등 등을 들 수 있다. 이러한 사항들은 자녀에 대한 재투자의 부족으로 빈곤을 세습화시키는 경향을 보이고 있다. 빈곤가족의 아동문제는 빈곤문화와 사회경제적 문제, 아동의 사회화와 교육문제, 가정의 심리 및 환경적 측면, 생활변천의 문제를 중심으로 살펴보고자 한다(김이영 외, 2016).

첫째, 빈곤문화와 사회경제적 문제이다. 빈곤층은 지속적인 경제적 빈곤과 소외감에서 오는 정서적 불안감으로 심리적인 문제를 안고 있다. 그리고 빈곤층 가정이 빈곤과 소외에서 탈피하는 방법은 자녀가 교육을 통해 사회적인 가치와 기회를 얻고, 이를 통해 사회적 계층이 상승하는 것이라고 생각할 수 있다. 그러므로 금전, 재산 등의 물질적 측면을 더 중요시하고, 이는 사회상승주의, 물질지향적, 현실적 환경을 중시하게 된다. 아동의 사회상승 욕구가 높은 반면, 사회구조와 환경은 쉽사리 바뀌는 것이 아니기 때문에 빈곤문화는 대를 잇는 것이 일반적이다. 이러한 경제적 및 문화적 소외와 박탈감은 아동에게 정서적 및 심리적 발달에 장애를 유발한다.

둘째, 아동의 사회화와 교육문제이다. 빈민 지역의 아동들은 일반가구의 아동들에 비해 생활환경, 교육환경이 상대적으로 열악한 상태에 놓여있으며, 아동기부터 교육기회가 제한되어 있음을 알 수 있다. 그리고 가정 내 아동의 교육기회가 제한되어 아동은 문화실조 혹은 학습부진을 경험하기 쉽다. 이러한 빈곤층은 결손가정이나 장애가 있는 경우가 많아 가정의 본래적 기능을 수행할 수 없을뿐더러, 아동의 열등감, 불안정감, 정서 통제력의 결핍, 대안관계가 원만하지 못하며, 비사회성, 공격적 행동을 통제하지 못하는 등 인격형성에 나쁜 영향을 미친다. 이러한 기능적 결여는 아동의 반사회적 문제행동의 원인으로 이어지게 된다. 이로 인해 아동은 건전한 성장, 발달에 많은 어려움을 겪게 되는데, 이는 빈곤아동들이 항상 경제적인 긴장상태에 놓여있으므로 심리적 불안상태가 인성구조의 중심을 이루게 되는 경우가 많으며, 이로 인한 소극적 태도, 긴장, 불안감 등은 다양한 환경에서의 적응이 어려워 지속적인 학업성취 및 행동발달에 부정적인 영향을 미치게 될 수 있다.

셋째, 가정의 심리 및 환경적 측면이다. 빈곤가정은 경제적 어려움뿐만 아니라 부모의 낮은 사회적·경제적 지위, 낮은 교육수준, 열악한 주거환경과 저속한 문화적 배경 속에 놓이게 된다는 것이다. 부모 또한 생계유지에 급급하다보니 자녀들에게 많은 관심과 시간을 함께 하기 어렵고, 부모의 낮은 사회적·경제적 지위로부터 오는 부모의 무능력과 무기력은 부모의 가치관과 양육방법을 결정짓게 하여 자녀의 지적, 정서적 발달 또는 성격형성과 자아개념의 발달에 부정적인 영향을 주게 된다. 또한 빈곤은 다양한 연령의 아동들에게 많은 정서적, 사회적 발달 등 모든 영역의 발달에 지대한 영향을 미치고 있다.

넷째, 생활변천의 문제이다. 빈곤은 지속적이며 세습 가능성이 높게 나타나고, 일단 빈곤해진 후에는 빈곤의 악순환에서 벗어나는 것이 어려우며, 경제적 및 물질적 빈곤에서 오는 심리적 박탈감이 가족들(특히 가구주)에게 심리적으로 불안과 억압을 갖게 할 뿐만 아니라, 개인의 생애 주기에 따라 스트레스를 가중시킴으로써 가구주의 음주문제, 정신질환, 적대감, 배우자의 자포자기, 배우자의 가출, 배우자의 역할 수행문제 및 직접적인 경제적 빈곤 영향은 아니지만, 간접적인 영향으로 가구주의 외도와 배우자의 별거문제 등이 나타나고 있다. 자녀들에게도 영향을 줌으로써 자녀의 적대감, 자녀의 가출, 정신질환, 학습부진, 진로문제, 불량교우문제 등과 같은 가족문제를 드러내고 있다.

사례: 현장활용 자료 **빈곤아동**

• 다음 글을 읽고 이야기 합시다.

만 5세인 순희네 가족은 노숙자처럼 떠돌며 구걸로 연명하는 걸인가족이다. 순희는 이러한 노숙생활이 힘들고 불만족스럽게 느끼고 있었다. 순희의 조그만 희망은 편안하고 따뜻한 집에서 생활하는 것이 꿈이다. 순희의 작은 소망이 구걸생활을 접고 여느 가정처럼 주택에서 생활할 수 있는 방법은 어떠한 것이 있는지 이야기합시다.

1) 해결방안:

6. 빈곤아동을 위한 복지서비스

최근까지 우리나라의 빈곤아동 지원서비스는 소년소녀가장지원사업과 모·부자가정 지원사업이 대부분이며, 그 지원도 국민기초생활보장법에 의한 경제적 지원이 주류를 이루었다. 하지만 지속적인 저성장과 소득의 양극화로 가족해체 증가 및 아동빈곤율의 증가가 사회문제로 대두되면서 절대빈곤층인 국민기초생활보장법의 수급권자는 아니지만, 빈곤층인 차상위 계층과 빈곤아동에 대한 지원이 필요하다는 관심이 높아져 정부정책도 바뀌고 있다.

빈곤아동을 위한 복지서비스로는 희망스타트, 디딤 씨앗통장: 아동발달지원계좌(CDA)사업, 위스타트(We Start), 드림스타트, 복지관에서의 프로그램, 지역아동센터 지원사업 등이 있다.

1) 희망스타트

희망스타트는 아동의 공평한 양육 여건과 출발 기회를 보장하기 위해, 저소득층 임산부 및 0~12세 아동과 그 가족에게 보건, 복지, 교육을 통합한 전문적 맞춤서비스를 제공하는 국가 주도의 선진 아동복지 프로그램이다. 빈곤의 대물림을 단절, 저소득층 아동에게 상대적 박탈감을 불식시키고 사회의 일원으로서 균등한 기회를 보장하고 희망을 주기 위해 시작되었다. 국가와 지자체가 주도하는 이 사업은 2007년 전국 32개 지역에서 시범으로 실시하였고, 총 4,891명이 서비스를 제공받았다. 사업의 주요 내용은 임산부 및 0~12세 저소득 아동 및 가정(수급자 및 차상위 계층 우선)을 대상으로 건강, 복지, 보육(교육)의 맞춤형 통합서비스를 제공한다. 공공 및 민간합동으로 구성된 사례관리팀은 대상아동(가정)을 발굴, 욕구 사정, 서비스 제공, 연계, 지역자원 발굴 등 희망전달자로서의 역할을 수행한다. 지역사회 차원에서 건강, 복지, 보육(교육)의 협력 파트너십을 구축하고, 지역의 특성에 따른 차별적 서비스를 연계하여 프로그램을 진행한다(김호년 외, 2016).

2) 디딤 씨앗통장: 아동발달지원계좌(CDA) 사업

우리나라는 아동복지시설아동, 가정위탁아동 등을 대상으로 이들이 사회진출 시 필요한 자립금을 마련하는 데 도움을 주기 위하여, 자산형성 지원사업으로 디딤 씨앗통장을 지원하고 있다. 서비스 대상은 만 18세 미만 아동으로 아동복지시설아동, 가정위탁아동, 소년소녀가정, 공동생활가정 및 장애인시설 생활아동, 기초생활수급가정의 아동 일부가 지원대상이다. 사업내용은 대상아동이 만 0세부터 만 17세까지 후원자의 후원으로 월 3만 원 이내의 금액을 저축하면 국가가 같은 액수를 지원(1:1 매칭펀드)하여 적립한다. 이렇게 마련된 적립금은 만 18세 이후 학자금, 주거마련자금, 취업준비비용 등 자립을 위한 용도로 사용이 가능하다(이경준 외, 2017).

3) 위스타트(We Start)

위스타트 운동은 사회구성원 모두가 나서서 가난한 가정의 아동에게 공정한 복지와 교육의 기회를 제공하고, 확실한 삶의 출발선을 마련해 주어 가난의 대물림을 끊어주자는 시민사회운동이다. We Start는 Welfare Education Start의 약자로 공정한 복지(Welfare)와 공정한 교육(Education)의 기회를 만들어 준다는 뜻을 가지고 있다. We에는 우리 모두 힘을 합치자는 호소와 함께 복지(W)와 교육(E)이라는 뜻이 담겨 있다. Start는 여러 선진국에서 쓰고 있는 빈곤아동 지원사업의 일반적인 명칭이다. 미국의 헤드스타트(Head Start), 영국의 슈어스타트(Sure Start), 캐나다의 페어스타트(Fair Start) 등과 같은 프로그램에서는 빈곤을 예방하려면 가급적 어린 나이부터 개입해야 효과가 있다는 판단 아래, 빈곤층 아동이 공정한 복지와 교육의 출발선상에 설 수 있도록 노력하고 있다.

위스타트 운동은 다음과 같은 프로그램으로 빈곤아동을 지원하고 있다.

첫째, 위스타트 마을 조성이다. 위스타트 마을에서는 복합적인 문제에 직면한 빈곤층 가정에 사회복지사를 파견해 상담을 실시하고 종합적인 해결책을 제공한다. 부모가 모두 일터에 나갈 때를 대비해 포괄적 보육 서비스도 실시한다.

둘째, 건강 지킴이다. 지역보건소와 병원의 의사들로 구성된 건강 지킴이들은 정기적으로 가정을 방문해 아동의 기초 발육 상태를 점검하고 건강기록부를 작성한다. 위스타트 운동본부는 빈곤아동 치료비 마련을 위해 모금활동도 실시한다.

셋째, 희망의 집 꾸미기이다. 희망의 집은 학교, 사회복지관, 주민자치센터, 종교시설 등 기존 동네 시설을 리모델링하여 사용한다.

넷째, 교육 출발선 만들기이다. 아동의 학교생활 적응을 위해 사회성 발달 프로그램을 운영하며, 학원 및 아동학습지 업체 등과 협력하여 빈곤아동이 공부하는 데 여러 가지 지원을 실시한다(김호년 외, 2016).

4) 드림스타트

드림스타트사업은 최근 증가하고 있는 취약계층아동에게 물질지원의 확대만으로는 빈곤문제를 해결할 수 없다는 인식하에, 빈곤의 대물림에서 벗어날 수 있도록 공평한 출발기회를 보장함으로써 아동의 건강한 성장과 발달을 도모하기 위한 맞춤형 통합서비스이다. 사업대상은 0세(저소득 임산부)~만 12세 취약가정아동으로 국민기초생활제도 수급자, 차상위 계층, 결손가정, 성폭력피해아동, 한부모가족 자녀에 대한 우선 지원을 원칙으로 한다. 사업지역은 2017년 현재 전국 시 · 군 · 구 내 취약계층 밀집지역을 중심으로 사업을 시행하고 있다. 사업내용은 보건 · 교육의 통합서비스로 아동들의 전인적 발달을 지원하고, 부모들에게는 직업훈련 및 고용촉진서비스 제공을 통해 양질의 양육여건을 마련하여 건강한 가족기능 회복에 도움을 주는 프로그램들로 구성되어 있다(이경준 외, 2017).

5) 복지관에서의 프로그램

첫째, 재가복지서비스이다. 조부모, 소년소녀가정, 결손가정 등 가족기능이 취약한 저소득 소외계층가정의 아동에게 종합적인 서비스를 제공함으로써, 지역사회 내에서 함께 살아갈 수 있도록 돕는 사업이다. 재가복지서비스사업에는 조부모가정, 소년소녀가정, 결손가정 등 가족기능이 취약한 저소득 소외계층가정의 아동에게 종합적인 서비스를 제공함으로써 지역사회 내에서 함께 살아갈 수 있도록 돕는 사업이다.

재가복지서비스의 주요 내용은 다음과 같다. ① 가사서비스(가사활동 지원서비스, 반찬서비스, 도시락서비스, 이·미용서비스 등), ② 정서서비스(한부모가족 지원 프로그램), ③ 교육서비스(학습지도서비스, 학습용품 및 도서 전달, 교복지원서비스 등), ④ 후원결연서비스(경제적 지원서비스, 후원물품지원, 후원자모집, 후원자관리 등), ⑤ 주거환경 개선서비스(소독, 집수리, 도배 등) 등이 있다.

아동보호사업은 방과후 빈곤아동의 교육과 보호를 위하여 방과후 교실을 운영한다. 방과후 교실에서는 학습지도, 특별활동, 생활지도, 야외활동, 집단 프로그램, 개별 아동상담 등을 하고 있다. 좀 더 어린 연령의 아동을 위해서는 탁아방을 운영한다. 탁아방은 30개월 이상 아동을 대상으로 하는 무료아동보호사업이다.

6) 지역아동센터 지원사업

지역아동센터는 1984년 서울지역 민간기관에서 처음으로 시작되어, 대도시를 중심으로 전국적으로 확산된 사생적인 공부방이 2004년 아동복지법 개정에 따라 명칭이 변경되고, 정부지원의 아동복지시설로 제도화되었다. 지역아동센터는 지역사회아동의 건강한 성장을 돕기 위한 종합적인 복지서비스로, 주요 사업은 빈곤아동에게 방과후 보육·교육을 위한 정서지원 및 학습지원 제공, 건전한 놀이와 급식 제공, 보호자의 지역사회 연계 등이다(이경준 외, 2017).

지역아동센터는 2014년 기준 전국에 4,059개소가 있으며, 108,936명의 저소득층 아동이 이용하고 있다. 지역아동센터를 가장 많이 이용하는 연령대는 초등학교에 다니는 아동이다(김호년 외, 2016).

이외에도 빈곤아동을 위한 복지서비스로는 소년소녀가정 지원사업, 한부모가족 지원사업, 아동급식 지원사업, 빈곤아동을 위한 공보육 실시, 아동수당 지급, 체계적인 건강관리 지원, 방과후 보육 및 교육·문화·복지 지원서비스 등이 있다.

02 장애아동

장애아동은 18세 미만의 사람 중 선천적 혹은 후천적으로 신체, 정서, 인지, 언어, 학습능력 등의 장애로 인해 양육과 교육, 재활 및 사회적응에 있어 특별한 보호가 필요한 아동으로 정의되고 있다. 2015년에는 72,583명이 장애아동으로 분류되었으며, 2016년 4월 특수교육 대상 학생이 87,950명으로 해마다 증가하고 있는 실정이다(김이영 외, 2017). 또한 인구의 노령화, 급격한 산업화에 따른 산업재해, 교통사고를 비롯한 각종 사고, 약물남용, 공해, 치료가 곤란한 새로운 질병의 등장 등 장애를 유발하는 다양한 요인으로 장애인구가 점차 증가하고 있다. 이러한 시대적 상황에 따라 장애아동에 대한 복지도 주로 가족 내에서 이루어져야 한다는 기존의 인식에서 벗어나, 점차 국가적·사회적 차원에서 이루어져야 한다는 인식이 확산되고 있다. 이러한 맥락 하에 1977년 특수교육진흥법이 제정되었고, 1981년에는 심신장애자복지법이 제정되었다. 그 이후 심신장애자복지법은 1989년 장애인복지법으로 전부 개정되었으며, 2007년에는 장애인 등에 대한 특수교육법이 제정되어 장애인 및 특별한 교육적 요구가 있는 아동들을 대상으로 통합교육을 실시함으로써 사회통합을 위한 발판이 마련되었다. 1998년부터 연차적으로 '제1차 장애인복지발전 5개년계획(1998~2002)', '제

2차 장애인복지발전 5개년계획(2003~2007)', '제3차 장애인복지발전 5개년계획(2008~2012)'을 수립하였고, 2011년에는 장애아동복지지원법이, 2014년에는 발달장애인법이 제정되어 2015년 11월에 시행되었다(정욱분 외, 2016). 이러한 노력을 통하여 장애아동복지의 범주가 점차 확대되고 장애인에 대한 차별금지가 상당 부분 공론화되었다. 이러한 시도에도 불구하고 우리나라의 장애아동복지는 아직까지 다양한 문제를 안고 있다. 여기에서는 장애의 개념 및 유형, 장애아동 및 가족의 특성, 장애아동의 현황, 장애아동복지서비스 및 대책 등에 대해서 고찰하기로 한다.

1. 장애의 개념 및 유형

장애의 개념은 나라와 시대 및 사회적 환경에 따라 변화하고, 한 국가의 사회문화적 · 정치적 · 경제적 상황에 따라 다르므로 보편적 정의를 내리기가 쉽지 않다. 우리나라에서는 장애인복지법과 장애인 등에 대한 특수교육법 및 장애아동 복지지원법에서 장애의 개념을 규정하고 있다. 특히 장애인복지법에서는 '장애인은 신체적 · 정신적 장애로 오랫동안 일상생활이나 사회생활에서 상당한 제약을 받는 자'를 말한다.

한편 1979년 유엔총회에서는 장애를 장애인 개인과 환경과의 관계로 파악해야 한다고 언급함으로써, 장애의 개념에 기능상의 장애뿐만 아니라 사회적인 불리(handicap)도 포함시켜야 함을 명시하였다. 이러한 맥락에서 세계보건기구(WHO)에서는 1980년 국제장애분류(International Classification of Impairments, Disabilities and Handicaps: ICIDH) 기준을 제시함으로써 장애의 개념적 틀을 정립하고 이에 근거하여 장애를 분류할 것을 권장하였다. 이 분류의 기준에서는 장애를 손상, 불능 및 불리의 세 가지 단계로 구분하고, 이를 모두 장애의 범주에 포함시켰다. 그리고 2001년에는 ICIDH의 개정판으로 볼 수 있는 국제 기능 · 장애 · 건강분류(International Classification of Functioning, Disability and Health: ICF) 기준이 발표되었다. ICF에는 신체기능과 활동 및 참여를 포괄하는 기능(functioning)과 장애(disability) 그리고 환경요인과 개인요인이 상호영향을 주고받는 배경요인이 포함되어 있다. 이는 기존의 의학적 모형에 사회적 모형을 통합하여 장애에 대한 기존의 시각을 장애보다는 건강이라는 개념으로 접근하는 통합적 시각을 제시하였다(신은경 · 신형익 · 이한나, 2012).

WHO에서 분류한 국제기능 · 장애 · 건강 분류(ICF)를 정리하면 그림 6-2와 같다.

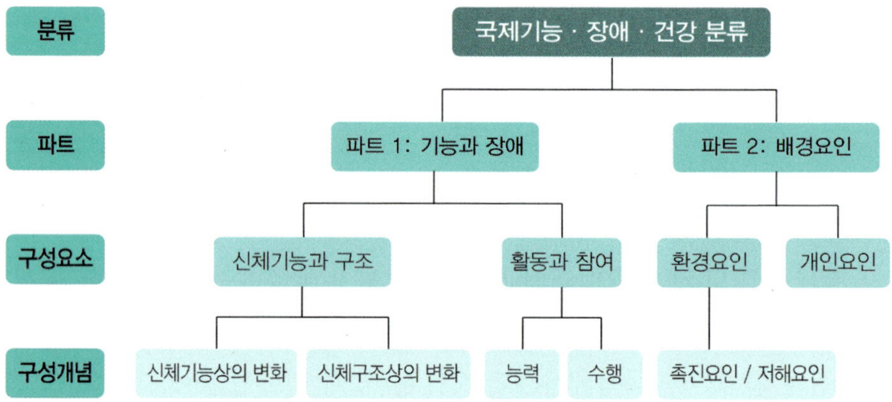

*자료: WHO(2001). International Classification of Functioning, Disability and Health.

그림 6-2 국제기능 · 장애 · 건강 분류

장애의 유형은 장애인복지법과 장애인 등에 대한 특수교육법 시행령에서 제시하고 있다. 먼저 장애인복지법상 장애분류는 표 6-5와 같다.

표 6-5 장애인복지법에 따른 장애분류표

대분류	중분류	소분류	세분류
신체장애	외부 신체 기능 장애	지체장애	절단장애, 관절장애, 지체기능장애, 변형 등의 장애
		뇌병변장애	중추신경의 손상으로 인한 복합적인 장애
		시각장애	시력장애, 시야결손장애
		청각장애	청력장애, 평형기능장애
		언어장애	음성기능 또는 언어기능의 영속적인 현저한 장애
		안면장애	안면부의 변형으로 인한 장애가 지속되며, 이로 인하여 사회생활활동이 현저하게 제한

(계속)

대분류	중분류	소분류	세분류
신체장애	내부기관장애	심신장애	투석치료 중이거나 신장을 이식받은 경우
		심장장애	일상생활에 현저히 제한되는 심장기능 이상
		간장애	간의 기능에 장애가 지속되며, 이로 인하여 기본적인 일상생활 및 사회생활 활동이 제한
		호흡기장애	폐나 기관지 등 호흡기관 기능의 장애로 일상생활 및 사회생활 활동 제한
		장루장애 및 요루장애	배변기능 또는 배뇨기능 장애로 장루 또는 요루를 시술하여 일상생활을 하는데 있어 상당한 제약을 받는 경우
		뇌전증장애	뇌전증으로 인한 기능 및 능력 장애가 지속되며, 이로 인하여 일상생활 및 사회생활 활동이 제한
정신장애	지적장애		지능지수가 70 이하인 경우
	정신장애		조현병, 분열형정동장애, 양극성정동장애, 반복성우울장애
	자폐성장애		소아자폐 등 자폐성장애

또한 장애인 등에 대한 특수교육법의 특수교육 대상자 유형 및 선정기준은 표 6-6과 같다.

표 6-6 특수교육 대상자 유형 및 선정기준

구분	선정기준
시각장애	시각계의 손상이 심하여 시각기능을 전혀 이용하지 못하거나 보조공학기기의 지원을 받아야 시각적 과제를 수행할 수 있는 사람으로서, 시각에 의한 학습이 곤란하여 특정의 광학기구·학습매체 등을 통하여 학습하거나 촉각 또는 청각을 학습의 주요 수단으로 사용하는 사람
청각장애	청력 손실이 심하여 보청기를 착용해도 청각을 통한 의사소통이 불가능 또는 곤란한 상태이거나, 청력이 남아 있어도 보청기를 착용해야 청각을 통한 의사소통이 가능하여 청각에 의한 교육적 성취가 어려운 사람
지적장애	지적기능과 적응행동상의 어려움이 함께 존재하여 교육적 성취에 어려움이 있는 사람
지체장애	기능·형태상 장애를 가지고 있거나 몸통을 지탱하거나 팔다리의 움직임 등에 어려움을 겪는 신체적 조건이나 상태로 인해 교육적 성취에 어려움이 있는 사람
정서·행동장애	장기간에 걸쳐 다음 각 목의 어느 하나에 해당하여 특별한 교육적 조치가 필요한 사람 가. 지적·감각적·건강상의 이유로 설명할 수 없는 학습상의 어려움을 지닌 사람 나. 또래나 교사와의 대인관계에 어려움이 있어 학습에 어려움이 있는 사람 다. 일반적인 상황에서 부적절한 행동이나 감정을 나타내어 학습에 어려움이 있는 사람 라. 전반적인 불행감이나 우울증을 나타내어 학습에 어려움이 있는 사람 마. 학교나 개인 문제에 관련된 신체적인 통증이나 공포를 나타내어 학습에 어려움이 있는 사람
자폐성장애	사회적 상호작용과 의사소통에 결함이 있고, 제한적이고 반복적인 관심과 활동을 보임으로써 교육적 성취 및 일상생활 적응에 도움이 필요한 사람

(계속)

구분	선정기준
의사소통장애	다음 각 목의 어느 하나에 해당하여 특별한 교육적 조치가 필요한 사람 가. 언어의 수용 및 표현능력이 인지능력에 비하여 현저하게 부족한 사람 나. 조음능력이 현저히 부족하여 의사소통이 어려운 사람 다. 말 유창성이 현저히 부족하여 의사소통이 어려운 사람 라. 기능적 음성장애가 있어 의사소통이 어려운 사람
학습장애	개인의 내적 요인으로 인하여 듣기, 말하기, 주의집중, 지각, 기억, 문제해결 등의 학습기능이나 읽기, 쓰기, 수학 등 학업성취 영역에서 현저하게 어려움이 있는 사람
건강장애	만성질환으로 인하여 3개월 이상의 장기입원 또는 통원치료 등 계속적인 의료적 지원이 필요하여 학교생활 및 학업수행에 어려움이 있는 사람
발달지체	신체, 인지, 의사소통, 사회·정서, 적응행동 중 하나 이상의 발달이 또래에 비하여 현저하게 지체되어 특별한 교육적 조치가 필요한 영아 및 9세 미만의 아동

2. 장애아동 및 가족의 특성

대부분의 장애아동은 지적 특성, 감각능력, 신경이나 근육 혹은 신체적 특성, 사회 혹은 정서적 행동, 의사소통능력, 복합장애 영역에서 평균 또는 정상아동으로부터 벗어난 정도가 심하다. 이로 인해 지적장애, 학습장애, 정서 및 행동장애, 의사소통장애, 지체 및 복합장애, 시각장애, 청각장애, 자폐 또는 뛰어난 재능이나 우수성 등을 지님으로써 일반아동과는 다른 학업적, 행동적, 사회적 특성을 보이게 된다. 이러한 특성들 때문에 잠재능력을 최대한 개발시키기 위해서는 실제 교육의 수정이나 각 아동의 특수한 교육적 욕구에 맞는 교육과 서비스가 요구되는 아동이다. 그래서 물리치료, 언어치료, 음악치료, 미술치료 등 다양한 치료가 함께 이루어져야 한다.

첫째, 장애아동의 발달 특성은 다음과 같다(고인숙 외, 2017). ① 시각장애아동의 지능은 일반아동과 크게 차이가 나지만, 경험 부족으로 인해 인지발달에 영향을 미치는 것으로 나타난다. 시각적 장애로 인하여 사회적 상호작용을 시작하는 것과 유지하는 것에 어려움이 있으며, 시각적 관찰과 모방을 통해 자연스럽게 습득되는 사회성 기술에 어려움이 있다. ② 청각장애아동은 추상적 개념보다 구체적 개념에서 보다 이해가 촉진된다. 특히 청각장애인은 의사소통이 곤란한 환경에 처하는 경우가 많으므로, 사회적·정서적 경험의 기회가 제한되어 이러한 점이 성격 형성에 영향을 미칠 수 있다. ③ 지적장애아동은 주의력 결함을 보이는데, 과거에 집중하는 시간이 짧고 정신을 산만하게 하는 자극들을 억제하는 데 어려움이 있다. 또한 기억력에도 결함을 보이는데, 장기기억은 비장애 또래들과 비슷하지만 단기기억 영역에서 많은 어려움을 보인다. 누적된 학습 실패의 경험으로 학습동기가 낮으며, 학습 전이와 일반화가 어려우며, 언어발달 속도가 일반아동에 비해 지체된다. ④ 정서 및 행동장애아동은 충동적으로 말을 하거나 행동하고 쉽게 화를 내며 또래와 싸우는 경우가 많다. 그리고 사회적인 면에서 미성숙한 경우가 많다. 학습장애를 가지고 있는 경우가 많으며, 늦은 학업성취로 인하여 자신에 대한 부정적인 인식과 낮은 자존감을 갖는 경우가 있다. 정서 및 행동장애아를 위해선 여러 가지 다양한 행동지원이 필요하다. ⑤ 자폐성장애아동은 일차적으로 정서, 지각, 언어, 인지 및 의사소통 영역에서 심한 문제를 지니고 있다. 자폐성장애아동은 기능적인 언어의 발달을 이루지 못하는 것으로 알려졌는데, 그들의 언어적 특성은 상대방의 질문을 그대로 따라하는 반향어의 형태를 보이고, 주로 상호작용의 목적이 아니라 도구적인 목적으로 사용하는 점이다. 사회적인 상호작용에서는 다른 사람과의 눈맞춤의 결여, 주위 사람들과의 빈약한 애착현상, 특정한 사물에 대한 강한 집착 그리고 또래와 어울리기보다는 고립된 행동을 하며 혼자 노는 모습을 자주 볼 수 있다. ⑥ 의사소통장애아동은 지적장애, 학습장애, 기타 장애를 복합적으로 지니고 있어, 단어 인지력이나 독해력, 연산능력이 일반아동에 비하여 부족하다. ⑦ 학습장애아동들은 다양한 행동특성을 보인다. 주로 학습전략의 결핍이나 적용에서의 어려움으로 인해 낮은 학업성취, 학습된 무기력, 낮은 자아개념 등이 나타난다. 주의집중장애와 과다행동성 주의집중장애가 함께 나타나기도 한다. 시·청각 자극을 받아들이고 정리하고 해석하는데 있어서 결함을 보이는 지각장애, 기억력과 인지적인 면에서 문제를 보이기도 한다. ⑧ 지체장애는 뇌성마비아동을 제외한 지체부자유아동의 대부분은 일반아동의 지능과 차이가 없다. 뇌성마비아동 중에 지적인 결함을 가진 아동이 있으며(40~60%), 보통 또는 그 이상의 우수한 지적 잠재력을 보이는 아동도 있다. 하지만 뇌성마비아동은 일반학생의 평균 지능보다 낮다.

둘째, 장애아동가족에 대한 사항은 다음과 같다(정옥분 외, 2016). ① 장애아동가족이 높은 스트레스와 갈등을 경험하는 것으로 간주한 관점이다. 많은 가족들이 장애아동의 출생으로 인하여 상실감과 충격, 분노, 슬픔, 무기력감을 경험하게 된다는 것이다. 장애아동의 출생은 경제적인 어려움뿐만 아니라 장애자녀의 특별한 욕구를 충족시켜 주기 위한 육체적·시간적 부담, 지식 및 기술부족, 친지나 이웃으로부터 고립, 자신의 자녀가 장애아동이라는 사실로 인한 모욕감, 자녀의 미래에 대한 불안감 등으로 인해 가족원들에게 스트레스를 가중시키게 되며, 결과적으로 가족 간 통합을 저해하는 요인으로 작용한다. 또한 ② 장애아동의 부모뿐만 아니라 형제도 장애형제와의 상호작용에 대한 막연한 두려움과 자신이 건강하다는 사실에 대한 죄책감, 미래에 장애자녀를 출산할지도 모른다는 불안감을 가지고 있으며, 높은 수준의 스트레스와 갈등을 빈번하게 경험한다고 한다. 그 결과 장애아동 형제자매가 싸움이나 거짓말, 도벽 등과 같은 문제행동을 일으키는 경우도 있지만, 이와는 반대로 '모범생증후군(model child syndrome)'을 보이기도 한다(이자영, 2001). ③ 장애아동 출생에 따른 부모의 반응 및 적응과정에서 부모의 장애수용단계는 다음과 같다(Cook & Armbruster, 1983). 1단계: 충격·불신·거부단계이다. 장애아동의 출생으로 부모가 경험하는 최초의 극단적인 감정으로 부모들은 충격을 받고 사실을 믿지 않으려고 하며 부정하는 것이다. 자녀가 장애아동이 아니라는 진단을 받기 위해서 다양한 병원을 돌아다니면서 진찰을 받으려는 경향이 있다. 2단계: 분노단계이다. 장애아동의 존재에 대해 더 이상 거부를 할 수 없게 됨에 따라 분노감을 느끼고 화를 낸다. 이러한 분노는 내재화되어 자기증오감을 경험하게 된다. 불공평의 감정을 동반하면서 서로 다른 대상, 즉 신, 의사, 간호사에 대해 이러한 분노가 투사되기도 한다. 3단계: 타협단계이다. 자신과의 타협과 함께 자신의 모든 에너지를 동원하여 소비하는 단계로, 심리적 혹은 행동적 문제 충격, 불신, 거부, 진단의 수용, 수치심, 죄책감, 죄의식, 고립, 무가치감, 분노, 불공평감, 자기증오감, 타협, 협상, 자기희생, 자기방어, 우울, 낙담, 사랑과 증오의 갈등, 만성적 슬픔, 무력감 수용, 아동의 장애에 대한 수용, 해결방법 모색 등과 함께 아동을 위한 자기 자신의 목표 등을 희생하고자 한다. 4단계: 우울 · 낙담단계이다. 장애아동에 대한 인식이 나타남에 따라 점차 낙담에 빠져 우울해지며, 장애아동에 대해 사랑과 증오가 갈등하는 감정을 노출시키는데, 이러한 침체 분위기는 정상아동 부모들이 즐거운 순간들을 느낄 때마다 반복된다. 5단계: 수용단계이다. 장애아동을 가진 부모가 장애아동에 대해 자신의 감정을 극복할 수 있고, 아동의 능력과 제한을 이해하는 단계에 이를 수 있다.

사례: 현장활용 자료 **부모의 장애 수용과정**

• 다음은 부모의 장애수용과정에 대한 사례이다.

언어장애가 의심이 되는 유아가 있다. H교사는 부모에게 병원이나 센터에서 정밀한 검사와 치료를 받아보라고 권유하였으나 어머니는 자신의 아이가 '장애아'로 낙인찍히는 것이 두려워 검진 자체를 피하며, 아이가 어릴 때부터 발달이 더뎠기 때문에 시간이 지나면 나아질 것이라고 한다.

1) 유아기는 언어발달의 결정적 시기이며, 특히 언어장애의 경우 조기 개입이 이루어지지 않으면 회복이 어렵다는 점에서 H교사가 할 수 있는 개입 및 중재방법은 무엇일지 이야기해 보시오.

참고자료 유엔장애인권리협약

제2조의 정의

"장애로 인한 차별"이란 정치적 · 경제적 · 사회적 · 문화적으로 인간 또는 다른 분야에서 다른 사람과 동등하게 모든 인권과 기본적인 자유를 인정받거나 향유 또는 행사하는 것을 저해하거나 무효화하는 목적 또는 효과를 갖는 장애를 이유로 한 모든 구별, 배제 또는 제한을 의미한다. 이는 합리적인 편의제공에 대한 거부를 포함한 모든 형태의 차별을 포함한다.

제3조 일반원칙

이 협약의 원칙은 다음과 같다.

가. 천부적인 존엄성, 선택의 자유를 포함한 개인의 자율성 및 자립에 대한 존중
나. 비차별
다. 완전하고 효과적인 사회 참여 및 통합
라. 장애가 갖는 차이에 대한 존중과 인간의 다양성 및 인류의 한 부분으로서 장애인의 인정
마. 기회의 균등
바. 접근성
사. 남녀의 평등
아. 장애아동의 점진적 발달능력 및 정체성 유지 권리에 대한 존중

제5조 평등 및 비차별

1. 당사국의 모든 인간은 법 앞에서 그리고 법 아래 평등하며, 법이 인정한 동등한 보호 및 동등한 혜택을 차별 없이 받을 자격이 있음을 인정한다.
2. 당사국은 장애를 이유로 한 모든 차별을 금지하고 모든 이유에 근거한 차별에 대하여 장애인에게 평등하고 효과적인 법적 보호를 보장한다.
3. 당사국은 평등을 증진하고 차별을 철폐하기 위하여 합리적인 편의제공을 보장받기 위한 모든 적절한 절차를 취한다.
4. 장애인의 사실상의 평등을 촉진하고 달성하기 위하여 필요한 구체적인 조치는 이 협약의 조건하에서 차별로 간주되지 아니한다.

*자료: 임시아(2017). 아동권리와 복지. 경기: 공동체. p.245에서 인용함

3. 장애아동의 현황

1) 장애아동 분포 현황

보건복지부 장애인 등록 현황자료(2016)에 따르면, 2015년 12월 등록 장애인은 2,490,406명이다. 이 중 장애아동(0~17세)의 수는 72,583명으로 전체 등록 장애인의 2.91%를 차지하고 있다(표 6-7). 장애 유형별 비율을 구체적으로 살펴보면 지적장애아동의 비율이 전체 48.07%(34,876명)로 가장 많았으며, 뇌병변장애 16.55%(12,003명), 자폐장애 15.98%(11,592명), 청각장애 5.74%(4,166명), 지체장애 5.42%(3,930명), 시각장애 3.84%(2,786명) 순으로 나타났다.

표 6-7 전국 등록 장애인 대비 장애아동 분포 현황

구분	장애아동		전체 장애인		전체 장애 아동분포율(%)
	인원(명)	비율(%)	인원(명)	비율(%)	
지체장애	3,930	5.42	1,281,497	51.46	0.16
시각장애	2,786	3.84	252,874	10.15	0.11
청각장애	4,166	5.74	250,334	10.05	0.17
언어장애	1,807	2.49	18,813	0.76	0.07
지적장애	34,876	48.07	189,752	7.62	1.40
뇌병변장애	12,003	16.55	250,862	10.07	0.48
자폐장애	11,592	15.98	21,103	0.85	0.47
정신장애	44	0.06	98,643	3.96	0.00
신장장애	208	0.29	74,468	2.99	0.01
심장장애	405	0.56	5,833	0.23	0.02
호흡기장애	45	0.06	12,033	0.48	0.00
간장애	411	0.57	10,324	0.41	0.02
안면장애	70	0.10	2,686	0.11	0.00
장루 · 요루장애	67	0.09	14,116	0.57	0.00
뇌전증장애	173	0.24	7,069	0.28	0.01
합계	72,583	100.00	2,490,406	100.00	2.91

*자료: 김이영 외(2017). 아동권리와 복지. 경기: 양성원. pp.186-187.

장애아동의 생애주기별 특성을 반영하여 영아기(0~3세), 유아기(4~7세), 학령기(8~13세), 청소년기(14~17세)로 보다 세분화하여 나타낸 장애현황 분포는 표 6-8과 같다. 생애주기별 장애아동 분포현황을 살펴보면 영아기는 3,117명(4.29%), 유아기 12,502명(17.22%), 학령기는 27,556명(37.96%), 청소년기는 29,408명(40.52%)으로 나타났다.

표 6-8 생애주기별 장애아동 분포 현황

구분	영아기 (0~3세)		유아기 (4~7세)		학령기 (8~13세)		청소년기 (14~17세)		전체	
	인원(명)	비율(%)	인원(명)	비율(%)	인원(명)	비율(%)	인원(명)	비율(%)	인원(명)	비율(%)
지체장애	162	5.20	454	3.63	1,331	4.83	1,983	6.74	3,930	5.41
시각장애	141	4.52	389	3.11	1,026	3.72	1,230	4.18	2,786	3.84
청각장애	429	13.76	835	6.68	1,459	5.29	1,443	4.91	4,166	5.74
언어장애	102	3.24	753	6.02	620	2.25	333	1.13	1,807	2.49
지적장애	457	14.66	4,656	37.24	13,863	50.31	15,900	54.07	34,876	48.05
뇌병변장애	1,638	52.55	2,713	21.70	4,161	15.10	3,491	11.87	12,003	16.54
자폐장애	95	3.05	2,502	20.01	4,558	16.54	4,437	15.09	11,592	15.97
정신장애	0	0.00	0	0.00	5	0.02	39	0.13	44	0.06
신장장애	15	0.48	19	0.15	61	0.22	113	0.38	208	0.29
심장장애	10	0.32	46	0.37	155	0.56	194	0.66	405	0.56
호흡기장애	7	0.22	8	0.06	15	0.05	15	0.05	45	0.06
간장애	45	1.44	94	0.75	166	0.60	106	0.36	411	0.57
안면장애	1	0.03	3	0.02	31	0.11	35	0.12	70	0.10
장루/요루 장애	10	0.32	13	0.10	27	0.10	17	0.06	67	0.09
뇌전증장애	6	0.19	17	0.14	78	0.28	72	0.24	173	0.24
합계	3,117	100.00	12,502	100.00	27,556	100.00	29,408	100.00	72,583	100.00

*자료: 김이영 외(2017). 아동권리와 복지. 경기: 양성원. pp.187-188.

2) 장애아동보육 및 교육 현황

장애아동의 보육시설 이용 현황을 알아본 결과, 전체의 69.6%가 보육시설을 이용하지 않는 것으로 나타났는데, 이는 대다수의 장애가족에서 장애아동을 부모나 가족이 돌보고 있음을 의미한다. 그리고 보육시설을 이용하고 있는 장애아동 가운데 일반보육시설 이용자가 14.1%로 가장 많았고, 장애아 통합보육시설 이용자가 9.8%, 장애아 전담보육시설 6.5% 순으로 나타났다(표 6-9 참조).

표 6-9 현재 다니고 있는 보육시설 형태

구분	지체 장애	뇌병변 장애	시각 장애	청각 장애	언어 장애	지적 장애	자폐성 장애	정신 장애	신장 장애	심장 장애	호흡기 장애	간 장애	안면 장애	장루/요루 장애	뇌전증 장애	전체
일반 보육 시설	0.0	23.4	0.0	14.9	51.1	10.7	5.7	-	-	0.0	-	-	-	-	0.0	14.1
장애아 통합 보육 시설	0.0	3.0	0.0	0.0	0.0	16.3	22.4	-	-	0.0	-	-	-	-	0.0	9.8
장애아 전담 보육 시설	0.0	19.8	0.0	0.0	0.0	0.0	8.0	-	-	100.0	-	-	-	-	100.0	6.5
다니지 않음	100.0	53.9	100.0	85.1	48.9	73.1	63.8	-	-	100.0	-	-	-	-	100.0	69.6
계	100.0	100.0	100.0	100.0	100.0	100.0	100.0	-	-	100.0	-	100.0	100.0	100.0	100.0	100.0
전국 추정치	963	7,701	990	3,200	918	9,972	4,340	-	-	336	-	-	-	-	-387	28,807

*자료: 보건복지부(2015). 2014년 장애인 실태조사.

장애아동의 유치원 이용 현황에서도 전체의 87.6%가 유치원에 다니지 않는 것으로 응답하였다. 이는 대부분 장애가족의 부모나 가족이 장애아동을 돌보고 있고 유치원 이용도 거의 하지 않는 것을 의미한다. 유치원을 다니고 있는 장애아동의 유치원 이용 형태로는 일반유치원 5.5%, 일반유치원 내 특수학급 4.7%, 특수학교유치원 2.2%로 매우 낮게 나타났다(표 6-10 참조).

표 6-10 현재 다니고 있는 유치원 형태

구분	지체 장애	뇌병변 장애	시각 장애	청각 장애	언어 장애	지적 장애	자폐성 장애	정신 장애	신장 장애	심장 장애	호흡기 장애	간 장애	안면 장애	장루/요루 장애	뇌전증 장애	전체
일반 유치원	-	9.5	-	11.5	18.0	3.2	0.0	-	-	-	-	-	-	-	0.0	5.5
일반 유치원 내 특수 학급	-	6.7	-	5.2	0.0	3.8	6.5	-	-	-	-	-	-	-	0.0	4.7
특수 학교 유치원 (부)	-	5.0	-	0.0	0.0	0.0	0.0	-	-	-	-	-	-	-	67.2	2.2
기타	-	-	-	-	-	-	-	-	-	-	-	-	-	-	-	-
다니지 않음	100.0	78.8	100.0	83.2	93.0	93.5	93.5	-	-	100.0	-	-	-	-	32.8	87.6
계	100.0	100.0	100.0	100.0	100.0	100.0	100.0	-	-	100.0	-	100.0	100.0	100.0	100.0	100.0
전국 추정수	963	7,702	990	3,201	917	9,9973	4,340	-	-	336	-	-	-	-	387	28,809

*자료: 보건복지부(2015). 2014년 장애인 실태조사.

사례: 현장활용 자료 **자폐 스펙트럼 장애유아**

• 다음 글을 읽고 물음에 답하시오.

만 4세 담임 교사인 S교사는 요즘 고민이 있다. S교사의 반에는 자폐 스펙트럼 장애유아인 E가 있는데 활동 중 엉엉 울거나 큰 소리로 웃고, 식사시간에 좋아하는 음식이 나오면 손으로 집어서 먹고, 싫어하는 음식은 절대 먹지 않는다. S교사는 E의 행동을 이해하고자 노력을 하는데 다른 유아들이 "선생님은 E만 좋아해. E는 해도 되는데 왜 우리는 하면 안돼요?"라고 말할 때마다 난처하다.

1) 만약 여러분이 S교사라면 이러한 상황에서 어떠한 방식으로 대처를 할지 토의해 보시오.

3) 장애아동 특수교육 현황

장애아동 특수교육 현황을 살펴보면 표 6-11과 같다. 2016년 4월 기준으로 특수교육대상자 수는 87,950명으로, 장애영역별로는 지적장애 47,258명, 지체장애 11,019명, 자폐성장애 10,985명 순으로 나타났다. 학교과정별로는 초등학교 33,770명, 고등학교 23,943명, 중학교 19,793명, 유치원 5,186명 순으로 나타났다. 학교 및 센터 수는 11,219개교, 학급 수는 29,157개, 특수학교 교원 수는 18,772명, 특수교육 보조인력 수는 11,260명으로 나타났다. 연도별 특수교육대상 학생의 변화와 연도별 특수교육 교원 수의 변화 추이는 그림 6-2, 그림 6-3과 같다.

표 6-11 2016년 특수교육 주요 현황

배치별			특수학교	일반학교		특수교육 지원센터	계
				특수학급	일반학급 (전일제 통합학급)		
특수교육대상자 수			25,467	46,645	15,344	494	87,950
학생 수	장애영역별	시각장애	1,313	278	441	3	2,035
		청각장애	863	700	1,816	22	3,401
		지적장애	14,285	29,013	3,895	65	47,258
		지체장애	3,889	3,994	2,996	140	11,019
		정서행동장애	97	1,441	683	-	2,221
		자폐성장애	4,039	5,043	701	2	10,905
		의사소통장애	97	1,076	915	1	2,080
		학습장애	118	1,537	772	-	2,327
		건강장애	12	190	1,473	-	1,675
		발달지체	254	2,773	1,652	261	4,940
		계	23,467	46,645	15,344	494	87,850

(계속)

배치별		특수학교	일반학교		특수교육지원센터	계
			특수학급	일반학급(전일제 통합학급)		
학교과정별	장애영아	62	-	-	494	656
	유치원	938	2,504	1,744	-	5,186
	초등학교	6,585	21,192	5,993	-	33,770
	중학교	5,818	10,602	3,373	-	19,793
	고등학교	7,577	12,132	4,234	-	23,943
	전공과	4,387	215	-	-	4,602
	계	25,467	46,645	15,344	494	87,850
학교 및 센터 수		170	7,543	7,373	199	11,219
			10,850			
학급 수		4,550	10,065	14,482	60	29,157
특수학교(급) 교원 수		8,050	10,380	-	382	18,772
특수교육 보조인력 수		3,607	7,167	486	-	11,250

*자료: 교육부(2016). 특수교육통계. p.3.

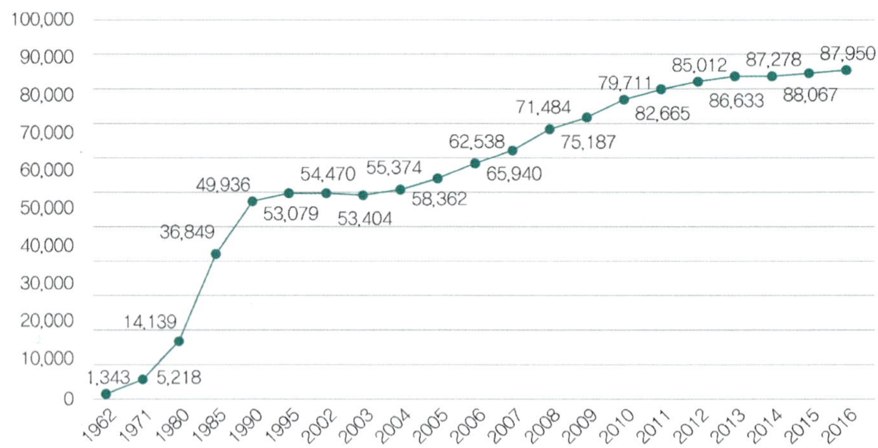

※ 전체 학생 수 = 특수학교 학생 수(1962년~) + 특수학급 학생 수(1994년~) + 일반학급 학생 수(2000년~) + 특수교육지원센터 장애영아 수(2009년~)

*자료: 교육부(2016). 특수교육통계. p.11.

그림 6-2 연도별 특수교육대상 학생

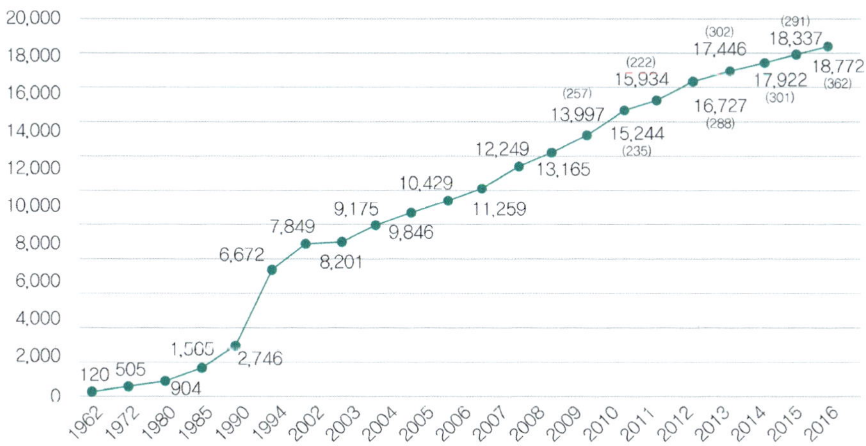

*자료: 교육부(2016). 특수교육통계. p.12.

그림 6-3 연도별 특수교육 교원

4. 장애아동복지서비스 및 대책

우리나라 장애인복지법 제58조에는 장애인 거주시설, 장애인 지역사회재활시설, 장애인 직업재활시설, 장애인 의료재활시설 및 그 밖에 대통령령으로 정하는 시설 등의 장애인복지시설을 규정하고 있으며, 이러한 시설을 통해 장애아동에게 다양한 복지서비스를 제공하고 있다(정옥분 외, 2016). 장애아동 및 가족지원 대상 제도와 사업을 살펴보면 표 6-12와 같다.

표 6-12 장애아동과 가족지원 대상 제도와 사업

구분			제도 및 사업명	비고
정부	현금급여	장애아동	장애아동수당 장애인자녀교육비지원	
		비장애아동	한부모가족지원사업	-아동양육비 -아동교육비
	현물급여	장애아동	아동양육지원사업(돌봄서비스)	제주도 지방자치단체특별사업
		비장애아동	아동돌보미사업 희망스타트 시범사업	
정부 민간	바우처	기초생활수급자 및 차상위(장애 포함)	장애인활동지원서비스	
			장애아동 발달재활서비스	
민간	한국장애인부모회		외출지원 가정도우미	
	세종장애아동통합지원센터		생애주기별 통합관리서비스 등	
	한국제나가족지원센터		가족사업 및 상담사업 등	
	장애인복지회관 등		부모상담, 형제기능 강화, 가족캠프 등	

*자료: 임시아(2017). 아동권리와 복지. 경기: 공동체. p.257.

표 6-12와 같이 장애아동 및 가족지원 대상 제도와 사업은 현금급여제도(장애아동수당제도, 장애인자녀교육비지원사업, 한부모가족지원사업), 현물급여로서는 아동양육지원서비스(돌봄서비스), 바우처인 장애인활동지원서비스와 발달재활서비스에 대해서 고찰하도록 한다(임시아, 2017; 정옥분 외, 2016).

첫째, 정부지원제도(현금급여)로는 ① 장애아동수당제도이다. 이는 장애인복지법 제50조와 제51조에 근거를 두고 있으며, 18세 미만 재가 장애아동을 둔 기초생활보장대상자 및 차상위계층에 지원하여 장애아동의 양육환경을 개선하고 장애아동 가구의 생활안정을 도모함을 목적으로 하고 있다. 지급대상은 국민기초생활보장법[3]에 의한 수급자 및 차상위계층[4]의 18세

3) 2016년 최저생계비 기준 및 차상위 소득 인정액은 다음과 같다.

가구규모	1인 가구	2인 가구	3인 가구	4인 가구	5인 가구	6인 가구
최저생계비	649,932	1,106,642	1,431,608	1,756,574	2,081,540	2,406,506
차상위 기준	779,918	1,327,970	1,717,930	2,107,899	2,497,848	2,887,807

4) 차상위계층은 수급권자에 해당하지 아니하는 계층으로서 소득인정액이 최저생계비의 100

미만 재가 장애아동으로 보호자(보호자가 없는 경우 장애아동 당사자)에게 지급, 보장시설 입소 18세 미만 장애아동은 장애수당만 지급하고, 장애아동 보호자는 국민기초생활보장법상의 부양의무자로 하며, 장애아동 또는 장애아동보호자가 2016년 국민기초생활사업안내에 의한 특례수급자인 경우도 국민기초생활보장법에 의한 일반수급장애인과 같이 장애아동수당을 지급한다. 당해 장애인이 초·중·고등학교 또는 이에 준하는 특수학교 및 각종 학교에 재학 중인 경우에는 20세 이하까지 대상자에 포함하도록 한다. 그리고 장애아동수당의 급여수준은 표 6-13과 같다.

표 6-13 장애아동수당 급여수준

지급대상	지급액	
국민기초생활수급자	중증장애아동(1·2급, 3급 지적 또는 자폐성장애)	월 200,000원
	경증장애아동(3~6급)	월 100,000원
차상위계층	중증장애아동(1·2급, 3급 지적 또는 자폐성장애)	월 150,000원
	경증장애아동(3~6급)	월 100,000원

*자료: 보건복지부(2016). 2016년 장애인복지사업안내.

② 장애인자녀교육비 지원사업은 장애인복지법 제38조 및 동법 시행규칙 제23조 내지 제25조에 근거하여 비장애인에 비하여 소득활동에 제한을 받으면서 의료비, 교통비, 보장구 구입 등 교육 간접비용이 상대적으로 높은 저소득 장애인 가구의 자녀에 대한 교육비를 지원하여, 경제적 부담을 줄여주고 최소한의 교육기회 보장과 장애인가구의 생활안정을 도모함을 목적으로 하고 있다. 그리고 장애인 자녀 교육비 대상자 선정기준 장애아동 수당 급여기준은 표 6-14와 같다.

분의 120 이하인 계층이다(보건복지부, 2016).

표 6-14 장애인 자녀 교육비 대상자 선정기준 장애아동 수당 급여기준

구분	1인	2인	3인	4인	5인	6인	7인
소득 인정액	812,415 이하	1,383,302 이하	1,789,509 이하	2,195,717 이하	2,601,925 이하	3,008,132 이하	3,414,340 이하
대상	• 1~3급 장애인 중학생 및 고등학생 • 1~3급 장애인의 중학생 자녀 및 고등학생 자녀						

둘째, 정부지원제도(현물급여)로는 ① 아동양육지원사업(돌봄서비스)이 있다. 이 사업은 건강가정기본법 제25조(가족부양의 지원) 제2항인 "국가 및 지방자치단체는 질환이나 장애로 가족 내 수발을 요하는 가족구성원이 있는 가정을 적극 지원하며, 보호시설을 이용할 수 있도록 전문보호시설을 확대하여야 한다"에 근거하여 지원되고 있으며, 2008년 시행 기준 전국 16개 단체에서 사업을 운영하고 있다. 지원대상은 2008년 기준으로 만 18세 미만의 자폐성장애, 지적장애, 뇌병변장애 및 중증장애아 양육가정으로 서비스 신청 시 장애인으로 등록이 되어 있어야 하며, 미등록일 경우 등록을 유도하고, 실제 장애아동과 생계 및 주거를 같이 하는 가정이면서 소득기준은 도시근로자 월평균 소득 100% 이내이며, 판별근거는 국민건강보험납부액을 기준으로 하고 있다. '돌봄서비스'는 양육자의 질병, 사회활동 등 필요시 일정한 교육과정을 수료한 도우미를 파견하여 장애아동을 보호해주는 서비스로, 아동의 가정 또는 도우미 가정에서 돌봄서비스를 제공하며 1가정당 연 320시간 범위 내에서 지원하고 있다.

셋째, 바우처제도 도입은 정부의 입장에서는 민간부문을 통해 서비스가 제공되므로 간접비 및 행정비용을 줄일 수 있고, 경우에 따라서 바우처제도를 예산 통제의 목적으로 도입할 수도 있다. 바우처 지원액 및 본인부담금 합계는 매월 22만 원이다. 서비스 대상자의 소득기준에 따른 바우처 지원 금액 및 본인부담금에 차이를 두고 있는데, 이를 제시하면 표 6-15와 같다.

표 6-15 소득기준별 대상자 등급

소득기준	(등급)	정부지원금	본인부담금
기초생활수급자	(다형)	22만 원	면제
차상위계층	(가형)	20만 원	2만 원
차상위계층 초과~ 전국가구평균소득 50% 이하	(나형)	18만 원	4만 원
전국가구평균소득 50% 초과 ~100% 이하	(라형)	16만 원	6만 원
전국가구평균소득 100% 초과 ~150% 이하	(마형)	14만 원	8만 원

*자료: 보건복지부(2014). 장애아동가족지원사업안내.

바우처 시스템에는 장애인활동지원서비스와 발달재활서비스가 있다. ① 장애인활동지원서비스사업은 장애인활동지원에 관한 법률 제1조 목적에 따라, 신체적 및 정신적 이유로 원활한 일상생활과 사회생활이 어려운 장애인에게 활동보조서비스를 제공함으로써, 장애인의 자립생활과 사회참여 증진을 그 목적으로 하고 있다. 활동보조서비스 대상은 장애인복지법상 등록 1급 및 2급 장애인으로 유형과 무관하게 모든 장애인이 활동지원서비스 인정조사표에 의한 인정점수를 총 470점 가운데 220점 이상 획득한 사람이다. 장애인활동지원 인정조사표는 일상생활 동작 영역의 7개 문항, 수단적 일상생활 수행능력 영역의 8개(만 15세 이상) 또는 6개(만 6~15세 미만) 문항, 장애 특성 고려 영역의 5개 문항 및 사회 환경 고려 영역의 4개 문항으로 구성되어 있다. ② 장애아동 발달재활서비스는 성장기의 정신적 및 감각적 장애아동의 인지, 의사소통, 적응행동, 감각운동 등의 기능 향상과 행동 발달을 위한 적절한 발달재활서비스를 지원 및 정보를 제공하는 것을 목적으로 하고 있다. 서비스 대상은 만 18세 미만 장애아동으로 뇌병변, 지적, 자폐성, 청각, 언어, 시각장애아동이다. 장애인복지법상 등록 장애아동에 한하며, 만 6세 미만의 영유아인 경우 의사진단서와 검사자료로 대체 가능하다. 장애아 등록이 안 된 대상자가 만 6세 도래 시에는 만 6세가 되는 달까지만 지원한다. 소득은 전국가구평균소득 150% 이하로 소득수준을 제한하고 있으며, 소득기준에 따라 5등급으로 구분이 되며, 건강보험료 본인부담 금액을 기준으로 등급이 결정된다.

사례: 현장활용 자료 **토론주제: 평등(Equality) 및 비차별(Non-Discrimination)**

• 연습 1: 평등과 비차별을 누리는 것의 의미란?

•목표: 평등과 비차별을 누리는 것의 의미를 이해하기
•시간: 30분
•준비물: 차트 종이와 마커펜 혹은 칠판과 분필

◇ 브레인스터밍하기/ 토론하기
아래의 질문지에 대한 답을 내리며 생각해 봅시다.
•당신에게 평등이란 어떤 의미인가?
•평등과 비차별을 누리는 것은 어떤 의미인가?
 — 당신은 당신의 삶을 어떻게 사는가
 — 당신은 남들을 어떻게 대하는가
 — 남들은 당신을 어떻게 대하는가
 — 당신이 이용 가능한 기회를 가지고 있는가
 — 당신이 즐길 수 있는 인생의 경험에는 어떤 것이 있는가
 — 다른 사람들은 어떻게 그들의 삶을 살며 경험하는가

명목상의 평등, 기회의 평등, 실제적 평등에 대한 정의를 들어보고, 각 참여자들의 경험에 대해서 이야기 나눈다.

◇ 생각해 보기
참여자들을 소그룹으로 나눈다. 다음 내용을 토의해 본다.
명목적인 기회의 평등(교육, 직장, 지역사회)은 누리지만 이러한 환경에서 실제적인 평등은 누리지 못하는 장애인에 대한 예를 상상으로 만들어 본다. 그 장애인의 이름, 나이, 장애의 성격, 생활 수준도 만든다.

◇ 진행 시 유의사항
•이 사람의 형식적인 기회의 평등을 위해 어떤 장벽들이 제거되었고 어떤 행동들이 취해졌는가?
•어떤 장벽들이 제거되지 않았는가?
•이 사람이 누리는 사실상의 평등은 어떻게 다른가?

◇ 발표하기/토론하기
각 그룹은 자신들이 상상한 사람에 대해서 설명한다. 발표 후에 다음 사항을 토론해 본다.
•이 사람에게 사실상의 평등을 보장하기 위해서 어떠한 추가적인 활동이 필요한가?
•이러한 활동에 책임이 있는 사람은 누구이며, 어떻게 달성할 수 있는가?

*자료: 한동대학교(2016). 유엔 장애인권권리협약에 기초한 국제 장애인 인권 매뉴얼. 한동대학교 통일과 평화연구소. p.298에서 재구성함.

생각해 봅시다

1. 빈곤의 원인(개인적 요인, 사회구조적 요인)에 대해 생각해 봅시다.
2. 각국의 빈곤계층을 위한 스타트 프로그램에 대해 살펴보고, 우리나라 빈곤아동정책에의 시사점에 대해 생각해 봅시다.
3. 빈곤아동의 발생원인과 그 대책에 대해 토론해 봅시다.
4. 장애아동을 위한 통합교육의 필요성에 대하여 토론해 봅시다.
5. 최근에 벌어지고 있는 장애아동에 대한 학교 내에서의 차별에 대해 토론해 봅시다.
6. 장애를 이유로 한 차별의 종류에는 어떤 것들이 있는지 생각해 보고, 이를 해소하기 위한 다양한 방법들에 대해 토론해 봅시다.
7. 장애아동이 교육적 차별을 받지 않고 교육을 받을 수 있는 방법을 생각해 봅시다.
8. 장애아동의 권리와 복지 실천과정과 내용은 무엇인지 생각해 봅시다.

CHAPTER 07

입양과 가정위탁보호

학습목표

1. 입양의 개념과 입양가족의 특성을 이해하고 지원 방안을 모색해 본다.
2. 입양의 절차를 설명할 수 있다.
3. 입양의 문제점을 파악한 후 입양아동복지서비스 개선과제를 지적할 수 있다.
4. 가정위탁보호의 개념을 이해하고 종류를 설명할 수 있다.
5. 가정위탁 현황 및 문제점을 이해할 수 있다.
6. 가정위탁아동을 위한 복지서비스 개선방안에 대해 설명할 수 있다.

현대사회의 많은 아동이 핵가족화와 더불어 가족 간의 유대관계 약화, 성윤리 및 가치관의 급격한 변화, 빈곤 등으로 친부모의 안정적인 양육을 받으며 성장할 기본적인 권리를 보장받지 못하고 있다. 아울러 친부모가 부모 역할을 제대로 수행하지 못할 때 이를 대신할 다른 친인척이나 이웃 등 자연적인 보호망 역시 부재한 실정이나(이순형 외, 2016).

입양이란 모든 아동이 건강한 가정에서 행복하게 살 기본적인 권리를 제공해 주는 것이다. 정부는 친부모를 대신해서 보호를 필요로 하는 아동들을 양육하고, 보호해줄 수 있는 가정을 찾아줄 의무와 책임을 가진다는 점에서 입양사업은 더 큰 의미를 가진다. 하지만 우리의 경우는 혈연중심문화로 인해 입양에 대한 편견이 강하고, 아직 입양아동의 양육을 지원하는 법과 제도가 아동의 복지를 증진시키기에는 미진한 점이 많다(정옥분 외, 2016).

한편 불행한 가정적 배경으로 인하여 아동이 가정의 부모로부터 적절하게 보호를 받지 못할 경우, 아동의 신체적 및 정신적 건강이 증진되도록 보호대책을 마련하도록 지원해야 될 것이다. 즉, 가정위탁보호사업(forster home care)을 들 수 있다. 가정위탁보호사업은 가정위탁아동이 건전한 사회인으로 자랄 수 있도록 위탁아동 및 위탁부모에 대하여 경제적·사회적 지원을 확대하는 데 초점을 맞추고 있다(정옥분 외, 2016).

따라서 이 장에서는 입양과 가정위탁보호사업에 대해서 살펴보기로 한다.

01 입양

여기에서는 입양아동의 개념과 목적, 입양의 유형 및 방법, 입양가족의 특성, 입양절차, 입양아동의 현황 등에 대해서 고찰하기로 한다.

1. 입양아동의 개념과 목적

입양이란 생물학적 과정이 아닌 법적 및 사회적 과정을 통해 부모자녀 관계를 형성하는 것이다(Kadushin, 1980; Sharkey, 1998). 이 과정에서 입양된 자녀에 대한 부모의 책임이 친부모에서 입양부모에게로 양도되며, 입양자녀는 입양가족 내에서 자녀로서의 모든 권리와 의무를 가지게 된다.

법적 의미의 입양은 입양과 관련된 법률에 의해 합법적으로 양친자관계(養親子關係)를 형성하는 것을 의미하며, 사회학적 의미의 입양은 친부모가 아동을 키울 능력이 없거나 또는 키울 의지가 없을 때 사회가 그 아동의 삶에 관심을 가지고 그 아동에게 영구적인 가정을 제공하는 것으로, 다른 사회구성원들로부터 양친자관계로 인정받는 것이다(김이영 외, 2017). 입양가족은 법적 및 사회적 과정을 통해 이루어지지만 가족으로 형성된 이후에는 일반가족과 다름없이 정서적인 유대관계 속에서 하나의 가족으로 기능하게 된다. 또한 입양가족은 아동을 한 인간으로서 사랑과 존중, 양육을 받아야 하는 존재로 인식하면서 자녀와의 일체감을 이루는 환상적인 경험을 통해 진정한 부모자녀관계를 형성하게 된다(Bordo, 2005). 결국 입양이란 친부모에게 분리될 수밖에 없는 아동에게 새로운 가정을 갖게 해주며, 친부모와 유사한 환경에서 지속적으로 보호를 받을 수 있는 중요한 아동복지서비스로 볼 수 있다.

한편 김이영 외(2016)는 입양사업의 목적을 다음과 같이 제시하고 있다. ① 아동에게 영구적 가정과 지속적이며 건전한 가족관계를 갖게 해줌으로써 아동의 건전한 성장과 발달을 도모한다. ② 불임부부에게 부모가 될 수 있는 기회를 제공한다. ③ 가문의 이름을 지속시키며 유산을 물려주는 수단이 된다. ④ 자녀를 원치 않는 부모를 위한 대체수단이 된다. ⑤ 자녀를 양육하고 싶은 욕구를 지닌 사람에게 기회를 제공하게 된다. ⑥ 시설수용으로 발생하는 아동보호의 문제를 해결하는 대안이 된다.

따라서 입양이란 아동이 자신의 친부모로부터 분리될 수밖에 없는 아동에 대하여 친가정과 유사한 환경에서 지속적인 보호를 받을 수 있게 함으로써 아동의 복지를 장기적으로 보장해줄 수 있다는 점으로, 아동의 입장에서 부모 없이 성장함으로써 발생할 수 있는 다양한 문제를 예방할 수 있고, 입양가정의 입장에서는 입양을 통해 자녀양육의 기회를 갖게 되고, 부모로서의 역할 만족과 무자녀로 인해 겪는 문제를 해결할 수 있게 된다(한성심 · 송주미, 2009).

2. 입양의 유형 및 방법

입양의 유형에는 여러 학자들에 따라 견해를 달리하고 있다. 임시아(2017)는 입양의 유형을 독립입양, 기관입양, 해외입양(국가 간 입양), 비밀입양과 공개입양 등으로 제시했다. 김호년 외(2016)는 위가양자제(爲家養子制) · 위친양자제(爲親養子制) · 위자양자제(爲子養子制), 독립입양과 기관입양, 공개입양과 비밀입양, 국내입양과 국외입양 등으로 구분하고 있다. 김이영 외(2017)는 독립입양, 기관입양, 해외입양, 의붓어버이입양 등으로 분류하고 있다. 입양은 입양의 기본전제와 입양이 성립되는 형식, 즉 입양의 목적, 절차, 공개성 여부, 입양대상 국가 등에 의해 몇 가지 유형으로 구분될 수 있다. 이러한 구분에서 중요한 기준은 입양의 공개성 여부와 입양대상 국가 등이며, 여기에 입양에 대한 사회구성원의 인식수준이 반영되고 있다. 최근에 와서는 가족이나 부모의 이익보다는 아동의 복지를 지향하는 방향으로 발전하고 있다(이소희, 2005). 이러한 맥락에서 입양의 유형을 독립입양, 기관입양, 해외입양, 의붓어버이 입양으로 분류해서 고찰하기로 한다.

첫째, 독립입양(independent adoption)은 입양기관을 통하지 않고 친부모가 직접 입양가정을 선정하여 아동을 그 가정에 맡기고 부모로서의 친권을 포기하는 경우이다. 이러한 방법은 입양가정에 대한 조사가 이루어지지 않기 때문에 아동양육에 적절한 가정인지, 입양에 대해 어떠한 생각을 하고 있는지 전혀 알 수 없다. 입양 진행과정 중 아동의 친부모가 마음이 변하거나 판사가 입양을 인정하지 않을 때 양부모는 어떠한 법적인 보호도 받을 수 없다. 이 방법은 아동의 복지보다는 양부모의 요구에 비중을 둔 입양이다(김호년 외, 2016). 독립입양의 문제점으로는(김이영 외, 2017), ① 비용이 많이 든다. ② 비밀보장이 어려워 나중에 친부모와의 문제가 야기될 수 있다. ③ 아동의 요구보다는 입양부모의 요구에 기초하여 입양이 이루어질 수 있다. ④ 친부모는 입양에 관한 전문적인 심리적, 법적, 정신적 상담을 받을 수 없고, 적절한 의료 혜택, 필요한 경제적 · 사회적 도움도 받지 못하는 경우가 많다. ⑤ 입양아동이 문제 가정에 배치될 수 있다. ⑥ 입양에 관한 일정한 기록보관이 어렵다. ⑦ 입양과정 중 친부모의 마음이 변하거나, 판사가 입양을 불허할 경우 양부모는 아무런 법적 권리를 갖지 못한다.

둘째, 기관입양(relinquishment or agency adoption)은 입양 알선기관에 의하여 이루어지는 경우인데, 아동복지기관에서 전문가에 의해 친부모로 하여금 친권을 포기하게 하고, 기관이 모든 법적 대리인이 되어 입양을 성립시키는 형태를 의미한다. 기관입양의 장점으로는 전문가에 의한 서비스, 아동의 욕구와 입양가정의 욕구 충족, 외부 자원 활용을 통한 서비스 질의 극대화, 사후관리 등으로 설명될 수 있다(임시아, 2017).

셋째, 해외입양(intercountry adoption)은 외국으로 아동을 입양시키거나, 외국에서 태어난 아동을 입양하는 경우를 말하는데, 우리나라 해외입양은 1980년도에는 66,511명에서 2010~2015년에는 3,829명으로 감소되었다. 그 이유는 해외입양이 국내입양 활성화 정책으로 인해 점차 그 숫자가 감소하고 있는 실정이다(김이영 외, 2017; 임시아, 2017).

넷째, 의붓어버이입양(step-parent adoption)은 미혼모 또는 이혼녀가 결혼할 경우에 자녀의 성과 남편의 성이 달라 아동의 가정생활 및 사회생활에 상당한 영향을 줄 수 있으므로, 많은 복지국가(일본, 미국, 호주, 프랑스 등)에서는 오래전부터 의붓어버이입양을 인정하고 있다(김이영 외, 2017).

한편 입양을 결정하는 입양부모들이 가장 어려운 선택을 해야 하는 것 중의 하나가 입양방법이다. 예비 입양부모들은 구체적으로 입양 사실을 알려야 하는지, 알리지 말아야 하는지를 선택해야 한다. 따라서 입양의 방법은 입양부모의 공개 수준에 따라 크게 비밀입양(confidential adoption), 반공개입양(semi-disclosed or mediated adoption), 완전공개 혹은 개방입양(fully-disclosed or open adoption)으로 분류할 수 있다(임시아, 2017).

① 비밀입양은 입양가족과 친부모가 아무런 접촉도 없고, 입양 배치 시 기관을 통해 친부모에게 최소한의 정보만을 제공받는 상태를 의미한다.

② 반공개입양은 입양가족과 친부모 사이에 서로를 알 수 있는 정보들을 기관을 통해 공유하되, 3자간의 직접적인 만남은 주선하지 않는

것을 의미한다.

③ 완전공개(개방)입양은 서신이나 사진을 통한 접촉뿐만 아니라 직접적인 만남까지 지속적으로 진행하는 경우를 의미한다.

3. 입양가족의 특성

국내입양부모의 특성은 크게 불임부모와 비불임부모로 분류할 수 있다. 불임부모란 전통적인 입양부모로 분류되는데, 출산능력이 없는 불임 또는 의학적 상태 때문에 입양을 해야만 하는 사람들과 관계가 있는 것으로 볼 수 있다. 비불임부모란 친자가 있는 경우 혹은 친자가 없지만 출산능력이 있는 입양부모인데, 대부분 이타주의 또는 사회적 인도주의 실천에 근거해서 입양할 동기를 찾는 사람들을 의미하며, 선택적 입양부모라 할 수 있다. 불임부모와 비불임부모의 특성을 살펴보면 다음과 같다(김이영 외, 2017).

첫째, 불임부모이다. 대부분의 성인들은 결혼을 하면 아이를 가질 계획을 세운다. 하지만 대략 10쌍 가운데 한 쌍이 불임의 문제를 경험하게 된다. 일단 불임부부는 일차적으로 의학적인 해결책을 구하게 되는데, 이 중 성공적인 경우에는 아기를 갖게 되고, 나머지 부부들은 아이 없이 살 것인지, 아니면 입양을 포함한 다른 방법으로 부모가 되는 길을 찾을 것인지를 결정해야 할 것이다. 이러한 예비 입양부모들의 주된 관심사는 입양부모로서의 정체성을 받아들이기 위한 준비로 생물학적 부모로서의 정체성을 점차 버리는 것이다. 결국 불임의 문제는 완전히 해결되는 것은 아니지만, 개인이나 부부가 이러한 고통스러운 상상을 건전하고 기능적인 자아감으로 통합시킬 수 있는 편안한 방법을 발견하는 것이 중요하다. 특히 불임부부들은 아동과 사회로부터 자신들이 입양아에 대한 유일한 자녀보호 양육권을 가진 정당한 부모라는 것을 인정받으려는 욕구가 더 강하다. 이러한 사유로 자신을 유일한 부모로써 간주하게 될 확률이 높은 신생아의 입양을 선호하게 되고, 상대적으로 부모로서의 위치 확립이 어려운 연장아의 입양을 기피하는 경향이 있다.

둘째, 비불임부모이다. 이들은 자녀가 있음에도 불구하고, 입양을 통해 가족을 확대하길 바라는 사람들이다. 그들은 불임 입양부모와는 다르게 불임에서 오는 고통스러운 상실감을 경험하지 않는다. 일반적으로 국내에서는 자신의 친생자를 두고 입양한 경우이며, "친생자가 있는 입양부모"로 분류되기도 한다.

참고자료 **입양을 선택한 미혼모의 슬픔과정**

단계	분류	내용
1	무감각과 부인의 단계 (number and denial)	아동을 포기하고 난 후 처음에는 무감각을 경험하게 되고, 자신에게 발생한 일을 수용하지 않고도 기능적으로 일상생활을 유지한다. 이 단계에서는 상실의 고통에 대처하기 위해 현실을 부인한다. 장기적으로 볼 때 부인은 기쁨, 사랑과 같은 긍정적 감정도 허용하지 않게 된다.
2	감정의 폭발 (eruption of feelings)	자신에게 발생한 일을 부인하고 아무 일도 일어나지 않았던 것처럼 행동하나 이 단계에서는 감정조절이 힘들다. 우울한 감정과 슬픔, 공포, 두려움, 분노, 절망, 죄책감, 수치심 등의 다양한 감정을 경험하게 되며, 이러한 감정들을 적절히 표현하지 못하면 상실의 고통에 직면할 수 있는 능력은 더욱 저하된다.
3	자신의 결정을 수용하고 인정 (accepting and owing your decision)	입양을 결정하는 것 자체가 어렵고 힘든 만큼 오랫동안 자신의 결정이 옳았는지를 생각하고 이를 수용하고 인정하는 시기이다.
4	적응과 불확실한 삶 (accommodation and living with uncertainity)	상실을 현실로 받아들이게 되면 점차 자신의 감정을 해소할 수 있는 방법을 찾게 되고, 적응하게 된다. 여기서 적응이란 자신이 내린 결정에 따라 살아가는 것을 배우는 지표이며, 미래의 자녀와의 만남이나 관계형성에 대한 불변화한 상황을 수용하며 살아가는 것을 의미한다.
5	재평가와 재정립 (revolution and rebuilding)	자기 자신에 대한 감정들을 재평가하는 과정이 지속된다. 여기에는 자신을 바라보는 관점, 자신을 가치 있는 사람으로 인식하는 것 등을 포함한다.

*자료: 최승희(2003). 자녀를 상실한 미혼모들을 위한 슬픔 완화 지지집단 프로그램의 효과성. 한국아동복지학, 16. pp.251-280.

4. 입양절차

2011년 전면 개정된 입양특례법에 따라 입양절차가 다소 복잡하게 되었다. 개정된 입양특례법에 따른 국내외입양절차는 크게 입양신청 접수, 양친가정조사 및 준비, 결연, 가정법원의 허가, 입양의 성립, 사후관리로 구분되고 있다(정옥분 외, 2016; 김이영 외, 2017; 임시아, 2017). 국내외입양의 전달체계를 살펴보면 그림 7-1과 같다.

① 입양신청 접수이다. 입양을 원하는 부모는 양친가정조사신청서, 가족관계증명서, 혼인관계증명서, 주민등록등본을 입양기관에 제출함으로써 입양을 신청한다.

② 양친가정조사 및 준비이다. 입양을 원하는 부모가 양친가정조사신청서를 접수하면 입양기관에서는 2회 이상 가정방문을 실시한다. 입양부모의 입양동기와 욕구를 파악하고, 입양하기에 적합한 자격을 갖추었는지 파악한다. 입양기관은 양친가정조사서를 작성해 입양신청인(입양부모)에게 발급한다. 양친가정조사서를 발급받은 입양신청인은 입양기관으로부터 입양에 대한 교육을 받아야 한다. 총 8시간 동안 입양에 대한 이해 및 부모의 역할, 입양아동의 특성과 입양아동의 양육에 도움이 되는 정보교육을 이수하면 양친교육이수증명서가 발급된다.

③ 결연이다. 입양에 대한 교육을 이수하면 입양대상 아동과 입양을 원하는 부모가 만나 선을 보는 자리가 마련된다. 결연이 맺어지면 입양특례법에 따라 입양기관을 통해 양친이 될 부모의 성명, 생년월일, 국적, 연락처 정보 등이 입양정보통합시스템(ACMS)에 입력된다.

④ 가정법원 허가이다. 입양대상 아동과 입양을 원하는 부모 간에 결연이 맺어지면 입양기관은 가정법원에 입양허가를 신청한다. 법원은 자체 판단에 따라 추가자료(건강진단서, 범죄경력조회서 등)를 요청할 수 있고, 입양허가를 반려할 수도 있다. 이 경우 구비서류를 다시 갖춰야 하고 필요하면 예비양부모나 가사조사관 등이 법원에 참석해야 한다. 이런 과정을 거쳐 가정법원의 인용심판이 확정되고, 이를 통해 입양이 허가된다.

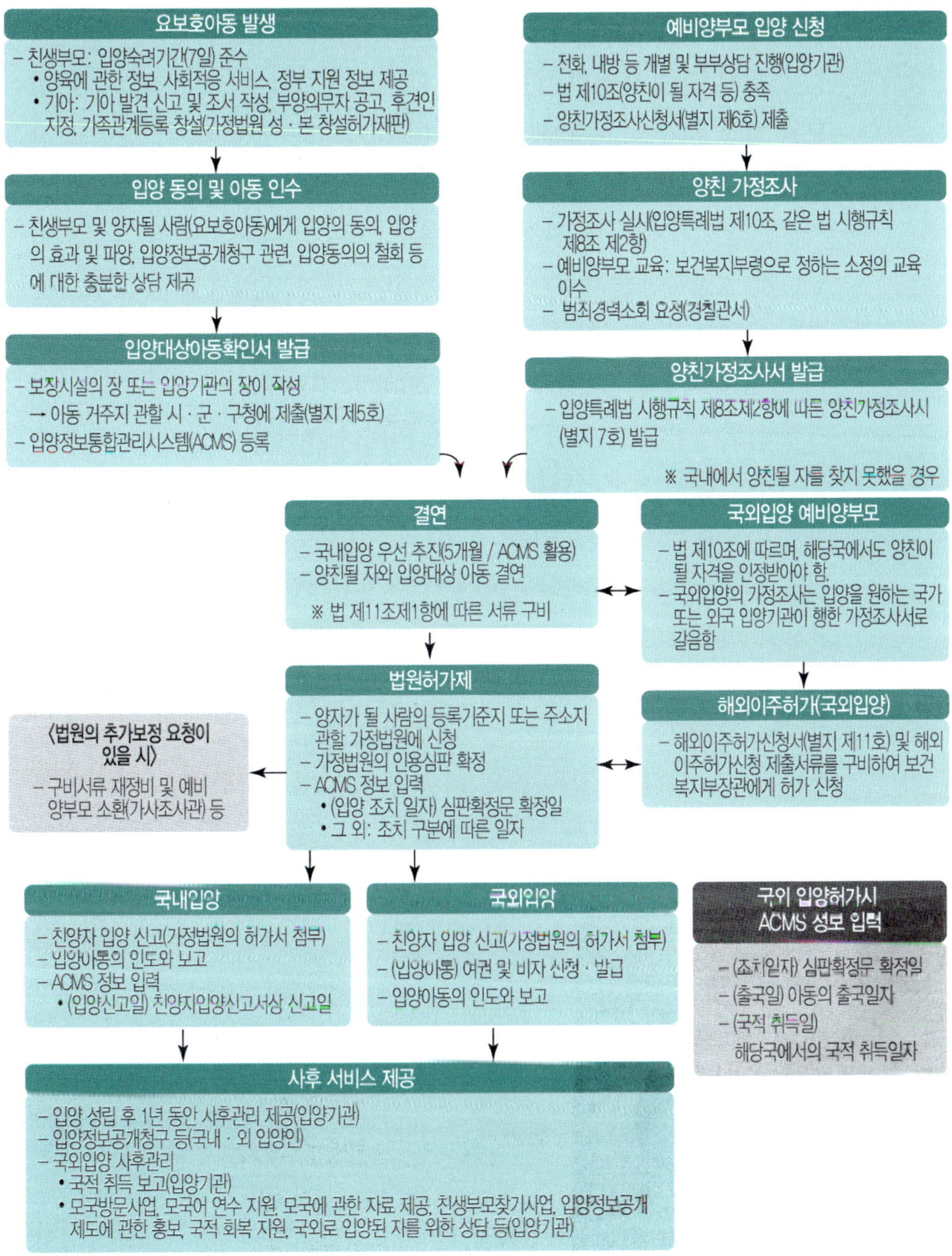

*자료: 보건복지부(2017a). 2017년 아동분야 사업안내.

그림 7–1 국내외입양의 전달체계

⑤ 입양의 성립이다. 가정법원의 입양허가가 결정되면 입양기관은 아동을 양부모에게 인도한다. 가정법원의 허가서를 첨부하여 가족관계서 등록 등에 관한 법률이 정하는 바에 따라 구청에 친양자 신고를 하면 모든 입양절차가 마무리된다. 입양이 성립되면 입양아동과 친부모 사이에 존재했던 모든 법적 권리와 의무가 입양부모에게 이양된다.

⑥ 사후관리이다. 아동의 가정 배치 후 아동이 입양가정에 잘 적응하고 있는지 입양가정을 방문하여 조사하고 아동이 입양가정의 법적인 자녀가 되었는지 확인한다. 사후관리의 목적은 입양아동이 성공적으로 새 가정에 적응할 수 있도록 하기 위하여 입양부모와 입양아동 간의 이해를 증진시키고, 입양에 따르는 여러 문제들을 해결하는 데 도움을 주기 위해서이다. 그리고 중앙입양원(2015)에서는 국내입양 가족의 성공적인 적응을 돕기 위해 입양부모로서의 역할 확립, 입양아동에 대한 이해 증진, 입양아동의 건강한 자아정체감 형성 등을 돕기 위한 다양한 사업을 진행하고 있다. 더불어 해외입양의 경우는 입양 대상 국가에서 입양을 원하는 양부모가 할 일과 우리나라 어린이를 입양하려는 양부모는 그 나라 정부가 인정한 입양기관을 통해서 입양신청을 할 수 있다. 신청을 받은 기관은 필요한 절차방법을 거쳐 양부모를 선정하며, 두 나라 사이에 필요한 모든 절차는 이곳에서 대행한다. 국외입양은 국내입양과는 달리 인종, 문화, 언어 등 이질적인 환경에서 어린이가 적응하여 살아야 하므로 입양아, 양부모는 특별한 관심을 필요로 한다. 따라서 국외입양의 경우에는 보다 구체적인 사후관리가 필요하다. 법적인 사후관리로 입양 후 국적이 취득되면 외국의 입양기관은 자기 나라의 입양기관에 통보하고, 우리나라의 입양기관은 이를 법무부장관에게 보고하여 국적이탈신고를 하도록 되어 있다. 보통 국적을 취득하기까지 외국 입양기관은 입양가정에 대한 아동의 적응상태를 6개월에 1회 이상 관찰하여 보고서를 작성하고, 이를 어린이의 사진과 함께 우리나라 입양기관에 보내고 있다.

참고자료 국내입양기관별 사후관리 프로그램 현황

기관명	프로그램명	세부 내용
A기관	입양부모 교육지원	• 입양부모들에게 입양 이후 꾸준한 교육 및 올바른 정보를 제공하므로, 성공적인 입양이 될 수 있도록 입양부모 교육지원
	입양 자조모임 지원	• 입양부모 모임으로 입양에 대한 정보를 교환하며 아동양육에 대하여 온/오프라인 모임을 통하여 의견 나눔
	입양가족 나들이	• 매년 5월 가정의 달을 맞이하여 국내입양한 가정들을 초청하여 입양가정의 진솔한 얘기를 나누는 장을 마련하여 입양가족들이 유대감과 친목을 형성하고 성년입양인과 입양관련 전문가들을 초청하여 입양에 대해 이야기를 듣는 시간을 가짐으로써 입양아동양육지원
B기관	국내입양가정 부모교육	• 국내입양부모의 부모역할 훈련 및 교육(P.E.T. 부모교육)
	입양전문 도서관 운영	• 입양, 양육, 가족 등 각 분야별 도서대여를 통해 입양에 대한 이해 증가
	입양가정 자조모임 운영	• 지역별 입양가정모임, 봄소풍, 가을운동회, 가족 캠프
	2차 입양가정 물품지원	• 2차 이상 입양가정 아기들을 위한 분유와 기저귀지원
	입양아동 프로그램	• 입양아동 심리 및 발달치료지원서비스 • 입양아동 자아성장 훈련 프로그램 및 공부모임지원 • 입양아동의 '입양여행(adoption journey)'
	기타	• 입양가정 1박 2일 캠프 여행 • 국내입양부모와 미혼모 만남의 행사 • 입양수기 및 사진 공모전
C기관	입양가정 지원 프로그램	• 가정상담과 교육, 가족캠프 및 입양가족 자조모임지원
	연장아동 · 발달지체아동 특수교육지원	1세 이상 연장아동인의 신체 및 사회적 발달 도모와 발달지체아동의 지능운동능력 향상을 위해 외부 교육기관과 연계된 교육 실시
D기관	입양홍보사업	• 각종 언론매체를 통한 언론보도, 캠페인 활동, 입양정보 제공, 전국 입양가족대회 개최
	입양가정지원사업	• 장학금지원, 장애아동 의료비지원
	교육 및 연구사업	• 입양아동 및 입양부모를 위한 교육 프로그램 운영 • 각종 교육기관 및 단체를 대상으로 반편견입양교육 실시 • 관련 연구 실시
	입양가족 자조모임 운영	지역별 입양부모 중심의 자조모임 운영
	상담	• 입양부모들을 위한 입양관련 상담 및 입양자녀양육상담

*자료: 중앙입양원(2013). 국내입양 사후관리서비스 체계화를 위한 서비스 모형 개발 연구. p.201.

5. 입양아동의 현황

입양아동의 유형은 표 7-1과 같다.

표 7-1 입양아동의 유형

	입양 신청자	입양아동의 유형						보호유형	
		계	미혼모(부) 아동	유기 아동	빈곤가정 아동	한부모 가족아동	기타	시설보호 아동	위탁보호 아동
계	971	686	641	24	5	8	8	260	426

*자료: 중앙입양원(2014). 2013년 국내외입양통계.

표 7-1과 같이 입양아동의 대부분은 주로 미혼모의 자녀가 절대 다수를 차지하고 있다. 1970년대 이전에는 주로 경제적인 문제로 인해 입양되는 경우가 많았으나, 이제는 미혼모의 자녀인 경우가 상당수를 차지한다. 입양아동이 발생되는 원인이 자명한 만큼 체계적인 성교육을 통해 입양대상아동의 발생을 줄이기 위한 노력이 필요하다(정옥분 외, 2016).

국내입양아동의 성별 분포는 표 7-2와 같다.

표 7-2 국내입양아동의 성 및 연령별 분포

구분	계	성		연령별			
		남	여	3월 미만	3월~1세 미만	1세~3세 미만	3세 이상
국내	686	203	483	39	548	72	27
국외	236	194	42	-	-	229	7

*자료: 중앙입양원(2014). 2013년 국내외입양통계.

표 7-2와 같이 국내입양은 신생아나 영아의 비율이 97% 이상인 것으로 나타났다. 이는 입양 사실을 숨기고 친생자인 것처럼 기르려 하거나, 어려서부터 키우는 것이 정들기 쉽다고 생각하기 때문이다. 2000년까지만 해도 연령과 관련하여 입양아동이 어릴수록 남아의 비율이 높고 연령이 높을수록 여아의 비율이 높아지는 경향이 보였다. 남아는 대를 이을 목적으로 신생아를 입양하여 입양사실을 비밀로 한 채 친자처럼 기르기 위해, 여아는 가정의 쓸쓸함을 달래거나 자녀양육의 재미를 느끼기 위해서였다. 하지만 최근 입양의 목적이 대를 잇기 위한 경우보다는 가정생활의 쓸쓸함을 달래기 위해서가 더 많은 것으로 나타났고, 친자녀의 형제가 필요해서 또는 불쌍한 아동을 위해 입양해야 한다는 이유가 많은 것으로 나타났다(이갑숙 · 손진현, 2008). 실제로 남아들의 입양 비율이 줄어듦에 따라 중앙입양원에서는 '남아입양 프로젝트'를 진행하며 남아입양을 유도하고 있다. 건강상태와 관련하여 여전히 장애아동에 대한 입양은 상당히 낮은 것으로 나타났다. 이는 장애아동을 양육하는 데 소요되는 비용과 노력이 많이 드는 반면, 정부의 지원은 너무 낮은 수준으로 이루어지기 때문이다(정옥분 외, 2016).

연도별 국내입양현황은 표 7-3과 같다.

표 7-3 연도별 국내외입양현황

구분	계	2005년 이전	2006	2007	2008	2009	2010	2011	2012	2013	2014	2015	2016
계	244,543	224,752	3,231	2,652	2,556	2,439	2,475	2,464	1,880	922	1,172	1057	880
국내	78,405 (32.1%)	67,607 30.1%)	1,332 (42.1%)	1,368 (53.3%)	1,306 (51.1%)	1,314 (53.9%)	1,462 (59.1%)	1,548 (62.8%)	1,125 (59.8)	686 (74.4%)	637 (54.4%)	683 (64.6%)	546 (62.0%)
해외	161,558 (67.9%)	157,145 (69.9%)	1,899 (58.8%)	1,264 (47.7%)	1,250 (48.9%)	1,125 (46.1%)	1,013 (40.9%)	916 (37.2%)	755 (40.2%)	236 (25.6%)	535 (45.6%)	374 (35.4%)	334 (38.0%)

*자료: 보건복지부(2017e). 2017년 보건복지통계연보.

표 7-3은 연도별 국내외입양현황을 나타낸 것이다. 국내입양과 해외입양의 비율을 살펴보면 2005년 이전까지는 해외입양이 70% 정도였고, 국내입양은 30% 정도를 차지했다. 2006년까지는 해외입양의 비율이 높았지만 2007년 이후부터는 국내입양 비율이 해외입양의 비율과 거의 비슷해졌고, 2010~2013년까지는 국내입양 비율이 월등히 높아졌다. 이러한 사실은 요보호아동을 위한 입양정책에서 국내입양을 활성화하고 해외입양을 단계적으로 축소해 나가며, 입양아동 및 입양가정에 대한 사후지원을 지속적으로 강화하고자 하는 노력이 조금씩 반영된 것으로 추론해볼 수 있다(보건복지부, 2015c). 2013년부터는 입양건수도 감소하였다. 이는 입양절차와 조건을 까다롭게 규정한 입양특례법 등의 영향으로 국내외입양이 줄어든 것으로 볼 수 있다(정옥분 외, 2016).

사례: 현장활용 자료

• 토론해 봅시다.

1. 한 부부가 갓난아이를 입양해 양육하는 과정에서 아이의 장애를 알게 되었다.
   ◇ 파양을 고려해 본다.
   ◇ 계속 키우겠다.

2. 트랜스젠더 부부가 아이를 입양하고자 고민하고 있다. 하지만 주변 가족이 반대하고 있다. 당신이 부부라면 어떻게 하겠는가?
   ◇ 입양에 찬성한다.
   ◇ 입양에 반대한다.

3. 아이를 갖지 못하는 불임부부가 아이를 입양하고자 고민하고 있다. 하지만 주변 가족이 반대하고 있다. 당신이 부부라면 어떻게 하겠는가?
   ◇ 입양에 찬성한다.
   ◇ 입양에 반대한다.

*자료: 이덕희 외(2018). 아동권리와 복지. 서울: 동문사. p.248.

02 가정위탁보호사업

여기에서는 가정위탁보호사업의 이해, 가정위탁아동의 특성, 가정위탁보호서비스, 가정위탁보호사업의 현황 등을 고찰하기로 한다.

1. 가정위탁보호사업의 이해

아동복지법 제2조 제7호에 따르면 '가정위탁'이란 보호를 필요로 하는 아동을 보호하기에 적합한 가정에 일정 기간 위탁하는 것을 의미한다. 가정위탁보호사업은 아동이 부모의 학대, 방임, 질병, 수감, 경제적 이유 등 여러 가지 요인으로 원가정 내에서 양육될 수 없을 때, 일정 기간 동안 위탁가정을 제공하여 아동을 보호 및 양육함으로써 아동이 적합한 가정 안에서 건전하게 성장할 수 있도록 도와주며, 원가정이 가족기능을 회복할 수 있도록 지원하는 전문적인 아동복지서비스이다(Kadushin & Martin, 1988).

우리나라는 1985년 인천과 광주에서 가정위탁보호사업을 시범적으로 실시하였으나, 혈통을 중시하는 유교문화와 가정위탁보호에 대한 법적 근거의 부족으로 중지되었다. 그 후 1990년 한국복지재단이 서울, 부산, 인천에 위치한 지역시회복지관에서 가정위탁보호를 시범적으로 재실시하였으며, 1990년 후반부터는 수양부모협회가 이 사업에 참여하기 시작했다(오정수·정익중, 2008). 그리고 아동복지법 제3조에서 '가정위탁이란 보호대상아동의 보호를 위하여 성범죄, 가정폭력, 아동학대, 정신질환 등의 전력이 없으며, 법이 정하는 기준에 적합한 가정에 보호대상아동을 일정 기간 위탁하는 것'으로 규정되고 있다. 가정위탁서비스는 아동에게 가정이나 가족을 대체하는 영구적인 보호를 제공하지 않는다는 점에서 입양과는 다르다. 이러한 맥락에서 가정위탁보호사업의 목적은 아동의 권리를 보호하고 아동에게 사랑과 욕구를 충족시킬 수 있는 적합한 환경에서 성장할 수 있도록, 보호대상아동(요보호아동)을 보호 및 양육하기를 희망하는 가정에 위탁양육함으로써 가정적인 분위기에서 건전한 사회인으로 자랄 수 있도록 돕는 것이다.

가정위탁보호의 유형은 국가마다 다소 차이가 있지만 우리나라는 위탁부모의 특성에 따라 대리양육가정, 친인척에 의한 위탁가정, 일반위탁가정으로 분류하고 있다.

① 대리양육가정: 친조부모나 외조부모가 위탁아동을 양육하는 가정이다.
② 친인척에 의한 위탁가정: 친조부모나 외조부모를 제외한 친인척이 위탁아동을 양육하는 가정이다.
③ 일반위탁가정: 위탁아동과 혈연관계가 없는 일반인이 위탁아동을 양육하는 경우를 말한다.

2. 가정위탁아동의 특성

아동이 자신의 친부모와 친가정을 떠나 다른 가정, 위탁가정에서 일정 기간 동안 생활하게 되는 배경은 아동 자신이 당면하고 있는 발달 및 상황적 특성이며, 아동의 부모나 가족이 당면하고 있는 상황적 특성이다. 이러한 상황적 특성은 상호 간에 밀접하게 관련되어 있으나, 일반적으로 가정환경 내지는 가족 생활적인 특성이 위탁양육을 유발한 요인으로 크게 작용한다. 위탁아동의 친부모와 가정적 배경의 특징은 ① 부모나 가족의 질병(만성질환 및 고질병), ② 부모나 가족의 신체 및 정신, 행동장애(약물중독, 알코올중독, 범죄), ③ 부모나 가족의 경제적 문제(실직, 은퇴, 파산), ④ 부모나 부부 및 가족의 결손과 해체(갈등, 별거, 가출, 이혼, 실종, 사망) 등이 있다(김호년 외, 2016).

위탁부모의 위탁동기로는 ① 더 이상 자녀를 원하지 않거나 낳기 어려울 때 자녀양육의 기쁨을 맛보기 위해, ② 지난날 자신의 자녀에게 부족했던 점을 보상하기 위해, ③ 사회봉사를 위해, ④ 유료위탁의 경우, 가정경제의 보충을 위해 등 다양하다(한국수양부모협회, 1999).

한편 가정위탁아동의 특성을 소개하면 다음과 같다.

① 위탁 후 위탁가정에서의 적응은 원가정에서의 가족사와 관련이 깊다(Ker, Wildfire & Barth, 2002).

② 원가정에서 안정애착을 형성하지 못했을 경우 위탁부모와의 관계에서 부적응을 하는 경우가 많으며, 결국 계약해지에 이르는 것으로 나타났다(Penzerro & Lein, 1995; Stone & Stone, 1983).

③ 위탁아동이 친부모와 애착을 형성하지 못했을 경우, 타인에 대한 신뢰감이 부족하고 대인관계를 형성하는데도 상당한 어려움을 겪게 되는데, 이는 위탁부모와의 관계형성에서도 그대로 반영된다. 또한 친부모와의 분리를 경험한 가정위탁아동은 친부모 혹은 친가족에 대해 양가감정을 가진다고 하였다(Martin, 2000).

④ 친가족을 무척 그리워하고 함께 지내기를 원하면서도 한편 자신의 부모가 온전하지 않은 것에 수치스러워하고, 자신을 안정된 가정에서 양육하지 못한 것에 대해 분노를 느낀다고 한다. 결국 이러한 분노가 위탁아동의 부적응 혹은 문제행동으로 연결될 수 있다. 원가정에서 경험한 학대와 방임과 같은 부적절한 양육은 이후 위탁가정에서의 정서적 혹은 행동적 문제를 야기한다(Allen, Combs-Orme, McCarter & Grossman, 2000).

⑤ 위탁아동은 새로운 환경에 적응해야 하는 상황에서 대처기술이 부족하고, 친부모로부터 분리된 후 심리적 혹은 정서적 후유증으로 더욱 어려움을 경험할 가능성이 높다(Farruggia, Greenberger, Chen & Hookhaucon, 2006)

⑥ 가정불화 등을 이유로 다른 가정에 위탁양육된 아동은 같은 문제가 있음에도 가족과 함께 사는 아동보다 탈선 비율이 3배나 높은 것으로 나타났다(Doyle, 2006).

앞에서 살펴본 바와 같이 위탁아동은 원가정에서부터 여러 정서적·행동적 문제를 가지는 경우가 많으므로, 위탁부모를 대상으로 위탁아동의 정서 및 행동문제를 효율적으로 다룰 수 있는 교육 프로그램을 제공해줄 경우 위탁아동들에게도 긍정적인 효과가 있는 것으로 나타났다(Price et al., 2008).

3. 가정위탁보호서비스

가정위탁보호서비스는 가정위탁보호의 구성요소와 절차로 구분해서 고찰하기로 한다.

첫째, 가정위탁보호의 구성요소는 위탁아동, 원가정(친부모), 위탁가정과 가정위탁지원센터 등이 있다. 4가지 주체가 협력함으로써 가정위탁보호사업의 효율성을 높일 수 있다. ① 위탁아동이란 아동이 부모의 학대, 방임, 질병, 수감, 경제적 이유 등으로 원가정에서 양육될 수 없을 때 일정 기간 다른 가정에서 보호 및 양육이 필요한 아동을 말한다. ② 원가정(친부모)이란 위탁아동의 친부모를 말하며, 아동의 정상적인 보호 및 양육이 불가능하여 일정 기간 위탁보호를 요청한 부모(가정)를 말한다. ③ 위탁가정이란 일정 기간 동안 원가정의 역할을 대신해 위탁아동을 보호 및 양육하여 원가정 복귀를 돕는 가정을 말한다. ④ 가정위탁지원센터는 광역 및 기초지역의 가정위탁보호업무를 지원함으로써 아동이 가정적인 분위기에서 보호 및 양육되고, 건강한 성장 및 행복한 생활을 영위하도록 지원하는 역할을 담당한다(정복분 외, 2016).

표 7-4는 친인척과 일반인에 의한 위탁가정 선정 기준을 나타내고 있다.

표 7-4 위탁가정 선정 기준

<table>
<tr><th>구분</th><th>공통요건</th><th>일반요건</th></tr>
<tr><td>친인척</td><td rowspan="2">• 가족에게 범죄, 가정폭력, 아동학대, 알코올 및 약물 중독 등의 기록이 없을 것
• 전염성 질환, 정신질환 여부를 건강진단서, 가정조사 등을 통하여 확인</td><td>• 친인척이 위탁보호를 하고자 하는 경우 아래의 요건이 반드시 필요하지 않음</td></tr>
<tr><td>일반인</td><td>• 공립아동상담소, 2인 이상의 이웃주민 또는 가정위탁사업을 하는 단체(한국수양부모협회, 한국복지재단)의 추천을 받을 것
-아동 수는 자신의 자녀를 포함 4명을 초과하지 않아야 하며, 성별에 따라 별도의 방을 줄 수 있어야 함
• 결혼을 하여 아이를 키워본 경험이 있는 가정을 원칙으로 함
• 가정위탁보호에 필요한 교육을 이수하도록 하는 것이 바람직함
• 대상아동이 형제, 자매일 경우에는 같은 가정에 위탁보호하는 것을 원칙으로 함</td></tr>
</table>

*자료: 임시아(2017). 아동권리와 복지. 경기: 공동체. p.179.

둘째, 가정위탁보호 절차는 중앙정부(보건복지부)와 지방정부(광역 및 기초구 포함), 중앙가정위탁지원센터, 지역가정위탁지원센터 등으로 구성되어 있다.

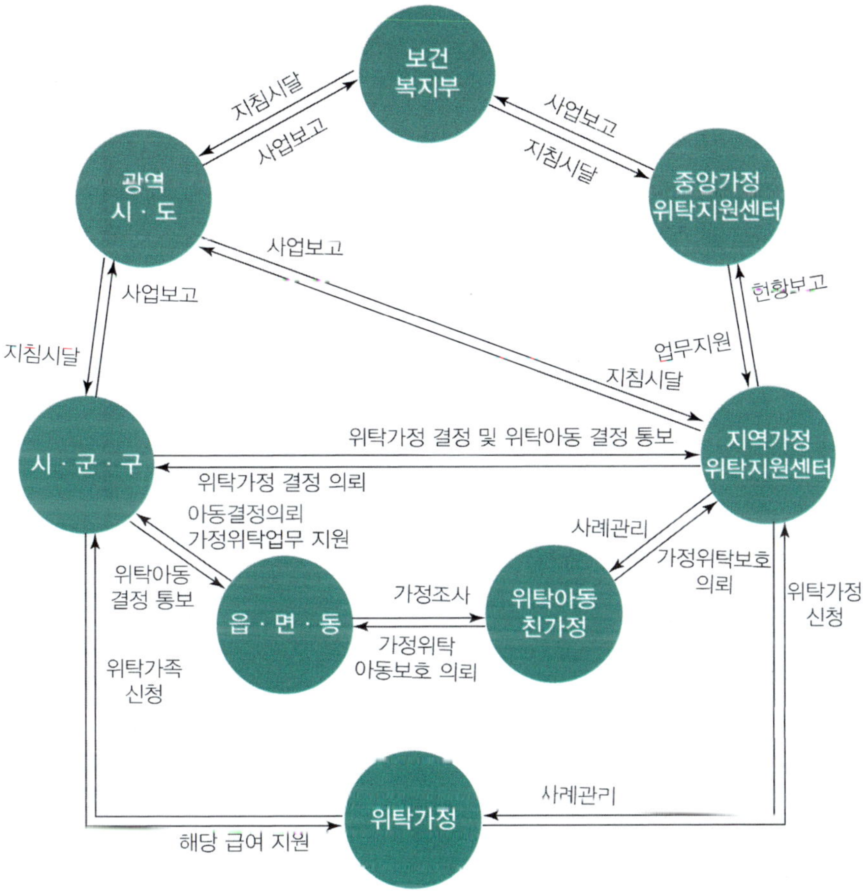

*자료: 중앙가정위탁지원센터.

그림 7-2 가정위탁보호 절차

보건복지부는 가정위탁보호제도와 관련된 법이나 정책을 개발하고, 중앙가정위탁지원센터를 지정하거나 관리한다. 광역시도에서는 가정위탁지원센터 운영지원, 가정위탁아동 지원예산 확보지원, 가정위탁보호사업 지도관리, 가정위탁관련 통계를 관리한다(http://www.fostercare.or.kr).

또한 읍·면·동 지역과 시·군·구 지역에서 가정위탁보호 절차는 표 7-5와 같다.

표 7-5 가정위탁보호 절차

구분	읍·면·동	시·군·구	가정위탁지원센터
가정위탁 보호신청	• 보호대상아동의 발생 • 가정위탁보호의 신청·접수·상담 • 수급권 신청	• 가정위탁보호의 신청·접수 • 위탁가정범죄경력조회	• 가정위탁아동 상담 • 위탁부모 발굴 및 교육
가정위탁 보호결정	• 일반위탁 – 보호대상아동 조사서, 가정위탁보호동의서, 아동카드를 작성하여 시·군·구에 제출 • 친·인척 / 대리 양육 – 가정위탁보호(대리양육) 신청서, 가정위탁보호(대리양육) 신청인가정조사서, 보호대상아동조사서, 가정위탁보호동의서 아동카드를 작성하여 시·군·구청에 제출	• 일반위탁 – 가정위탁보호 결정 – 가정위탁지원센터 위탁가정 연계 의뢰 – 수급자 책정 – 가정위탁지원센터에 책정 및 통보 • 친·인척 / 대리양육 – 가정위탁 책정 및 통보 – 가정위탁 아동지원	• 일반위탁 – 위탁가정을 상담하여 적합한 가정 연계 후 가정위탁보호(대리양육)신청서, 가정위탁보호(대리양육)신청인 가정조자서, 가정위탁 가족동의서, 일반위탁부모 추천서를 작성하여 시·군·구청 제출
사례관리	• 사례관리 및 복지서비스 제공 등 업무지원 – 위탁아동, 위탁가정, 친가정 상담	• 위탁아동지원	• 사례관리 – 위탁아동, 위탁가정, 친가정 관리 – 위탁부모교육 – 위탁아동 및 위탁가정 상담지원
가정위탁 보호종결		• 위탁종결	• 재배치 사정 • 아동 귀가 신청서 제출 • 사후 관리

*자료: 보건복지부(2014). 2013년 아동분야의 사업안내 지침.

가정위탁아동의 처리절차는 그림 7-3과 같다.

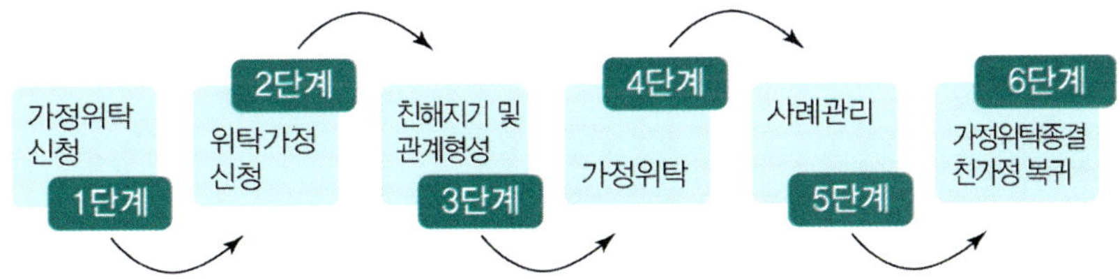

*자료: 정옥분 외(2016). 아동권리와 복지. 서울: 학지사. p.272.

그림 7-3 위탁아동의 가정위탁보호 절차

위탁부모의 처리절차는 그림 7-4와 같다.

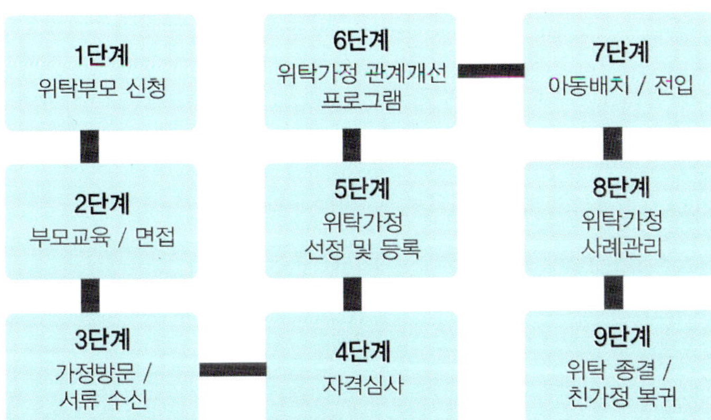

*자료: 정옥분 외(2016). 아동권리와 복지. 서울: 학지사. p.272.

그림 7-4 위탁가정 부모의 가정위탁보호 절차

앞에서 살펴본 바와 같이 위탁부모는 시·군·구의 아동복지담당자나 각 시·도에 있는 가정위탁지원센터에 위탁부모 신청을 접수하여야 한다. 가정위탁지원센터는 신청자를 교육하고 가정조사를 하게 되며, 위탁가정으로서 적합한가를 조사하여 시·군·구에 위탁시정 승인을 요청한다. 시·군·구의 단체장은 가정위탁지원센터에서 조사한 가정조사서를 검토한 후 적합 여부를 결정하여 가정위탁지원센터에 통보하게 한다.

4. 가정위탁보호사업의 현황

가정위탁보호 현황은 표 7-6과 같다.

표 7-6 가정위탁보호 현황

구분	계		대리양육		친인척위탁		일반 위탁가정	
	세대 수	아동 수	세대 수	아동 수	세대 수	아동 수	세대 수	아동 수
2006	10,253	14,465	6,152	9,062	3,097	4,160	1,004	1,243
2008	11,914	16,454	7,488	10,709	3,436	4,519	990	1,226
2010	12,120	16,359	7,849	10,865	3,365	4,371	906	1,123
2011	11,630	15,486	7,463	10,205	3,351	4,260	816	1,021
2012	11,030	14,502	7,230	9,732	3,037	3,831	763	939
2013	11,169	14,596	7,294	9,776	3,086	3,843	789	977
2014	11,077	14,385	7,162	9,550	3,089	3,816	826	1,019
2015	10,706	13,728	6,944	9,127	2,927	3,556	835	1045
2016	10,197	12,896	6,642	8,578	2,773	3,348	782	970

*자료: 보건복지부(2017e). 2017년 보건복지통계연보.

표 7-6과 같이 가정보호위탁 현황이 일반가정에 비해서 친인척 위탁가정이 많고, 친인척 위탁가정보다는 대리양육이 많다. 이는 일반위탁보다는 연고가 있는 가정이 아동을 보호하기 유리한 점이 있기에 장점도 많겠지만, 일반 가정의 아동보호에 대한 관심이 낮기 때문이라고도 볼 수 있다. 대리양육가정은 조부모나 외조부모가 돌보는 것인데, 부모 다음으로 아이에게 정을 줄 수 있는 양육환경이라는 장점이 있어 아동에게는 좀 더 나은 양육환경을 제공할 수 있을 것으로 보인다. 또한 2006년 가정위탁아동 수는 14,465명이었던 것이 2010년까지 증가하다가 그 이후는 점차 감소 추세로 돌아서 2014년에는 11,077명이었다. 이러한 사실은 아동보호의 정책 방향이 가정위탁보호이기 때문에 시설보호아동을 가정위탁으로 바꾸고, 소년소녀가정을 가정위탁으로 유도하기 때문으로 보인다(김호년 외, 2016).

가정위탁보호아동 연령은 표 7-7과 같다.

표 7-7 가정위탁보호아동 연령

계	1~3세 (영아)	4~7세 (유아)	8~10세 (초등학생)	11~13세 (초등학생)	14~16세 (중학생)	17~19세 (고등학생)	기타 (20세 이상)
12,896	121	585	855	1,451	2,860	4,835	2,189
100.0	0.9	4.5	6.6	11.3	22.2	37.5	17.0

*자료: 보건복지부(2017e). 보건복지통계연보.

2016년 기준 가정위탁아동의 연령대 분포를 살펴보면, 17~19세에 해당하는 고등학생이 37,5%로 가장 많았고, 그 다음으로는 중학생 22.2%, 기타(20세 이상) 17.%, 초등학생 고학년 11.3%, 초등학생 저학년 6.6%, 유치원 4.5%, 영아 0.9% 순으로 나타났다. 가정위탁아동의 경우 중학생 이상이 절대 다수를 차지하고 있음을 알 수 있다.

아동에 대한 위탁 사유는 표 7-8과 같다.

표 7-8 가정위탁보호 사유

계	보모 모두 사망	부나 모의 사망	별거/가출	부모 질병	부모 수감	이혼	실직/빈곤	부모 장애	학대/방임	미혼모(부)/혼외 출생	시설 의뢰	기타
14,340	693	3,618	4,009	201	386	4,538	1177	58	203	300	63	94
100.0	4.8	25.2	28.0	1.4	2.7	31.6	1.2	0.4	1.4	2.1	0.4	0.7

*자료: 중앙가정위탁지원센터(2015). 중앙가정위탁지원센터 소식지, 9권 pp 14-15.

2014년 기준 가정위탁보호 중인 아동에 대한 위탁보호 사유를 고찰하면, 이혼 31.6%, 별거/가출 28%, 부나 모의 사망 25.2%, 친부모 모두 사망이 4.8%, 부모 수감 2.7%, 미혼모(부)/혼외 출생 2.1% 순으로 나타났다. 이러한 결과는 부모의 경제적 빈곤이나 이혼 혹은 재혼 등으로 인해 아동을 위탁하는 경우가 대부분이다. 단순한 미아보다는 환경적 어려움으로 인한 기아가 늘고 있다. 가정위탁보호서비스의 궁극적 목적이 원가정으로의 재배치라는 점을 고려해볼 때, 정부나 복지기관에서 가족보존 프로그램을 제공함으로써 아동이 되도록 원가정에서 성장할 수 있도록 도와야 한다. 아동이 가족의 빈곤이나 부모의 실직으로 인해 위탁대상이 된다면 위탁가정에 배치되기 전에 가정의 경제적 어려움에 대해 지원할 수 있는 방안을 모색해야 할 필요가 있다(정옥분 외, 2016).

사례: 현장활용 자료 가정위탁아동

• 다음은 가정위탁아동에 대한 사례이다.

초등학교 2학년 하은이는 성악에 탁월한 소질이 있다. 그러나 하은이네는 가정형편이 어려워 부모님이 음악학원이나 과외를 보내주기는커녕 깨끗한 옷 한 벌 입혀주거나 제대로 된 음식을 차려주는 것 등 기본적인 뒷바라지조차 힘든 상황이다. 설상가상으로 하은이의 어머니는 올해 초 암 진단을 받아 빚을 지며 항암치료를 받아야 한다. 하은이의 재능을 더욱 키워주고 싶은 어머니는 하은이의 장래를 위해 가정위탁을 해야겠다고 생각했다.

1) 이러한 어머니의 선택은 과연 하은이의 발달 및 권리에 어떠한 영향을 미칠 것 같은지 이야기해 보시오.

가정위탁보호 종결 사유는 표 7-9와 같다.

표 7-9 가정위탁보호 종결 사유

계	친가정 복귀	위탁가정의 환경변화	아동과 위탁가정의 부적응	아동의 문제행동	만 18세 이상으로 종결	입양	사례의뢰	기타
2,145	392	155	16	37	1,106	13	138	288
100.0	18.3	7.2	0.7	1.7	51.6	0.6	6.4	13.4

*자료: 중앙가정위탁지원센터(2015). 중앙가정위탁지원센터 소식지, 9권. pp.14-15.

2014년 기준 가정위탁아동의 종결 사유는 18세 이상으로 보호 종결 51.6%, 친가정복귀 18.3%, 기타 13.4%, 위탁가정의 환경변화 7.2%, 사례의뢰 6.4%, 아동의 문제행동 1.7%, 아동과 위탁가정의 부적응 0.7%, 입양 0.6% 순으로 나타났다.

생각해 봅시다

1. 다양한 형태로 나타나고 있는 현대사회에서 트랜스젠더 부부의 입양을 어떻게 생각하는지 토의하여 봅시다.

2. 국내입양을 확대할 수 있는 방안에 관하여 생각해 봅시다.

3. 입양아동들이 겪게 되는 다양한 문제들에 대하여 생각해 봅시다.

4. 선진국의 가정위탁보호사업과 우리나라 가정위탁보호사업의 차이점에 대하여 생각해 봅시다.

5. 일반위탁가정의 발굴을 위한 방법들을 토론해 봅시다.

CHAPTER 08

시설보호서비스

학습목표

1. 시설보호아동의 개념과 특성을 파악할 수 있다.
2. 시설보호서비스의 유형을 비교 및 구분할 수 있다.
3. 시설보호아동의 현황을 토대로 하여 시설보호아동을 위한 복지서비스 개선 과제를 파악할 수 있다.
4. 시설보호 현황을 분석하고 문제점을 파악할 수 있다.
5. 시설보호아동의 복지를 위한 발전방안을 제시할 수 있다.

우리나라에서 시설보호는 요보호아동을 보호하는 대표적인 대리적 서비스이다. 1981년 아동복지법이 제정되면서 아동복지서비스의 대상 또한 일반아동으로 확대된 이후에도 실질적 아동복지서비스는 시설아동 중심이었다고 볼 수 있다. 2000년대 이후 시설보호사업의 기본방침은 소규모 가정단위의 보호방식으로 진행되어 왔다. 즉 가정위탁이나 입양 등 가정에서 보호받는 것과 유사한 방식으로 보호되어야 한다. 이러한 보호마저 불가능한 경우 시설보호에 의존하게 되는데, 요보호아동을 보호하는 방법들 가운데 마지막에 선택되어야 한다.

8장에서는 시설보호서비스의 이해, 시설보호서비스의 유형, 시설보호사업의 현황, 시설보호아동사업의 개선방향 등에 대해서 고찰하기로 한다.

01 시설보호서비스의 이해

1절에서는 시설보호서비스의 개념, 시설보호서비스의 목적, 시설보호아동의 특성 등에 대해서 기술하고자 한다.

1. 시설보호서비스의 개념

일반적으로 시설보호란 아동의 부모가 그 자녀를 양육할 의사나 충분한 능력이 없을 때 혈연관계가 없는 타인이 부모역할을 대리하여 일정한 시설에서 일시적 혹은 장기적으로 집단으로 보호하는 사업을 의미한다(Kadushin & Martin, 1988). 시설보호서비스는 아동복지법, 국민기초생활보장법, 의료급여법에 근거하여 서비스를 제공하고 있다. 과거에는 사회적 보호가 필요한 아동을 장기적으로 집단수용하는 것이었다면 현재에는 아동을 일시적으로 보호하면서 아동과 그 가족에 대한 의료서비스를 제공함으로써 아동을 가족으로 복귀시키는 것이다. 원가정에서 성장하는 것이 도저히 불가능한 경우에는 대리적 가정인 입양을 먼저 고려해야하며 입양이 불가능한 경우에 시설에서 보호하도록 배려해야 한다(김윤재 외, 2017).

프레드릭슨(Fredericksen, 1972)은 시설보호가 필요한 아동의 사례를 다음과 같이 제시하고 있다(정옥분 외, 2016: 356 재인용). ① 부모의 질병이나 가족의 파탄 혹은 이혼 등의 이유로 부모로부터 격리되어야 하는 상황이지만 부모 외의 타인과 유대를 이루지 못할 여러 이유로 위탁보호를 할 수 없는 아동, ② 신체의 심한 장애가 있어 부모가 양육하기 어려운 아동, ③ 문화실조나 정서장애 등의 치료과정에서 집단적인 생활경험이 필요한 아동, ④ 성장과정에서 장애를 일으킨 아동으로서 특수학교 교육도 불가능하여 시설에서의 보호와 수용이 필요한 아동, ⑤ 사회 전체에 나쁜 영향을 끼칠 비행아동이나 범죄아동, ⑥ 전에 생활하던 위탁가정으로부터 크게 실망하였거나 깊은 상처를 입어 가족생활이 적합하지 않은 아동, ⑦ 본래의 가족이나 위탁가정으로부터 이탈한 아동 등이다.

2. 시설보호서비스의 목적

과거의 시설보호서비스는 고아들을 집단적으로 수용하고 보호하는 데 일차적인 목적이 있었다. 하지만 오늘날에는 특별한 발달상의 욕구, 치료적 욕구, 신체적 욕구, 정서적 욕구를 가진 아동들에게 구조화된 환경에서 전문적인 치료적 서비스를 제공하는 데 목적이 있다. 결국 시설보호서비스는 아동의 주거보호 외에 교육과 사회화를 제공하고, 정서적 및 신체적 문제를 치료하며 아동의 욕구에 따라 서비스를 제공하는 데 그 목적이 있다. 미국아동복지연맹(CWLA: Child Welfare League of America, 2004)에서는 시설보호서비스 원리를 다음과 같이 제시하고 있다. ① 시설보호서비스는 반드시 아동의 가정 진단 후에 제공한다. 시설보호서비스의 결정에 앞서 가정을 유지하기 위한 충분한 노력이 있어야 하며, 시설보호서비스의 결정은 전문가에 의해 이루어져야 한다. ② 시설보호서비스는 안전하고 양육적 및 보호적이며, 치료적인 환경에서 제공되어야 한다. 즉 시설에서 아동의 개별화된 욕구, 즉 교육적 및 발달적, 의료적, 정서적 욕구가 충족될 수 있어야 한다. ③ 아동을 시설에 위탁할 수밖에 없었던 친부모의 문제를 해결하는 데 지원하며, 친부모의 강점(strength)을 강화시키는 데 지원한다. ④ 가족의 재결합을 위해 아동과 부모관계를 회복시키는 데 지원한다. ⑤ 아동과 원가족의 재결합이 불가능한 경우에는 대안으로 장기간 시설보호보다는 아동의 입양 등 새로운 가족을 찾도록 노력한다. ⑥ 연장 아동의 경우 앞으로 자립생활을 할 수 있도록 경제적 · 정서적 · 사회적 지원을 통해 시설퇴소를 준비하도록 한다.

3. 시설보호아동의 특성

아동복지법 제52조에서는 원가정 또는 대리가정을 가질 수 없는 시설보호 대상아동에 대해 아동복지시설의 입소대상자를 다음과 같이 제시했다. ① 보호자가 없거나 보호자로부터 이탈된 아동, ② 보호자로부터 학대받은 아동, ③ 보호자의 학대로 아동보호전문기관에 신고되어 동 기관이 시·도지사 또는 시·군·구 청장에게 보호조치를 의뢰한 아동(특히 아동에게 문제행동이 있어 상담·치료가 필요한 경우, 아동보호전문기관에서 아동의 시설입소를 의뢰하면 시·도 또는 시·군·구에서는 반드시 입소될 수 있도록 해야 함), ④ 보호자의 질병, 가출 등으로 가정 내에서 보호하기 어려운 아동, ⑤ 시·도지사 또는 시장·군수·구청장이 특별한 보호가 필요하다고 인정하는 아동 등이다. 또한 아동복지법 제3조 제4항에서 "보호대상아동"이란 보호자가 없거나 보호자로부터 이탈된 아동 또는 보호자가 아동을 학대하는 경우 등 그 보호자가 아동을 양육하기에 적당하지 아니하거나 양육할 능력이 없는 경우의 아동을 말한다.

시설보호아동들은 다양한 환경적 한계 속에서도 주어진 환경에서 스스로를 격려하고 보호하며, 부모로부터 심리적, 정서적으로 결핍된 점을 원내의 다른 아동들과 접촉이나 교육을 통해 긍정적 관계를 형성하고, 문제를 해결하며, 어릴 때부터 공동의식을 가질 수 있고, 다양한 행동특성을 수용하게 해주어 아동의 자기 충동을 조절하는 것을 도와주고 자신을 통제할 수 있다고 했다(성낙연, 2009). 반면에 시설보호아동은 일반가정의 아동보다 심리·사회적으로 욕구를 충족시킬만한 인적·물적 자원의 부족과 같은 문화적 실조환경으로 인해 정서적으로 불안정하고 결단력이 약할 뿐만 아니라, 심리·사회적으로 상당히 소외되거나 위축될 가능성이 있다(석주영, 2004).

국가인권위원회(2011)는 시설보호아동의 특성을 다음과 같이 제시했다.

① 시설보호아동의 경우, 사회적·경제적 이유로 인해 부모와 헤어져 생활해야 하고, 부모와의 분리과정에서 깊은 심리적 상처를 입기 때문에 문제행동에 있어 더 많은 위험에 노출될 가능성이 있다.

② 시설보호아동은 일반가정아동에 비해 가출 경험, 장기결석, 흡연경험, 자살충동의 경험이 유의미하게 많이 나타나 가정, 학교, 개인생활에서의 부적응행동이 관찰되었고, 열등감, 경쟁심 약화, 무책임, 책임회피, 공격성, 의타심, 성취동기 부족 등의 특성을 갖는 것으로 나타났다.

③ 시설보호아동은 여러 가지 내재화 문제를 나타내고 있다. 시설보호아동은 일반아동에 비해 높은 우울성향과 낮은 학교적응을 보이고, 정서적 안정감이 떨어지며, 무감각함을 보인다. 또한 시설보호아동이 불안정한 대인관계를 유지하기 때문에 정서적으로 불안하며, 만성적인 공허함과 부적절한 분노, 그리고 전반적인 피해의식을 가지게 된다.

④ 시설보호아동은 학교사회와 원만한 관계를 유지하지 못하는 학교 부적응의 문제를 나타낸다. 시설에서 자라나는 아동들은 일반아동에 비해 자신의 학업을 지도해 주는 사람이 없고, 학원 및 과외학습 등의 학교 보충교육이 결여되어 언어발달 및 학업성적이 부진하며, 아동 개인의 주의 산만, 정서적 불안정 등으로 인해 학습동기가 부족하거나 학습습관이 잘못 형성되어 낮은 학업 성취율, 학습거부 등의 부적응 현상이 나타난다.

02 시설보호서비스의 유형

여기에서는 시설보호서비스의 유형과 시설아동의 자립지원 프로그램에 대해서 기술하고자 한다.

1. 시설보호서비스의 유형

우리나라 아동복지시설의 유형은 아동복지법 제52조(개정 2016년 3월 22일)에서 보호시설과 이용시설로 구분하고 있다.

표 8-1 아동복지시설의 유형

구분	종류	목적
보호 시설	아동양육시설	• 보호대상아동을 입소시켜 보호, 양육 및 취업훈련, 자립지원서비스 등을 제공하는 것을 목적으로 하는 시설
	아동일시보호시설	• 보호대상아동을 일시 보호하고 아동에 대한 향후 양육대책수립 및 보호조치를 행하는 것을 목적으로 하는 시설
	아동보호치료시설	• 아동에게 보호 및 치료 서비스를 제공하는 다음 각 목의 시설 가. 불량행위를 하거나 불량행위를 할 우려가 있는 아동으로서 보호자가 없거나 친권자나 후견인이 입소를 신청한 아동 또는 가정법원, 지방법원소년부지원에서 보호 위탁된 19세 미만인 사람을 입소시켜 치료와 선도를 통하여 건전한 사회인으로 육성하는 것을 목적으로 하는 시설 나. 정서적 · 행동적 장애로 인하여 어려움을 겪고 있는 아동 또는 학대로 인하여 부모로부터 일시 격리되어 치료받을 필요가 있는 아동을 보호 · 치료하는 시설
	공동생활가정	• 보호대상아동에게 가정과 같은 주거여건과 보호, 양육, 자립지원서비스를 제공하는 것을 목적으로 하는 시설
	자립지원시설	• 아동복지시설에서 퇴소한 사람에게 취업준비기간 또는 취업 후 일정 기간 동안 보호함으로써 자립을 지원하는 것을 목적으로 하는 시설
이용 시설	아동상담소	• 아동과 그 가족의 문제에 관한 상담, 치료, 예방 및 연구 등을 목적으로 하는 시설
	아동전용시설	• 어린이공원, 어린이놀이터, 아동회관, 체육 · 연극 · 영화 · 과학실험전시 시설, 아동휴게숙박시설, 야영장 등 아동에게 건전한 놀이 · 오락, 그 밖의 각종 편의를 제공하여 심신의 건강 유지와 복지증진에 필요한 서비스를 제공하는 것을 목적으로 하는 시설
	지역아동센터	• 지역사회 아동의 보호 · 교육, 건전한 놀이와 오락의 제공, 보호자와 지역사회의 연계 등 아동의 건전육성을 위하여 종합적인 아동복지서비스를 제공하는 시설

외국의 아동복지시설 비교는 표 8-2와 같다.

표 8-2 외국의 아동복지시설 비교

구분	미국	영국	호주	일본
대상	문제나 장애로 가정환경 보호가 부적절한 아동	문제나 장애로 가정환경 보호가 부적절한 아동	문제나 장애로 가정환경 보호가 부적절한 아동	부모가 적절하게 보호하지 못하는 아동문제/장애가 있는 아동
비율	요보호아동 중 18% 생활시설 보호	요보호아동 중 13% 생활시설 보호	요보호아동 중 4% 생활시설 보호	대부분 적절하게 보호하지 못하는 아동문제/장애가 있는 아동
대상 연령	12세 이하는 생활시설에서 보호되고 있는 18% 중 8.7%	-	12세 이상만을 생활시설 보호(가정위탁보호의 부족으로 12세 이하 아동이 수용되는 경우도 있음)	1세 미만부터 18세까지

(계속)

구분	미국	영국	호주	일본
규모	대부분의 주기 최소 인원을 10~15명으로 소규모화	50%가 6명 이하 평균 수용 가능 인원 8명	최대 수용능력 6~8명, 대개 2~4명, 1명인 경우도 전체의 1/3	아동양호시설은 최저 정원 30명
유형	직원/지도 및 감독 아파트, 공동생활가정, 생활치료시설, 응급쉼터, 단기진단보호시설, 구금시설, 안전치료시설 등 7개 시설로 분류	3개의 공공시설과 5개의 민간시설로 분류교육, 장애아동보호, 자립지원, 양육휴식제공, 안전제공, 교정 등 60% 정도가 특화된 전문기능 수행	대규모 생활시설은 없으며, 소규모생활시설이 소수 존재	유아원, 아동양호시설, 아동자립지원시설, 정서장애아단기치료시설, 아동가정지원센터, 정신지체장애아시설, 지체부자유아시설, 중증심신장애아 시설, 시각 난청장애이 시설, 모지생활지원 시설

*자료: 김동원 외(2005). 아동복지시설 발전방안 개발연구. 보건복지부 · 한국아동복지연합회.

2. 시설아동의 자립지원 프로그램

아동이 시설에 입소한 후 제일 먼저 제공되어야 할 서비스는 효과적인 원가족으로의 복귀를 지원하는 것이다. 이를 위해 시설에 입소하는 아동은 입소와 동시에 원가족 복귀계획서를 작성해야 한다. 시설에서는 입소 후 3개월까지는 원가족 복귀에 주력하고, 3개월이 경과한 후에도 원가족 복귀가 이루어지지 않을 경우, 원가족 복귀 및 자립지원 프로그램 서비스를 함께 제공한다(정옥분 외, 2016).

사례: 현장활용 자료 **시설아동 자립**

- 다음 글은 시설아동의 자립에 대한 사례입니다.

어려운 집안사정으로 5살 때부터 시설생활을 하고 있는 하고 있는 한준이는 올해 수능을 치른 예비 대학생이나. 늘 반에서 3등 인에 들민큼 공부를 잘하는 한준이는 자신이 원하던 대학교로부터 합격 통보를 받았지만 고민이 된다. 한준이가 있는 아동복지시설은 만 18세가 되면 나와야 하는데 의지할 곳도 없고, 등록금을 낼 자금이 없어 막막할 뿐이다.

1) 한준이의 고민을 해결할 수 있는 방법에 대해 생각해 보시오.

보건복지부가 2011년부터 지원하고 있는 '레디?(Ready?)'는 미취학부터 퇴소 전까지, 퇴소 후를 대비하는 자립준비 프로그램이다.

표 8-3 '레디?(Ready?)' 자립준비표준화 프로그램

구분	Level 1	Level 2	Level 3	Level 4
대상자 (미취학~퇴소 전)	미취학~초 2	초 3~6년	중 1~3	고 1~퇴소 전
해당영역[5]	1, 2, 3, 5	1, 2, 4, 5, 6	1, 2, 3, 4, 5, 6	8개 전 영역
중점 프로그램	기초학습지도 독서지도 원가족[6] 집단 프로그램	심리 · 정서지지 체계[7] 학습지도 경제교육 원가족	진로적성검사 자립지원 예비사정 계획[8] 체크리스트	자립 사정 취업 및 진학상담 체크리스트
프로그램 수행인력	• 자립지원 전담요원: 자립지원 프로그램 기획 및 진행 • 생활복지사: 프로그램 운영 지원 • 생활지도원: 프로그램 운영 • 자립지원위원회: 정기적인 자문 및 평가(외부 전문가 참여 의무화)			

그리고 '액션!(Actio!)' 자립지원표준화 프로그램은 퇴소 후 자립생활에 정착할 때까지 사례관리와 필요한 서비스를 지원하는 프로그램이다.

표 8-4 '액션!(Action)' 자립지원표준화 프로그램

대상자	퇴소 후~자립생활 정착까지
서비스 지원	• 취업형과 진학형을 구분 • 상담 및 사례관리 • 긴급생활자금 지원 및 의료지원 • 심리정서 지원 • 사회초기적응 및 자립기반구축 • 진로지도 및 인턴십 프로그램
프로그램 수행인력	• 자립지원 전담 요원: 상담, 사례관리, 자체 해결 가능한 자원연계 -필요 시 생활복지사, 생활지도원이 업무지원 • 지역(시 · 도)자립센터 상담원: 자원연계가 필요하여 시설에서 센터로 의뢰한 아동과 직접 센터로 도움을 요청한 아동을 대상으로 사례관리 자원연계 서비스 실시

5) 시설아동 자립준비 프로그램 매뉴얼의 8대 영역을 말한다.
6) 시설아동의 출생가족과의 관계, 원가족 복귀를 위한 프로그램을 말한다.
7) 입소 때부터 심리적 및 정서적 자원이 이루어지나, 대화를 통한 심리상담이 가능한 시기가 초등학교 3학년부터 임을 고려한다.
8) 인 · 적성, 학습능력, 아동희망 등을 고려한 고교 진학을 지원하기 위한 것이다.

그리고 시설아동 자립준비 프로그램 매뉴얼의 8대 영역은 표 8-5와 같다.

표 8-5 시설아동 자립준비 프로그램 매뉴얼의 8대 영역

영역	내용
일상생활기술	의복의 구입과 손질, 집 관리, 음식 준비와 요리하기
자기보호기술	나 자신 돌보기, 건강 유지하기, 어른 되기, 성(性)
지역사회 자원활용 기술	교통, 지역사회사원 활용
돈 관리기술	돈 관리, 신용카드
사회적 기술	나에 대한 탐색, 현명한 선택, 대처기술, 대인관계
진로탐색 및 취업기술	나에게 맞는 직업 찾기, 취업준비하기
직장생활기술	즐겁게 일하기
다시 집 떠나기	새로운 시작을 향한 출발, 혼자 살아가기

*자료: 보건복지부(2013). 2013년 아동분야 사업안내.

03 시설보호사업의 현황

여기에서는 요보호아동 및 시설보호 현황, 아동복지시설 현황, 시설종사자 현황 등에 대해서 고찰하기로 한다.

1. 요보호아동 및 시설보호 현황

아동복지법에서 시·도지사 또는 시·군·구청장은 그 관할구역에서 보호대상아동을 발견하거나 보호자의 의뢰를 받을 때에는 아동 최상의 이익을 위하여 보호대상아동을 보호조치에 적합한 아동복지시설에 입소시키도록 되어 있다. 발생유형별 요보호아동의 현황은 표 8-6과 같다.

표 8-6 발생유형별 요보호아동의 현황

구분	2006	2007	2008	2009	2010	2011	2012	2013	2014	2015	2016
계	9,034	8,861	9,284	9,028	8,590	7,483	6,926	6,020	4,994	4,503	4,592
빈곤 · 실직 · 학대	4,925	5,354	5,876	4,994	4,613	3,928	3,944	3,668	2,965	2,866	3,148
비행 · 가출	802	748	706	707	772	741	708	512	508	360	314
미혼모	3,022	2,417	2,349	3,070	2,804	2,515	1,989	1,534	1,226	930	856
기아	230	305	202	222	191	218	235	285	282	321	264
미아	55	37	151	35	210	81	50	21	13	26	10

*자료: 보건복지부(2017c). 2016년 연도별 요보호아동 현황.

표 8-6의 요보호아동 발생현황을 살펴보면, IMF 외환위기, 세계경제 위기 등으로 요보호아동이 매년 약 9천 명 정도 발생했으나, 이후 경기가 안정되면서 2011년 7,483명, 2012년 6,926명, 2013년 6,020명, 2014년 4,994명, 2015년 4,503명, 2016년 4,592명으로 그 수가 감소 추세에 있음을 알 수 있다.

보호유형별 요보호아동 현황은 표 8-7과 같다.

표 8-7 보호유형별 요보호아동 현황

구분	2006	2007	2008	2009	2010	2011	2012	2013	2014	2015	2016
계	9,034	8,861	9,284	9,028	8,590	7,483	6,926	6,020	4,994	4,503	4,592
시설보호	4,366	3,245	4,964	4,767	4,842	3,752	3,748	3,257	2,900	2,682	2,894
가정위탁	3,101	3,378	2,838	2,734	2,124	2,350	2,289	2,265	1,688	1,582	1,449
입양	1,259	1,191	1,304	1,314	1,393	1,253	772	478	393	239	243
소년소녀가정	308	247	178	213	231	128	117	20	13	0	6

*시설보호=아동양육시설+일시보호시설+장애아동시설+공동생활가정

*자료: 보건복지부(2017d). 2016년 연도별 요보호아동 발생 및 조치현황.

보호유형별 요보호아동 현황을 2016년 12월 말 현재기준으로 살펴보면, 시설보호(2,894명), 가정위탁(1,449명), 입양(243명), 소년소녀가정(6명) 순으로 나타났다. 과거에는 시설보호아동의 경우 대부분 부모 사망, 미혼모 자녀가 주를 이루었으나, 요즘은 부모가 생존하고 있음에도 불구하고 경제적 빈곤 등으로 인한 양육 포기가 증가하면서 시설에 입소하는 아동이 증가하고 있다.

참고자료 시설보호사업대상 아동의 입소경로

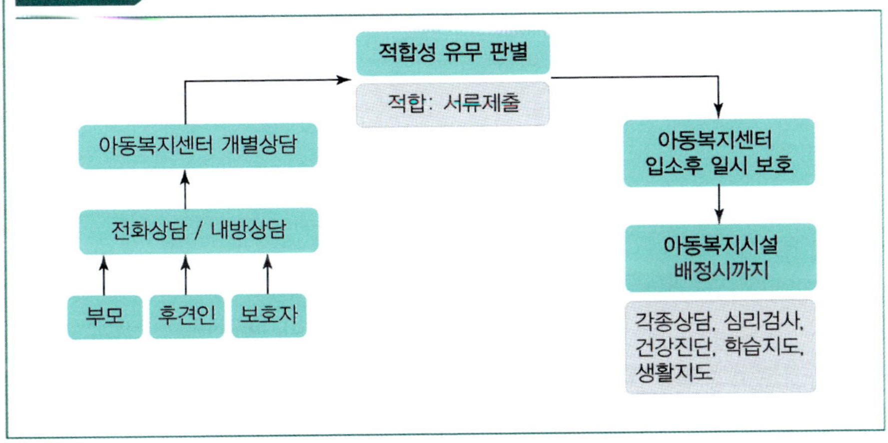

*자료: 서울특별시 아동복지센터(http://child.seoul.go.kr)

2. 아동복지시설 현황

아동복지법에서 아동복지시설은 아동양육시설, 아동보호치료시설, 자립지원시설 등으로 구분된다. 아동복지시설 보호아동 현황은 표 8-8과 같다.

표 8-8 아동복지시설 보호아동 현황

구분	계(현원)		양육시설		보호치료시설		자립지원시설		일시보호시설		종합시설		아동상담소	전용시설	개인양육시설	
	시설	인원	시설	인원	시설	인원	시설	인원	시설	인원	시설	인원			시설	인원
계	281	14,001	243	12,821	11	447	12	184	12	350	3	140	6	4	20	181
서울	49	3,002	36	2,532	3	143	3	85	5	125	2	117	0	0	1	10
부산	21	1,352	19	1,315	0	0	1	27	1	10	0	0	0	0	0	0
대구	23	764	18	675	2	38	2	39	1	12	0	0	0	0	0	0
인천	10	570	9	530	0	0	0	0	1	40	0	0	0	1	0	0
광주	12	608	10	544	0	0	1	18	1	46	0	0	0	1	0	0
대전	14	524	12	404	1	1	1	15	0	0	0	0	0	0	0	0
울산	1	127	1	127	0	0	0	0	0	0	0	0	0	0	0	0
경기	29	1,505	26	1,366	1	1	0	0	2	100	0	0	1	0	6	81

*자료: 보건복지부(2016). 2016년도 아동복지시설 현황(2015년 12월 31일 현재)

2015년 12월 말 기준으로 아동복지시설 보호아동 현황을 살펴보면, 아동복지시설은 총 281개소이며 14,001명의 아동이 생활하고 있다. 시설 유형을 보면, 양육시설은 243개소(12,821명), 보호치료시설 11개소(447명), 자립지원시설 12개소(184명) 순으로 나타났다.

또한 아동복지시설 보호아동 성별 · 취학 현황은 표 8-9와 같다.

표 8-9 아동복지시설 보호아동 성별 · 취학 현황

구분	시설수	종사자수	정원	입소인원			취학아동							
				계	남	여	계	미취학		초등학교재학	중학교재학	고등학교재학	대학재학	기타
								0~3세 미만	3~6세 미만					
계	281	6,047	18,430	14,001	8,106	5,895	14,001	1,395	1,711	3,388	2,891	3,324	710	582

*자료: 보건복지부(2016). 2016년도 아동복지시설 현황(2015년 12월 31일 현재).

아동복지시설 입소아동의 성별을 살펴보면, 남학생이 8,106명, 여학생이 5,895명보다 많았으며, 취학별로는 초등학교(3,388명), 고등학교(3,324명), 중학교(2,891명), 대학(710명), 기타(582명) 순으로 나타났다.

참고자료 아동복지시설의 운영관리(아동복지법 시행규칙 제24조)

1. 건강관리

(1) 아동의 입소 시에는 반드시 건강진단을 하여야 한다.
(2) 보호아동 및 직원에 대하여는 연 1회 이상의 건강진단을 하여야 한다.
(3) 건강진단 결과 건강이 좋지 않은 자에 대해 치료를 위해 필요한 조치를 취하여야 한다.

2. 급식위생

(1) 급식은 필요한 영양을 섭취할 수 있도록 식단을 작성하고, 그에 따라 시행되어야 한다.
(2) 식단은 영양사가 작성하되, 영양사가 없는 시설은 보건소의 지도를 받아 식단을 작성하여야 한다.
(3) 전염성 질환, 화농성창상 등을 가진 자는 아동의 식사를 조리하여서는 아니 된다.
(4) 상수도 외의 음용수를 사용하는 경우에는 적어도 연 2회 이상 수질검사를 받아야 한다.

3. 관리규정

조직, 인사, 급여, 회계, 물품 기타 시설의 관리에 관한 필요한 규정을 제정 및 시행하여야 한다.

4. 장부 등의 비치시설에는 다음의 장부 및 서류를 비치하여야 한다.

(1) 시설의 연혁에 관한 기록부
(2) 재산목록과 그 소유 또는 사용권 승명서
(3) 시설운영일지
(4) 시설장 및 직원의 인사카드(이력서 및 사진 포함)
(5) 예산서 및 결산서
(6) 총계정원장 및 수입 및 지출 보조부
(7) 금전 및 물품의 출납부와 증빙서류
(8) 보고서철 및 관계관청과의 문시철
(9) 소속법인인 정관 및 관계의결서류
(10) 입/퇴소 아동의 명단 및 관계서류

5. 아동복지시설에서의 기거자

(1) 시설의 장은 아동의 거실이 있는 건물마다 생활지도원, 보육사, 기타 필요한 직원 중 1인을 보호아동과 함께 기거하게 하여야 한다.
(2) 시설 안에 보호아동 외에 시설의 장 및 직원 외에는 거주하지 못한다.

6. 아동의 보호조치

(1) 아동양육시설 및 아동일시보호시설의 장은 아동이 입소한 때에는 입소된 날로부터 2주 동안 그 심신 상태를 관찰하여야 한다.

(2) 아동양육시설의 장은 학대받은 아동에 대한 보보조치를 의뢰받은 때에는 육체적 및 정신적 정상생활이 될 때까지 특별지도를 위하여 다른 아동과 분리하여 수용할 수 있다.

3. 시설종사자 현황

아동양육시설 종사자들은 가정의 부모와 같은 역할을 담당하는 자들로 종사자의 자질과 규모는 아동양육의 질을 결정짓는 중요한 요인이 된다. 아동복지시설 종사자는 표 8-10과 같이 2015년 12월 말 기준으로 281개소에 6,047명이 근무하고 있다.

아동복지법 시행령에 의해 아동복지 시설종사자의 배치기준과 자격기준은 표 8-10과 같다.

표 8-10 아동복지 시설종사자의 법정 기준

직종별	법정기준
시설장	• 시설당 1명
사무국장	• 아동 30명 이상 시설당 1명(자립지원시설은 10명 이상 1명) • 공동생활가정, 아동전용시설, 지역아동센터 해당 없음
상담지도원	• 양육, 일시보호, 상담소는 필요인원 • 자립지원시설은 아동 10명 미만은 1명, 아동 10명 이상~30명 미만은 2명, 아동 30명 이상은 3명
임상심리상담원	• 양육, 일시보호, 상담소는 30명 이상 1명 • 보호치료시설은 시설당 1명
보육사	• 0~2세까지 아동 2명당 1명 • 3~6세까지 아동 5명당 1명 • 7세 이상 아동 7명당 1명 • 자립지원시설, 아동상담소, 아동전용시설, 지역아동센터 해당 없음
생활복지사	• 양육, 일시보호, 보호치료는 30명 이상 1명 • 양육시설 일시보호시설은 30명 초과 시 1명 추가 (예) 아동 31명부터 생활복지사 2명 배치, 10명 이상 전용시설은 필요인원 지역아동센터는 30명 이상 2명(50명 초과 시 1명 추가), 10명 이상 1명

(계속)

직종별	법정기준
간호사(간호조무사)	• 양육, 일시보호, 보호치료, 상담소 30명 이상 1명
직업훈련사	• 양육, 보호치료, 시설은 필요인원
조리원	• 양육, 일시보호, 보호치료시설은 10명 이성 1명(30명 초과 시 1명 추가) (예) 아동 31명부터 조리원 2명 배치
위생원	• 양육, 일시보호시설은 30명 이상 1명
안전관리원	• 보호치료시설은 30명 이상 2명(40명 이상 4명), 전용시설은 30명 이상 1명
영양사	• 양육, 일시보호, 보호치료시설은 30명 이상 1명 • 지역아동센터는 50명 이상 1명
사무원	• 양육, 일시보호, 보호치료는 10명 이상 1명 • 자립, 상담소, 전용시설은 30명 이상 1명
자립지원 전담요원	• 양육, 보호치료시설은 10명 이상 1명, 자립지원시설은 30명 이상 1명, 양육시설은 100명 초과 시 1명 추가 (예) 아동 101명부터 자립지원전담요원 2명 배치 공동생활가정은 필요 인원

*자료: 보건복지부(2016b). 2016년 아동분야사업안내.

사례: 현장활용 자료

• 다음 글을 읽고 이야기 해보시오.

사람들과의 따뜻한 정이 그리운 시설보호아동들에게 1회성 자원봉사가 아닌 체계적이고 조직적인 아동복지 자원봉사 실천방법에 대하여 이야기해 보자.

1) 해결방안:

04 시설보호아동사업의 개선방향

시설보호아동을 위한 바람직한 개선방향은 다음과 같다(정옥분 외, 2016; 김이영 외, 2016; 임시아, 2017; 김순옥 외, 2017; 김윤재 외, 2017; 고인숙 외, 2017; 이경준 외, 2017).

첫째, 가정보호사업의 강화이다. 시설보호는 입양과 위탁가정과 같은 가정보호로 대체하는 것이 바람직하다. 입양에 대한 가치관을 변화시키고 입양가정에 대한 정부지원을 확대해야 한다. 가정위탁지원센터를 통한 위탁가정 발굴 및 위탁가정에 대한 재정적 지원을 현실화하여 위탁가정을 확대하는 것이 필요하다. 지속적인 입양과 가정위탁사업을 통해 시설보호 대상아동의 수를 점진적으로 감소시켜야 될 것이다.

둘째, 시설보호 종사자의 처우개선과 전문성 강화이다. 시설보호아동들에 대한 양질의 대리보호서비스의 전문성을 확보하기 위해서는 유능한 전문인력의 역할이 매우 중요하다. 전문인력 확보를 위해서는 정부의 재정적 지원을 보완하여 시설 인력의 처우를 개선하고, 업무체계를 정립할 수 있는 교육 및 훈련의 정도를 강화해야 할 것이다. 시설보호아동들은 대부분 입소 이전에 이미 심리적 외상을 심각하게 가진 채 입소하므로 아동복지시설에 상담치료를 제공할 전문인력 배치가 요구된다. 아울러 시설 인력의 자격을 강화하고, 사회복지사가 실무과정에서 접하는 어려움들에 대한 맞춤형 교육 및 훈련이 제공될 수 있는 재교육체계를 구비하여 전문 지식과 기술을 습득할 수 있도록 해야 할 것이다.

셋째, 시설아동을 위한 표준화된 서비스 및 프로그램 개발이다. 아동양육시설의 경우 단순한 아동보호의 기능이 아니라, 아동들의 발달단계에 따른 서비스 및 프로그램을 개발하여 이를 제공하는 것이 필요하다. 이러한 발달단계에 따른 서비스 및 프로그램을 개발하여 이를 제공하는 것이 필요하다. 따라서 모든 양육시설에서 기본적으로 사용할 수 있는 아동발달에 따른 프로그램을 개발하고 표준화 및 매뉴얼화하는 작업이 이루어져야 할 것이다. 이러한 표준화된 프로그램의 제공은 시설 간의 서비스 및 지원을 제공하여 시설아동의 건강한 성장을 위한 기반을 형성하게 될 것이다.

넷째, 시설아동의 자립준비 및 퇴소 후 사회적응 프로그램 제공이다. 미국아동복지연맹의 아동복지시설의 표준 프로그램 또는 COA[9]의 아동복지

9) COA는 미국평가인증협회(The Council On Accreditation for Children and Family Service)로 지속적으로 아동 및 가족복지 분야의 서비스에 대한 평가기준과 지표를 개발하여 평가를 수행하고 있다.

시설의 인증 프로그램과 같이 우리나라 아동복지시설의 서비스 및 프로그램을 표준화할 필요가 있다. 특히 자립준비 프로그램은 빠를수록 효과가 크겠지만, 늦어도 고등학교 1학년부터는 개별 자립 사정계획을 세워 아동 특성에 따라 자립계획을 세워야 한다. 자립계획을 세운 후 보육사와 시설 아동이 함께 대처능력을 개발하고, 자립준비기술을 익히기 위한 프로그램에 참여하여 장기적으로 자립을 준비하도록 도와야 한다(도미향 외, 2009). 또한 자립준비 프로그램에는 퇴소 후 경제적인 부분과 건강한 가정을 형성하여 가정적으로도 안정될 수 있도록 건강가족의 특성, 시설아동의 가치관 교육, 정서교육, 진로교육, 생활지도 교육, 미래가정 형성교육 등을 통합적으로 포함하여 개발하는 것도 바람직하다(강복정, 2001).

다섯째, 가족복귀를 위한 친부모와의 관계 유지 프로그램 강화이다. 유엔아동권리위원회의 권고사항을 살펴보면(권고 52), '대안돌봄시설 내 아동이 부모를 찾을 수 있도록 하거나 부모와 연락을 유지할 수 있도록 지원할 것'을 권고하고 있다. 비록 아동이 시설보호와 같은 대안돌봄시설에 거주하게 되었다 하더라도, 원가족 복귀를 위해 친부모와의 관계 향상을 위해 노력해야 한다. 부모-아동 및 가족과의 유대를 강화시키기 위한 다양한 교류 프로그램이 개발되어야 한다.

생각해 봅시다

1. 시설보호아동의 퇴소 준비를 위한 자립준비 프로그램을 생각해 봅시다.
2. 시설보호아동의 가족연계프로그램의 활성화 방안에 대해 생각해 봅시다.
3. 시설아동들이 겪게 되는 심리적 문제에는 어떤 것들이 있는지 생각해 봅시다.
4. 시설아동들에게 있어서 정상적인 생활은 어떤 것이 있는지 생각해 봅시다.
5. 시설아동의 퇴소 후 자립정착 지원방안에 대하여 생각해 봅시다.

CHAPTER 09

아동학대를 위한 아동복지서비스

학습목표

1. 아동학대의 개념과 유형을 설명할 수 있다.
2. 아동학대의 현황을 이해한다.
3. 우리나라의 아동보호체계의 이해를 통해 개입 방안을 모색해볼 수 있다.
4. 유아교육현장에서 일어나는 아동학대의 원인과 대처방안에 대해 설명할 수 있다.

학대받은 아동들은 심각한 신체상애, 정서장애를 나타내거나 반사회적 행동이나 비행을 저지를 가능성이 높다. 학대받은 아동이 성장해서 학대하는 부모가 되는 세대 간 악순환을 되풀이하게 된다(정옥분 외, 2016). 또한 최근 심각한 아동학대의 사례가 대중매체를 통해 여러 차례 보도됨에 따라 사회 각계에서 아동학대에 대한 낮은 인식과 아동보호에 대한 사회적 개입의 필요성을 계속해서 지적했다. 이러한 맥락에서 2011년 아동복지법이 전면 개정되었고, 아동학대예방을 위한 제도적 기반을 마련하게 되었다. 하지만 아동에 대한 적절한 보호서비스에 대한 사회 전반적 인식은 여전히 미진한 실정이다(이순형 외, 2016). 그리고 아동학대의 세대 간 전이를 방지하고 아동학대로 인한 사회문제를 줄이기 위해 아동학대의 예방, 발견, 치료가 필수적이며, 국가 및 지역사회가 적극적으로 이에 개입해서 해결해야 한다. 하지만 우리나라에서는 모든 아동들이 학대의 위험으로부터 보호되기 위한 개선점이 다분히 남아 있는 실정이다.

따라서 9장에서는 아동학대의 이해, 아동학대의 현황, 아동학대 처리과정, 아동학대에 대한 교사의 역할, 미국의 아동학대 대응, 아동학대보호사업의 개선방안 등에 대해 고찰하기로 한다.

01 아동학대의 이해

여기에서는 아동학대의 개념, 아동학대의 유형, 아동학대의 징후 및 발생원인, 아동학대가 아동의 발달에 미치는 영향 등에 대해서 고찰하기로 한다(이순형 외, 2016; 정옥분 외, 2016; 김호년 외, 2016).

첫째, 아동학대의 개념을 정의를 내리기가 쉽지 않다. 사회문화적 배경에 따라서, 아동학대를 어떻게 정의를 하느냐에 따라 발생 현황의 파악, 법적 조치, 사회복지서비스 등이 달라질 수 있기 때문이다. 우리나라 아동복지법 제2조에 의하면, '아동학대란 보호자를 포함한 성인에 의해 아동의 건강 및 복지를 해치거나 정상적인 발달을 저해할 수 있는 신체적·정신적·성적 폭력 또는 가혹행위 및 아동의 보호자에 의하여 이루어지는 유기와 방임'을 말한다. 최근에는 아동학대 개념은 아동의 잠재적 발달을 위협하는 보다 넓은 범위의 행동까지 확대되어 신체적 학대, 정서적 학대나 방임, 아동의 발달을 저해하는 행위나 환경뿐만 아니라 아동의 권리보호 측면까지 포함하는 경우를 의미한다.

둘째, 아동학대의 유형이다. 학대에는 다양한 유형이 있다(Cicchetti & Toth, 2006). 즉 신체적 학대, 정서적 학대, 성적학대, 방임으로 구분되고 있다.

① 신체적 학대이다. 이는 아동에게 고의로 신체적 손상을 입히는 모든 경우(아동복지법 제29조 제1호)를 말한다. 즉, 부모나 또는 보호자가 고의로 아동에게 신체적인 상해를 입히는 것이다. 구체적인 행위를 살펴보

면, 구타나 폭력에 의한 멍, 화상, 찢김, 골절, 장기파열, 기능의 손상 등이 포함된다. 하지만 아동학대와 부모의 신체적 체벌은 명확히 구분하기 힘들며 문화에 따라 허용 정도가 다르다. 우리 사회는 훈육의 이름으로 거의 대부분의 체벌을 허용하는 경향이 있다(안동현, 2002). 비록 보모나 보호자가 훈육을 목적으로 한다고 하여도 아동에게 신체적인 손상을 입히는 체벌은 신체적 학대에 포함된다.

② 정서적 학대는 다른 학대에 비해 정의를 내리기가 어렵다. 정서적 학대는 보호자를 포함한 성인이 아동에게 행하는 언어적 모욕, 정서적 위협, 감금이나 억세, 기타 가학적인 행위를 말하며 언어적·정신적·심리적 학대라고도 한다. 아동은 비웃고, 거부하고 창피를 주는 등의 심리적 학대를 통해서도 해를 입을 수 있다(Wicks-Nelson & Israel, 2006). 또한 부모의 편애로 차별을 받거나 부모의 화풀이 대상이 되는 경우도 정서적 학대(Burnett, 1993)에 포함된다. 정서적 학대는 가장 사적인 공간이며 쉽게 눈에 띄지 않는 가정 내에서 발생하는 부모의 태도와 관련되기 때문에 학대에 관한 보고가 가장 적은 편이다.

③ 성적학대는 아동에게 성적 수치심을 주는 성희롱, 성폭행 등의 학대행위(아동복지법 제29조 제2호)와 아동에게 음행을 시키거나 음행을 매개하는 행위(아동복지법 제29조 제6호)로 규정되어 있다. 성적학대에는 성기 노출, 성적 접촉, 강간 등의 성폭행과 가족구성원 내에서 발생하는 성적학대인 근친강간, 매춘, 매매, 포르노 매체에 배우로 출연시키거나, 포르노물 판매행위 등과 관련된 성적 착취 등이 포함된다. 이러한 행동은 아동이 동의하든 동의하지 않든 학대에 포함된다(Plummer, 1986).

④ 방임은 부모나 기타 아동의 복지에 책임이 있는 사람이 고의적 및 반복적으로 아동양육 및 보호를 소홀히 함으로써 아동의 건강과 복지를 해체거나 정상적인 발달을 저해할 수 있는 모든 행위를 포함한다. 방임은 신체(물리)적 방임, 교육적 방임, 의료적 방임, 정서적 방임 및 유기로 구분할 수 있다(이순형 외, 2016; Schilling & Christina, 2014). ㉠ 신체(물리)적 방임은 아동에게 의식주를 제공하지 않거나 필수적인 의료조

치를 취하지 않으며 기타 유해한 환경에 장시간 방치하는 행위로서, 가장 빈번히 발생하는 방임의 형태이다. ㉡ 교육적 방임은 보호자가 아동을 학교(의무교육)에 보내지 않거나 아동의 무단결석(정당한 사유 없이 연속적으로 7일 이상 결석을 하는 경우)을 허용하는 행위, 학교 준비물을 챙겨주지 않는 행위, 특별한 교육적 욕구를 소홀히 하는 행위 등이 포함된다. ㉢ 의료적 방임이란 아동에게 필요한 의료적 처치를 하지 않는 행위, 예방접종이 필요한 아동에게 예방접종을 실시하지 않는 행위, 장애아동에 대한 치료적 개입을 거부하는 경우 등이 포함된다. ㉣ 정서적 방임 및 유기는 아동에게 무신경하여 마음에 상처를 입히거나 불안, 위축, 산만, 분노 등의 정서를 조장하여 정서발달을 위협하는 상태를 말한다. 유기란 아동을 고의적으로 버리는 것으로 망임의 극단적인 형태로 볼 수 있다. 이처럼 방임은 빈곤, 부모의 스트레스와 관련이 깊고, 아동에 대한 무관심이나 인식 부족으로 인해 발생되기도 한다. 빈곤가정에 경제적지지, 부모교육 등을 통해 방임을 예방하기 위한 노력이 필요하다(정옥분 외, 2016).

셋째, 아동학대의 징후 및 이동학대의 발생 원인을 살펴보면 다음과 같다. 먼저 아동학대는 신체적 징후와 행동적 징후로 분류하면 표 9-1과 같다.

표 9-1 아동학대의 징후

	신체적 징후	행동적 징후
신체학대	• 설명하기 어려운 상처와 채찍 자국 발생 및 회복에 있어 시간차가 있는 상처 • 사용된 도구의 모양이 그대로 나타나는 상처 • 설명하기 어려운 화상, 손바닥, 발바닥 등 엉덩이에 담뱃불 자국, 양말 모양, 장갑모양, 도넛 모양 등의 뜨거운 물에 잠겨서 생긴 화상 자국 • 설명하기 어려운 골절복합 및 나선형 골절	• 어른과의 접촉 회피 • 다른 아동이 올 때 공포를 나타냄 • 공격적이거나 위축적인 극단적인 행동 • 부모에 대한 두려움 • 집에 가는 것을 두려워함 • 위험에 대한 지속적인 경계를 보임 • 부모가 손상을 알려옴
정서학대	• 성장장애 • 신체발달 저하 • 언어장애	• 특정 물건을 계속 빨고 있거나 물어뜯음 • 행동장애(반사회적 · 파괴적 행동장애) • 신경성 기질(수면장애, 놀이장애) • 정신 신경성 반응(히스테리, 강박) • 극단행동 • 발달지연 • 자살시도
성적학대	• 걷거나 앉는 데 어려움 • 회음부의 동통과 가려움 • 회음부, 질, 항문 부위의 출혈이나 멍 • 십대 이전의 성병 감염	• 위축, 화상, 유아적 행동 • 기괴하고 미묘한 성적 행동과 지식 • 친한 친구가 없음 • 가출 • 성적 모독을 호소함
방임	• 지속적인 배고픔, 나쁜 위생 상태, 부적절한 옷차림 • 의학적 치료와 치과 치료의 부족 • 지속적인 피로, 불안정감, 수업 중 과도하게 조는 태도	• 음식을 구걸하거나 훔침 • 장기간에 걸친 감독 소홀 • 위험한 행동에 대한 감독 소홀 • 비행 또는 도둑질 • 학교에 일찍 등교하고 집에 늦게 하교함

*자료: 김호년 외(2016). 아동권리와 복지. 경기: 양성원. p.244에서 수정해서 인용함.

한편 아동을 내하는 사회의 태도는 시대와 사회에 따라 다르고 아동학대의 발생 원인을 보는 견해도 학자들마다 다르다. 아동학대의 주체와 요인은 표 9-2와 같다.

표 9-2 아동학대의 주체와 요인

주체	요인
가정/사회	• 가족구성원 간의 갈등 등 가족관계의 문제, 결손가족 등 가족구조의 문제 • 빈곤, 실직, 사회적 소외 및 사회적 지지체계 결여 • 자녀에 대한 소유의식이 강한 사회문화, 아동을 존중하지 않는 사회, 체벌과 훈육이 수용되는 사회
부모	• 미성숙한 부모, 아동양육에 대한 지식이 부족한 부모, 아동에게 지나친 기대를 갖는 부모 • 잦은 가정위기, 정서적 욕구불만을 가진 부모, 원치 않는 아동을 가진 부모 • 어릴 적 학대받은 경험이 있는 부모, 약물 및 알코올 남용 및 중독부모 • 그릇된 아동관 및 양육관을 가진 부모 • 분노, 좌절 혹은 성적 욕구와 같은 충동과 감정조절의 무능력을 보이는 부모 • 낮은 자아 존중감, 낮은 감성을 가진 부모 • 불안, 우울, 기타 정신질환이 있거나 의심되는 부모
아동	• 미숙아, 기형아, 만성 혹은 급성 질환아 • 신체적 · 정신적 · 기질적으로 특이하거나 장애를 가진 아동 • 운동 및 언어 등 발달이 늦은 아동 • 심하게 보채거나 밤에 잘 자지 않는 아동 • 문제행동을 보이는 아동 • 수유 혹은 음식을 먹거나 잠을 자는 데 어려움을 나타내는 아동 • 사회적 반응의 결핍, 고집스러운 울음과 외모 • 분리불안의 결함, 자신감 결여, 지나친 경계, 무반응, 겁이 많은 아동

*자료: 김호년 외(2016). 아동권리와 복지. 경기: 양성원. p.245에서 인용함.

아동학대행위자 80% 이상이 부모이고 정상적인 사람들이다. 그중 소수만이 성격장애나 정신장애를 가지고 있을 뿐 모든 부모가 학대부모가 될 가능성이 있다. 일반적으로 부모의 교육 정도가 낮거나 실직 상태이고, 생활수준이 낮고, 부부갈등이 존재할 때 더 자주 발생하고 있다. 아울러 가정폭력, 부모의 정신과 질환, 부모가 약물이나 알코올 중독이 있는 경우도 학대의 가능성이 더 높아진다고 볼 수 있다. 이 외에도 아동이 조산아이거나 정신지체 및 신체적 장애가 있는 경우 학대가 더 자주 발생하는 것으로 나타났다(김호년 외, 2016). 넷째, 학대가 아동 발달에 미치는 영향을 고찰하면 다음과 같다(안동현, 2002). ① 심각한 뇌손상이나 정신지체, 언어장애를 초래하기도 하고 심한 경우에 사망에 이르기도 한다. ② 학대 받은 아동은 지적 및 인지적 기능이 손상되어 발달지연과 중추신경계의 장애를 갖는다. 이들은 과잉행동, 충동적 행동이 많고, 외부 위험에 집착하면서 학습과 자기계발에 필요한 에너지를 고갈시키고 만다. ③ 감정조절 기능의 저하, 자기개념의 손상, 애착형성의 붕괴, 충동조절능력의 저하와 또래관계의 이상, 자학적 자기파괴 행동, 학교부적응, 정신병리 등을 나타내기도 한다. ④ 학대받은 아동은 위축된 소극적 태도를 보이거나 파괴적인 태도를 보이기 쉽다. 결국 이들은 청소년비행을 저지르거나 성인이 되어 범죄 또는 반사회적 행동을 하게 된다. ⑤ 성적학대는 시간의 경과에 따라 행동의 변화를 보인다. 학대를 받은 직후에는 일종의 스트레스 반응으로서 수면장애, 신경질, 가해자에 대한 공포심 등의 불안증세가 두드러진다. ⑥ 아동학대는 학업성취도를 저하시키며, 학교중퇴율을 높이며 비행과 십대 임신비율을 증가시키는 것으로 나타났다(Maughan & Cicchetti, 2002). ⑦ 아동기에 학대나 유기를 경험한 청소년들은 18세 이전에 자살시도를 하는 비율도 높은 편이다(Johnson-Reid, Kohl & Drake, 2012). ⑧ 아동기에 학대받은 성인은 우울이나 불안과 같은 정서적인 문제를 가지며 자신의 자녀와 배우자를 학대하는 경향이 있다(Malinosky-Rummell & Hansen, 1993). 이와 같이 학대는 아동의 생애발달에 있어서 지속적으로 부정적인 영향을 미치게 될 뿐만 아니라 세대를 거쳐 전이될 수 있다는 점을 고려해 볼 때, 아동학대를 예방하고 아동학대에 대처할 수 있는 서비스를 적극적으로 모색해야 할 필요가 있다.

02 아동학대의 현황

우리나라에서는 1980년대 후반에 진입하면서 아동학대에 대한 관심이 높아졌고 아동학대에 관한 연구가 진행되었다. 아동학대는 주로 가정 내에서 발생하는 자녀훈육의 일부로 간주되었기 때문에 사회적 관심을 받지 못했다. 그러나 아동보호라는 측면에서 아동학대에 대한 인식수준이 높아지고 아동학대의 후유증이 보고되기 시작하면서 아동학대에 대한 관심이 높아지고 있다. 따라서 아동학대에 대한 효율적인 개입이 이루어지기 위해서는 아동학대의 현황을 정확하게 파악하는 것이 중요하다.

2절에서는 아동학대 신고접수 현황, 아동학대 신고자 유형, 아동학대 사례유형, 피해아동의 성별 및 연령, 아동학대행위자의 특성 등을 고찰하기로 한다.

1. 아동학대 신고접수 현황

2015년 전국아동보호전문기관에서 집계된 아동학대 의심사례를 포함한 신고접수 현황은 그림 9-1과 같다.

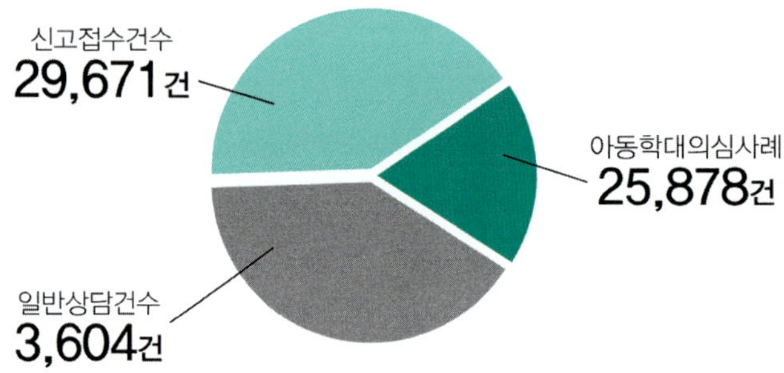

연도별 신고 접수 건수

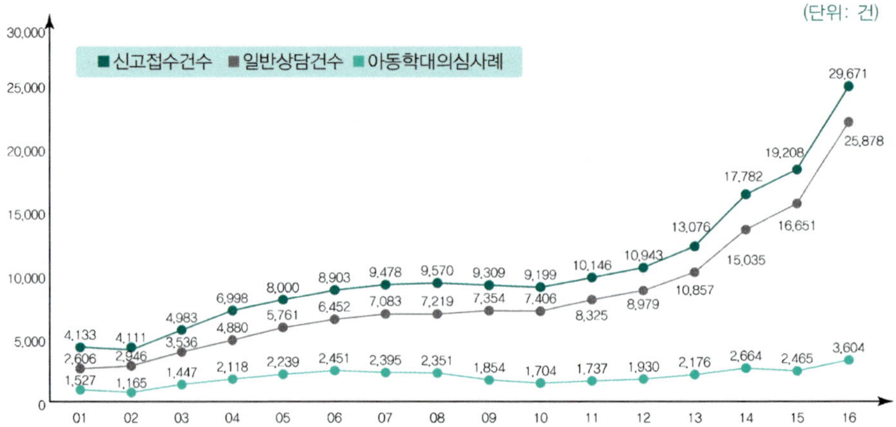

*자료: http://Korea1391.go.kr

그림 9-1 아동학대 신고접수 현황

상기에서 살펴본 바와 같이, 2016년 전국아동보호전문기관에서 집계된 아동학대 의심사례를 포함한 신고접수 건수는 29,671건이다. 이 중 아동학대 의심사례는 25,878건으로 87.2%에 해당하고, 일반상담 건수는 3,604건으로 12.1%에 해당했다.

2. 아동학대 신고자 유형

아동학대 신고자 유형은 신고의무자와 비신고의무자로 분류할 수 있으며, 신고의무자는 아동학대범죄의 처벌 등에 관한 특례법 제10조에 규정하고 있다. 아동학대 처벌법 시행(2014. 9. 29) 이후 기존의 신고의무자 22개 직군에서 아이돌보미와 취약계층 아동에 대한 통합서비스 수행 인력이 추가되어 24개 직군으로 확대되었다.

아동학대 신고의무자 유형은 그림 9-2와 같다.

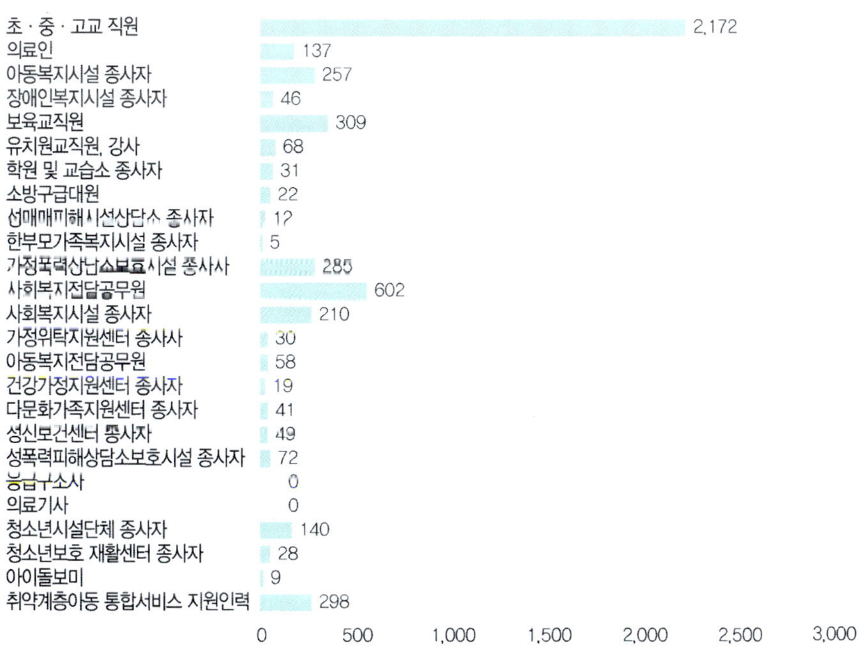

*자료: http://Korea1391.go.kr

그림 9-2 아동학대 신고의무자 유형

아동학대 신고의무자에 의한 신고는 4,900건(29.4%)으로, 비신고의무자에 의한 신고 11,751건(70.6%)보다 더 적은 신고율을 보이고 있다. 특히 신고의무자 유형에 속하는 직업 중 보육교직원의 신고접수 비율은 높은 반면, 유치원교직원, 강사, 학원 및 교습소 종사자들의 신고접수 건수는 매우 적은 수준이어서 이들 신고의무자에 대한 아동권리 인식 교육과 더불어 신고의무자 교육이 시급하겠다(임시아, 2016).

아동학대 비신고의무자 유형은 그림 9-3과 같다.

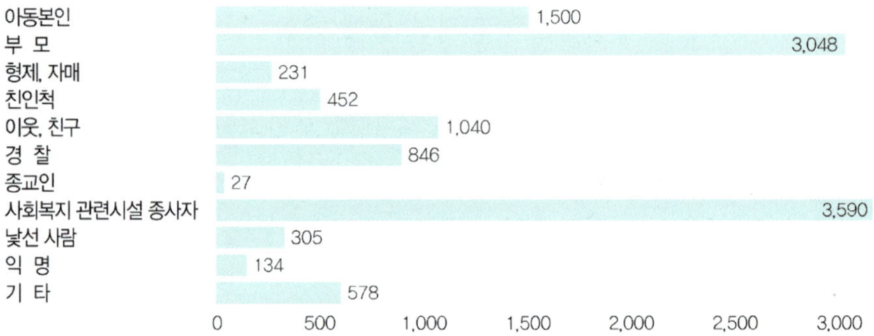

*자료: http://Korea1391.go.kr

그림 9-3 아동학대 비신고 의무자 유형

비신고의무자 중에서 가장 신고를 많이 한 유형으로는 사회복지 관련시설 종사자(3,590건), 부모(3,048건), 아동 본인(1,500건) 순으로 나타났다.

사례: 현장활용 자료 아동학대 신고의무자를 위한 아동학대의심 체크리스트

연번	체크 항목	체크란	
1	사고로 보이기에는 미심쩍은 멍이나 상처가 발생한다.	예 □	아니오 □
2	상처 및 상흔에 대한 아동 혹은 보호자의 설명이 불명확하다.	예 □	아니오 □
3	보호자가 아동이 매를 맞고 자라야 한다는 생각을 갖고 있거나 체벌을 사용한다.	예 □	아니오 □
4	아동이 보호자에게 언어적 및 정서적 위협을 당한다.	예 □	아니오 □
5	아동이 보호자에게 감금, 억제, 기타 가학적인 행위를 당한다.	예 □	아니오 □
6	기아, 영양실조, 적절하지 못한 영양섭취를 보인다.	예 □	아니오 □
7	계절에 맞지 않는 옷, 청결하지 못한 영양섭취를 보인다.	예 □	아니오 □
8	불결한 환경이나 위험한 상태로부터 아동을 보호하지 않고 방치한다.	예 □	아니오 □
9	성 학대로 의심될 성 질환이 있거나 임신 등의 신체적 흔적이 있다.	예 □	아니오 □
10	나이에 맞지 않는 성적 행동 및 해박하고 조숙한 성지식을 보인다.	예 □	아니오 □
11	자주 결석하거나 결석에 대한 사유가 불명확하다.	예 □	아니오 □
12	필요한 의료적 처치 혹은 필요한 아동에게 예방 접종을 실시하지 않는다.	예 □	아니오 □
13	보호자에 대한 거부감과 두려움을 보이고, 집(보호기관)으로 돌아가는 것에 대해 두려워한다.	예 □	아니오 □
14	아동이 매우 공격적이거나 위축된 모습 등의 극단적인 행동을 한다.	예 □	아니오 □
15	"아동학대 의심 체크리스트"1~14에 해당되지는 않지만 그 외의 학대로 의심되는 경우 (학대 의심 상황:)	예 □	아니오 □

*1개 문항 이상 "예"로 체크된 경우, 아동학대를 의심해 볼 수 있는 상황입니다.
*아동학대가 "의심"되면 아동학대신고전화 112로 즉시 신고해 수시기 바랍니다.

*자료: 이덕희 외(2018). 아동권리와 복지. 서울: 동문사. p.306.

3. 아동학대 사례유형

2016년 아동학대 사례유형별 현황은 표 9-3과 같다.

표 9-3 아동학대 사례유형별 현황(2016)

(단위: 건/%)

유형	건수	비율
신체학대	2,715	14.5
정서학대	3,588	19.2
성적학대	493	2.6
방임	2,924	15.6
중복학대	8,980	48.0
계	18,700	100.0

*자료: http://Korea1391.go.kr

상기에서 살펴본 바와 같이, 정서확대(19.2%), 방임(15.6%), 신체학대(14.5%), 성적학대(2.6%) 순으로 나타났다. 우리나라에서 빈번히 발생하는 방임유형은 물리적 방임으로 파악되고 있다. 이러한 방임은 주로 경제적 빈곤문제와 결부되어 있는데 실제 아동보호전문기관에서 개입하고 있는 대부분의 방임사례 가정이 경제적으로 어렵고 소득이 낮다. 더욱이 방임은 영유아의 신체적 · 인지적 · 사회적 발달에 미치는 영향력이 매우 크므로 방임 가능성이 높은 고위험군 가정 발굴을 통한 사전예방 차원의 접근이 필요하다(정목분 외, 2016).

4. 피해아동의 성별 및 연령

2016년 아동학대 피해아동의 성별 및 연령별 현황은 표 9-4와 같다.

표 9-4 피해아동 성별 및 연령 현황(2016)

(단위: 건/%)

연도		건수	비율
성별	남	9,380	50.2
	여	9,320	49.8
합계		18,700	100
연령	1세 미만	416	2.2
	1~3세	1,979	10.6
	4~6세	2,583	13.8
	7~9세	3,595	19.2
	10~12세	3,854	20.6
	13~15세	4,206	22.5
	16~17세	2,067	11.1
계		18,700	100.0

*자료: http://Korea1391.go.kr

2016년 아동학대 피해아동의 성별을 살펴보면, 남자 9,380건(50.2%), 여자 9,320명(49.8%)으로 성별에 따른 차이는 없는 것으로 나타났다. 피해아동의 연령은 13~15세(22.5%), 10~12세(20.6%), 7~9세(19.2%), 4~6세(13.8%), 16~17세(11.1%), 1~3세(10.6%), 1세 미만(2.9%) 순으로 나타났다. 아동이 초등학교 입학 시기에서부터 중학교 졸업 시기에 걸쳐 학대가 가장 많이 발생한다는 것을 알 수 있다. 이 시기는 자녀에 대한 부모의 훈육과 대화가 많이 필요한 시기이며, 자녀들의 학업스트레스와 발달단계에 있어서 사춘기 등을 경험하는 시기로 부모나 양육자와의 갈등을 가장 많이 겪는 시기로 볼 수 있다. 따라서 아동학대의 발생을 감소시키기 위한 부모교육, 전문 상담가에 의한 부모 및 자녀지원 프로그램 제공, 부모와 자녀의 학업 스트레스 및 양육에 대한 스트레스 해소법 등에 대한 다각적인 방법의 모색이 필요할 수 있겠다(임시아, 2016).

5. 아동학대행위자의 특성

학대행위자는 크게 부모와 부모가 아닌 학대행위자로 구분하여 살펴볼 수 있다. 학대행위자가 부모인 경우는 15,048건으로 전체 아동학대 사례의 80.5%를 차지했다. 특히 친부 44.4%, 친모 31.7%로 나타나 아동학대 사례가 주로 친부모에 의해 발생하고 있는 것으로 밝혀졌다.

학대행위자와 피해아동과의 관계에서 부모 15,048건(80.5%), 대리양육자 2,193건(11.6%), 친인척 795건(4.3%), 기타 454건(2.4%), 타인(이웃이나 낯선 사람) 201건(1.1%), 파악 안됨 29건(0.2%) 순으로 학대하는 것으로 나타났다.

2016년 아동학행위자의 특성을 제시하면 그림 9-4와 같다.

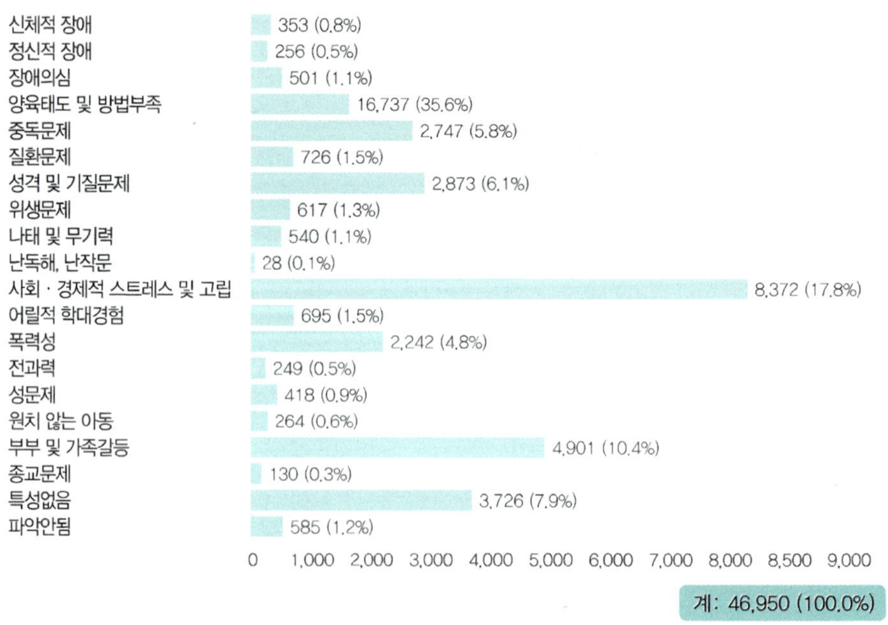

그림 9-4 아동학행위자의 특성

사례: 현장활용 자료 **부모의 아동학대**

- 가정에서 행해지는 엄격한 훈육과 학대 간에는 어떠한 차이가 있는지 이야기 해 보자.

03 아동학대 처리과정

아동학대 처리과정은 신고접수 단계, 현장조사 및 사정단계, 사례판정단계, 서비스제공단계, 사례 종결 및 사후관리 단계 등 5단계로 이루어진다(곽형식 외, 2013).

첫째, 신고접수 단계이다. 아동학대 사례여부를 판단하고 아동학대 사례의 위급성 정도를 파악하기 위한 기초정보를 수집하는 것을 목적으로 한다. 먼저 경찰서나 타기관 또는 일반전화, 24시간 전화(1577-1391), 방문 및 서신 등으로 신고접수를 받게 되면 사례의 위급성 여부 판단, 아동학대사례로서의 적합성 여부 판단, 중복신고 또는 이전 신고기록 확인, 정보의 추가수집 여부 등의 주요사항을 결정하게 된다. 아동복지법에 따라 아동학대의 의심이 존재하고 사례개입이 가능한 기본 정보가 파악되었다면 신고자의 의사와 무관하게 사례를 개입할 수 있다. 사례 접수 시 기록해야 할 사항으로는 다음과 같다.

① 아동 관련이다. 이름, (추정)나이/생년월일, 학교/유치원/놀이방, 주소, 전화번호 등이 있다. ② 학대자/가속 관련이다. 이름, (추정)나이/생년월일, 아동과의 관계, 아동과 동거 여부, 결혼상태, 직업/직장, 연기수시 주소, 전화번호, 가족구성원의 이름, 관계, 동거 여부 등이다. ③ 학대 관련이다. 학대 발생 일시 및 장소, 신고자 외의 목격자, 학대유형 및 피해 정도, 현재 위급성 여부 등이다. ④ 기타 사항이다. 신고자 이름, 직업 및 소속기관, 아동과의 관계, 주소, 전화번호 등이다.

둘째, 현장조사 및 사정단계이다. 이 단계에서는 학대 판정 및 위급성 여부 확인, 피해아동에 대한 신변보장과 안전조치, 충분한 자료 및 정보의 수집·분석, 프로그램 및 서비스 제공 계획, 부모역할에 대한 교육 등을 목적으로 한다. 그리고 아동의 안전 여부, 아동 및 가족들의 욕구 및 특성, 아동의 성장 및 발달사, 학대의 정도 또는 학대로 인한 피해 심각성, 학대에 대한 위험도를 감소·제거하기 위해 변화될 수 있는 내용 등을 확인하고 전문 의료인의 소견서 및 진단서, 학대상처에 대한 근접 사진 촬영, 학대와 관련한 음성녹음, 비디오 녹화, 약술 및 기록 등을 통해서 증거자료를 확보한다. 주요 사항은 다음과 같다(서울특별시 아동복지센터 http://child.seoul.go.kr). ① 아동학대 발생 여부: 해당 사례는 당해 아동복지법령이 정의·규정하는 아동학대에 대한 충분한 내용적 근거를 가지고 있는가? ② 아동학대 증거 유무: 확실한 증거나 증인이 있는가? ③ 아동의 학대 위험에 노출 여부이다. ④ 아동의 안전 여부: 아동 이외의 다른 피해자는 없는가?/ 아동이 안전하지 않다면, 아동의 안전보장을 위해 어떤 조치와 서비스 제공 또는 지역사회의 공동대처 방안이 필요한가? ⑤ 가족이 당면하고 있는 시급한 욕구 파악이다. ⑥ 아동보호전문기관에 의한 지속적인 개입 및 서비스 제공의 필요성 여부이다. ⑦ 사법기관에 의한 수사와 친권박탈의 필요성 여부 등이다.

또한 아동학대가 가정 외의 장소에서 발생하였다면 다음과 같은 내용을 살펴보아야 한다. ① 시설 직원의 행동에서 학대 징후를 발견할 수 있는가? ② 그렇다면, 아동보호시설에서 인정되는 행동인가? ③ 학대 발생에 대한 시설 내 책임은 누구에게 있는가? ④ 앞으로 이러한 학대가 일어날 가능성을 예방하기 위하여 어떠한 조치 및 계획이 필요할 것인가? ⑤ 시설에 대해 시정명령 또는 폐쇄조치를 할 것인가?

셋째, 사례판정단계이다. 이 단계는 상담원의 조사를 기초로 상담원, 사회복지사, 전문 상담가, 자문위원 등으로 구성된 아동학대 사례판정회의를 실시한다. 따라서 각각의 판정 기준에 따라 아동학대 사례, 잠재위험 사례, 일반 사례로 구분한다.

참고자료 아동보호전문기관 업무처리 진행도(아동학대 개입 흐름도)

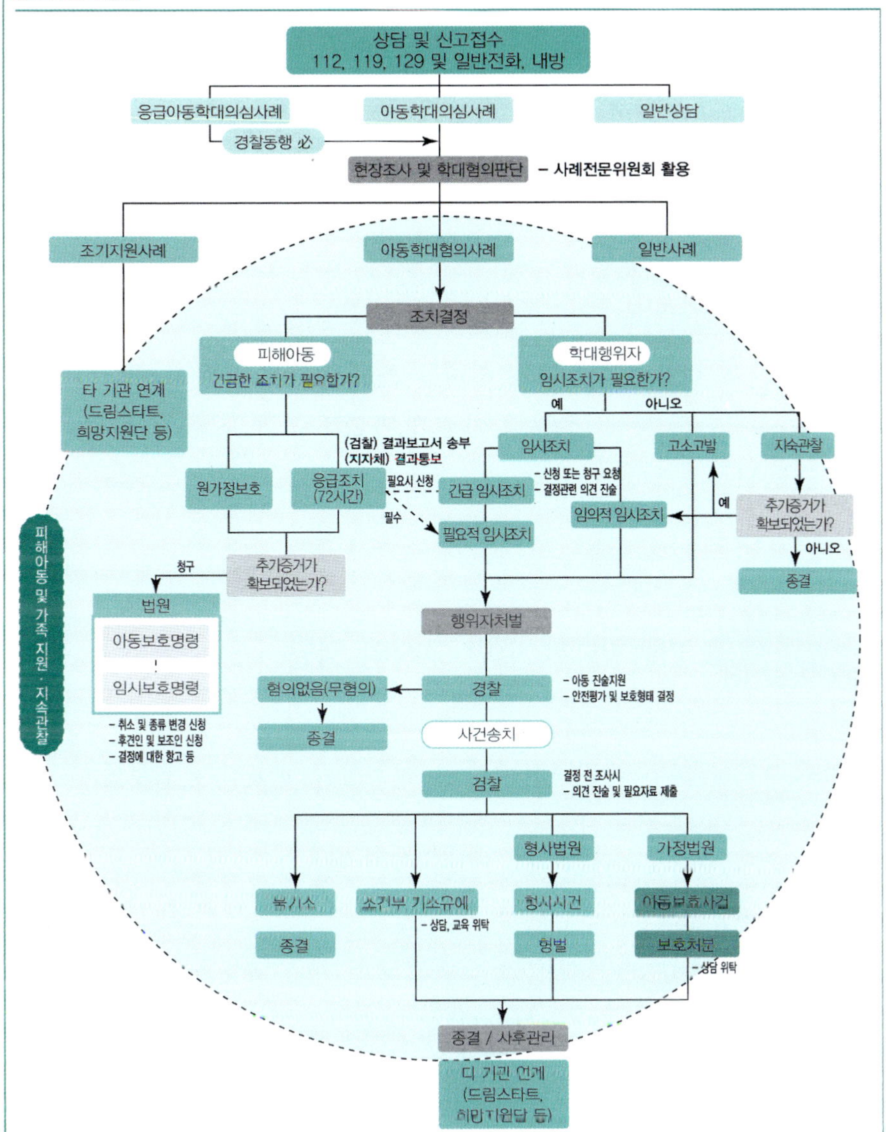

*자료: http://child.seoul.go.kr/archives/293

넷째, 서비스제공단계이다. 이 단계의 목적은 아동학대 피해아동과 학대행위자 및 그 가족을 위해 가장 효과적이고 적절한 서비스를 제공하는 것과 학대가 일어날 수 있는 상황을 변화시키도록 가족 전체를 위한 세부적이고 명확한 지침 제공, 학대받은 아동의 위기가 제거되었거나 감소되었는지 파악할 수 있는 측정도구를 제공하는 것이 목적이다.

다섯째, 사례 종결 및 사후관리 단계이다. 이 단계는 아동학대 재발가능성이 희박하다고 평가할 때, 사례평가도구에 의해 종결이 가능한 상태라고 평가할 때 사례를 종결하고 또한 불가피한 상황에 의해 강제 종결할 경우도 있다. 사례평가에 있어 사례평가 참여자는 관장, 상담원 및 사례판정위원, 서비스제공자, 아동과 부모 등이 된다. 사후관리에서는 종결한 사례는 3개월 동안 매월 1일 이상 직접방문 등의 방법으로 가족 또는 아동과 접촉하여 문제 재발생 여부를 확인해야 하고 가족은 도움이 필요하다면 언제든지 상담원을 통해 아동 및 가족이 필요로 하는 도움과 자원을 제공받을 수 있도록 지원해야 한다.

04 아동학대에 대한 교사의 역할

영유아교사들은 저 연령의 아동을 보호하고 교육하는 직무를 수행하고 있기에 아동학대를 받기 쉬운 연령의 아동학대 사례를 발견하기 쉽다. 따라서 영유아교사의 아동학대와 관련하여 구체적인 역할을 제시하면 다음과 같다(Rowe, 1981).

첫째, 관찰자의 역할이다. 교사는 아동을 가정 밖에서 공식적으로 가장 가까이에서 접할 수 있으므로 아동의 행동 및 개개인의 요구를 확인하는 관찰자의 역할을 해야 한다. 관찰은 아동이 교육기관에 등원할 때부터 귀가 때까지 이루어지는데, 아동의 안색과 기분 상태, 외견상 특이점, 평소와 다른 행동 등을 면밀히 관찰하고, 학대의 의심이 있을 때는 아동과 면담을 실시하여 구체적으로 알아보아야 한다.

둘째, 신고자의 역할이다. 학대를 당하고 있는 아동을 발견했을 때는 아동과 부모의 관리를 보장하기 위해 관계기관에 신고해야 한다.

셋째, 프로그램 개발 및 실천자의 역할이다. 교사는 위기에 처해 있는 아동을 도울 수 있는 교육 프로그램을 계획하고 실천하는 직무를 수행할 수 있어야 한다. 학대를 예방하기 위해 아동 스스로 방어할 수 있는 지혜를 가르치기 위한 예방프로그램이나 이미 학대 받은 아동의 상처를 치유해 줄 수 있는 치료 프로그램을 개발하고 실천하는 것은 교사로서 아동의 건전한 성장을 할 수 있도록 조치를 취하는 것이다.

넷째, 상담자 및 치료자의 역할이다. 교사는 위기에 처한 아동에게 더 많은 관심을 보이고, 그 아동이 가지고 있는 요구를 수용해 주고, 어려움을 완화해 주는 상담기술과 치료기술을 가지고 있어야 한다. 또한 가해자가 부모 또는 보호자인 경우는 부모교육과 부모 상담을 통해 자녀양육 행동을 개선할 수 있는 서비스를 제공할 수 있어야 한다. 교사는 평소에 아동과 부모의 상호작용 상태를 파악하여 미숙한 상호작용을 하는 부모에 대하여는 자주 면담을 통하여 부모의 상호작용 패턴을 바꾸어 주어야 한다. 그리고 부모교육 프로그램을 실시하여 양육책임자로서의 부모역할, 아동발달에 대한 이해, 아동학대의 정의, 피학대아동의 특징, 바람직한 양육태도 등에 대한 지식 및 태도를 형성하도록 도와야 한다.

사례: 현장활용 자료

- 다음 글은 아동학대 신고에 대한 글입니다.

S교사는 자신의 반에 있는 유아의 행동이 최근 들어 부쩍 달라짐을 느꼈다. 또래와 놀이하는 것을 피하고, 말수가 적어지고 손톱을 물어뜯는 등의 불안과 위축의 행동이 나타나며, 때때로 이유 없이 배가 아프다고 호소한다. S교사는 급작스런 유아의 변화와 신체에 있는 작은 생채기를 통해 가정에서의 학대가 의심이 되지만 평소 어머니는 아이와 별다른 문제가 없다고만 하신다.

여러분이 S교사라면 어떻게 하겠는가?

1) 어머니가 별 문제 없다고 하시지만 신고한다.
2) 어머니가 별 문제 없다고 하시니 한 번 믿어본다.

다섯째, 자원 동원 및 활용자로서의 역할이다. 교사는 학대받고 있는 아동을 보호하기 위해 지역사회 인적 및 물적 자원을 효율적으로 활용할 수 있어야 한다. 아동과 부모가 고립되지 않고 사회적 지지망 안에 있도록, 지역사회의 기관 또는 이웃과 연결되도록 도와야 한다.

05 미국의 아동학대 대응

미국은 1974년 아동학대예방과 치료법에 따라 연방정부에 '전국 아동학대 방지센터'를 설치하여 아동학대 문제를 조정하고 있다. 아동학대 신고법은 1962년을 전후해서 각 주마다 입법화되었고, 1970년대에 들어와서는 아동학대의 개념이 확대되어 방임, 성적학대, 정서적 학대 등 아동복지에 유해하다고 인정되는 모든 행위를 학대에 포함시켰다. 미국의 모든 지역에서 24시간 신고체계가 갖춰져 있으며, 아동학대를 알고 신고하지 않은 사람들에 대해서도 구금 또는 벌금형에 처하도록 되어 있다(U.S., Department of Health and Human Service, 1984).

국립아동학대 및 방임센터는 다섯 개의 항목에 이르는 주요 역할과, 업무를 담당하고 있으며 효율적인 업무수행을 위해 11개 지역센터를 운영하고 있다. ① 아동학대 및 방임에 관련된 조사 결과에 대한 자료수집, 분석과 출판, ② 각종 정보의 개발 및 유지, ③ 요원 훈련자료의 수집 및 출판, ④ 예방 및 치료에 관련된 기관에 대한 기술 지원과 프로그램 개발, ⑤ 원인과 예방에 관한 조사 실시 등이다.

그리고 미국의 아동보호서비스의 종류는 표 9-5와 같다.

표 9-5 미국의 아동보호서비스의 종류

서비스의 종류	구체적 내용
긴급 서비스 (emergency service)	긴급한 위험에 처한 가정을 위한 긴급 피난처 제공, 긴급 위기 상담, 긴급 재정적 보조 등을 제공하는 서비스
상담 서비스 (counseling)	일반적 · 정서적 문제와 약물중독과 같은 특별한 문제에 대한 상담 서비스
단기 특별 상담서비스 (intensive counseling)	단기적으로 특별한 상담이 필요한 가정에 대해 평균 6주 정도의 짧은 기간 내에 집중적으로 제공되는 상담 서비스
가정보조 서비스 (homemaker service)	부모의 양육부담을 경감시키기 위해 여러 집안일을 대신하여 주거나 집안일을 하는 방법을 가르쳐 주는 서비스
부모보조 서비스 (parent-aide)	매우 짧은 기간(보통 1일) 동안 부모 대신 아동을 돌보아 주거나 집안일을 대신해 주거나 교통편 등을 제공해 주는 서비스
간호사 서비스 (visiting nurse)	간호사가 직접 가정을 방문하여, 부모에게 아동양육법이나 긴급한 상황에 대처하는 법들을 가르쳐 주는 서비스
보육서비스 (day-care program)	양육에서 오는 부모의 스트레스를 줄이기 위해, 필요한 아동에 대해 종일반 혹은 반일반의 보육을 제공하는 서비스
부모교육 (parent education)	가족계획, 유아를 돌보는 방법, 아동훈육법 등에 관하여 부모에게 제공되는 교육서비스
교통편 제공 서비스 (transportation service)	의료 서비스나 상담 서비스 등을 이용하는 데 필요한 교통편을 제공해 주는 서비스
자조 그룹 (self-help group)	비슷한 문제에 처해 있는 부모끼리 그룹을 만들어 정기적으로 모여 함께 도와가며 문제를 해결해 가는 그룹

*자료: 김호년 외(2016). 아동의 권리와 복지. 경기: 양성원. p.267.

06 아동학대보호사업의 개선방안

아동학대의 심각성이 대두되면서 최근 10년 동안 아동학대에 대한 사회적 및 학문적 관심이 고조되었다. 아동학대와 관련된 법규가 제정되고, 아동학대를 예방하기 위한 아동보호기관이 상당수 증가하였다. 이에 대한 사회적 관심이 증가했음에도 불구하고 학대아동을 위한 복지사업이 상당히 부족한 실정이다. 지금까지 아동학대 보호사업에 대한 선행연구에서 지적되어 온 항목들을 고찰하면, 아동학대 관련법 부족, 아동학대에 대한 인식의 부족, 아동학대예방서비스의 미흡, 아동보호전문기관의 수와 인력의 부족, 상담원의 근무여건과 법적 지위의 미비, 신고의무 강제 및 학대행위자에 대한 강제적 서비스 제공 등의 각종 법적 규정의 미비, 전문서비스의 부족, 관계기관과의 연계 미비 등을 들 수 있다(이종화, 2007; 조윤영, 2005; 정옥분 외, 2016).

따라서 여기에서는 이러한 문제점을 토대로 아동복지 전문직의 활발한 개입과 다양한 역할 수행이 기대된다. 아동학대보호사업의 개선방안을 제시하면 다음과 같다(이순형 외, 2016; 정옥분 외, 2016; 김윤재 외, 2017; 김순옥 외, 2016; 이경준 외, 2016; 고인숙 외, 2016;이종화, 2007; 조윤영, 2005).

첫째, 아동학대 관련 법규의 개정이다. 아동학대특례법에 피해아동을 격리 및 보호조치할 수 있는 법적 강제 조항이 신설되었다. 즉 보모인 학대행위자의 의사에 반한 격리보호 또는 격리보호 이후 부모의 아동귀가 요구 등이 발생할 시 법적 대응 수단이 제정되었다. 학대행위자인 부모 친권을 상실시킬 수 있도록 아동복지법 제12조에 법적 근거를 제시하고, 학대행위자인 부모의 친권 일시 및 친권박탈에 대한 보다 구체적인 법적 근거가 마련되었다. 아동학대의 재발을 방지하기 위한 학대행위자인 부모의 양육 태도변화나 치료가 우선되어야 함에도 불구하고 교육 참여 또는 상담 수강을 강제로 할 수 있도록 하고 있다. 따라서 학대행위자가 치료 및 상담에 강제적으로 참여할 수 있도록 상담 명령, 수강 명령, 치료 명령 등의 법 조항 및 이를 위반할 경우 제재할 수 있는 조항도 신설되었다.

둘째, 아동학대에 대한 지속적 홍보 및 교육이다. 아동학대에 대한 국민의 인식이 많이 개선되었지만, 타가정의 자녀양육문제 개입에 대한 부담감, 신고자의 비밀보장, 신고 후 발생될 책임감 등으로 인해 학대 현장을 신고하지 않는 경우가 많다. 이에 국가와 지방자치단체는 현행 아동복지법 제23조에 의거 향후 보다 적극적으로 아동학대에 대한 지속적 교육 및 홍보를 통해 아동학대에 대한 대국민 인식 전환이 필요하다. 따라서 학대 현장을 누구보다도 잘 발견할 수 있는 신고 의무자에게 연수과정 등을 통해 아동학대에 대한 교육을 의무화할 필요가 있다. 또한 대중매체를 이용한

공익광고를 통해 전 국민을 대상으로 아동학대의 개념과 후유증의 심각성을 홍보하여 아동학대 문제의 중요성을 일깨우고, 1577-1391 신고 전화에 대한 홍보를 강화해야 한다. 그리고 신고의무자에 대한 보수교육 시 아동학대에 대한 지식, 신고절차, 방법, 상담기법 등의 전문적인 교육의 이수를 통해 아동학대의 조기발견 및 예방 및 보호를 도울 수 있는 실질적인 지식을 갖도록 해야 한다. 더 나아가 우리 사회에서 아동에 대한 폭력을 허용하지 않으며 아동의 권리를 존중하는 국민적 인식 전환이 필요하다.

셋째, 아동학대 사례를 체계적으로 관리하기 위해서는 전문인력의 배치가 중요하다. 전문인력의 확보는 아동학대 문제를 해결하는 전 과정, 즉 아동학대 사례의 관리에도 영향을 미치는 매우 중요한 문제이다. 전문인력의 충분한 확보가 이루어지지 않는다면 아동학대 사례에 대한 체계적인 개입은 이루어지지 못하기 때문이다. 더불어 전문인력에 대한 신변이 보장되어야 한다. 현장조사 중인 상담원이 학대행위자로부터 신체적 손상을 입었을 경우 그 학대행위자를 처벌할 수 있는 조항이 마련되어야 하고, 학대행위자가 상담원의 신변에 위협을 주는 경우에 대비해 경찰의 적극적인 협조가 이루어져야 한다.

넷째, 아동학대 예방프로그램 실시 및 보급이다. 아동학대 예방프로그램은 1, 2, 3차적 예방프로그램으로 구분할 수 있다. ① 1차적 예방프로그램은 아동학대가 발생하지 않은 집단을 대상으로 학대를 사전에 예방하고 아동이 건강하게 성장할 수 있도록 지원하는 프로그램이다. 사례를 들면, 굿네이버스에서는 아동을 학대로부터 보호하기 위해 아동-부모-교사를 대상으로 '아동 힘 키우기 서비스(Child Empowering Service: CES)' 통합교육 프로그램을 실시하고 있다. 이 프로그램은 아동과 그 지원체계인 가정과 교육현장을 동시에 교육하여 아동권리에 대한 정확한 이해를 도모하고, 아동학대를 예방하며, 아동을 건전하게 양육하도록 돕는 것이다. 또한 굿네이버스에서는 초등학생을 위한 자기보호 훈련, 부모를 위한 자녀양육기법 훈련, 신고의무자 교육으로 교사대상 참여활동프로그램(Participatory Activity for Prevention of Child Maltreatment: PAPCM)을 실시하고 있다. ② 2차적 예방프로그램은 아동학대가 발생할 수 있는 위험요소를 가지고 있는 가족과 아동을 선별하여 아동학대가 발생하기 전에 서비스를 제공하는 것을 말한다. 사례를 들면, 방과후 프로그램은 학교 후 학생들이 집안에서 홀로 방치 또는 방임되는 것을 예방하고 대신 기관에서 보호하고 교육하는 기능이다. ③ 3차적 예방프로그램은 이미 아동학대가 발생한 집단을 대상으로 아동학대의 재발을 막기 위한 치료 및 개입을 들 수 있다. 아동학대 재발을 방지하기 위해 학대행위자에 대한 적극적 개입이 시급하다. 우리나라도 서구사회와 마찬가지로 아동학대행위자에 대한 엄격한 법적 제재와 더불어 아동학대 방지를 위한 프로그램에 의무적으로 참여하도록 구체적인 법적 근거를 조속히 마련해야 한다.

다섯째, 효율적인 학대아동보호사업이 이루어지 위해서는 다양한 서비스 프로그램의 개발과 아동보호 전문기관과 지역사회 내의 서비스 연계가 필요하다. 현재까지 이루어지고 있는 대부분의 서비스 프로그램은 학대피해아동을 위한 개인 상담이 주를 이루고 있고 학대행위자에 대한 상담 및 교육 프로그램이 소수 제공되고 있다. 학대행위자를 대상으로 상담 및 교육뿐만 아니라 아동양육에 대한 부담을 덜어줄 수 있는 가족지원 프로그램을 제공해야 할 필요가 있다. 실제로 가족치료 및 가족지원서비스와 같은 가족 자체의 기능을 강화할 수 있는 서비스는 거의 이루어지지 않고 있다. 아동학대 사례개입의 궁극적인 목적이 학대피해아동의 가정기능 회복이라는 점을 고려해볼 때, 가족기능을 강화시키기 위한 서비스 프로그램의 개발 및 시행이 절실하다. 또한 아동학대의 재발을 방지하기 위해서는 학대피해아동, 학대행위자, 학대가족을 대상으로 하는 적극적인 교육과 치료가 병행되어야 하고, 지역사회자원을 적극적으로 연결해야 할 필요가 있다. 후원자 발굴을 통한 소득지원서비스, 직업훈련과 취업연계서비스, 보육 및 방과후 보육서비스 연계 등과 같이 가족을 지원해줄 수 있는 서비스를 적극적으로 모색하는 것이 필요하다.

사례: 현장활용 자료 어린이집 CCTV 논란

• 다음 글은 어린이집 CCTV 논란에 관한 글이다.

2015년 5월 영유아보육법 개정으로 어린이집에서의 CCTV 설치가 의무화되었다. 어린이집 교사에 의한 학대가 이슈화되면서 영유아의 학대를 보호하기 위한 예방적 차원에서 시행된 CCTV설치는 학부모의 불안감을 해소시켜 주는 역할과 더불어 아동학대를 근절할 수 있다는 기대를 갖게 하였다.

그러나 CCTV의 설치는 교사 뿐 아니라 영유아의 인권을 침해할 위험이 있다. 반의 모든 학부모가 열람 가능한 CCTV에서는 그 반의 다양한 아이들을 관찰할 수 있게 된다. 교실 마다 한두 명씩 있을 소위 '문제행동유아'를 두고 엄마들끼리 이야기 하며 낙인을 찍는다. 국공립 어린이집을 운영하는 Y원장님은 "교실을 뛰어다니며 놀잇감을 망가뜨리고, 친구들과 부딪히는 산만한 남자아이 K가 있었어요. 학기 초 적응기라 충분히 그럴 수 있고, 교사도 신경을 많이 쓰는 아이였죠. 그런데 CCTV영상에서 엄마들의 시선이 모두 K에게 쏠리며 컴플레인이 들어오기 시작했어요. '우리 애랑 다른 반에 배정시켜 주세요, K를 유치원에 다니지 못하게 해 주세요'라고 말하는데.. 그렇게 할 수도 없고, 무엇보다 K와 K의 어머니께 미안한 마음뿐이죠"라고 한다.

1) 이처럼 CCTV 설치가 의무화된 가운데 이에 대한 가이드라인이 제시되어 있지 않아 영유아의 인권침해 우려가 있다. 이와 같은 문제를 방지하기 위해 필요한 구체적인 규정이나 방안은 무엇이라고 생각하는지 이야기해 보자.

생각해 봅시다

1. 아동학대의 증가 원인을 생각해 봅시다.

2. 경기변동과 아동학대의 발생은 어떠한 관계가 있는지 생각해 봅시다.

3. 주변에서 발생한 아동학대를 알게 된 경우 교사가 행할 의무에 대하여 생각해 봅시다.

4. 아동학대예방 실천방안에 대하여 토론해 봅시다.

CHAPTER 10

다양한 가정의 아동복지서비스

학습목표

1. 다문화가정아동의 개념 및 특성을 설명할 수 있다.
2. 다문화가정의 현황 및 실태를 파악해서 복지대책을 설명할 수 있다.
3. 새터민 아동의 개념 및 특성을 파악할 수 있다.
4. 새터민가정의 아동복지서비스에 대해 이해한다.
5. 한부모가정의 아동복지서비스에 대해 이해한다.
6. 한부모가정의 형성 원인을 설명할 수 있다.
7. 조손가정의 아동복지서비스에 대해 이해한다.
8. 조손가정아동의 개념을 설명할 수 있다.

아동의 발달은 아동을 둘러싸고 있는 환경의 이해로부터 시작된다. 아동은 가족, 이웃, 국가라는 여러 가지 환경의 영향을 받으며 발달한다. 특히 가족 환경과 같이 직접적인 상호작용에 따라 발달적 변화를 가져올 수 있는 환경적 요인은 영유아기 성장에서 매우 중요하다고 할 수 있다(김이영 외, 2016). 특히 한국사회는 다문화, 다인종 사회로 이행되고 있으며, 세계화로 인한 국제결혼의 증가, 북한을 이탈한 가정의 증가, 부모의 이혼으로 인한 조손가정의 증가, 싱글맘, 싱글 대디라는 한부모가정도 지속적으로 증가하고 있다. 이들 다문화가정아동의 성장 및 발달에 관심을 갖고 사회적으로 지원하는 일이 중요하게 되었다.

따라서 국가는 모든 아동이 건강하게 삶을 영위할 수 있도록 아동복지 정책을 수립하고 적절한 서비스를 제공해야 될 의무가 있다. 10장에서는 다문화가정의 아동복지, 새터민가정의 아동복지, 한부모가정의 아동복지, 조손가정의 아동복지에 대해 고찰하기로 한다.

01 다문화가정의 아동복지

여기에서는 다문화가정의 개념, 다문화가정아동의 개념, 다문화가정의 영유아의 발달을 지원하기 위한 교사의 역할, 다문화가정 현황 및 실태, 다문화가정아동서비스의 개선방향 등에 대해서 기술하고자 한다.

1. 다문화가정의 개념

다문화가족이란 우리와 다른 민족 또는 다른 문화적 배경을 가진 사람들이 포함된 가정을 통칭하는 용어로 한 가정 내의 인종과 문화의 차이, 즉 가치, 문화, 종교, 젠더, 생활양식 등 문화적 다양성의 중요성을 강조한 개념이다.

최근 우리나라에서 사용되는 다문화가족이라는 용어는 다음과 같이 개념을 정의할 수 있다(서혁, 2007). ① 외국인이 한국인 남성이나 여성과 결혼하여 만든 가정을 말하며, ② 외국인이 직업 때문에 국내로 이주해 와서 이룬 가정을 의미한다. 이들은 국적이 대한민국이 아닌 외국인신분으로 살아가게 된다. ③ 탈북이주민(새터민)이다. 이들은 휴전 이후 다양한 동기에서 북한 사회를 떠나 남한사회에 정착하고, 공식적으로 대한민국 주민등록을 취득한 북한지역 출신 주민들을 가리키는 용어이다.

한편 학문적 용어와는 달리, 다문화가족지원법 제2조에서 정의하는 '다문화가족'이란 ① 재한외국인 처우 기본법 제2조 제3호의 결혼이민자와 국적법 제2조에 따라 출생 시부터 대한민국 국적을 취득한 자로 이루어진 가족, ② 국적법 제4조에 따라 귀화허가를 받은 자와 같은 법 제2조에 따라 출생 시부터 대한민국 국적을 취득한 자로 이루어진 가족. 다문화가족지원법에 의하면, 법적 지원을 받을 수 있는 다문화가족의 대상에는 외국인이 직업 때문에 이주하여 대한민국에서 살고 있는 외국인 노동자는 제외된다는 것이다.

한편 다문화가족들은 우리 사회에 적응하는 과정에서 겪는 어려움은 사회적 편견과 차별, 언어소통문제, 경제적 문제, 자녀양육에서의 갈등 등이 있다(김호년 외, 2016). 이 가운데 자녀교육 문제는 이들이 한국사회에 안정적으로 정착하는 데 중요한 역할을 차지한다는 점에서 대책 마련이 시급하다고 본다.

2. 다문화가정아동의 개념

다문화가정아동은 결혼이주민, 직업이주민, 새터민 등 18세 미만의 자녀로 정의할 수 있다. 한국인과 결혼한 결혼이주민 자녀와 새터민 자녀는 국직법 제2조 제1항에 따라 출생과 동시에 한국 국민이 되므로 헌법 제31조에 의한 교육권을 보장받는다. 외국 노동자의 자녀는 한국 국민이 아니지만, 「아동의 권리에 대한 국제협약」, 「유엔아동권리위원회 권고」 등에 따라 부모의 합법 불법 체류 여부와 관계없이 교육권이 보장된다. 하지만 외국인 노동자 자녀의 경우 어린이집(유치원) 학비나 고등학교 수업료는 정부로부터 교육비 지원을 받지는 못하는 실정이다.

그동안 다문화가정의 아동이란 국제결혼을 통해서 출생한 자녀를 부르는 용어를 '혼혈아동', '이주노동자(외국인노동자) 자녀', '국제결혼가정 자녀' 등으로 다양하게 불렀다. 또한 부모의 국적에 따라 '아메리시안(Amerasian)', '라이 따이한(Lai Daihan)', '코시안(Kosian)' 등으로 불리기도 했다(이지애, 2007).[10)]

다문화가정아동의 유형은 표 10-1과 같다.

표 10-1 다문화가정아동의 유형

다문화가정 유형	아동 유형
결혼이민자가정	• 한국인 부와 외국인 모 사이에서 출생한 아동 • 한국인 모와 외국인 부 사이에서 출생한 아동 • 외국인 부모가 양육하는 전 결혼에서 출생한 아동
외국인 근로자가정	• 외국인 근로자가 한국에서 결혼하여 출생한 아동 • 본국에서 결혼하여 형성된 가족이 국내에서 이주한 가정의 아동
북한이주민가정	• 북한에서 부모와 같이 입국한 아동 • 부모가 입국 후 출생한 아동 • 북한이주민과 한국인 사이에서 출생한 아동

*자료: 김성경 외(2004). 아동복지론. 서울: 양서원. p.300.

3. 다문화가정의 영유아의 발달을 지원하기 위한 교사의 역할

인간발달에서 영유아기는 발달의 속도가 가장 빠르고 학습능력의 기초가 되기 때문에 시기에 적절한 교육이 필수적이다. 영유아기 발달 특성상 풍부한 감각경험과 직접적인 상호작용을 통해 사고가 발달하고, 돌보는 사람과의 접촉과 반응해주는 언어적 자극은 애착과 언어발달을 촉진시키는 상호작용 요소이다. 특히 애착발달은 사회 및 정서발달의 기초가 되기 때문에, 영유아를 돌보는 교사는 따뜻한 반응과 긍정적인 언어자극을 주도록 해야 한다(김이영 외, 2016).

10) • 아메리시안(Amerasian): 한국전쟁 이후 미군 아버지와 한국 어머니 사이에서 출생한 자녀들
- 라이 따이한(Lai Daihan): 1960~1970년대 베트남 전쟁에 참전한 한국인 아버지와 베트남 어머니 사이에서 출생한 자녀들
- 코시안(Kosian): 1990년 이후 외국인 이주노동자들과 우리나라 사람들 간의 결혼을 통해 출생한 자녀들, 한국인(Korean)과 아시아인(Asian) 사이에서 태어났다고 해서 생김

참고자료 다문화아동에 대한 정부부처와 시도교육청 비교정책

부처	여성가족부	교육부	보건복지부	서울특별시 교육청	경기도 교육청	부산광역시 교육청
명칭	• 자녀생활서비스 사업 • 다문화가족 언어 발달 지원사업 • 자녀성장 지원사업	• 다문화학생 교육 선진화 방안 • 2010년 탈북 청소년 교육지원 추진계획	• 새터민 가정 교육지원 • 다문화 새터민가정 학생 멘토링 • 이주배경 청소년 지원	• 세계 시민, 다문화 교육정책 • 2015 새터민가정 교육지원 기본 계획	• 2015 귀국학생 교육지원계획 • 2015 다문화학생 교육지원 계획	• 다문화 및 새터민 가정 학생 초기 역량 강화 및 정체성 함양
추진 목적	• 다문화가족을 위한 가족교육, 상담, 문화프로그램 제공을 통해 안정적인 가족생활 지원	• 한 명의 학생도 놓치지 않는 다문화 친화적 학교 육성 • 탈북청소년의 입국 증가로 탈북청소년 교육지원에 대한 정책수요 확대	• 북한에서 남한으로 이주한 학생이 우리 사회의 건강한 구성원이 될 수 있도록 지원	• 다문화학생 역량 강화 방안 마련, 다문화 밀집 지역 특별 지원정책 • 새터민가정 학생 적응 지원을 통해 건강한 민주시민을 육성함을 목적	• 창의성을 지닌 미래인재 육성을 위한 목적	• 개인별 맞춤형 교육 및 사회적 지원 확대 필요
사업 대상	• 다문화가족자녀 • 중도입국자녀	• 다문화학생(국제결혼, 외국인 가정)	• 다문화학생(국제결혼자녀, 중도입국자녀, 새터민가정 학생)	• 다문화학생 • 새터민가정 학생	• 귀국학생 • 다문화학생	• 다문화학생 • 새터민가정 학생
주요 내용	• 인지영역, 자아정체성영역, 시민교육강화 영역 • 부모자녀 관계 향상 프로그램, 위기지원 프로그램 등	• 한국어교육과정 도입 및 기초학력 책임지도 과정 • 다문화 친화적 학교환경 조성 • 탈북학생 밀집 학교 지원	• 다문화, 새터민가정 학생 멘토링 지원 • 다문화가족 방문 교육 서비스 • 이주배경 청소년 지원	• 세계시민교육 특별지원학교(10교) 지정 및 운영 • 새터민가정학생 맞춤형 멘토링 운영 등	• 귀국학생 특별학급을 편성 및 운영 • 다문화 예비학교 운영 • 다문화 협력교육 기관 지정 운영 등	• 한국어 교육 운영 • 다문화 및 새터민 가정 학생 이해교육 실시 • 이중언어 강사 연수 운영 등
분석 결과	• 한국사회 조직 적응 및 다문화가족이 안정적인 가족생활 영위	• 다문화가정 지원 정책을 유기적으로 연계하여 다문화학생에 대한 교육정책 시너지 효과 제고	• 다문화가족의 청소년과 국내로 이주해 온 청소년들이 우리 사회에 잘 적응할 수 있도록 지원	공존과 상생의 시민교육 강조 • 새터민가정학생을 통일인재로 육성하기 위한 실질적 지원	• 귀국학생들의 생활, 언어, 교과 적응과 국제성을 유지 및 신장 • 전 다문화교육 환경조성을 위한 다문화협력 교육 체제 구축	• 일반 학생 및 학부모의 다문화 및 새터민가정 학생 이해도 제고, 이중언어 강사 지원을 통한 교육 내실 강화에 중점

*자료: 김민정 외(2018). 아동권리와 복지. 서울: 동문사. p.308.

사례: 현장활용 자료

• 만약 우리 반에서 다문화유아가 있는데 부모가 한국어를 전혀 할 수 없어 소통이 어렵다면 교사가 할 수 있는 방안으로는 어떠한 것이 있는지 이야기해 보시오.

4. 다문화가정 현황 및 실태

다문화가정 현황은 출신국별 국제결혼 현황, 다문화가정아동의 연령별 현황, 다문화가정아동의 거주 지역, 다문화가정 학생수 증가 추이, 다문화가정 학생수 현황, 초중고 부모 출신국별 국제결혼가족 자녀수 현황, 초중고 재학 외국인 근로자 자녀 국적별 현황, 북한이탈청소년 연도별 증감 현황, 다문화가정 자녀서비스 수혜경험, 다문화가정 자녀양육 시 어려운 점 등에 대해서 고찰하기로 한다.

첫째, 국제결혼 실태를 살펴보면, 1990년에는 총 결혼 건수가 399,312건인데, 국제결혼 건수는 4,710건으로 전체의 1.2%에 불과하였다. 세계화가 진행되면서 국제결혼 건수도 점차 증가하게 되어 2005년에는 총 결혼 건수가 314,304건이었고, 이중 국제결혼 건수가 42,356건으로 전체의 13.5%에 달해 최고치를 보였다(통계청, 2008). 이후 점차 줄어드는 추세에 있다. 한국 남성과 결혼하는 여성은 주로 중국을 비롯한 베트남, 필리핀, 일본, 캄보디아, 태국, 미국 등 다양하다. 2016년 통계에 의하면 결혼 이주여성이 가장 많은 국가는 베트남(5,377명), 중국(4,198명), 필리핀(864명), 일본(838명), 태국(720명), 미국(570명), 캄보디아(466명) 순으로 나타났다. 특히 베트남 여성과의 결혼이 급격히 증가하였다. 출신국별 국제결혼 현황(2009~2016)은 표 10-2와 같다.

표 10-2 출신국별 국제결혼 현황(2009~2016)

(단위: 명)

구분	2009	2010	2011	2012	2013	2014	2015	2016
국제결혼 총 건수	33,300	34,235	29,762	28,325	25,963	23,316	21,274	20,591
한국남자+외국여자	25,142	26,274	22,265	20,637	18,307	16,152	14,677	14,822
중 국	11,364	9,623	7,549	7,036	6,058	5,485	4,545	4,198
베트남	7,249	9,623	7,636	6,586	5,770	4,743	4,651	5,377
필리핀	1,643	1,906	2,072	2,216	1,692	1,130	1,006	864
일 본	1,140	1,193	1,124	1,309	1,218	1,345	1,030	838

(계속)

구분	2009	2010	2011	2012	2013	2014	2015	2016
캄보디아	851	1,205	961	525	735	564	524	466
태 국	496	438	354	323	291	439	543	720
미 국	416	428	507	526	637	636	577	570
기 타	1,597	1,532	1,796	1,899	1,640	1,810	1,801	1,789
한국여자+외국남자	8,158	7,961	7,497	7,688	7,656	7,164	6,597	5,769
일 본	2,422	2,090	1,709	1,582	1,366	1,176	808	381
중 국	2,617	2,293	1,869	1,997	1,727	1,579	1,434	1,463
미 국	1,312	1,516	1,632	1,593	1,755	1,748	1,612	1,377
캐나다	332	403	448	505	475	481	465	398
호 주	159	194	216	220	308	249	254	197
기 타	936	1,050	1,188	1,331	1,572	1,931	2,024	1,953

*자료: 통계청(2017). 인구동태통계연보.

둘째, 우리나라는 1980년대 중반부터 출산율이 낮아지고 농어촌의 남성 결혼문제로 결혼이주여성이 급속하게 증가하였다. 이와 더불어 다문화가정의 아동도 증가하게 되었다. 다문화가정아동의 연령별 현황은 표 10-3과 같다.

표 10-3 다문화가정아동의 연령별 현황

구분	만 6세 이하	만 7~12세	만 13~15세	만 16~18세	합계
2011년	93,537	37,590	12,392	7,635	151,154
2012년	104,694	40,235	15,038	8,616	168,583
2013년	116,696	45,156	18,395	11,081	191,328
2014년	121,310	49,929	19,499	13,466	204,204
2015년	117,077	56,108	18,827	14,881	207,693
비 율	56.3	27.0	9.5	7.2	100

*자료: 이경준 외(2017). 아동권리와 복지. 서울: 동문사. p.234.

다문화가정아동을 연령별로 살펴본 결과, 미취학아동(만 0~6세 이하)과 초등학생(만 7~12세 이하)이 86.8%를 차지하고 있다. 이는 향후 다문화가정의 증가로 인해 역시 다문화아동도 증가할 것으로 보인다.

셋째, 다문화가정아동의 거주 지역은 표 10-4와 같다.

표 10-4 다문화가정아동의 거주 지역

구분	계	만 6세 이하	만 7~12세	만 13~15세	만 16~18세
전국	207,693	117,877	56,108	18,827	14,881
서울	29,790	15,631	8,931	2,969	2,259
부산	9,142	5,579	2,196	725	642
대구	6,369	3,844	1,582	3499	444
인천	12,334	6,649	3,544	1,209	932
광주	5,067	3,115	1,284	389	277
대전	4,734	2,814	1,219	367	334
울산	4,559	2,767	1,122	359	311
세종	726	438	183	55	50
경기	52,810	28,807	15,028	4,997	3,983
강원	7,015	3,663	1,919	792	641
충북	7,868	4,464	2,108	710	586
충남	12,341	7,156	3,232	1,071	882
전북	110,820	6,269	2,774	1,008	769
전남	13,086	7,607	3,330	1,291	858
경북	12,712	7,741	3,210	974	787
경남	15,498	9,442	3,840	1,224	992
제주	2,817	1,889	606	188	134

*자료: 이경준 외(2017). 아동권리와 복지. 서울: 동문사. p.235.

표 10-4에서 살펴본 바와 같이 전체 아동 207,693명 가운데 다문화가정아동이 경기도 지역(52,810명)에 가장 많이 거주하는 것으로 나타났다. 다음으로는 서울(29,790명), 경남(15,498명), 전남(13,086명), 경북(12,712명), 충남(12,341명), 인천(12,334명), 전북(10,820명), 부산(9,142명), 충북(7,868명), 강원(7,015명), 대

구(6,369명), 광주(5,067명), 대전(4,734명), 울산(4,559명), 제주(2,817명), 세종(726명) 순으로 나타났다.

넷째, 다문화가정 학생수 증가 추이는 표 10-5와 같다.

표 10-5 다문화가정 학생수 증가 추이

구분	2009	2010	2011	2012	2013	2014
다문화 학생수(A)	26,015	31,788	38,678	46,954	55,780	67,806
전체 학생수(B)	7,447,159	7,236,248	6,986,858	6,732,071	6,529,196	6,333,617
다문화 학생 비율(A/B*100)	0.35%	0.44%	0.55%	0.70%	0.86%	1.07%

*자료: 교육부 보도자료(2015. 3. 17).

다문화가정 학생수는 2009년(26,015명), 2010년(31,788명), 2011년(38,678명), 2012년(46,954명), 2013년(55,780명), 2014년(67,806명)으로 가파르게 증가 추세에 있다. 또한 2009년에는 다문화 학생수가 26,015명으로 전체 학생에 대하여 0.35%이었는데, 2014년에는 67,806명으로 전체학생의 1,07%를 차지하게 되었다. 향후 다문화가정이 더욱 더 증가할 것으로 예측되기에 다문화가정 학생에 대한 지원 대책이 마련되어야 할 것이다.

사례: 현장활용 자료

• 다음 글을 읽고 물음에 답하시오.

몽고에서 어린 나이에 한국으로 시집을 온 보양 데르게르는 6살짜리 아들이 있다. 그녀의 시어머니와 남편은 보양 데르게르에게 "한국에 살면 한국어를 잘해야 한다"라고 하며 아들에게 몽고어를 사용하지 말고 한국어로만 말하라고 한다. 한국어가 그리 능통하지 않은 보양 데르게르는 아들과 대화를 하고 싶지만 깊은 정서적 교류나 소통이 어렵다.

1) 보양 데르게르가 한국어만 사용하는 것이 아들에게 어떠한 영향을 미칠 것 같은지 이야기해보자.

다섯째, 다문화가정자녀서비스 수혜경험은 표 10-6과 같다.

표 10-6 다문화가정자녀서비스 수혜경험

구분	한국어 교육	이중언어 교육	학습 지도	예체능 교육	자녀건강 검진	상담 및 치료	멘토 프로그램	체험 활동	기타
전체	54.8	22.0	18.4	3.7	7.5	6.5	3.2	7.8	2.9
영아	49.4	16.7	15.8	2.4	10.0	6.2	5.5	13.2	6.5
유아	59.0	26.1	20.4	4.7	5.4	6.8	1.3	3.5	-
대도시	51.2	35.5	7.4	7.8	6.2	11.9	9.1	4.1	10.0
중소도시	53.1	17.1	20.2	-	8.0	1.7	1.2	10.5	-
읍 · 면	62.1	15.5	27.4	5.7	8.0	9.2	-	6.9	-
취업	56.2	13.5	28.2	1.3	10.4	5.5	1.1	11.0	-
휴직미취업	52.2	29.3	12.7	5.6	5.9	7.7	3.4	6.0	5.1
2012년	19.0	1.9	16.2	9.5	17.3	8.6	-	14.4	-

*자료: 육아정책연구소(2015). 전국보육실태조사.

다문화가정자녀서비스 수혜경험은 다양하게 제공된 것으로 나타났다. 즉 부모의 취업여부, 거주지 등에 상관없이 한국어 교육서비스가 54.8%로 가장 많이 제공되었고, 이중언어 교육(22%), 학습지도(18.4%), 체험활동(7.8%), 자녀건강 검진(7.5%), 상담 및 치료(6.5%), 예체능교육(3.7%), 멘토 프로그램(3.2%), 기타(2.9%) 순으로 제공된 것으로 나타났다.

여섯째, 다문화가정자녀양육 시 어려운 점은 표 10-7과 같다.

표 10-7 다문화가정자녀양육 시 어려운 점

(단위: %)

구분	아이와 의사소통	양육비 등 경제	양육방식 갈등	자신감 결여	아이의 사회적 부적응	돌봄지원 부재	자녀지도 교육
전체	2.5	3.2	2.8	3.0	2.7	2.8	2.9
영아	2.6	3.1	2.8	3.0	2.7	3.0	3.1
유아	2.3	3.3	2.8	3.0	2.8	2.7	2.7
대도시	2.4	3.1	2.6	3.0	2.6	3.1	3.2
중소도시	2.4	3.4	2.9	3.1	2.7	2.9	2.5
읍/면	2.8	3.0	2.9	3.0	2.9	2.4	3.3
2012년	2.6	3.2	2.8	3.0	2.7	2.6	3.2

*자료: 육아정책연구소(2015). 전국보육실태조사.

다문화자녀양육 시 어려운 점에 대한 조사에서는 양육비 등 경제 영역이 3.2%로 가장 높게 나타났다. 자신감 결여(3.0%), 자녀지도교육(2.9%), 양육방식 갈등과 돌봄지원 부재 영역(2.8%), 아이의 사회적 부적응(2.7%), 아이와 의사소통(2.%%) 순으로 나타났다.

다문화가정의 영유아가 한국어 습득이 늦을 경우, 어머니와의 의사소통에 어려움을 겪어 언어발달이 지체될 수도 있다. 2016년 3월 여성가족부에서는 다문화가정의 어려움을 지원하기 위해 다문화가정자녀의 성장주기에 따른 맞춤형 지원을 강화하였다. 다문화가정의 영유아가 언어발달이 지체되지 않도록 언이 및 기초학습 지원 및 이중 언어 가족환경 조사를 확대하여, 부모-자녀 간 정서적 유대강화와 정체성을 확립하고자 하였다. 이를 뒷받침할 수 있도록 다문화가정 영유아의 지속적인 성장을 지원하기 위해 다문화가족지원센터에서는 다재다능 프로그램을 추진하고 있다. 또한 다문화에 대한 이해 확산을 위해 전 국민을 대상으로 2016년 3월 다문화 이해교육 온라인 지원시스템을 구축하였고, 보육교사 및 교원은 직무 및 자격연수에서 다문화 교육을 2시간 이상 편성하여 교육받도록 하였다. 이러한 지원체계는 다문화가족에게 실질적인 도움을 제공하고, 다문화가정에 대한 이해를 돕기 위한 정책적 노력으로 볼 수 있다(김이영 외, 2016).

5. 다문화가정아동서비스의 개선방향

다문화가정아동이 직면한 어려움이 다양하기에 그들의 안정적 적응을 위하여 정부 및 지역사회에서는 다문화가정 아동에게 다양한 지원이 필요할 것이다. 다문화가정아동서비스의 개선방향을 살펴보면 다음과 같다(김윤재 외, 2017; 이경준 외, 2017; 김순옥 외, 2016).

첫째, 다문화가정자녀의 방과후 보호체계 강화이다. 사교육비 부담 완화 및 방과후 아동보호 및 기초교과지도, 숙제지도 등을 위하여 방과후 보육·교육, 지역아동센터(공부방) 활성화 등 다양한 지원 대책을 강구하고, 결혼이민자 학부모를 방과후 학교강사로 활용하는 방안을 강구한다.

둘째, 공교육에서의 다문화교육이다. 다문화가정아동들이 쉽게 따라 할 수 있는 통합된 교재 개발이 필요하다. 그리고 한국어 및 부족한 교과를 지도할 수 있는 방과후 학교 프로그램을 개선해야 한다. 또한 다문화가정아동이 재학 중인 학교에 이들을 지도할 수 있는 전담교사를 배치하도록 한다. 전담교사의 역량강화를 위해 교원자격연수 시 다문화 이해교육, 집단따돌림 예방교육 등을 교양과목에 포함시켜야 할 것이다.

셋째, 다문화가정아동교육 정보의 공유 확대이다. 한국의 교육상황에 낯선 여성결혼이민자를 위해 학교에서는 자녀교육에 대한 정보제공을 배려해야 한다. 이들의 자녀가 소외되지 않도록 배려하여 아동들이 자신의 사회(학교, 집단 등)에서 겪는 다양한 어려움에 대해 상담하고 이들의 고민을 해소해 줄 수 있는 친구가 필요하다. 지역아동센터에서 다문화아동들이 방과후나 주말 등을 이용하여 부모와 함께 다문화 프로그램을 참가하여 비슷한 환경의 친구들을 만나 서로 위안을 얻고 지역아동센터 종사자들과 상담이나 다문화지원센터, 아동상담센터 등과 연계하여 다문화아동이 겪는 문제를 해결해 나갈 수 있도록 지원확대와 함께 다문화 관련기관에서는 다양한 지원에 대한 정보공유를 위해 노력을 기울여야 할 것이다.

넷째, 다문화가정아동에 대한 교육지원이다. 다문화가정아동을 대상으로 대학 자체, 정부 부처, 지자체 등과 연계를 통해 다양한 프로그램(한국어 교육, 가정상담, 국제이해교육 등)을 개발하여 다문화가정아동들에게 실질적인 도움을 줄 수 있는 정책이어야 할 것이다.

다섯째, 다문화가정 지원 전문가 양성 확대이다. 실무자에 대한 보수교육과 기관 내 훈련, 자문, 학회차원의 연수과정을 통하여 이중 언어와 이중문화의 능력이 있는 서비스 차원을 확대시켜야 한다. 또한 전문종사자의 역량을 강화하고 다양한 전문가 양성교육에 대한 의무화 교육 및 재교육을 실시하여 전문역량을 갖춘 다문화 전문가들을 양성해야 할 것이다. 전문종사자에게 다문화이해교육, 집단 따돌림 예방교육 등을 포함하여 체계적인 지원 역량강화 교육으로 다문화가정이 겪고 있는 어려움에 대해 전문종사자들의 서비스 차원을 확대시켜야 한다. 현재 정부기관과 민간기관이 제공하는 단편적인 서비스가 아닌 아동과 청소년을 지원하기 위한 전담인력을 배치하고, 각 아동의 욕구와 문제에 맞는 맞춤형 서비스가 제공되는 것이 바람직하며 효과적이라고 할 수 있다.

여섯째, 문화적 역량 증진 교육 확대이다. 문화적 역량을 훈련하기 위해서는 강의 위주의 교육보다는 개인의 생각과 태도를 인식하고 변화할 수 있도록 하는 질문하기, 사례연구, 역할극, 시뮬레이션, 게임, 집단토의 등의 워크숍 형태의 다양한 훈련 등이 이루어져야 한다. 그리고 다문화 반편견 교육이 이루어진다면 사람들의 편견을 최소화하고, 인종차별에 대한 태도가 감소될 것이며, 문화적 역량강화에 도움이 될 것이다.

사례: 현장활용 자료

- 다문화가정 아동의 집단 따돌림 및 폭력사건에 대한 인터뷰입니다. 이 글을 읽고 토론해 봅시다.

〈앵커멘트〉
학교에서의 집단 따돌림과 폭력이 갈수록 심해져 사회문제가 되고 있는 가운데 원주의 한 중학교에서 다문화가정의 학생이 집단 따돌림에 폭행까지 당하는 사건이 발생했습니다.

〈리포트〉
중학교 2학년인 김모군은 지난달 같은 반 친구에게서 폭행을 당했습니다. 고와 빰 아래 뼈가 부러져 수술까지 받아야 했습니다. 자신을 괴롭히는 친구에게 우발적으로 문구용 칼을 꺼냈다가 오히려 심하게 폭행을 당한 것입니다.

〈녹취〉 김모군
"(자꾸 괴롭혀서) 주머니에 뭐가 있어서 꺼냈더니 칼이에요. 수업이 끝나자마자 (저를) 때렸어요." 다문화가정 출신인 김 군에 대한 친구들의 집단 따돌림과 폭행은 지난 해부터 계속됐고, 이미 여러 차례 병원치료를 받기도 했습니다. 한국문화에 낯선 탓에 학교생활에 어려움이 있었는데도 학교측의 대응은 미온적이었다고 하소연합니다.

〈녹취〉 김군 아버지

"아이들이 자꾸 더럽다고 해요, 다문화적인 게 좀 있지 않을까 싶어요. 제가 그 얘기를 네가 다문화가정이기 때문에 애들이 놀린다고 얘기를 할 수 없잖아요." 이에 대해 학교 측은 이른바 왕따나 학교 폭력은 전혀 없었다고 밝혔습니다. 같은 반 친구끼리 장난을 친 수준이지, 조직적인 학교폭력이나 집단 따돌림은 아니라는 겁니다.

〈인터뷰〉 000 학생부장/ 00중학교

"때린 사람도 피해자고 (흉기를) 휘두른 사람도 피해자죠. 다시 말해 두 학생 모두 학교폭력의 가해자이면서 피해자인 거죠." 학교 측은 자치위원회를 열러 김 군 등 폭행사건에 연루된 2명을 모두 전학 조치하기로 했습니다. 다문화가정학생들을 대상으로 한 학교폭력을 줄이는 교육 당국의 대책 마련이 시급합니다.

KBS 뉴스 정면구입니다.

1) 상기의 인터뷰 내용은 다문화학생과 일반 학생과의 학교 폭력으로 발생한 왕따 사건입니다. 이를 가해자, 피해자, 가해자 부모, 피해자 부모, 학교 측 입장으로 세분화해서 토론을 해봅시다.

▷ 가해자는 누구입니까? 그 이유를 기술하시오.

▷ 피해자는 누구입니까? 그 이유를 기술하시오.

▷ 다문화 학생 부모 입장으로 기술하시오.

▷ 일반 학생 부모 입장으로 기술하시오.

▷ 학교 측의 입장과 해결방안을 기술하시오.

*자료: 이경준 외(2017). 아동의 권리와 복지. 서울: 동문사. pp.244-245에서 인용해서 수정함.

02 새터민가정의 아동복지

1990년대 초반까지 매년 10여명에 불과했던 북한이탈주민의 국내입국이 1990년대 중반 이후부터 증가하였다. 특히 2014년 2월 기준 26,368명으로 보고되고 있다. 북한을 이탈한 주민은 대부분 우리나라로 귀화한다. 하지만 북한을 이탈한 주민은 우리와 같은 민족이면서 동일한 언어를 사용하지만 생활환경의 이질감으로 인해 타민족과 같은 고립감을 느끼고 있어 새로운 이주민으로 받아들여야 한다는 관점이 지배적이다. 따라서 북한이탈주민의 남한사회 적응이 중요한 사회적 관심이 되었다. 특히 남북한 동질성 회복이라는 측면에서 향후 우리와 함께 사회를 짊어질 새터민가정의 아동의 개념, 특성, 입국현황, 연령별 실태, 새터민가정아동을 위한 지원방안에 대해서 파악하고자 한다(이경준 외, 2017; 김이영 외, 2016; 이순형 외, 2016).

1. 새터민가정의 개념

'북한이탈주민'을 가리키는 용어는 남북관계의 변화 그리고 탈북동포를 바라보는 관점의 변화에 따라 달리 규정되어 왔다. 남북한 사회가 이념적으로 대립하는 시기인 1962년 제정된 월남귀순용사 특별보상법에서는 '월남귀순용사', 1979년 개정된 월남귀순용사 특별보상법에서는 '월남귀순용사'로 정의하고 있다. '탈북이탈주민'이라는 용어는 비교적 탈이데올로기적 성격을 갖는 용어로 볼 수 있다. 북한이탈주민의 성격과 탈북상황, 거주 지역에 따라 '북한출신 남한이수자', '사유북한인', '사유이주민', '국외북한이탈주민', '국내이탈주민' 등으로 이칭되고 있다(이경준 외, 2017).

그 후 1996년 12월 17일 북한이탈주민지원법을 개정하고, 1997년 북한이탈주민의 보호 및 정착지원에 관한 법률을 개정하면서 지금까지 알려져 있던 용어의 부정적인 이미지 때문에 통일부에서는 국민의 의견을 수렴하여 '새터민'이라는 순우리말로 '새로운 터전에서 삶의 희망을 품고 시작하는 사람'이라는 뜻으로 지칭하면서 현재 법률 용어인 '북한 이탈주민'과 함께 사용되고 있다(통일부, 2015).

2. 새터민가정의 특성

새터민가정아동의 특성은 삶에서 중요한 심리 및 사회적 부적응, 학교생활 부적응, 가정적 어려움 등으로 나타나고 있다. 이를 살펴보면 다음과 같다(이경준 외, 2016: 249~251).

첫째, 심리 및 사회적 부적응이다. 새터민아동의 심리 및 사회적 부적응은 북한에서 겪은 기아의 고난과 가족의 죽음, 생이별의 경험, 탈북과정에서의 어려움, 제3국 체류기간에 겪은 다양한 공포 등으로 심리적 불안감과 언어적 문제, 타인과 어울리지 못하고 고립된 생활로 다양한 부적응이 나타난다. 이러한 것들은 언어적응과 새로운 인간관계 형성, 친구관계 등에 어려움을 느끼며 고독감과 소외감으로 불안정한 심리적 행동으로 나타날 수 있다. 이러한 심리적 불안감은 행동적으로도 공격적이고 폭력적인 행동으로 표출될 수 있다.

둘째, 학교생활 부적응이다. 새터민아동은 남한아동보다 학습공백과 학력차이 때문에 비교적 낮은 학력수준을 보이며, 자신의 나이보다 낮은 학급에 배정되어 어린 친구들과 함께 생활한다. 언어의 이질화, 나이 차이로 인한 스트레스, 소외감, 열등감, 문화적 차이 등으로 학교생활에 흥미를 잃게 되고, 수업시간에 교사와의 갈등을 자아내어서 학교부적응이 나타난다.

셋째, 가정적 어려움으로 볼 수 있다. 새터민아동의 가정환경은 안정적이지 못하다. 이들은 혼자 사는 경우도 있고, 부모와 살기는 하지만 부모가 직업전선에 뛰어들어 아동들을 돌봐주지 못하는 경우, 부모가 실직으로 아동에게 신경을 못 쓰는 경우가 대부분이다.

참고자료 **통일부 소속 북한이탈주민 정착지원 사무소(하나원) 설립배경 및 경과**

구분	일시	내용	비고
1	1997. 1. 13	「북한이탈주민의 보호 및 정착지원에 관한 법률」(법률 제5259호)제정 공포	
2	1999. 6. 25	제1기 북한이탈주민 적응 훈련 입소	
3	1999. 7. 8	북한이탈주민 정착지원 사무소 개소	
4	2000. 1. 7	제4기에는 탈북주민 자녀가 함께 입소	
5	2000. 2. 12	제4기에 입소한 탈북학생 최용일(만 12세 5학년 입학), 염정희(만 10세 3학년 입학) 학생이 최초로 삼죽초등학교 특례 입학함	
6	2001. 3. 1	교육인적자원부 지정 새터민학생 적응교육 연구학교 지정(2년)	
7	2001. 5. 1	특별학급 1학급 신설	
8	2002. 10. 15	교육인적자원부 지정 새터민학생 적응교육 연구학교 공개보고	
9	2003. 3. 1	교육인적자원부 지정 통일교육 연구학교 지정(2년)	
10	2004. 3. 1	특별학급 1학급 증설, 2개 학급 편성(저, 고학년)	
11	2004. 11. 23	교육인적자원부 지정 통일교육 연구학교 2/2년차 최종보고회	
12	2005. 3. 1	교육인적자원부 지정 새터민학생 적응교육 연구학교 지정(2년) 특별학급 1학급 증설, 3개학급 편성(저, 중, 고학년)	
13	2006. 10. 20	교육인적자원부 지정 새터민학생 적응교육 연구학교 2/2년차 보고회	
14	2007. 3. 1	경기도교육청지정 새터민교육 시범학교 지정(2년간)	
15	2009. 3. 1	교육과학기술부 요청 경기도교육청 지정 탈북학생교육 정책연구학교 지정(3년간)	
16	2012. 3. 1	교육과학기술부 요청 경기도교육청 지정 탈북학생교육 정책연구학교 지정(2년간)	
17	2014. 3. 1	교육부 요청 경기도교육청 지정 탈북학생교육 정책연구학교 지정(2년간)	
18	2010. 3. 1	교육부 요청 경기도교육청 지정 탈북학생교육 정책연구학교 지정(2년간)	
19	2017. 3. 1	교육부 요청 경기도교육청 지정 탈북학생교육 정책연구학교 지정 2/2년차 과제 수행	

*자료: 삼죽초등학교(http://samjuk.es.kr)

3. 새터민의 입국현황

새터민에 대한 통일부(2017) 조사에 의하면, 1995년 41명이 입국한 이후 지속적으로 증가추세를 유지하고 있으며, 2012년 이후부터는 연간 1,500명이 매년 급격한 증가를 보이면서 2016년도에는 1,418명이 입국하였다. 표 10-8에 의하면, 남한으로 입국한 새터민 수는 2016년 총 30,212명으로

1998년의 947명보다 30배로 급격히 증가하였다. 새터민을 성별로 살펴보면, 여성 입국은 현재 총 이탈주민의 71%를 차지하고 있다.

표 10-8 새터민 입국현황

(단위: 명)

구분	2005	2006	2007	2008	2009	2010	2011	2012	2013	2014	2015	2016	합계
남	424	515	573	608	662	591	795	404	369	305	251	299	8802
여	960	1,513	1,981	2,195	2,252	1,811	1,911	1,098	1,145	1,092	1,024	1,119	21,410
합계	1,384	2,028	2,554	2,803	2,9114	2,402	2,706	1,502	1,514	1,397	1,275	1,418	30,212
여성 비율	69%	75%	78%	78%	77%	75%	71%	73%	76%	78%	80%	79%	71%

*자료: 남북하나재단(2017년 3월 자료): http://koreahana.or.kr

4. 새터민가정의 연령별 실태

새터민가정의 연령대별 실태는 표 10-9와 같다.

표 10-9 새터민 연령대별 실태

(단위: 명)

구분	0~9세	10~19세	20~29세	30~39세	40~49세	50~59세	60세 이상	계
남	629	1,582	2,426	2,042	1,306	497	326	8,808
여	622	1,935	6,161	6,731	3,858	1,173	927	21,407
합계	1,251	3,517	8,773	8,773	5,164	1,670	1,273	30,215

*자료: 남북하나재단(2017년 3월 자료): http://koreahana.or.kr

새터민 수가 증가하는 원인은 과거보다 다변화된 입국경로와 국내 연고의 가족들의 도움으로 쉬워진 탈북과정이다. 연령대별로 살펴보면, 30~39세(8,773명), 20~29세(8,587명), 40~49세(5,164명), 10~19세(3,517명), 50~59세(1,670명), 60세 이상(1,273명), 9세 이하(1,251명) 순으로 나타나고 있다. 국내 입국한 탈북자 중 성인의 보호와 돌봄이 필요한 미성년자도 상당수 많은 부분을 차지하고 있다.

참고자료 통삼죽초등학교 특별학급 교육실천 사례

삼죽초등학교는 경기도 안성에 있는 학교로서 2017년 3월 현재 일반학급 6학급, 특별학급 3학급, 특수학급 1학급 총 10학급으로 편성되어 있으며 경기도교육청지정 탈북학생 정책연구학교로서 탈북학생들의 특례입학이 가능한 학교이다.

2017년 현재 14명의 탈북학생이 재학하고 있으며 2000년부터 현재까지 총 1,460명의 학생들을 교육하여 왔다. BASE CAMP 프로그램을 통한 탈북학생 입국 초기의 학교 적응 능력을 향상시키는 프로그램을 진행하고 있다. 하나원으로부터 특례입학 의뢰 시 탈북학생의 남한 사회, 문화 및 학교 적응을 돕기 위한 특별한 학급으로 운영하고 있다.

여기서 삼죽초등학교 탈북학생 사회문화 체험영역을 소개하면 다음과 같다.

회차	체험영역	관련교과	활동내용	비고
1	직업 체험	사회, 도덕, 실과	• 기지니이/잡월드 - 어린이의 눈높이에서 현실 세계의 직업을 체험하며 자신의 소질과 적성을 알아보기	
2	전통 체험	사회, 도덕, 체육	• 용인민속촌, 서울 역사박물관, 국립 중앙박물관 - 조상들의 생활 보습 살펴보기 • 독립기념관 - 독립운동의 역사 알아보기 • 경복궁 - 놀이공원의 올바른 이용법을 알고 이용하기	
3	여가 체험	사회, 도덕, 국어	• 에버랜드, 롯데월드 - 놀이공원의 올바른 이용법을 알고 이용하기	
4	경제 체험	사회, 도덕, 국어	• 한국 수출입은행 - 대한민국 경제에 대해 알기 • 롯데마트 - 화폐단위와 돈으로 물건 사보기	
5	환경 체험	사회, 도덕, 실과	• 한국 환경관리공단 - 환경의 소중함 알기 - 쓰레기 분리수거 해보기 - 재활용품으로 물건 만들어 보기	

*각 영역의 체험 활동을 골고루 경험하도록 운영

그리고 삼죽초등학교 연구학교 운영 개요는 다음과 같다.

영역	학교명	지정별	운영기간	보고회 개최일	내상	년차
탈북학생교육	삼죽초등학교	교육부 요청 경기도교육청지정 정책연구학교	2016. 3. 1~ 2018. 2. 28 (2년)	2017. 11. 22	삼죽초등학교 탈북학생	2/2

<table>
<tr><th>영역</th><th>학교명</th><th colspan="4">지정별</th><th colspan="3">운영기간</th><th colspan="3">보고회 개최일</th><th colspan="3">대상</th><th colspan="2">년차</th></tr>
<tr><td rowspan="3">연구담당교사</td><td rowspan="3">우문구 외 10명</td><td colspan="7">학급수</td><td colspan="8">학생수</td></tr>
<tr><td>1학년</td><td>2학년</td><td>3학년</td><td>4학년</td><td>5학년</td><td>6학년</td><td>계</td><td>1학년</td><td>2학년</td><td>3학년</td><td>4학년</td><td>5학년</td><td>6학년</td><td>특수학급</td><td>계</td></tr>
<tr><td>1</td><td>2</td><td>2</td><td>1</td><td>2</td><td>1</td><td>9</td><td>7</td><td>12</td><td>14</td><td>10</td><td>19</td><td>11</td><td></td><td>73</td></tr>
<tr><td>주제</td><td colspan="16">BASE CAMP 프로그램을 통한 탈북학생 입국 초기 학교 적응 능력 향상</td></tr>
<tr><td rowspan="4">내용</td><td colspan="5">연구중점</td><td colspan="11">실천과제</td></tr>
<tr><td colspan="5">베이스 캠프 활동 운영 기반 조성</td><td colspan="11">가. 탈북학생 이해
나. 탈북학생 교육과정 개선 및 운영
다. 표준교재 활용 맞춤형 학습 프로그램 및 한국어 집중 교실 운영</td></tr>
<tr><td colspan="5">베이스 캠프 프로그램 개발/운영</td><td colspan="11">가. 설레임 CAMP
나. 머물림 CAMP
다. 두드림 CAMP</td></tr>
<tr><td colspan="5">정착지 생활 지원 강화</td><td colspan="11">가. 탈북학생 학부모 교육
나. 정착지 학교 탈북학생 지도 교원 연수 지원
다. 정착지 학교 방문</td></tr>
<tr><td>운영특색</td><td colspan="16">• 북한이탈주민 정착 지원 사무소(하나원)와 연계지도
• 탈북학생 통합교육과정 편성 및 운영
• 탈북학생 베이스 캠프 프로그램 운영
• 탈북학생 사회 문화 적응 프로그램 운영
• 탈북학생 개별 심리 상담 운영
• 중국출신 탈북학생을 위한 한국어 집중 교실 운영
• 탈북학생 정착지 방문
• 탈북학생 학부모 상담 및 연수
• 탈북학생 교원 연수 지원</td></tr>
</table>

*자료: 삼죽초등학교(http://samjuk.es.kr)

5. 새터민가정아동을 위한 지원방안

새터민가정아동을 위한 지원방안은 정부의 장기적이고 체계적인 지원과 민간단체에 의한 지원으로 구분하여 고찰하기로 한다.

첫째, 정부 차원에서 살펴보면, 여성가족부 산하 건강가정지원센터에서는 언어생활, 문화생활 등 새터민가정이 고민하는 다양한 문제에 관련하여 서비스를 제공함으로써, 안정적인 정착 및 사회 및 경제적인 자립지원을 도모하는 사업을 추진하고 있다(김이영 외, 2016). ① 북한 이탈주민 상담 프로그램이다. 이는 자녀교육, 경제적 어려움 등 남한 정착과정에서 발생하는 다양한 고민에 대해서 내방 또는 찾아가는 서비스로 상담을 실시하는 것이다. ② 북한 이탈주민 부모교육 프로그램이다. 이는 부모-자녀 프로그램 진행을 통해 자녀양육의 어려움을 해소하고, 북한 이탈주민의 자녀양육에 대한 의식개선을 통해 실질적인 자녀양육이 가능하도록 지원하는 프로그램이다. ③ 북한 이탈주민 자조모임이다. 새터민가정들 간의 자조모임을 구성하고, 이들이 서로 의지하고 살아갈 수 있도록 모임 서비스를 구축한다. ④ 북한 이탈주민 자녀학습 멘토링이다. 자녀들의 경우에는 새로운 환경, 또래, 언어 등 다양한 부분에서 새로운 환경에 적응해야 하고, 이 과정에서 학습부진으로 어려움을 겪는 경우에 이들을 대상으로 학습 멘토링 등의 서비스를 제공한다. ⑤ 북한 이탈주민 지역사회 내 관계망 구축 프로그램이다. 이는 지역사회의 일원으로 함께 생활할 수 있도록, 센터 내 프로그램 또는 지역사회 네트워크를 통해 관계망을 구축하는 프로그램이다.

둘째, 민간차원의 지원은 다음과 같다(이순형 외, 2016). 방과후나 방학을 이용한 교육지원 프로그램 운영, 지식 정도에 따른 수준별 학습, 지역주민과의 연계성 강화, 종교단체의 행정개선 등이 있다. 이 외에도 부모교육 프로그램, 남한청소년과의 결연과 접촉 프로그램, 비정규교육기관에서의 교육 및 사회적 적응지원 프로그램 등을 들 수 있다.

오랜 시간 동안 계속되었던 새터민가정의 문제와 그 해결방안을 모색하기 위해 북한 인권과 새터민 문제해결에 관심을 가져왔던 전문가들과 함께 다양한 의견을 교환해야 하며, 사회의 취약계층인 새터민에게 정부와 민간단체와의 활발한 교류, 기업과의 협력을 통한 지원정책을 확대하고 정착해야 한다(이경준 외, 2017).

사례: 현장활용 자료

- 새터민아동의 학교생활 적응에 대하여 생각해 봅시다.
  -
  -
  -

03 한부모가정의 아동복지

최근 우리나라에서는 가족형태가 매우 빠르게 변화되고 있는 실정이다. 가족의 다양한 형태 가운데 한부모가정이란 부모 한 쪽의 사망, 이혼, 유기, 별거로 인하여 편부 혹은 편모와 그 자녀로 이루어진 가족으로 볼 수 있다. 최근 한부모가정이 발생하는 가장 큰 원인은 이혼으로 밝혀지고(김이영 외, 2016), 1990년대에는 한부모가정이 발생하는 주요 원인이었던 사별은 지속적으로 감소하고 있다. 오늘날 대부분 학자들은 한부모가정을 병리적인 가정으로 취급하지 않고 있다. 그 이유는 배우자 부재로 인한 한부모가정은 경제적 곤궁을 경험할 수 있는 리스크가 크며, 한 명의 부모가 자녀양육을 전담하는 데서 오는 위험에 직면할 가능성이 크기 때문이다.

여기에서는 한부모가정의 개념과 유형, 한부모가정의 형성 요인, 한부모가정아동의 특성과 문제, 한부모가정의 현황, 한부모가정의 아동서비스의 개선방향 등에 대해서 고찰하고자 한다.

1. 한부모가정의 개념과 유형

한부모가족이라는 용어는 1999년부터 한국여성민우회를 통해 '한부모가족'이라는 용어를 만들어 보급되었다. 여기서 한부모가족의 '한'은 '하나'라는 의미 외에 '크다', '가득하다', '온전하다'의 뜻이 포함되어 있어 한부모가족의 긍정적 이미지를 심어주고 있다. 그 후 2007년 10월 모부자복지법에서 명칭이 바뀐 한부모가족지원법 제4조에 의하면, '한부모가족'이란 모자가족 또는 부자가족을 말한다. '모자가족'이란 모가 세대주(세대주가 아니더라도 세대원을 사실상 부양하는 자를 포함한다)인 가족을 말한다. '부자가족'이란 부가 세대주(세대주가 아니더라도 세대원을 사실상 부양하는 자를 포함한다)인 가족을 말한다. 여기서 모 또는 부는 배우자와 사별 또는 이혼하거나 배우자로부터 유기(遺棄)된 자, 정신이나 신체장애로 장기간 노동능력을 상실한 배우자를 둔 자,

미혼자(사실혼(事實婚) 관계에 있는 자는 제외한다)를 말한다(김호년 외, 2016).

한편 한부모가족의 유형을 구체적으로 분류하자면(Trost, 1980), ① 부모집단의 유형에 따라 결혼을 했는지, 아니면 결혼하지 않고 동거 상태로 살다가 한부모가족(미혼모가족)이 된 경우로 구분된다. ② 가족해체의 유형에 따라서 한쪽부모가 사망에 의한 것인지, 혹은 이혼이나 별거에 의한 것인지, 혹은 장기입원이나 구속에 의한 것인지로 구분될 수 있다. ③ 아동의 보호를 누가 맡느냐에 따라서 모가 양육을 맡게 되면 모자가족, 부가 맡게 되면 부자가족으로 분류할 수 있다.

2. 한부모가정의 형성 요인

한부모가족의 형성 원인을 유배우, 사별, 이혼, 미혼 등으로 분류할 수 있지만 이러한 원인이 발생하는 근본적인 요인은 자연발생적 요인, 가치관의 변화 요인, 경제적 요인, 문화적 요인, 가족 위기 요인, 가족해체 요인, 부부 간의 문제 요인 등으로 설명할 수 있다(김호년 외, 2016).

첫째, 자연발생적 요인이다. 배우자의 사망은 자연적으로 한부모가족을 형성시킨다. 최근에는 의학의 발달로 질병에 의한 사망보다는 교통사고, 산업재해 등으로 사망이 증가하고 있어 재해에 의한 한부모가족이 많은 부분을 차지한다.

둘째, 가치관의 변화 요인이다. 지식기반사회를 거치고 4차 산업혁명 시대가 도래하면서 개인주의 가치관이 삶을 지배하게 되고, 가족 간의 결속과 공동체의식이 희박하게 되어 가족이 해체되기 쉬워졌다. 가족해체의 가장 큰 원인은 이혼인데, 오늘날 이혼율이 해마다 증가하는 추세에 있다.

셋째, 경제적 요인이다. 1997년 외환위기 이후 가정경제 파탄으로 가출하는 가장이 증가하고, 가족이 해체되거나 기능이 약화되는 사례가 늘어났다. 경제위기가 취업형태에서도 많은 변화를 가져왔다. 한정된 일자리를 놓고 구직을 하려는 사람은 많아졌고, 노동시장의 유연성이란 명목으로 많은 사람들이 일자리를 나누기보다는 기득권에서 밀려난 사람들이 비정규직으로 전락하게 되었다. 근로빈곤층의 증가는 가족을 위기로 몰아넣는 결과를 초래하며, 가정경제가 불안하면 가족이 해체되는 문제가 발생하는 것이다.

넷째, 문화적 요인이다. 오늘날 매스미디어의 발달로 성문화에도 많은 변화를 맞이하게 되었다. 성규범의 변화는 결혼과 이성교제의 문화에도 많은 변화를 가져와 청소년들의 이성교제로 인한 문제가 나타나게 되었다. 청소년들의 미숙한 이성교제와 성가치관의 결핍은 미혼모의 발생 원인이 된다. 성문화의 개방화는 결혼 상태에 있는 사람들에게까지 불륜으로 인한 이혼을 초래해 가족이 해체되는 사례를 만들었다.

3. 한부모가정아동의 특성과 문제

모자가족, 부자가족의 두 경우 모두 아동이 받는 결핍의 정도와 유형의 차이에 상관없이 아동들은 성장기에 치명적인 결함을 갖게 된다. 심리적으로 볼 때, 성격 형성과 자아존중감의 형성은 영유아시기부터 성장 전반기에 걸쳐 형성되기 때문이다. 청소년시기에 한부모가정이 형성될 경우 우울증, 가출, 비행 등의 사회문제로 야기된다.

한부모가족은 부자가족인지, 모자가족인지 그 형태에 따라서 자녀가 받는 영향에도 차이가 있을 수 있다(엄미연, 2004).

① 부자가족은 아동의 건전한 성장에 필요한 모성과의 상호작용, 정서적 긴장을 완화시키는 애정적 역할, 여아의 동일시 대상이 결핍되기 때문에 자녀의 건전한 성격 형성을 저해하기 쉽다. 따라서 이러한 모성실조 부자가족의 아동은 감정통제력 결핍, 죄의식 결여, 대인관계에서의 어려움을 겪을 수도 있다. ② 모자가족의 경우에는 경제문제로 인한 긴장감과 그로 인한 심리적 불안감을 가지게 되고, 이웃이나 친구들과 비교했을 때 열등감이나 수치감을 느끼게 된다.

한편 한부모가족의 아동문제는 다음과 같다(김윤재 외, 2017; 임시아, 2017).

첫째, 경제활동과 경제문제이다. 모자가족이 심각한 경제적 문제는 어머니가 여성이라는 이유로 노동시장에서 취업기회의 제한과 임금차별을 경험한다. 즉 노동시장에서 여성이 주변적 위치를 차지하고 있다가 여성이 가족의 생계를 책임지는 모자가족이 되면 자연히 경제적 빈곤에 처할 수밖에 없다. 또한 부자가족에게도 경제적 문제가 지적된다. 아버지가 단순 노무직이나 일용직에 근무하는 경우 그 동안 아내가 담당했던 가사 및 육아문제 등으로 새로운 가계지출이 발생하여 가정의 경제적 어려움과 자녀 양육 측면에서 모자가족보다 더 어려움을 느낀다.

둘째, 한부모가족의 자녀양육 및 교육문제이다. 한부모가족은 양친 중 어느 한쪽의 부재로 인해 가족 내에서의 역할과 지위의 변화에 적응해야 하는 데 이 과정에서 스트레스와 갈등을 겪게 된다. 가정에서 아버지의 부재로 모자가족의 자녀가 겪는 심리적 고통은 주변 사람의 편견과 함께 작용하며 비행청소년으로 발전할 수 있으며, 부자가족의 아버지는 자녀에 대해 충분히 돌보아 주지 못한 죄책감 때문에 자녀양육에 있어서 감정적으로 흐르기 쉽고, 일관성을 기대하기 어려우며 교육열은 높지만 진학률에 비해 학업성적은 좋지 않고 교육을 통한 상향이동의 가능성은 매우 낮다고 볼 수 있다. 특히 여성 한부모가족의 자녀교육상 어려운 점으로 지적된 것은 교육비 부족이 55.2%로 가장 높았고 다음으로 학습지도(15.5%), 절대적 시간 부족(12.8%) 순으로 나타났다. 물론 한부모가족의 이와 같은 자녀 양육 및 교육의 문제는 경제적 문제와 밀접한 관련이 있지만 역할갈등, 성역할 모델 부재에서 오는 성정체성 혼돈, 낮은 성취도, 정서적 불안 등의 문제가 발생할 수 있다(김미숙 외, 2005).

셋째, 사회적 편견이다. 한부모가족에 대한 사회적 편견은 사회적 활동이나 대인관계에 제약을 받게 하는데, 대체로 사별로 인한 한부모가족보다 이혼으로 인한 한부모가족에 대한 편견이 좀 더 가혹한 것으로 나타난다. 특히 이혼가족은 자녀를 키우는 문제와 경제적 활동, 대인관계, 독립적인 생활을 해나가는 전반적인 부분에서 부정적인 사회적 편견의 영향을 받고 있는데 이는 개인의 의지와는 별개의 문제로 사별과는 달리 이혼의 경우는 한 개인의 의지나 성격, 부모로서의 결함에서 비롯된 것이라는 인식과 가문의 입장을 고려하는 태도가 반영되었기 때문이다. 아마토와 케이트(Amato & Keith, 1991)에 의하면, 일반 사람들이 이혼가정을 생각할 때 1차적으로 부정적 이미지를 먼저 떠올리며, 타 아동과 비교할 때도 바람직하지 않거나 덜 호의적인 정보, 즉 가족구조나 지위 등을 먼저 기억해낸다. 따라서 한부모가족의 사회적 적응과 그들의 자녀들이 차별 없이 사회에 적응해 나가기 위해서는 정형화된 가족의 틀을 벗어나 좀 더 열린 시각으로의 이해가 필요하다.

넷째, 정서적 어려움이다. 부자가족의 아동은 어머니의 부재로 모성상실을 경험하고 그 결과 자아에 대해서 부정적으로 판단하는 태도를 갖게 될 가능성이 크다. 모성이 결여된 부자가족의 아동은 인내심이 부족하고 감정 표현이 자유롭지 못하며 정서적 불안정 상태에 빠질 가능성이 높다. 아버지가 딸을 양육하는 경우 동일시 대상인 어머니의 부재로 말미암아 그 아들은 남성의 역할을 배울 기회를 상실하게 될 가능성이 높다.

4. 한부모가정의 현황

한부모가족은 1997년 IMF 외환위기 이후 이혼율이 급격히 증가하면서 한부모가정이 많이 발생하게 되었다. 2010년까지 한부모가정은 꾸준히 증가추세에 있다가 그 이후 다소 감소 추세에 놓여 있다. 그중에서도 80% 이상이 모자가정인데, 모자가정은 양육과 생계를 동시에 책임져야 하기에 부자가정에 비해 어려운 생활을 영위하고 있다.

기초생활보장 한부모가족 가구 수는 표 10-10과 같다.

표 10-10 기초생활보장 한부모가족 가구수

구분	모자세대 수	부자세대 수	모자 세대 비율(%)
2004	70,951	17,916	79.8
2006	81,189	19,963	89.3
2008	82,880	19,744	80.8
2010	85,970	20,879	80.5
2011	83,525	20,479	80.3
2012	78,333	18,820	80.6
2013	76,270	18,366	80.6
2014	74,925	18,362	80.3

*자료: 보건복지부(2015). 보건복지통계연보.

한부모 연령은 그림 10-1, 한부모 학력 및 혼인상태는 그림 10-2와 같다.

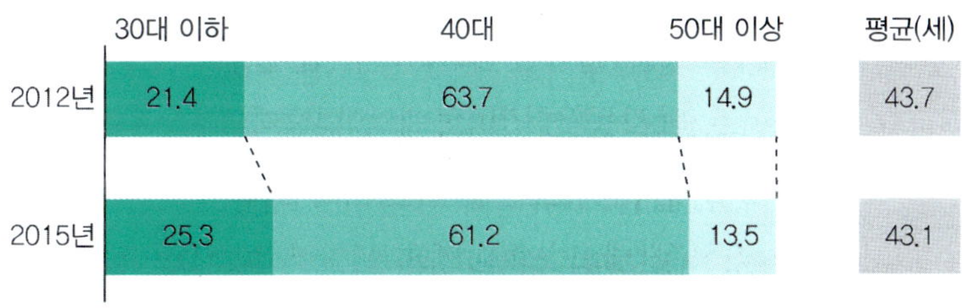

*자료: 여성가족부(2016). 2015년 한부모가족 실태조사

그림 10-1 한부모 연령

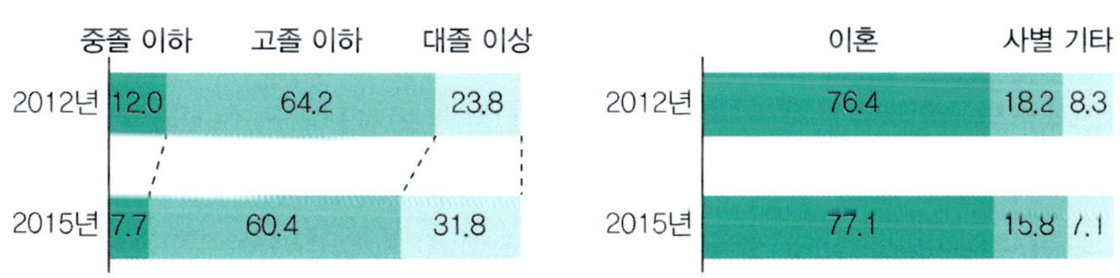

*자료: 여성가족부(2016). 2015년 한부모가족 실태조사

그림 10-2 한부모 학력 및 혼인상태

2015년도 한부모가족실태 조사에 의하면, 한부모 연령은 40대(60.4%), 30대 이하(25.3%), 50대 이상(13.5%) 순으로 나타났다. 2012년에 비하여 2015년은 40대 한부모가 감소하고, 30대 한부모가 증가추세에 있다. 학력 측면에서 보면, 고졸 이하(60.4%), 대졸 이상(31.8%), 중졸 이하(7.7%) 순으로 나타났다. 2012년에 비하면 대졸 이상 한부모가 8% 정도 증가했다.

5. 한부모가정 아동서비스의 개선방향

한부모가정 문제는 경제적 곤란과 관련되어 있다. 이러한 것을 해결하기 위해 한부모들에게 취업상담 및 취업알선을 위한 다양한 프로그램이 선행되어야 할 것이다. 이러한 맥락에서 한부모가정 아동서비스의 개선방향을 제시하면 다음과 같다(김윤재 외, 2017; 임시아, 2016; 고인숙 외, 2016; 김이영 외, 2016; 이덕희 외, 2018).

첫째, 한부모가족을 위한 경제적 지원 강화이다. 한부모가족이 겪고 있는 가장 큰 문제는 경제적 문제로 볼 수 있다. 이러한 문제를 해결하기 위하여 ① 한부모가족을 위한 다양한 직업교육의 기회가 주어져야 한다. 또한 직업교육 후에 일정 소득을 유지할 수 있는 곳으로의 취업도 보장되어야 한다. ② 직업교육을 받는 동안 기본적인 일상생활을 유지할 수 있는 생계비와 훈련비, 교육비 등의 제공이 현실적인 수준에서 이루어져야 한다. ③ 한부모가족의 소득수준에 따라 생활에 어려움이 없도록 아동보호수당이나 한부모 수당을 제공해야 한다. ④ 한부모가족을 위한 면세나 감세제도가 필요하다. ⑤ 직업훈련의 적극적 참여유도를 위한 취업과의 연계성 강화가 필요하다.

둘째, 한부모가족복지시설 지원이다. 한부모가족지원법상 보호대상 한부모가족을 대상으로 주거 · 양육, 심리상담 · 치료, 직업연계 교육 등 자립지원, 임신미혼모의 경우 출산을 지원하여 저소득 무주택 한부모가족에게 한부모가족복지시설 등 주거 · 양육지원을 통해 사회 · 경제적 자립 기반을 조성한다.

셋째, 사회·정서적 지원이다. 한부모가 자녀문제를 비롯한 여러 가지 어려운 문제에 직면했을 때 주변 사람들에 의한 사회·정서적 지원은 스트레스 극복에 도움을 주며 생활의 질 향상에도 도움이 된다. 따라서 한부모가족의 친척이나 이웃 혹은 지역사회에서 한부모가족에게 지지가 될 만한 자원을 찾아내어 한부모가족과 연계시키는 노력이 필요하다. 그리고 한부모가족 자녀가 차별받지 않도록 학교에서 한부모가족에 대한 반편견 교육을 실시하고, 교사나 학생들의 부정적인 시각에 대한 계몽도 필요하다.

넷째, 교육지원 체계 강화이다(김이영 외, 2016). 한부모가족을 지원하는 프로그램은 우리 사회의 다양한 가족 유형 중 도움이 필요한 가족에게 맞춤형으로 지원하는 정책 중 하나이다. ① 부모프로그램이다. 부모교육, 집단상담 등을 통해 한부모들이 겪는 어려움을 함께 공유함으로써 한부모들이 겪게 되는 분노, 슬픔, 우울감 등을 해소할 수 있도록 격려와 지지를 통한 정서적인 부분을 지원한다. 한부모 자녀들에 대한 이해를 통해 자녀와의 관계에서 발생할 수 있는 부모-자녀 문제를 예방하고, 당당하게 부모역할을 수행할 수 있도록 한다. ② 자녀프로그램이다. 한부모가족의 자녀들이 자기 자신과 가족의 현재 모습을 긍정적 관점으로 수용하고, 자신의 장점을 탐색하여 자신이 소중한 존재임을 인식할 수 있도록 교육·문화·상담 프로그램을 제공한다. ③ 가족 문화 프로그램이다. 다른 한부모가족들과 함께 가족문화 프로그램을 체험하면서 다른 가족들의 경험을 공유하고, 부모-자녀 간의 신뢰와 상호지지, 친밀감 증진활동, 가족공동체 의식을 갖기 위한 내용으로 부모와 자녀들을 지원해주는 프로그램이다. ④ 자조집단 운영이다. 한부모들 간에 위로와 지지, 격려를 받으며 스스로의 역량을 강화할 수 있도록 지역별로 자조모임을 운영하여 서로 자원이 되고, 네트워크를 지원한다.

다섯째, 한부모가족을 위한 상담서비스 강화이다(김윤재 외, 2016; 고인숙 외, 2016). 한부모가족이 겪는 상실감이나 재혼의 문제, 자녀양육에 대한 고충 등을 교육 및 상담을 통하여 위기 대처능력을 향상시키는 것이 필요하다. 한부모가족은 생계를 위해서 직장을 다녀야 하기에 자녀와 동시에 상담서비스를 받는 것은 쉽지 않기 때문에 찾아가는 서비스 상담이 필요하다. 결국 보다 나은 상담을 위하여 전문적 식견과 지식을 구비한 가족전문상담가의 양성이 필수적이다.

04 조손가정의 아동복지

여기에서는 조손가정아동의 개념, 조손가정의 유형, 조손가정아동의 특성, 조손가정의 실태 및 현황, 조손가정아동서비스의 개선방향 등에 대해서 고찰하기로 한다(이경준 외, 2017; 고인숙 외,2017; 이덕희 외, 2018).

1. 조손가정아동의 개념

조손가정을 여러 학자들에 따라 조손가족, 조손가정, 조손세대, 조손가구, 조부모·손자녀가족, 조부모·손자녀세대 등으로 다양하게 지칭되고 있는 실정이다. 하지만 2000년 아동복지법 개정 이후 등장하게 된 대리양육가정에서는 가정위탁을 대리양육가정위탁, 친인척 가정위탁, 일반 가정위탁으로 분류하면서 생긴 의미로, 조부모가 아동을 양육하는 위탁가정을 조손가정이라 일컫는다(보건복지부, 2009).

조손가정에 대해서 제 학자들의 견해를 소개하면 다음과 같다.

첫째, 박충선 외(2003)는 조손가정을 한 가구에 조부모와 손자녀가 동거하는 경우를 "조손가구"라 일컬으면서 부모가 없이 조부모와 18세 이하 또는 고등학생 이하의 손자녀와 함께 사는 가구로 정의하고 있다. 둘째, 임영옥(2007)은 부모의 이혼, 실직, 가출, 질병, 파산 등의 증가로 호적상에는 부모가 키우는 것으로 기록되어 있으나, 실제로는 부모가 자녀를 직접 키울 능력이 없어 경제적 또는 강제적으로 부모를 대신하여 조부모가 손자녀를 돌보는 가정을 조손가정으로 정의하고 있다. 셋째, 켈리와 휘틀리(Kelly & Whitley,

2002)는 손자녀의 부모역할을 대행하고 손자녀를 직접 양육하는 양육자로서의 조부모, 어린 손자녀가 성인이 될 때까지 보호하는 조부모, 부모를 대신한 조부모, 조부모가족의 개념으로 사용하고 있다

결국 조손가정이란 손자녀가 부모로부터 직접 양육받을 수 없는 상황에서 부모와 떨어져 조부모에게 양육되고 있는 가정을 지칭하는 것으로 볼 수 있다.

2. 조손가정의 유형

조손가정의 발생 이유에 대한 조사결과는 표 10-11과 같다.

표 10-11 **조손가정 발생 이유**

부모의 이혼 · 재혼	부모의 질병 · 사망	부모의 가출 · 실종	부모의 실직 · 파산	부모의 취업.맞벌이	기타
53.2%	11.4%	14.7%	7.6%	6.7%	5.4%

*자료: 김이영 외(2016). 아동권리와 복지. 경기: 양성원. p.175.

2010년 여성가족부는 65세 이상의 조부모와 만 18세 이하의 손자 및 손녀로 구성된 전국의 조손가족 5만 1,852가구 중 1만 2,750가구를 대상으로 조사한 결과, 조손가정 발생이유는 부모의 이혼 및 재혼이 53.2%, 부모의 가출 및 실종이 14.7%, 부모의 질병이나 사망의 원인으로 조손가정이 된 경우가 11.4%, 부모의 실직이나 파산은 7.6%, 부모의 취업이나 맞벌이 6.7%, 기타 5.4% 순으로 나타났다. 특히 부모의 취업이나 맞벌이로 인한 조손가정 발생은 낮은 비율을 보였다.

조손가정의 유형은 조손가정 원인에 따른 분류와 조손가정의 구성원에 따른 분류로 제시하면 다음과 같다(고인숙 외, 2017).

첫째, 조손가정 원인에 따른 분류이다. ① 우리나라의 조손가정 발생원인은 가족해체가 그 중심에 있음을 알 수 있다. 가족해체의 주요원인은 부(父)나 모(母)가 사망하거나 혹은 이혼, 가출, 경제적 결핍, 미혼모 등에 의한 것이다. 최근에는 이혼이 조손가정 발생의 주요 원인이다. ② 다른 요인으

로는 부모의 가출, 사망, 별거, 재산 탕진, 맞벌이 등이 있다. 그리고 한부모가족이 해체되어 한부모가족의 가장이 자녀를 조부모에게 맡기면서 조손가정을 형성한다. 조손부모가 된 원인을 살펴보면, 자녀의 사망으로 인해 손자녀양육을 맡게 된 사례는 거의 없었으며 대부분이 부모의 이혼과 가출로 인해 남겨진 손자녀를 조부모가 맡게 되었다. 조손가정은 여성이 집을 나가거나 이혼하면서 조부모에게 아동들이 맡겨지고, 이후에 남성이 돈을 벌기 위해 떠나거나 재혼을 하게 되면서 형성된다.

둘째, 조손가정의 구성원에 따라 조부손가정과 조손가정으로 분류될 수 있다. ① 조부손가정이 형성되는 과정은 '양육'과 큰 관련이 있으며, 남성의 부재보다는 양육을 담당해야 한다고 기대되는 여성의 부재가 조손가정을 형성하는 데 큰 영향을 미친다. 손자녀양육은 할머니들의 의지와 무관하게 갑작스럽게 맡겨지게 된다. 이렇게 하여 형성된 조손가정은 일시적으로 조부손가족의 형태를 띠기도 한다. 할머니와 함께 거주해 왔던 아들들은 부인과 이혼한 후 그대로 자녀와 부모와 더불어 살아가고, 분가하여 살아왔던 아들들을 집을 처분하고 할머니 집에 자녀들과 들어와 산다. 핵가족이 해체되고 자녀를 남성이 맡게 되었을 때 이러한 부자가정은 아이들을 데리고 부모와 동거하게 된다. ② 조손가정은 조부모가 자녀의 이혼이나 재혼 또는 가출, 복역 등으로 인하여 손자녀를 자녀를 대신하여 양육하는 가정이다. 최근에는 이혼한 한부모가족의 부모가 재혼가정으로 변화되는 과정에서 재혼을 하면서 자녀의 양육을 포기하고 자녀의 양육을 조부모에게 넘기고 재혼을 하는 경우로 인하여 조손가정이 증가하고 있다.

3. 조손가정아동의 특성

손자손녀를 양육하는 조부모들의 평균 연령은 72.6세로 조사되었다. 경제활동이 어려워 전체 가구의 46.7%가 정부나 공공기관 지원금에 의존하고 있었다. 가정 내에서 손자손녀를 주로 양육하는 사람은 조부모가 86.6%로 가장 많았고, 어린이집 기관에 위탁하는 경우는 7.2%에 불과하여 실제로 양육의 부담이 크다는 것을 알 수 있다. 조부모들이 손자손녀를 양육할 때 가장 큰 어려움으로 인식하고 있는 것이 손자손녀의 양육(교육)에 따른 경제적 문제가 가장 크다고 보고하고 있다. 조손가정 아동의 요구에 대한 조사결과는 표 10-12와 같다.

표 10-12 조손가정 아동의 요구

가족건강	필요한 물건 구매	내맘을 알아주었으면	조부모의 수입증가	부모 역할해 줄 사람	차별하지 않았으면	기타
56.8%	33.7%	20.5%	18.0%	15.7%	15.3%	16%

*자료: 김이영 외(2016). 아동권리와 복지. 경기: 양성원. p.176.

조부모와 함께 거주하는 어린 손자녀들의 요구는 가족의 건강(56.8%), 필요한 물건의 구매(33.7%), 소통 문제(20.5%), 조부모의 수입증가(18%), 부모역할(15.7%), 기타(16%), 차별(15.3%) 순으로 보였다. 이러한 연구조사에 의하며, 여성가족부는 희망사다리 조손 가족 통합지원서비스를 마련하여 조손가족 학습정서지원, 교육문화프로그램, 생활가사지원, 주거환경지원 등의 서비스를 제공하고 있다.

또한 조손가정의 아동은 가족해체나 부적절한 양육 때문에 우울, 불안 등 심리적으로 부적응을 나타내며, 낮은 사회적 능력으로 대인관계 문제, 반사회적 행동과 같은 행동적인 문제도도 보인다. 그리고 조손가정아동은 생활고에 지친 조부모의 따뜻한 보살핌을 받지 못해 범죄에 쉽게 노출될 수 있고, 조부모세대의 소통방식에 대한 반감이 있는 경우 손자녀는 자신의 고민을 털어놓고 의지할 만한 멘토가 없어 스스로 더 심리적 고립감을 많이 느끼게 된다(이경준 외, 2017).

4. 조손가정의 실태 및 현황

여성가족부(2010)는 전국 조손가정 현황을 조사하기 위해 '조손가정 실태조사'를 시행하였다. 정책대상으로서의 조손가정은 '만 65세 이상의 조부모와 만 18세 이하 손자녀로 구성되어 있는 가정'으로 주민등록부 주소지를 통한 산출과 통계상 전국의 조손가정 수를 동·읍·면 단위로 산출하였다. 2010년 조손가정 실태조사는 표 10-13과 같다.

표 10-13 조손가정 실태조사(통계상/주민등록상)

행정구역	1995년	2000년	2005년	2010년	
				통계청	주민등록상
전국 합계	35,194	45,225	58,101	119,294	51,852
서울특별시	3,875	5,224	7,207	19,159	8,576
부산광역시	1,979	2,658	3,771	8,752	3,672
대구광역시	1,537	2,002	2,685	6,232	2,676
인천광역시	1,195	1,785	2,426	5,960	2,594
광주광역시	984	1,270	1,946	5,960	1,466
대전광역시	873	1,086	1,530	3,759	1,338
울산광역시	-	491	699	1,783	750
강원도	2,147	2,845	3,323	5,708	2,171
경기도	4,352	6,306	9,599	22,193	9,799
충청북도	1,836	2,299	2,661	4,588	1,763
충청남도	2,611	3,269	3,787	6,294	2,627
전라북도	2,654	3,266	3,862	6,572	2,878
전라남도	3,782	4,401	4,711	7,114	3,429
경상북도	3,631	4,079	4,655	8,004	3,643
경상남도	3,330	3,531	4,349	8,038	3,756
제주특별자치도	438	713	890	1,721	714

*자료: 통계청(2011). 2011 인구주택총조사 표본집계결과.
여성가족부(2010). 2010년 조손가족의 실태조사.

표 10-13에서와 같이 전국 조손가정은 총 51,853세대이고, 통계청 조사로는 조부모와 손자녀가 함께 거주하는 조손가정의 형태를 띤 모든 세대 수를 조사한 가구 수는 총 119,294세대이다.

조손가정의 형성원인은 그림 10-3과 같다.

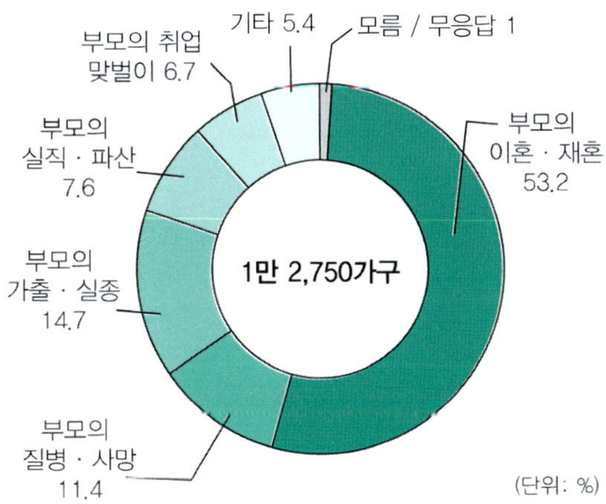

*자료: 여성가족부(2010). 2010년 조손가정 실태조사.

그림 10-3 조손가정 형성원인

그림 10-3과 같이 조손가정 형성원인으로 손자녀의 친부모 이별과 재혼(53.2%), 부모의 가출 및 실종(14.7%), 부모의 질병이나 사망(11.4%), 부모의 실직 및 파산(7.6%), 부모의 취업(6.7%)으로 가족해체가 가장 크게 나타났다.

조손가정의 월평균 가구소득은 표 10-14와 같다.

표 10-14 조손가정의 월평균 가구소득

(단위: %)

구분	응답자수(명)	40만원 미만	40~80만원 미만	80만원 이상	무응답	합계	평균
전체	12,750	20.1	44.0	17.9	17.9	100.0	59.7
양조부모 가정	2,176	13.1	36.7	33.8	16.4	100.0	77.6
한조부모가정	10,574	21.6	45.5	14.6	18.3	100.0	55.9

*자료: 여성가족부(2010). 2010년 조손가족의 실태조사.

표 10-14에서와 같이 조손가정의 월평균 가구소득은 평균 59.1만원으로 나타났고, 40만원~80만원 미만(44%), 40만원 미만(20.1%), 80만원 이상(17.9%), 무응답(17.(%) 순으로 보였다. 80만원 이상의 소득은 전체의 17.9%로 10가구 중 2가구에도 미치지도 못하는 것으로 나타났다.

조손가정의 양육 손자녀 수는 표 10-15와 같다.

표 10-15 조손가정의 양육 손자녀 수

구분	응답자 수(명)	1명	2명 이상	합계
전체	12,750	66.2	33.8	100.0
40만원 미만	2,569	72.1	27.9	100.0
40~80만원 미만	5,610	68.9	31.1	100.0
80만원 이상	2,285	54.3	45.7	100.0
무응답	2,287	64.6	35.4	100.0

*자료: 여성가족부(2010). 2010년 조손가족의 실태조사.

표 10-15에서 본 바와 같이 2010년 조손가정 실태조사에 의하면, 조손가정에서 양육하는 손자녀 수는 가구당 평균 1.4명이며, 손자녀 1인을 양육하는 가구는 전체 가구의 66.2%였고, 2명 이상의 손자녀를 양육하는 가구는 33.8%로 나타났으며, 조부나 조모 홀로 손자녀를 양육하는 가구는 82.9%로 조손가정 10가구 중 8가구 이상이 조부나 조모 홀로 손자녀를 양육하고 있는 것으로 나타났으며 소득 수준에 따라 자녀 수의 차이를 보였다.

조손가정의 양육 손자녀 학령은 표 10-16과 같다.

표 10-16 조손가정의 양육 손자녀 학령

손자녀 수(명)	미취학	초등생	중학생	고등학생	합계
17,616	2.6	31.6	32.5	33.2	100.0

*자료: 여성가족부(2010). 2010년 조손가족의 실태조사.

표 10-16에서 본 바와 같이 양육 손자녀 학령은 고등학생 손자녀(33.2%), 중학생 손자녀(32.5%), 초등학생 손자녀(31.6%), 미취학 손자녀(2.6%) 순으로 나타났다. 그리고 미취학 손자녀를 양육하고 있는 1,497가구 중 86.6%는 조부모 자신들이 직접 손자녀를 양육하고 있었으며, 어린이집 등 시설을 이용하는 경우는 7.2%에 불과했다(이덕희 외, 2018).

5. 조손가정아동서비스의 개선방향

조손가정아동서비스의 개선방향을 제시하면 다음과 같다(고인숙 외, 2017; 이경준 외, 2017; 이덕희 외, 2018).

첫째, 가정위탁아동지원이다. 가정위탁아동의 지원은 보호가 필요한 아동을 보호할 수 있는 가정에 일정 기간 위탁하는 것으로 국민기초생활수급자를 대상으로 하여 지급된다. 국민기초생활수급자 중 18세 미만의 아동을 위탁하거나 시·군·구에서 부모의 질병, 가출, 실직, 사망 등 그 밖의 사유로 보호가 필요함을 인정한 아동, 아동학대로 격리 보호가 필요한 아동을 위탁한 경우가 해당된다. 대상가정 유형은 친인척(친조부모, 외조부모)에 의한 대리양육가정, 친인척(친조부모, 외조부모)에 의한 위탁가정, 일반인에 의한 위탁가정에게 지원된다. 조손가정은 수혜 대상에 포함된다. 하지만 가정위탁보호사업은 아동복지법, 국민기초생활보장법, 의료급여법 등을 근거로 지원하고 있기 때문에 조손가정이 국민기초생활보장법에 의한 수급 대상자가 아닌 경우에는 위탁가정으로서 정부의 지원을 받지 못하게 된다.

둘째, 조손가족은 복지급여를 받을 수 있다. 한부모가족지원법에서는 지원대상에 조손가족, 가정위탁 조손가정까지 포함하고 있다. 아동의 부모가 사망하거나 생사가 분명하지 아니하거나 부모가 정신 또는 신체의 장애 및 질병으로 장기간 노동능력을 상실한 경우, 부모의 장기복역 등으로 부양을 받을 수 없는 경우 65세 이상의 조부모가 18세 미만의 아동을 양육하는 경우에 보호를 받게 된다. 또한 한부모가족지원법을 통해 생계비와 아동교육지원비, 아동양육비 등을 지원받는다. 복지급여의 지원종류는 표 10-17과 같다.

표 10-17 복지급여의 지원종류

지원종류	지원대상	지원금액
아동양육비	만 13세 미만 아동을 양육하는 한부모가족	1인당 월 12만원
추가 아동양육비	만 5세 이하 아동을 양육하는 조손가족 및 만 25세 이상 미혼 한부모가족	1인당 월 5만원
학용품비	중 · 고등학생 자녀를 양육하는 한부모가족	1인당 연 5.41만원
생활보조금	한부모가족복지시설 입소 한부모가족	월 5만원

*자료: 이덕희 외(2018). 아동권리와 복지. 서울: 동문사. p.205.

셋째, 아동과 소통의 어려움에 관한 대안이다. 조부모가 손자녀를 양육하면서 가장 큰 어려움으로 간주하는 것은 손자녀와의 의사소통의 어려움이다. 이러한 문제를 해결하기 위하여 ① 경기도 성남시에서 진행하고 있는 '해피맘'서비스는 저소득가정에 대해 가사 및 학습 도우미를 무료로 파견하는 서비스이다. 이는 차상위계층에 조손가정이 대상이 되며, 대상 가정에 1일 3시간씩 주 2회 방문해 가사, 양육, 학습, 상담 등을 무료로 서비스하며 월 5만원 상당의 학습재료나 가사용품, 구급약품 등도 지원한다. 그리고 ② 조손가정 남매에 대해 일주일에 두 번씩 자원봉사 대학생을 파견하고 있다. 자원봉사 대학생은 남매의 학습상태를 파악하여 학습계획을 세워주고 있으며, 생활지도까지 실시하고 있다. 아울러 이 가정에 월 3만원을 지급하는 등 각 세대방문을 통해 그 가정의 욕구를 조사하고 그 가정에 알맞은 맞춤형 서비스를 실시하고 있다.

넷째, 민간기관의 조손가정 지원서비스이다. 민간의 지원을 확대하여 조부모에게는 건강과 심리상담서비스, 손자녀양육지도 등을 시행하고, 손자녀에게는 건강보건서비스, 상담서비스, 수련활동, 놀이지도, 학습도우미, 다양한 심리치료를 통해 조손가정을 위한 보다 폭넓은 지원이 있어야 한다.

다섯째, 조손가정을 위한 조례 제정이다. 현재 우리나라는 조손가정만을 대상으로 하는 조례제정이 없기에 지금까지 저소득층 지원정책과 한부모가족지원법, 건강거족지원법 등에 따른 지원정책에서 지원을 받고 있었다. 다양한 가족형태의 하나로 조손가정을 지원할 수 있는 유일한 체계는 여성가족부의 한부모가족지원법이다. 하지만 한부모가족지원대상자는 일부의 저소득층 조손가정만을 지원대상으로 한정하며, 그 지원 규모가 자녀 또는 손자녀양육지원을 위한 최소한의 지원정책이라는 점에서 대단히 제한적이다. 따라서 각 지자체는 조손가정의 욕구를 파악하여 그에 맞는 조례를 공표하여 다양한 서비스를 시행해야 할 것이다.

생각해 봅시다

1. 다문화가정아동이 겪는 학교적응상의 어려움에 대하여 생각해 봅시다.
2. 다문화가정아동이 차별 피해 시 적절히 대응할 수 있는 방법을 생각해 봅시다.
3. 새터민아동의 아동복지 필요성에 대하여 생각해 봅시다.
4. 새터민가정 지원이 다문화가족정책에 속해 있을 때의 장단점에 대하여 생각해 봅시다.
5. 한부모아동의 향후 정책 과제에 대하여 생각해 봅시다.
6. 우리 주변의 한부모가정에 대한 편견을 반영하는 내용에 대하여 생각해 봅시다.
7. 조손가정의 아동들이 느끼는 조부모와의 문제점을 알아보고 조부모와의 세대 차이를 줄일 수 있는 의사소통방법에 대하여 생각해 봅시다.
8. 조손가정아동의 향후 정책과제에 대하여 생각해 봅시다.

PART

IV

아동권리 및 복지의 과제와 발전방향

CHAPTER 11

아동권리 및 복지의 과제와 발전방향

학습목표

1. 아동권리와 복지의 과제에 대해 설명할 수 있다.
2. 아동권리와 복지의 쟁점에 대하여 설명할 수 있다.
3. 아동권리와 복지의 발전방향에 대해 생각해보고 해결방안을 모색해본다.

아동복지정책은 아동이 처한 시대적 상황이나 경제수준, 욕구 등이 전반적으로 반영되어 결정되는 주요한 사회적 지표이다. 최근 심각한 사회문제로 대두되고 있는 낮은 출산율과 증가하는 가족해체 등의 여러 사회현상은 아동복지에 대한 기존의 접근방법에 한계가 있음을 의미하며 따라서 기존의 복지 패러다임의 변화를 필요로 하고 있다(정옥분 외, 2016).

아동복지 대상이 특수한 아동 중심에서 전체 아동으로 변화되어 가는 것은 세계적 동향이다. 우리나라는 2000년 7월부터 전면 개정 시행된 아동복지법을 근거로 일반아동의 인권과 복지를 위한 작은 발걸음을 내딛고 있다. 즉, 아동복지법이 전면 개정이라 할 수 있는 것은 아동학대와 관련된 조항이 법제화되어 있다는 점을 예로 들 수 있다. 하지만 아직까지 특수한 욕구나 문제가 있는 일부 아동을 위한 사회복지서비스는 한계를 가지고 있다(김이영 외, 2017). 11장에서는 이러한 아동권리 및 복지의 과제, 아동권리와 복지의 쟁점, 아동권리와 복지의 발전 방향을 고찰하기로 한다.

01 아동권리와 복지의 과제

정부는 5년 단위의 아동정책목표(2015~2019)와 기본방향, 주요 추진과제를 수립하고 중앙부처 및 지자체 공동으로 시행·관리하는 중기 플랜으로 제1차 아동정책기본계획을 발표하여 아동 친화적 발달환경을 제공하고, 발달·생존·보호·참여 등 모든 영역에서 아동을 권리의 주체로 인정하고, 아동 행복을 증진시키고, 사회의 운영원리, 아동을 둘러싼 환경 및 정책의 변화과정에서 아동의 이익을 최우선으로 보장하고 실현하는 원칙을 정착하고자 하는 정책과제를 수립·시행하고 있다.

영유아를 포함한 아동의 생존권·발달권·보호권·참여권과 관련한 제1차 아동정책기본계획의 정책 내용은 표 11-1과 같다.

표 11-1 권리유형별 주요정책과제('15~'19 아동정책기본계획, 관계부처합동, 2015)

분야 \ 생애	영유아 (0~5세)	초등학생 (6~11세)	중학생 (12~14세)	고등학생 (15~17세)
생존권	어린이집·유치원 건강관리체계 마련	건강증진학교 확대 방안(검토)/학교체육 활성화		
	모유수유 증진			
	예방접종률, 건강검진율 제고	학교 건강검진제도 개선		
		생활습관형 질병 예방·관리방안 마련		
	아동기 다빈도 질병 대응전략 수립			
		학생 자살예방 대책, 적정 수면시간 보장		
	아동전용 보건 인프라 확충/건강보험 보장성 강화			
발달권	영유아가정방문서비스 도입(검토)			
	부모교육 활성화/양육정보 통합제공			
	육아서비스 종합 제공			
	시간제보육			
	영유아 보육·교육 통합플랜	'꿈과 끼를 살려주는 교육과정' 내실화, 공교육 정상화 이행		
	아동기 핵심역량 반영전략 수립, 아동역량지수 개발			
		인성교육 강화(인성교육진흥계획 수립, 언어문화 개선방안 마련)		

(계속)

<table>
<tr><th>생애 / 분야</th><th>영유아
(0~5세)</th><th>초등학생
(6~11세)</th><th>중학생
(12~14세)</th><th>고등학생
(15~17세)</th></tr>
<tr><td rowspan="6">발달권</td><td colspan="4">문화예술교육 활성화 및 문화인프라(아동도서관, 숲교육 공간 등) 확충</td></tr>
<tr><td colspan="4">놀이 · 여가 권리 보장(놀권리 헌장 제정, 제1차 놀이정책 수립)</td></tr>
<tr><td></td><td colspan="3">맞춤형 진로 교육(직업교육 현장성 강화, 학습부진아동 지원 등)</td></tr>
<tr><td colspan="4">장애아동지원체계 구축(조기발견 · 예방 및 재활치료)</td></tr>
<tr><td></td><td colspan="3">학교밖 청소년 지원체계 구축</td></tr>
<tr><td></td><td></td><td colspan="2">청소년 한부모 서비스 전달체계 통합 구축</td></tr>
<tr><td rowspan="15">보호권</td><td>가정방문 안전점검 실시(검토)</td><td colspan="3"></td></tr>
<tr><td></td><td colspan="3">보육 · 교육기관 안전교육 · 안전실습 제도화</td></tr>
<tr><td colspan="4">카시트, 안전벨트 착용률 제고</td></tr>
<tr><td></td><td colspan="3">홀로 방치되는 아동에 대한 돌봄서비스 종합 연계체계 구축</td></tr>
<tr><td colspan="4">학대아동 보호 인프라 확충</td></tr>
<tr><td>어린이집 · 유치원 학대예방 및 신속 대응</td><td colspan="3"></td></tr>
<tr><td></td><td colspan="3">학교폭력 예방 및 대책 기본계획 이행 관리</td></tr>
<tr><td colspan="4">범죄예방환경설계(셉테드) 확산 유도</td></tr>
<tr><td colspan="4">차별금지법 제정</td></tr>
<tr><td colspan="4">빈곤아동지원 5개년 기본계획 수립</td></tr>
<tr><td colspan="4">가정밖 보호아동 보호체계 구축</td></tr>
<tr><td colspan="4">입양절차의 공공성 강화(헤이그국제아동입양협약 비준)</td></tr>
<tr><td></td><td></td><td colspan="2">근로아동보호</td></tr>
<tr><td></td><td colspan="3">소년사법 발전 종합대책</td></tr>
<tr><td>아동방치행위에 대한 법적규제 도입(검토)</td><td colspan="3"></td></tr>
<tr><td rowspan="4">참여권</td><td colspan="4">아동의 의견진술권 보장실태 진단 및 개선방안 마련</td></tr>
<tr><td></td><td colspan="3">아동의견 수렴 창구 상시 운영</td></tr>
<tr><td></td><td colspan="3">학교에서의 참여권 보장(자치활동 활성화, 학교운영위원회 실질적 참여)</td></tr>
<tr><td></td><td colspan="3">아동총회 지역기반 구축</td></tr>
</table>

*자료: 이덕희 외(2018). 아동권리와 복지. 서울: 동문사. p.353.

표 11-1과 같이 2015~2019년 권리유형별 주요정책과제를 영유아(0~5세) 차원에서 ① 생존권 측면은 어린이집 및 유치원 건강관리체계 마련, 모유수유 증진, 예방접종률, 건강 검진율 제고, ② 발달권 측면은 영유아가정방문서비스 도입(검토), 육아서비스 종합 제공, 시간제 보육, 영유아 보육 · 교

육 통합 플랜, ③ 보호권 측면은 가정방문 안전점검 실시(검토), 어린이집·유치원 학대 예방 및 신속 대응, 아동방치행위에 대한 법적 규제 도입(검토) 등의 정책과제가 있으나, ④ 참여권 측면은 정책과제가 없었다.

한편 1991년 11월 20일 비준한 「아동권리협약」 이후 우리나라에서 아동에 대한 권리 인식은 전환점을 맞이하게 되었다. 하지만 아동의 권리와 관련하여 아동이 성장하는 데 영향을 주는 다양한 변인들, 다시 말하면, 가정과 양육기관, 학교, 지역사회, 지방자치단체 및 중앙정부의 정책 등은 아동을 보는 포커스에 따라 방향이 다르게 나타날 수 있다. 우리나라 아동정책에서 아동권리를 정책 수행에 나타나는 문제점은 다음과 같다(이재연 외, 2015).

① 우리나라 아동정책의 대부분은 보호가 필요한 아동을 주 대상으로 하고 있어서 일반아동을 위한 정책은 크게 부족하다. ② 비슷한 정부정책이 각기 다른 부처에서 시행되고 아동과 청소년 업무를 담당하는 부처가 다르기 때문에, 정책의 파편화 현상이 심각하여 정책 실행의 효율성을 떨어뜨리고 있다. ③ 아동권리증진을 위한 옹호 및 아동참여 활동도 지속성이 없는 일회적인 아동총회나 청소년의회 활동에 의존하고 있다. ④ 아동권리에 대한 인식도 소수 아동 관련 전문가 집단을 제외하고는 여전히 미미한 수준이다. ⑤ 아동들이 성장하고 있는 지역사회 환경은 아동들에게 친화적이지 않고, 아동들의 욕구를 반영하는 데 소극적이다.

그리고 아동권리 증진을 위한 인권교육의 방안은 다음과 같다(류미령, 2017).

① 「아동권리협약」의 4대 아동권리인 생존권, 보호권, 발달권, 참여권을 향상시키는 내용으로 구성되어야 하고 인권능력을 향상시키기 위해 인권적으로 사고하고 판단하는 능력, 인권적으로 행동하는 행위능력이 교육내용에 포함되어야 한다. ② 인권교육의 방법으로 전 생애에 걸쳐 모든 사람에게 지속적이고 광범위한 인권교육이 이루어져야 한다. ③ 인권교육의 내용과 방법은 학습자들의 인권감수성을 높일 수 있는 교사의 역할이 중요

하고, 인권 친화적 학습 환경의 조성이 필요하다. 또 학습자의 발달단계나 사회, 문화적 맥락을 고려한 교육내용이 필요하다. ④ 교육의 목적은 인권의 가치가 실현될 수 있는 교육이 됨과 동시에 인권의식 내면화를 통한 참여적이고 실천적인 교육이 되어야 한다. ⑤ 인권교육방법의 다양화를 모색해야 한다. 인권교육에서 명문화된 조항만이 아니라 인권적으로 사고하고 습득하여 인권존중의 태도가 체득될 수 있도록 한다. ⑥ 정책적 · 제도적 측면에서 인권교육에 대한 재원확대와 관련법제가 구속력을 높일 수 있도록 인권교육의 제도화가 필요하다.

사례: 현장활용 자료

- 다음의 표는 교사가 하루 일과 중 영유아의 권리를 보장해주는 상황에 따른 내용들로 구성되어 있다. 이를 통해 영유아들과 생활하는 가운데 영유아의 권리를 바탕으로 상호작용할 수 있도록 점검해 볼 수 있다. 각각의 항목들이 어떠한 유형의 영유아 권리를 고려해보았는지 생각해보자. 이 외에도 유아교육현장에서 영유아의 권리를 존중해야 하는 항목에는 무엇이 있는지 생각해보자.

하위영역	번호	항목
등원	1	나는 영유아의 등원 시, 눈을 맞추고 반갑게 맞이한다.
	2	나는 영유아와 즐겁게 대화하며 지도한다.
정리	3	나는 영유아가 놀이나 활동을 중단하기 전에 예고 시간을 여러 번 꼭 알려준다.
화장실 다녀오기	4	나는 언제든 영유아가 자유롭게 화장실을 갈 수 있도록 한다.
	5	나는 영유아가 물을 마시고 싶을 때 언제든지 마시도록 한다.
소집단 활동	6	나는 영유아 자신의 의견을 언제든지 말할 수 있도록 한다.
	7	나는 영유아의 어떠한 이야기(엉뚱한 소리)에도 진지하게 듣는다.
	8	나는 다수 및 소수 영유아의 이야기를 들어준다.
자유선택 활동	9	나는 자유선택활동 시간에 영유아가 자유롭게 이동할 수 있도록 한다.
	10	나는 대부분의 경우 개별 영유아에게 주의를 기울이고, 눈을 맞추면서 이야기한다.
	11	나는 또래 간 상호작용을 자주 격려한다.
	12	나는 영유아의 놀이 상대로 참여한다.
점심	13	나는 영유아가 원하는 식사량만큼 배식한다.
	14	나는 영유아가 먹고 싶지 않은 음식은 강요하지 않는다.
	15	나는 영유아에게 점심을 빨리, 다 먹으라고 재촉하지 않는다.
낮잠	16	나는 정해진 낮잠시간에 맞추어 과도하게 재우고 깨우지 않는다.
	17	나는 영유아가 쉬고 싶다고 할 때, 언제든지 쉴 수 있도록 지도한다.

하위영역	번호	항목
특별활동	18	나는 특별활동(현장학습, 운동회, 재롱잔치 등)에서 영유아의 의견에 귀 기울인다.
	19	나는 역할 및 순서를 정할 때 영유아들이 정하도록 안내 및 지원한다.
자율성 존중	20	나는 교실의 규칙을 정할 때 영유아들과 이야기한다.
	21	나는 영유아의 자리를 정해주지 않고 이야기나누기 시간, 간식 및 점심시간, 활동시간에 자유롭게 앉고 싶은 자리에 앉도록 한다.
	22	나는 영유아의 개별적인 의견을 들어준다.
	23	나는 영유아가 하고 싶지 않은 활동은 하지 않도록 한다.
의사존중	24	나는 영유아에게 질문을 할 때 영유아가 충분히 생각할 수 있는 시간을 준다.
	25	나는 영유아의 발달 상태에 맞게 상호작용을 한다.
	26	나는 영유아가 원하는 재료를 사용하여 작품 활동을 할 수 있도록 한다.
	27	나는 만들거나 그리기 활동 등을 영유아의 생각대로 자유롭게 하도록 한다.
	28	나는 영유아의 몸짓이나 표현을 주의깊게 살핀다.
	29	나는 영유아의 요구와 질문에 적절하게 반응한다.
개별성 존중	30	나는 영유아의 개별적인 실수와 평가를 다른 사람에게 이야기하지 않는다.
	31	나는 영유아에 관한 개인정보를 어떠한 이유로도 다른 사람에게 이야기하지 않는다.
	32	나는 영유아의 잘못된 행동에 꾸지함을 주기 전에 영유아의 설명이나 이유를 물어본다.
	33	나는 발표, 줄서기, 자리에 앉을 때 나름대로 기준이나 순서를 정해 영유아들을 호명하지 않는다(예: 예쁘게 앉은 친구부터).
	34	나는 영유아의 성별 및 발달특성에 따라 대하는 것이 다르지 않다.
	35	나는 학부모의 사회적 지위나 배경에 따라 영유아를 대하는 것이 다르지 않다.
	36	나는 영유아의 외모, 옷차림, 스타일에 따라 대하는 것이 다르지 않다.
정보제공	37	나는 매일 하루 일과에 대해 영유아에게 알려준다.
	38	나는 자유선택활동 영역의 교재교구를 자주 교체하며 공급한다.
	39	나는 영유아의 발달능력에 따라 정보를 제공한다.
	40	나는 영유아에게 정보를 제공하기 위해 다양한 매체를 사용한다.

*자료: 김진숙 · 서영숙(2012). 영유아권리존중 보육의 실행내용 항목: 보육교사가 인식한 영유아권리존중 보육의 실행내용을 중심으로. 한국보육지원학회지, 8(3), 133-162. p.155 인용.

이러한 아동의 권리증진을 위한 방안에 따라 아동복지 과제를 제시하면 다음과 같다(김이영 외, 2016; 정옥분 외, 2016; 이순형 외, 2016, 이덕희 외, 2018; 김민정 외, 2018).

첫째, 보육사업의 질적 향상이다. 우리나라의 보육사업은 초기에 양적인 확대에 초점을 맞춘 나머지 질적인 측면은 상대적으로 등한시되어 왔다. 영유아기의 경험이 이후의 발달에 미치는 영향을 감안할 때 앞으로는 보육의 질적인 향상, 특히 보육교직원들의 자질 향상을 위한 자격기준의 강화나 재교육이 필요하다. 이를 위해서 보육교직원의 전문화, 우수 보육 프로그램의 개발과 보급, 보육 기준과 내용의 내실화 및 보육교육원의 인성교육 강화 등 질적 향상과 같은 과제들을 풀어나가야 할 것이다. 또한 어린이집의 전반적인 환경 개선과 내실 있는 보육 프로그램의 제공, 영유아의 건강 및 영양관리, 안전관리 기준이 강화되어야 한다. 잘 준비된 보육 환경은 영유아의 발달을 촉진시키며 교사와 영유아 간 상호작용을 촉진시키는 기능을 한다. 그러므로 어린이집에서의 사고를 최소화하고, 안전하고 균형 잡힌 급식이 가능하도록 환경 개선과 관리가 이루어져야 한다.

둘째, 입양과 가정위탁제도의 활성화하기 위해서는 ① 국민의식의 전환과 함께 위탁가정과 입양가정에 대한 국가의 지원을 현실적 수준으로 상향해야 하며, 이를 정책적으로 정착시켜 나가기 위한 노력이 반드시 선행되어야 할 것이다. ② 입양아동의 정체감 형성을 위한 다양한 프로그램의 개발 및 제공(심각한 분리를 경험하는 입양아동과 연장아동에 대한 입양 후 지속적 상담과 심리치료 제공, 입양아동의 발달단계에 맞추어 입양 사실 이해와 자아정체감 형성을 위한 상담서비스), 입양가족 생애주기에 따른 입양부모 역량강화 프로그램 개발 및 제공(입양 전후의 입양가정의 적응을 돕는 상담서비스, 입양가족의 생애주기에 따른 입양자녀와 애착형성, 입양공개, 입양자녀의 뿌리찾기 등 다양한 문제에 대처할 수 있도록 입양부모 가이드북 개발), 친부모를 위한 상담 및 진로개발 프로그램 개발과 제공(친부모에게 필요한 사회복지서비스에 대한 정보제공과 입양 후 겪게 된 심리적 문제에 대한 상담과 치료서비스 및 입양을 선택한 미혼모의 취업과 진로 문제에 대한 진로개발 프로그램 제공)을 할 필요성이 있다.

셋째, 장애아동의 조기진단과 치료이다. 아동의 신체 · 정신 · 정서와 관련한 문제는 조기에 발견하여 조기 개입하는 것이 가장 효과적이다. 이를 위해서 지역사회 내에 정신건강센터, 아동진료소, 정서장애아동 단기치료센터 등과 같은 전문시설을 보강하고 사회복지사, 심리치료전문가, 물리치료사 등 다양한 전문인력이 함께 개입할 수 있는 체계가 마련되어야 할 것이다. 그리고 장애아동을 진단하기 위해서 다양한 정보제공, 물적 자원을 지원함으로써 지속적인 치료를 할 수 있는 프로그램의 확충이 시급하다.

넷째, 신체적 · 성적 · 정서적으로 학대받고 방임된 아동을 보호하고 치료할 수 있는 체계를 갖추어야 한다. 최근 성폭력특별법과 가정폭력방지법 등이 제정되어서 성적·신체적 폭력에 대한 관심이 증대되었고, 개정 아동복지법은 아동학대를 예방하거나 조기에 개입하기 위해서 아동보호전문기관을 설립하도록 하였다. 그리고 개정법은 학대받는 아동을 발견한 모든 시민은 신고하도록 하고, 특히 사회복지사 등 아동보호와 관련된 전문가는 의무적으로 신고하도록 하였다. 이제 학대받는 아동을 조기에 발견하고 개입할 수 있는 법적 체계는 갖추어졌으므로, 아동학대 신고를 받고 즉각 출동하여 위기 개입할 수 있는 체계를 갖추고, 아동보호전문기관에 전문인력과 충분한 예산을 배정해야 한다.

다섯째, 지역아동센터 지원 강화이다. 지역아동센터(공부방)는 지역사회 안에서 방치된 아동과 함께 하기 위해 지역사회운동의 역사 속에서 자생적으로 생겨난 아동복지실천 프로그램으로 볼 수 있다. 지역사회 안에서 방치된 아동에 대한 제도와 정책이 담보되지 않은 지난 20년 전부터 현재까지 빈곤한 지역에서 사는 부모, 가족, 아동의 욕구로부터 출발한 것이기에 더욱더 의미 있는 실천프로그램이다. 이러한 지역아동센터는 아동복지법 개정에 따라 지역사회 아동의 보호·교육, 건전한 놀이와 오락의 제공, 보호자와 지역사회의 연계 등 아동의 건전 육성을 위하여 종합적인 아동복지서비스를 제공하고자 하는 목적으로 운영을 강화하고 있다. 이러한 지역아동센터의 프로그램을 전문화, 다양화하고 지역아동센터를 확대 설치하는 등 적극적인 지원정책이 필요하다.

여섯째, 시설보호사업은 ① 아동복지의 국가적 책임을 인식하여 국공립시설을 확충하고, 쾌적한 시설환경을 제공함과 동시에 보육시설 평가인증제와 유사한 평가체제를 도입함으로써 지속적인 지도와 관리가 필요하다(보건복지부, 2007). ② 시설아동의 경우 부모로부터 버려지거나 부모를 상실한 경험을 가지고 있는 경우가 상당수를 차지하므로 이들 아동을 대상으로 물질적 지원과 사회 정서적 발달을 지원해주기 위한 프로그램을 강화할 필요가 있다. ③ 아동복지시설종사자의 처우개선과 지속적인 보수교육을 통한 아동복지 전문인력의 확보는 지속적으로 제기되는 문제이다. 이와 아울러 자원봉사자를 활용하는 방안도 고려해야 할 것이다. ④ 시설보호가 단순히 수용보호에서 끝나는 것이 아니라 퇴소 이후의 자립을 위한 지원과 함께 시설아동이 독립적인 삶을 준비하는 데 있어서 경험하게 되는 정서적인 측면, 생활기술 측면, 주거의 측면에 대한 체계적인 준비교육이 필요하다. 이를 위해서는 발달단계에 따라 전문화되고 개별화된 프로그램의 지원이 필요하다.

일곱째, 전체 아동을 위한 상담사업과 정보 제공 사업을 체계적으로 실시해야 한다. 한국의 아동복지는 지지적 · 보충적 · 대리적 서비스 중에서 대리적 서비스가 먼저 발달하고, 지지적 서비스와 보충적 서비스는 매우 초보적인 수준에 머물러 있다. 대부분 학자들은 아동복지가 이상적으로 실현되기 위해서는 가족의 자녀양육기능이 충실하고, 가족과 지역사회의 복지기능을 사회복지서비스로 보충한 후에, 피할 수 없는 경우에 대리적 서비스를 실시할 것을 제안한다. 이러한 측면에서 전체 아동을 위한 체계적인 상담사업과 정보 제공 사업은 조속히 구체화되어야 할 것이다. 특히 아동의 문제를 조기에 예방하거나, 문제행동을 하는 아동을 가진 부모를 돕기 위해서도 공립 아동상담소가 시 · 도청 소재지와 인구 30만 명 이상 도시에 반드시 설립되어야 할 것이다(김민희 외, 2018).

아홉째, 가족기능서비스 강화이다. 우리나라의 경우 요보호아동은 부모의 빈곤, 실직, 학대 등으로 인해 대부분 발생하고 있다. 이렇게 발생된 요보호아동은 대개 시설보호기관에서 생활하게 된다. 요보호아동의 발생을 예방하는 가장 좋은 방법 중의 하나는 원가족 보존을 우선에 두는 것이다. 부모교육과 상담 등 가족기능 강화서비스를 통해서 아동이 원가족 내에서 성장할 수 있도록 하는 것이 무엇보다도 중요하다. 이를 위해 지역사회 종합복지관, 건강가정지원센터 등 공공기관과 연계한 가족유지 및 강화기능 서비스를 제공하여 가족해체를 사전에 예방해야 한다.

마지막으로 아동복지서비스를 전문적으로 수행할 수 있는 전문인력이 배출되어야 한다. 아동의 욕구와 문제가 다양화되면서 이러한 욕구를 충족시키고 문제를 완화시키기 위한 인력이 개발되어야 한다. 사례를 들면, 영유아 보육업무는 보육교사와 유치원교사로 전문화되고, 청소년복지는 청소년지도사, 장애인복지는 특수교사, 재활의학과 의사, 물리치료사 등으로 전문화되었다. 아동복지 대상이 빈곤하거나 보호자가 없는 아동에서 문제행동을 하는 아동과 학대받는 아동으로 그 비중이 바뀌면서, 이러한 문제를 해결해야 할 인력도 보다 전문화될 필요성이 있다. 따라서 아동복지를 위한 일반 전문가로서 사회복지사와 함께 특정 아동복지영역에 대한 전문가로서 아동복지사가 필요한 시점이다.

02 아동권리와 복지의 쟁점

아동복지 분야의 다양한 측면에서 논쟁이 계속되고 있다(Mallon & Hess, 2005).

① 부모의 권리 대 아동의 요구(parents rights vs. children's needs)

② 아동구호 대 가족 지원(saving children vs. supporting families)

③ 정부주도 대 지방자치단체 주도(federal vs. state vs. local responsibility)

④ 공공서비스 대 민간자원봉사자(public vs. voluntary financing and service provision)

⑤ 발달서비스 대 보호서비스(developmental vs. protective services)

⑥ 가정내보호 대 위탁가정보호 대 시설보호(in-home vs. foster family vs. institutional care)

⑦ 전문적 서비스 대 비공식적 자연적 지원망(specialized professional services vs. informal, natural hrlping networks)

이러한 대립되는 관점이 공존하는 가운데 지금까지 한국의 아동복지제도는 아동의 요구와 권리를 최우선적으로 고려한 것으로 볼 수 있다. 보편주의 아동복지정책의 근간을 이루는 영유아보육정책도 그 출발점은 여성의 사회참여와 여성노동력의 활용이 우선적인 목표였다.

그리고 2004년 제정된 저출산고령화사회기본법 또한 어디까지나 출산율 증가 자체가 목적이지 아동의 요구나 권리와는 거리가 먼 것이었다. 최근 이러한 사회적 인식은 변화하고 있는 상황이지만 앞으로의 아동복지정책에서는 아동의 욕구와 권리를 최우선으로 고려해야 할 것이다(정옥분 외, 2016). 또 아동복지의 대상이 18세 미만의 자로 규정되어 있으나 이들뿐만 아니라 그들의 부모를 지지함으로써 아동의 건강한 성장발달을 도모하게 하는 지원서비스의 중요성도 강조되고 있다. 향후 아동복지정책은 예방중심적·가정중심적·제도적 모델을 중시하는 방향으로 발전되어야 할 것이다. 이를 위해 아동복지서비스는 복지수요자의 요구를 보다 충실하게 반영할 수 있도록 해당 지방자치단체로 이전할 필요가 있고, 동시에 전반적인 아동복지정책의 수립은 정부주도하에 체계적으로 수립 및 관리되어야 할 것이다. 또한 전문적 서비스도 중요하지만 이와 아울러 비공식 지원망도 적극적으로 활용하는 방향으로 인프라를 구축해나가야 할 것이다(정옥분 외, 2016).

사례: 현장활용 자료

- 누리과정이란 만 3~5세 유아에게 공통적으로 제공하는 교육·보육 과정으로 2012년 3월 5세를 대상으로 시행에 들어가 이듬해에 3~4세까지 확대됐다. 공립유치원은 1인당 월 11만 원, 사립유치원과 어린이집은 운영지원비(22만 원)와 방과후 활동비(7만 원) 등 1인당 월 29만 원을 지원한다(한경 경제용어사전, 한국경제신문/한경닷컴).

1. 〈예시〉에서 나타난 보육서비스 전달체계들을 고려하여 누리과정에 관해 이야기하시오.

〈예시〉

- 공공성: 정부의 책임을 강화하기 위한 국공립 기관의 확충 및 재정적 지원
- 형평성: 지역 간 및 계층 간의 균등함
- 접근성: 서비스의 편의성과 적절성
- 다양성: 부모 및 개별적 욕구를 반영한 서비스의 다양화
- 전문성: 자질과 능력이 검증된 전문인에 의한 서비스
- 연계성: 지역사회참여와 자원의 연계성과 접근성이 중심이 되도록 하는 지역단위의 네트워크 구축

03 아동권리와 복지의 발전 방향

세계 각국의 복지정책은 비생산적인 복지비용을 축소시키려는 방향으로 이루어지고 있으며, 복지개혁의 방향은 급여를 축소하고 근로 연계를 강화하는 방향으로 나아갈 것이다. 이러한 복지개혁은 근로활동이 개인의 자아존중감, 동기유발, 개인적 통제력을 향상시키고 이것이 더 나은 양육행동으로 이어지며 아동의 발달에도 긍정적인 영향을 미칠 수 있다는 사실에 기초하고 있다(정익중, 2004). 이러한 맥락에 우리나라 아동복지사업도 국가개입을 가능한 한 최소화하고 가족 기능과 요보호아동 자신의 자립을 강조하는 방향으로 나아가야 할 것이다. 21세기 아동권리와 복지의 발전방향을 제시하면 다음과 같다(김이영 외, 2016; 정옥분 외, 2016).

첫째, 가족 및 사회의 변화와 연계한 아동복지정책이 수립되어야 할 것이다. 가족의 변화 가운데 여성취업으로 인한 저출산과 양육자 부재문제는 당분간 지속될 것으로 보인다. 그래서 어린이집의 질적·양적 확충은 아동복지의 가장 중요한 영역 가운데 하나로 부각될 것이다. 아울러 자녀를 위한 어린이집뿐만 아니라 이들 부모를 지원해주기 위한 부모상담이나 교육활동도 확충되어야 할 것이며, 또한 육아와 고용의 양립을 위하여 유급 육아휴직제의 확대, 부모휴가제, 보육료 차등지원 확대 등의 정책도입이 필요하다.

둘째, 아동의 권리보장이다. 우리나라의 아동복지는 아동의 생존권, 발달권, 의료권과 같은 철저하게 보장하는 방향으로 전개되어야 한다. 생존권은 태아와 아동의 생존의 권리를 의미하며, 이를 보호하기 위해서는 먼저 어머니의 안전과 생활의 안정이 이루어져야 한다. 발달권이란 아동이 건전하게 발육하고 성장하는 권리를 의미한다. 발달권 보호를 위해서는 아동이 성장함에 따라 주거, 놀이 환경, 지역 환경이 확보되어야 하며, 보육시설과 학교환경 및 사회 환경이 정비되어야 한다. 의료권이란 아동의 생존권과 발달권을 보장하기 위한 2차적인 권리로, 아동 의료무료화, 임산부의 무료 건강진단이나 출산비 보조 같은 대책이 마련되어야 할 것이다. 이를 위해서 무엇보다도 먼저 아동복지에 대한 새로운 인식을 가져야 한다. 즉 아동의 건전한 성장 및 발달을 위해 다양하고 적합한 프로그램과 서비스를 지속적으로 개발해야 할 것이다.

셋째, 지역사회 중심의 아동복지이다. 지역사회보호(community care)는 영비 등 선진국에서 1960년대 이후부터 발전되어 왔는데, 이는 지역사회를 기반으로 하여 공공기관, 민간기관 및 가족이 함께 참여하는 다원주의적 복지서비스를 강화하는 것이다. 즉 가족중심의 접근과 민간복지서비스의 강화를 일컫는다. 아동복지에서 가족 중심의 접근은 지역사회의 가장 최소단위인 가정을 기반으로(family-based) 하여 개별적 아동과 가족의 욕구 충족을 도모하는 프로그램과 서비스가 개발되어야 한다는 것이다. 이와 같은 지지적 서비스(supportive service)의 강화를 통해 아동과 가족의 문제를 사전에 예방하는 효과를 가질 수 있다. 그리고 아동의 양육과 보호를 지원하는 프로그램을 개발하고, 전문인력이나 자원봉사자를 참여시켜 아동이 원가정 또는 대리가정에서 생활하면서 치료와 서비스를 받을 수 있는 형태가 활성화되어야 하겠다. 이와 더불어 재가아동, 장애아동에 대한 상담, 치료, 교육훈련, 지역사회와의 교류 및 여가활동 등을 지역사회 내에서 총체적으로 지원할 수 있는 방안이 강구되어야 할 것이다.

넷째, 요보호아동중심의 복지에서 일반아동을 포함하는 복지로 그 대상이 확대되어야 한다. 서구에서 시작된 조기교육은 가정에서 제대로 보살핌을 받지 못하고 방치된 아동을 위한 보상교육의 한 부분으로 시작되었다. 미국의 헤드 스타트(Head Start) 프로그램도 존슨(Johnson) 전 미국대통령이 빈곤과의 전쟁(War on Poverty)을 선포하면서 저소득층 아동을 위한 보상교육 차원에서 통합 프로그램으로 실행되었다. 이러한 이유로 아직까지 요보호아동중심의 복지정책이 주를 이루고 있는 것은 부인할 수 없는 현실이다. 결국 시설보호제도, 입양제도, 가정위탁보호제도 등을 중심으로 이루어져 왔다. 일반아동에 대한 복지정책은 최근 아동학대 및 안전사고에 초점을 맞춘 아동보호 및 상담서비스의 실시와 아동의 권리를 증진시키기 위한 활동으로 확대되고 있다. 따라서 아동복지정책은 요보호아동과 일반 아동 모두를 권리의 주체로서 존중하고 건전하게 보호 및 육성하는 것을 기본방향으로 하여 복지사각지대에 놓인 아동을 포함한 모든 아동을 대상으로 정책을 입안하고 시행해야 할 것이다.

이처럼 대한민국에서 출생한 아동들은 부모들의 신분이나 사회계층을 불문하고 자신의 재능을 최대한으로 발휘할 수 있도록 아동의 권리와 요구에 부응하는 아동복지서비스를 고대해 본다.

생각해 봅시다

1. 아동권리와 복지의 과제와 쟁점들을 파악하고 정부의 대책이 어떤 것들이 있는지 생각해 봅시다.

2. 아동권리와 복지의 실천 방법을 생각해 봅시다.

참고문헌

강복정(2001). 시설아동을 위한 퇴소준비교육 프로그램의 효과에 관한 연구. 동국대학교대학원 박사학위논문.

고인숙 · 류현수(2017). **아동권리와 복지**. 서울: 동문사.

공계순 외(2013). **아동복지론**. 서울: 학지사.

곽형식 외(2013). **아동복지론**. 경기: 공동체.

관계부처합동(2015). '15~'19 아동정책기본계획.

교육부(2016). 특수교육통계.

교육인적자원부(2006). 보도자료.

구자헌(1972). **사회복지**. 한국사회복지연구소.

구정화(2009). 「유엔아동권리협약」을 고려한 학교 인권교육의 방향. **사회과교육, 48**(1), 1-12.

권기영(2015). 유아 인권교육을 위한 고민. **인문학논총, 39**, 179-206.

김기룡 · 김상섭(2015). 통합교육 현장에서의 장애학생 인권 침해 실태. **특수교육 14**(2), 57-79.

김남희 외(2008). 전쟁놀이에 대한 새로운 접근-부모와 교사를 위한 지침, Diane E. Levin, Nancy Carlsson-Paige. 서울: 창지사

김미숙 외(2005). 한국의 이혼실태와 이혼가정 지원정책 연구. 한국보건사회연구원.

김민정 외(2018). **아동권리와 복지**. 서울: 동문사.

김성경 외(2004). **아동복지론**. 서울: 양서원.

김성이 외(1997). **자원봉사프로그램 백과: 아동 · 청소년**. 한국사회복지협의회.

김순옥 외(2016). **아동복지론**. 서울: 동문사.

김승권(2007). 한국 아동권리의 현황과 권리수준 제고방안. **보건복지포럼**(2007. 6), 21-36.

김연진 · 이상희(2010). **아동복지의 이해**. 서울: 태영출판사.

김영명(2017). 영유아의 권리증진을 위한 보육 및 유아교육 혁신 제안. **교육비평,(39)**, 424-443.

김영종(1998). **사회복지행정**. 서울: 학지사.

김윤재 외(2017). **아동복지론**. 서울: 동문사.

김이영 외(2017). **아동권리와 복지**. 경기: 양성원.

김정래(2002). **아동권리향연**. 서울: 교육과학사.

김정명(1999). 청소년 인권의 사각지대: 체육특기생. **청소년학연구 제6권** 제2호, 21-40.

김종세(2008). 아동인권과 아동학대. **법학연구, 31**, 47-76.

김주아 · 류현수 · 최용득(2012). **아동복지론**. 서울: 동문사.

김진숙 · 장연진(2017). 아동 · 청소년의 아동권리인식 -초등학생, 중학생, 고등학생 비교-. Journal of Digital Convergence 15(6), 83-96.

김통원 외(2005). 아동복지시설 발전방안 개발연구. 보건복지부 · 한국아동복지연합회.

김호년 외(2016). **아동권리와 복지**. 경기: 양성원.

남기철(2005). 아동 · 청소년의 인권. **월간 복지동향, 79**, 8-13.

남북하나재단(2017년 3월 자료): http: //koreahana.or.kr

남일재 외(2011). **사회문제론**. 경기: 공동체.

뉴시스(2018). 예멘의 종말론적 상황(2018. 2. 28).

도미향 외(2009). **아동복지론**. 경기: 공동체.

동아일보(1988.5.4.). 대한민국어린이헌장.

류미령(2017). 인권교육을 통한 아동권리 증진방안. **법과 인권교육연구 제10권** 제1호, 135-162.

류정희(2017). 아동학대 현황과 아동 권리 보장을 위한 아동보호체계 개선 방향. **보건복지포럼**, 5-23.

류연구 · 최현수(2003). 우리나라 아동빈곤율 수준과 변화 경향: 1982~2002년 도시근로자가구를 중심으로. **아동복지학**, 16, 135~165.

무등일보(2017). 무국적 영유아들의 아픈 현실, 인권도시 광주의 그늘(2017. 6. 28).

문선화 외(2004). **한국사회와 아동복지**. 경기: 양서원.

매일경제(2017). 아동 '풀스윙 구타'사건 2년 영유아 인권 유린 여전(2017. 1. 18).

박승희 · 채구묵 · 김철주 · 홍세영 · 김금자 · 서종희 · 김문정(2007). **스웨덴 사회복지의 실제**. 서울: 양서원.

박정란 외(2012). **아동복지론**. 경기: 양서원.

배경내(2003). 한국사회와 아동 인권의 현실. **교육비평**,(13), 108-123.

배윤주(2014). 아동 · 청소년의 권리에 관한 연구. 이화여자대학교대학원 석사학위논문.

보건복지부 · 한국아동단체협의회 · 한국아동권리학회(2006). 한국의 「유엔아동권리협약」 이행모니터링. 2005 보건복지부 연구결과 보고.

보건복지부(2017 a). 2017년 아동분야 사업안내.

보건복지부(2017 b). 2017 드림스타트사업안내.

보건복지부(2017 c). 2016년 연도별 요보호아동 현황.

보건복지부(2017 d). 2016년 연도별 요보호아동 발생 및 조치현황.

보건복지부(2017 e). 2017년 보건복지통계연보.

보건복지부(2016 a). 2016년도 아동복지시설 현황.

보건복지부(2016 b). 2016년 아동분야사업안내.

보건복지부(2015 a). 2015년 아동분야 사업안내.

보건복지부(2015 b). 2015년 장애인 실태조사.

보건복지부(2015 c). 2015년 보건복지통계연보.

보건복지부(2014). 장애아동가족지원사업안내.

보건복지부(2013). 2013년 아동분야 사업안내.

보건복지부(2011). 「유엔아동권리협약」 제3, 4차 국가보고서 및 권고사항 자료집.

보건복지부(2009). 보육실태조사-보육가구조사.

보건복지부(2007). 아동복지사업안내.

박충선 외(2003). 농촌 여성노인가구의 손자녀양육실태와 정책과제. 경북여성정책개발원.

방정환(1970). **소파수필선**. 서울: 을유문화사.

서강훈(2009). **사회복지용어사선**. 서울: 이남북스.

서혁(2007). 다문화가정 현황 및 한국어교육 지원방안. **인간연구**, 12, 221-228.

석주영(2004). 집단게임놀이치료가 시설보호아동의 정서기능과 자아존중감 향상에 미치는 효과. 영남대학교대학원 박사학위논문.

성낙연(2009). 집단음악치료가 시설아동의 행복감과 우울감에 미치는 영향. 한세대학교대학원 석사학위논문.

성영혜 · 김연진(2008). **아동복지의 이론과 실제**. 서울: 동문사.

성영혜 · 김연진(1997). **아동복지**. 서울: 동문사.

성정숙(1999). 학교에서의 아동권리실태에 관한 연구. **아동권리연구, 제3권** 제1호, 51-75.

송주미(1998). 한국아동복지관의 변천과정 연구. 숙명여자대학교 대학원 박사학위논문.

신섭중(1993). **한국사회복지정책론**. 서울: 대학출판사.

신은경 · 신형익 · 이한나(2012). 장애인복지법에 따른 15개 장애유형에 적용된 ICF 2단계 분류. **보건사회연구, 32**(4), 490~529.

신재흡(2017). **인성을 기반으로 한 보육교사론**. 서울: 동문사.

신재흡(2013). **영유아교육행정**. 서울: 동문사.

신재흡(2011). **교육사회학**. 서울: 동문사.

신재흡 외(2006). **유아교사론**. 서울: 양서원.

안동현(2002). 아동학대의 피해자 상담. 한국아동복지학회 제4회 워크숍 자료집, 3~16.

안주열(2004). 학교교육에서의 아동의 일반인권에 관한 법적 고찰. **헌법학연구 제10권** 제1호, 589-622.

양심영(2004). 아동권리에 대한 지각성 연구. **아동권리연구, 제8권** 제4호, 571-592.

엄미연(2004). 집단놀이치료가 한부모가정 아동의 사회적 능력증진에 미치는 효과. 서울여자대학교대학원 석사학위논문.

여성가족부(2016). 2015년 한부모가족 실태조사

여성가족부(2010). 2010년 조손가족의 실태조사.

오선영(2016). 아동의 인권침해경험이 심리적 안녕감에 미치는 영향: 인권상황인식과 인권감수성의 매개효과를 중심으로. 이화여자대학원 석사학위논문.

오영희 외(2007). **가족관계**. 서울: 동문사.

오정수 · 정익중(2008). **아동복지론**. 서울: 학지사.

우남희(2004). 아동의 권리와 한국의 조기교육. **아동권리연구 제8권** 제2호, 한국아동권리학회, 189-207.

육아정책연구소(2015). 전국보육실태조사.

윤혜미 외(2005). **아동복지론**. 청록출판사.

원용찬(1990). 설송 이방환 교수 정년기념호: 영국의 구빈법과 사회보험 형성에 관한 고찰. 전북대학교 산업경제연구소 논문집, 20, 555-567.

이갑숙 · 손진현(2008). 국내입양에 대한 인식과 태도 조사-대전시민을 대상으로. 한국콘텐츠학회논문지, 8(12), 357~365.

이경자 외(2016). 유아권리 길라잡이. 서울: 씽크파워.

이경준 외(2017). 아동권리와 복지. 서울: 동문사.

이남정(2015). 아동인권과 보육사례. 2015 한국보육학회 추계학술대회 자료집, 25-41.

이덕희 외(2018). 아동권리와 복지. 서울: 동문사.

이미자(2013). 아동복지정책에 관한 연구. 전남대학교대학원 석사학위논문.

이상희 · 하승수 · 이혜원(2008). 한일아동학대 관련 법률에 대한 비교연구. 아동과 권리, 12(3), 225~248.

이석호(1999). 학교, 아동인권 개선의 최우선 공간. 초등우리교육, 54-57.

이소희(2005). 아동복지의 이론과 실제. 서울: 학현사.

이순형 외(2016). 아동복지 이론과 실천. 서울: 학지사.

이영애 · 곽정인(2013). 영유아권리에 대한 예비유아교사의 인식. 한국콘텐츠학회논문지, 13(11), 988-1003.

이용교(1999). 아동에게도 인권이 있다. 월간 복지동향, (8), 6-9.

이자영(2001). 가정환경이 정신지체 형제에 대한 비장애 형제의 태도에 미치는 영향에 관한 연구: 비장애 형제 스트레스를 중심으로. 이화여자대학교 사회복지대학원 석사학위논문.

이재연 · 안동현 · 황옥경 · 구은미 · 한유미 · 이완정 · 한지숙 · 김경류(2015). 아동권리 0-8 -육아지원기관에서 아동권리 레토릭과 현실. 경기: 교육과학사.

이재연(1999). 소파 방정환과 한국아동의 권리. 한국아동권리연구, 3(2), 107-119.

이재연 · 강성희(1997). 권리에 대한 아동의 인식. 아동권리연구 창간호 한국아동권리학회, 65-83.

이종화(2007). 우리나라 아동학대예방사업의 현황과 발전방안. 임상사회사업연구, 4(1), 213~215.

이지수(2006). 우리나라 청소년의 인권실태 및 인권의식. 아동권리연구, 제10권 제3호, 461-485.

이태수(2003). 빈곤아동의 인권, 누가 지켜야 하는가?. 월간 복지동향, 60, 38-40.

이현수 · 김다현(2012). 특수아동의 학교폭력 실태 및 해결방안과 법 · 인권교육의 방향. **한국위기관리논집, 제8권** 제4호, 143-156.
이혜원(2006). **아동권리와 아동복지**. 경기: 집문당.
임시아(2017). **아동권리와 복지**. 경기: 공동체.
장경은(2012). 한국 아동 복지의 형평성 -보육정책과 저소득층 아동복지정책을 중심으로-. **한국아동복지학** 38호, 1-29.
정옥분 · 정순화 · 손화희 · 김경은(2016). **아동권리와 복지**. 서울: 학지사.
정익중(2004). 미국의 복지개혁이 아동발달에 미친 영향에 대한 연구. **한국아동복지학회** 18, 181~215.
장인협 · 오정수(2001). **아동 청소년 복지론**. 서울: 서울대학교 출판부.
조선일보(2018). 유아교육기관 방과후 영어수업 금지(2018. 1. 16).
조윤영(2005). 한국아동학대예방사업의 현황과 프로그램. **제1회 한국 · 대만 · 일본 사회복지 교환세미나 자료집**. 한국복지재단.
중앙가정위탁지원센터(2015). **중앙가정위탁지원센터 소식지**, 9권, 14-15.
중앙아동보호전문기관(2015). http://korea 1391.org/new_index.dptj 인출.
중앙일보(2017). 전업맘 자녀도 하루 8시간까지 어린이집 무료 이용 추진(2017. 12. 28).
중앙입양원(2015). 전국입양기관.
중앙입양원(2014). 2013년 국내외입양통계.
지역아동센터중앙지원단(2015). 지역아동센터 소개.
최보연(2009). 국제법상 아동인권보호에 관한 연구. 성균관대학교대학원 석사학위논문.
최성재 · 남기민(1998). **사회복지행정론**. 서울: 나남.
최승희(2003). 자녀를 상실한 미혼모들을 위한 슬픔 완화 지지집단 프로그램의 효과성. **한국아동복지학** 16, pp. 251~280.
최영진(2009). 일본 아동수당제도의 이념과 변천. **법학연구**, 25(4), 117~144.
최윤영(2013). 아동복지법제의 개선에 관한 연구: 권리와 전달체계를 중심으로. 이화여자대학교 박사학위논문.
최윤진(1999). **청소년의 권리**. 서울: 양서원.
최진희(2005). 일본 입소형 이동복지시설의 역할과 과제. **한국일본교육학연구**, 10(1), 127-145.
통계청(2017). 인구동태통계연보.

통계청(2011). 2011 인구주택총조사 표본집계결과.

표갑수(2000). **아동청소년복지론**. 서울: 나남출판사.

표선숙(1995). 학령 전 장애아를 가진 어머니의 자존감과 대안관계 증진을 위한 집단 프로그램 개발에 관한 일 연구: 지역사회복지관 조기교실 어머니들을 중심으로. 이화여자대학교 사회복지대학원 석사학위논문.

하상락(1989). **한국사회복지사론**. 서울: 박영사.

한국아동권리학회(2001). **한국의 아동지표**. 서울: 학지사.

한성심 · 송주미(2009). **아동복지론**. 서울: 창지사.

황옥경(2012). 영유아기 권리에 대한 유엔의 권고 분석 -유엔아동권리위원회의 일반논평을 중심으로-. **아동과 권리, 제16권** 제1호, 27-49.

현정환(2003). 일본보육소의 역사에 대한 연구. **한국일본교육학연구**, 7(1), 142~158.

〈외국문헌〉

Allen, E., Combs-Orme, T., McCarter, R. J., & Grossman, L. S.(2000). Models of School Social Work Practice. In R. C. Sarri & F. F. Maple(eds.), *The School in the Community*(pp. 57-74). Washington, D. C.: NASW.

Amato, P. R., & Keith, B.(1991). Child's Adjustment to Divorce: Theories, Hypotheses, and Empirical Support. *Journal of Marriage and the Family, 55*, 23 38.

Bradley, R. H., & Corwyn, R. F.(2002). Socioeconomic Status and Child Development. *Annual Review of Psychology,* 53, 371-399.

Burnett, B.(1993). The Psychological Latency Age Children: A Survey. *Child Abuse and Neglect,* Vol. 17(pp. 444-445). Elsevier Science Ltd., Pergamon Imprint, Oxford, England.

Cicchetti, D., & Toth, S.L.(2006). Developmental Psychopathology and Preventive Intervention. In A. Renninger & I. Sigel(eds.), *Handbook of Child Psychology*(6th ed., pp. 497~547). New York: John Wiley & Sons.

Pope, S. K.(1994). Early Indications of Resilience and their Relation to Experience in the Home Environment of low Birthweight, Premature Children Living in Poverty. Child Development, 65(2 Spec No), 346~360.

Bradbury, B., & Jantii, M.(2001). "Child Poverty Across the Industrialized Word: Evidence from the Luxembourg Income Study". In Koren Vleminsckx and Timothy Smeeding, Eds., *Child Well-being, Child Poverty, and Child Policy in Modern Nations: What do We Know?* Bristol, England: University of Bristol, The Policy Press.

Bordo, S.(2005). Adoption. *Hypatia, 20,* 230-236.

Bronfenbrenner, U.(1994). *Ecological Models of Human Development.* In T. Husen & T. N. Postlethwaite(Eds.), International Encyclopedia of Education(2nd ed). Vol. 3, pp. 1643~1647.

Cook, R. E., Armbruster, V. B.(1983). *Early Childhood Curricula: Suggestions for Meeting Special Needs.* St. Louis: Mosby.

CWLA(2004). *CWLA Standard of Excellence for Residential Group Care Services.* Washington: the Child Welfare League of America.

Hodgkin, R., & Newell, P.(1998). *Implementation Handbook for the Convention on the Rights of the Child.* UNICEF.

Department of Public Information, United Nations(1995). *The United Nations and Human Rights,* 1945~1995.

Downs, S. W., Moore, E., McFadden, E. J., & Costin, L. B.(2009). *Child Welfare and Family Services: Policies and Practice*(8th ed.). Boston: Allyn & Bacon.

Doyle, J. J. Jr.(2006). Child Protection and Child Outcomes: Measuring the Effects of Foster Care. *American Economic, 97*(5), 1583~1610.

Farruggia, S. P., Greenberger, E., Chen, C., & Heckhausen, J.(2006). Perceived Social Environment and Adolescents' Well-bring and Adjustment: Comparing a Forster Care Sample with a Matched Sample. *Journal of Youth and Adolescence, 35*(3), 349~358.

Frederickson, H.(1957). *The Child and His Welfare*(2nd ed.)San Francisco:

Freeman.

Friendlander, W., & Apte, R.(1974). *Introduction to Social Welfare.* Englewood Cliffs: Prentice Hall.

Garbarino, J.(1995). *Raising Children in a Socially Toxic Environment.* San Francisco: Jossey-Bass.

Garfinkel, I., & Mchanahan, S.(1986). *Single Mother and Their Children.* The Urban Institute Press.

Gilbert, N., & Terrell, P.(2005). *Dimensions of Social Welfare Policy*(6th ed.). Boston: Allyn & Bacon.

Haring, L. F.(1991). *Perspective in Child Care Policy.* Longman.

Johnson-Reid, M., Kohl, P. L., & Drake, B.(2012). Child and Adolescent Outcomes of Chronic Child Maltrearment, *Pediatrics,* 129, 839-845.

Kadushin, A., & Martin, J.(1988). *Child Welfare Service*(6th ed.). Boston: Allyn & Bacon.

Kadushin, A.(1974). *Child Welfare Services*(2nd ed.). New York: Macmillan.

Kamerman, S. B., & Kahn, A. J.(1985). Child Welfare and the Welfare of Families with Children: A Child and Family Policy Agenda. In B. G. McGowan & W. Meezan(Eds.), *Child Welfare: Current Delemmas and Future Directions.* Itasca: F. E. Peacock Publishers.

Kelly, S. J., & Whitley, D.(2002). Psychological Distress and Physical Health Problems in Grandparents Raising Grandchildren: Development of an Empirically Based Intervention Model. In Hayslip, B., & Partick, J. H.(Eds), Working with Custodial Grandparents. New York: Springer Publishing Company, 127-144.

Malinosky-Rummell, R., & Hansen, D. J.(1993). Long term Consequences of Childhood Physical Abuse. *Psychological Bulletin, 114,* 68-79.

Mallon, G. P., & Hess, P. M.(2005). *Child Welfare for the 21st Century.* New York: Columbia University Press.

Martin, J. A.(2000). *Family Foster Care: Theory and Practice.* Boston: Allyn & Bacon.

Maughan, A., & Cicchetti, D.(2002). The Impact of Child Maltreatment and Interadult Violence on Children's Emotional Regulation abilities and Socio-emotional Adjustment. *Child Development, 73*(5), 1525-1542.

Meyer, C.(1985). The Institutionasl Context of Child Welfare. In J. Larird & A. Hartman(Eds.), *Handbook of Welfare*(pp. 100-103). New York: The Free Press.

Minuchin, S.(1974). *Families and Family Theory.* Cambridge: Harvard University Press.

Pecora P., et al.(1997). *The Child Welfare Challenge: Policy, Practice and Research.* New York: Aldine de Gruyter.

Penzerro, R. M., & Lein, L.(1995). Burning their Bridges: Disordered Attachment and Foster Care Discharge. *Child Welfare, 74*(2), 351~366.

Plummer, C.(1986). Prevention Education in Perspective. In M. Nelson & K. Clark(eds.), *The Educator's Guide to Preventing Child Sexual Abuse.* Santa Cruz, CA: Network Pub.

Price et al.(2008). Effects of a Foster Parent Training Intervention on Placement Changes of Children in Foster Care. *Child Maltreatment, 13,* 64~75.

Seama, A.(2004). Childhood Poverty: Pathways and Programs. *Health Generations,* 4(1), 5-6.

Sharkey, P. B.(1998). Being Adopted: Books to Help Children Understand-update 3. *Emergency Librarian,* 25(4), 8~10.

Stone, N. M., & Stone, S. F.(1983). The Prediction of Successful Forster Placement. *The Journal of Contemporary Social Work, 1,* 11~17.

Trost, J.(1980). The Concept of One Parent Family. *Journal of Comparative Family Studies.*

U.S., Department of Health and Human Service(1984). *The Role of Law Enforcement in the Prevention and Treatment of Child Abuse and Neglect.*

Valenzuela, M.(1997). Maternal Sensitivity in a Developing Society: the Context of Urban Poverty and Infant Chronic Undernutrition. *Developmental Psychology,* 33(5), 845~855.

WHO(2001). *International Classification of Functioning, Disability and Health.*

Wicks-Nelson, R., & Israel, A. C.(2006). *Behavior Disorder of Childhood*(6th ed.). New Jersey: Prentice Hall.

Zuckerman, E.(1983). *Child Welfare.* New York: The Free Press.

〈참고사이트〉

법제처 국가법령정보센터. http://www.law.go.kr

색동회. http://www.saekdong.or.kr

참여연대 http://www.peoplepower21.org/Welfare/654836).

찾아보기

ㅈ

저자소개

신재흡 교수

전) 한국유아교육 · 보육복지학회 서울지회장
구리시청 보육정책위원
한국생태유아교육학회 이사
한국교원교육학회 감사 및 홍보기금위원장, 윤리위원장
한국유아교육 · 보육행정학회 이사
서일대학교 유아교육학과, 보육교사교육원 강사

현) 한국유아교육 · 보육복지학회 부회장
한국교원교육학회 대외협력위원장
한국미래유아교육학회 회원
한국교육정책연구소 전문위원(교권 및 교원 복지분야)
한성대학교 교육대학원(유아교육) 교수

〈저서 및 논문〉

유아교사론(양서원, 2006)
영유아교육행정(동문사, 2013)
학생지도와 상담을 위한 생활지도의 이해(동문사, 2014)
보육교사론(동문사, 2016)
학교폭력 예방과 학생의 이해(동문사, 2017)
사례중심의 아동권리와 복지(동문사, 2018)
평생학습국가 건설에 따른 유아교육 · 보육시스템의 기능 강화방안(유아교육 · 보육행정연구, 9(2), 2005)
유아교사가 지각한 임파워먼트와 조직헌신성과의 관계연구(공저, 한국유아교육 · 보육행정연구 14(4), 2010)
교사가 지각한 유아교육기관 원장의 변화 지향적 지도성과 교사의 직무성과 간의 관계연구(공저, 한국유아교육 · 보육행정연구 14(3), 2010)
유아교육기관 원장의 변화 지향적 리더십과 교사집단의 직무만족과의 관계(소통과 인문학, 제18집, 2014)
유아교육기관 원장의 분산적 리더십과 조직문화와의 관계(소통과 인문학, 제19집, 2014)

사례중심의
아동권리와 복지

초판 1쇄 인쇄 / 2018년 5월 18일
초판 1쇄 발행 / 2018년 5월 23일

저 자 / 신 재 흡
발행인 / 이 중 수
발행처 / **동 문 사**

서울특별시 서대문구 홍제원 1길 12
(홍제동 137-8)
Tel: 02)736 3718(대), 736-3710, 3720
Fax: 02)736-3719
등록번호: 제9-17호
가격: 20,000원

ISBN: 978-89-8251-998-7(93370)
E-mail: dong736@naver.com
www.dongmunsa.com